Hartmut Seifert · Olaf Struck (Hrsg.)

Arbeitsmarkt und Sozialpolitik

Hartmut Seifert
Olaf Struck (Hrsg.)

Arbeitsmarkt und Sozialpolitik

Kontroversen um Effizienz
und soziale Sicherheit

VS VERLAG FÜR SOZIALWISSENSCHAFTEN

Bibliografische Information der Deutschen Nationalbibliothek
Die Deutsche Nationalbibliothek verzeichnet diese Publikation in der
Deutschen Nationalbibliografie; detaillierte bibliografische Daten sind im Internet über
<http://dnb.d-nb.de> abrufbar.

1. Auflage 2009

Alle Rechte vorbehalten
© VS Verlag für Sozialwissenschaften | GWV Fachverlage GmbH, Wiesbaden 2009

Lektorat: Frank Engelhardt

VS Verlag für Sozialwissenschaften ist Teil der Fachverlagsgruppe
Springer Science+Business Media.
www.vs-verlag.de

Umschlaggestaltung: KünkelLopka Medienentwicklung, Heidelberg
Druck und buchbinderische Verarbeitung: Krips b.v., Meppel
Gedruckt auf säurefreiem und chlorfrei gebleichtem Papier
Printed in the Netherlands

ISBN 978-3-531-16304-8

Inhaltsverzeichnis

Arbeitsmarkt und Sozialpolitik – Eine Einführung

Olaf Struck und Hartmut Seifert

Arbeitsmärkte sind durch eine Zunahme an Flexibilität und Mobilität gekennzeichnet. Inwieweit sich hieraus soziale Chancen und Risiken für Beschäftigte und Erwerbslose ergeben, ist u.a. von der Ausgestaltung der Sozial- und Arbeitsmarktpolitik abhängig.

Ziel dieses Buches ist es die sozial- und arbeitsmarktpolitischen Funktionsvoraussetzungen für flexible Arbeitsmärkte näher zu bestimmen, die sowohl Effizienz- als auch Sicherheitskriterien entsprechen.

Zunehmend wird von Menschen die Bereitschaft und die Fähigkeit verlangt, flexibel auf Veränderungen zu reagieren. Vor dem Hintergrund wachsender Produktivität, sektoralem Wandel und steigender weltweiter Konkurrenz um Kapital und kurzfristige Gewinne bekommen Arbeitskräftemobilität und Qualifizierung ein zunehmendes Gewicht. Angesicht des globalen Wettbewerbsdrucks sieht sich die Sozial-, Bildungs- und Arbeitsmarktpolitik aufgefordert, jede ihrer Maßnahmen unmittelbar am Ertrag zur nationalen Wettbewerbsfähigkeit zu rechtfertigen. Hierbei gerät die politische Gestaltung in Schieflage zugunsten einer kurzfristig ökonomischen Effizienz.

So haben nicht zuletzt die jüngeren Entwicklungen der Arbeitsmarkt- und Sozialpolitik zur Steigerung der Flexibilität am Arbeitsmarkt beigetragen. Risiken einer schnellen Marktanpassung werden zunehmend auf die Erwerbsbevölkerung übertragen. Aktivierung zur Selbstvorsorge wird zu einem zentralen Leidbild der Arbeits-, Sozial-, Gesundheits- und Bildungspolitik. Doch nicht immer geht eine im Grundsatz begrüßenswerte Zunahme von Eigenverantwortung mit Autonomiegewinnen einher. Vielfach hat die Unsicherheit bei Planungen und Investitionen in den Bereichen Beruf, Bildung und Familien zugenommen. Und zunehmend fehlen wachsenden Teilen der Bevölkerung die sozialen, ökonomischen und kulturellen Ressourcen für eine selbstbestimmte Lebensführung.

Vor diesem Hintergrund steigen die Anforderungen an die Sozial-, Bildungs- und Arbeitsmarktpolitik. Es wird zunehmend schwieriger diese in einer Weise auszubalancieren, um zugleich Flexibilität und Effizienz als auch Autonomie, Wohlfahrt und Sicherheit für möglichst viele Menschen zu steigern.

Vergleichsweise häufig werden Wirkungen des Wandels auf Arbeitsmärkten in Bezug auf die soziale Sicherung analysiert. Gut untersucht sind beispielsweise Finanzierungsprobleme sozialer Sicherungssysteme im Kontext der Veränderungen im Erwerbssystem. Schon weniger häufig untersucht sind Versorgungsprobleme in Zeiten von Nicht-Erwerbsarbeit durch instabilere Erwerbsverläufe (etwa bei Arbeitslosigkeit und Rentenbezug). Und sehr selten werden Wirkungen der sozialen Sicherungssysteme auf die Funktionsweise von Arbeitsmärkten in den Blick genommen. Hier ist der Focus dann weitgehend beschränkt auf Negativwirkungen der lohnarbeitszentrierten, beitragsfinanzierten Pflichtversicherung sowie rigider Kündigungsschutzregelungen. In modernen, funktional differenzierten Gesellschaften gilt jedoch: Flexibilität benötigt Sicherheit und Sicherheit benötigt Flexibilität.

Es hängt dann von der sozial- und arbeitsmarktpolitischen Ausgestaltung der unterschiedlichen staatlichen, tarifpolitischen und betrieblichen Regulierungsebenen ab, inwieweit Arbeitsmärkten Effizienz und Sicherheit steigernde oder mindernde Wirkungen zugemessen werden können.

Diese Zusammenhänge wurden auf der Tagung „Arbeitsmarkt und Sozialpolitik" am 13. bis 14. Dezember 2007 im Wissenschaftszentrum Berlin diskutiert. Eingeladen hatte die Deutsche Vereinigung für Sozialwissenschaftliche Arbeitsmarktforschung (SAMF e.V) zusammen mit dem Wirtschafts- und Sozialwissenschaftlichen Institut in der Hans-Böckler-Stiftung und dem Sonderforschungsbereich 580 »Gesellschaftliche Entwicklungen nach dem Systemumbruch«.

Der hier vorgelegte Band präsentiert ausgewählte Beiträge dieser Tagung. Die Beiträge wurden in einem Peer review Verfahren ausgewählt, begutachtet und überarbeitet.[1]

Die Tagung und auch die Beiträge bieten kein geschlossenes Konzept für eine neue Arbeitsmarkt- und Sozialpolitik, das schon jetzt geeignet wäre den neuen Herausforderungen gerecht zu werden. Er bietet allerdings Analysepotentiale und wichtige Bausteine für Wege zu mehr Effizienz und Sicherheit bei der Gestaltung flexibler Arbeitsmärkte.

Im *ersten Teil* werden aus theoretischer und zugleich angewandter Perspektive der Nutzen, die Kosten und die Akzeptanz der sozialpolitischen Arbeitsmarktgestaltung betrachtet. Deutlich werden hier direkte, indirekte Erträge der Sozialpolitik und zugleich auch weitere Forschungsfragen, die sich auf die Messung, aber vor allem auch auf die Erklärung des Wertes der Sozialpolitik richten.

Georg Vobruba betrachtet Wechselwirkungen zwischen dem Arbeitsmarkt und der Sozialpolitik aus einer generellen Perspektive. Er geht von der These aus, dass Arbeitskraft in kapitalistischen Ökonomien einen Überschuss an Be-

---

1   In diesem Zusammenhang möchten wir uns sehr herzlich bei Alexandra Böhm und Jacob Behr bedanken. Sie haben uns bei der redaktionellen und graphischen Bearbeitung des Buches unterstützt. Unser Dank gilt ebenso Frank Engelhardt, der als verantwortlicher Lektor des VS-Verlages die Herausgabe des Bandes mit großer Tatkraft ermöglichte.

dürfnissen und Interessen aufweist, deren Realisierung Effizienz mindernd auf die Ökonomie zurückwirken kann. Eine ökonomische Theorie, die mit dem Apriori marktgenerierter Optima operiert, muss die Möglichkeit eines solchen Zusammenhanges kategorial ausschließen und erschließt darum kein angemessenes Verständnis der Bedeutung sozialer Sicherheit als Rahmenbedingung moderner kapitalistischer Ökonomien. Eine tragfähige Theoriealternative ist derzeit freilich nicht verfügbar, doch liefert der Beitrag Hinweise und systematisierende Fragen für die Entwicklung einer angemessenen Sozial-(politischen)Theorie.

Günther Schmid widmet sich dann dem Mehrwert der Arbeitsmarktpolitik. Anhand zahlreicher Beispiele und theoretischer Bezüge kommt er zu dem Ergebnis: Wird Arbeitsmarktpolitik immer nur aus der Perspektive des moralischen Risikos gesehen, dann ist der Nutzen der Arbeitsmarkt- und Sozialpolitik gering. Wird bei der Arbeitsmarktpolitik aber das innovative Risiko fokussiert, dann könnten die in seinem Beitrag aufgezeigten Möglichkeiten zur Institutionalisierung von Gelegenheitsstrukturen, etwa in Form einer Beschäftigungsversicherung, den Weg zu einem Beschäftigungsregime ebnen, dass durch mehr Flexibilität, Innovationskraft und Sicherheit gekennzeichnet ist.

Hartmut Seifert und *Olaf Struck* argumentieren in ähnlicher Richtung. Sie zeigen zunächst, in wieweit Arbeitsmärkte durch eine Zunahme an Flexibilität und Mobilität gekennzeichnet sind. In einem zweiten Schritt werden sich hieraus ergebende Problemlagen für Erwerbspersonen thematisiert. Eingegangen wird dabei vor allem auf Einkommens- und Segmentierungsrisiken, die in unsteten Erwerbsverläufen häufig kumulieren. In einem dritten Schritt werden dann der Nutzen der Sozial- und Arbeitsmarktpolitik sowie beispielhaft Flexibilität, Effizienz und Sicherheit steigernde sozialpolitische Maßnahmen vorgestellt.

Oliver Nüchter und *Alfons Schmid* widmen sich in Ihrem Beitrag der Akzeptanz der Menschen gegenüber dem Sozialstaat und den sozialen Sicherungssystemen. Diese werden in Abhängigkeit vom Arbeitsmarktstatus betrachtet. Sie konstatieren: Für sozialpolitisches Handeln ist die Orientierung an Einstellungen für dessen Gelingen relevant. Reformen werden eher akzeptiert, wenn sie alle Menschen in ähnlichem Ausmaß betreffen, als wenn sie unterschiedliche Betroffenheit erzeugen; auch werden einmal beschlossene Veränderungen eher akzeptiert als langwierige Diskussion über die richtige Ausgestaltung. Abhängig sind die subjektiven Einstellungen dabei von dem Erwerbsstatus und den damit verbundenen Interessenlagen. Zur Erklärung der Einstellungsunterschiede wird in dem Beitrag auf verhaltenstheoretische Ansätze rekurriert. Der Zusammenhang zwischen Einstellungen und Bewertungen einerseits und dem Verhalten andererseits ist theoretisch jedoch immer noch ungeklärt. Um zu ermitteln, inwieweit Verhaltenstheorien adäquat sind für die Erklärung von Einstellungen, die selbst u.a. verhaltensbasiert sind, bleiben vertiefende Analysen notwendig.

Im *zweiten Teil* des Bandes werden dann Wechselwirkungen zwischen Arbeitsmärkten und Sozialpolitik gezielter mit Blick auf einzelne Gruppen und institutionelle Regelungen am Arbeitsmarkt betrachtet. Auffällig ist hier, dass in diesen Beiträgen vielfach die Widersprüche zwischen institutionellen Leitbildern im Rahmen der Gesamtordnung des deutschen Sozialmodells angesprochen werden.

Anne Hacket stellt zunächst die Flexibilitätssituation auf Arbeitsmärkten vor. Vor dem Hintergrund der Veränderungen von extern-numerischer und interner Flexibilisierung fragt sie: Welche Qualität haben Betriebsstabilität und Betriebsmobilität für Beschäftigte? Welche Risiken und welche Chancen sind mit Betriebsmobilität verbunden? Und ist Betriebsstabilität als positive Referenzfolie für diskontinuierliche und betriebsmobile Erwerbsverläufe geeignet? Um die Folgen von Betriebsstabilität und Betriebsmobilität zu messen, werden *Einkommensverläufe* von Berufsanfängern untersucht. Ob hierbei Chancen oder Risiken durch Mobilität bzw. Stabilität dominieren, entscheidet sich vor allem an den Kontextbedingungen. Unterschieden werden dabei ost- und westdeutsche Arbeitsmärkte, freiwillige Mobilität (direkte/Einkommen steigernde Betriebswechsel) und unfreiwillige Betriebswechseln (Wechsel in Arbeitslosigkeit, Erwerbslücke oder mit Einkommensverlust). Zudem werden berufliche Wechsel sowie Veränderungen der Arbeitszeit kontrolliert.

Katrin Baltes und *Andrea Hense* stellen sich die Frage, ob atypische Beschäftigungsformen mit gestiegenen individuellen Teilhabechancen einhergehen oder ob eine zunehmende Ungleichheit von Partizipationsmöglichkeiten die Folge ist. Da die langfristigen Einkommens- bzw. Beschäftigungssicherheiten abgeschwächter sind als beim Normalarbeitsverhältnis, führen sie zu einer potenziellen Gefährdung der kontinuierlichen Erwerbskarriere und des aktuellen wie zukünftigen Lebensstandards. Ob dieses Gefährdungspotential zum Tragen kommt, hängt dann u.a. von den Weiterbildungschancen von Arbeitnehmern und Arbeitslosen ab. Vor diesem Hintergrund ist es Ziel des Aufsatzes zu zeigen, ob und inwieweit die aktuelle Platzierung am Arbeitsmarkt – beschäftigt in einem Normalarbeitsverhältnis, atypisch beschäftigt oder arbeitslos – die relativen Chancen der berufliche Weiterbildung und darüber die zukünftige Beschäftigungsmöglichkeiten beeinflusst.

Sabine Pfeiffer, Anne Hacket, Tobias Ritter und *Petra Schütt* verdeutlichen die Bedeutung des Arbeitsvermögens im Kontext der Aktivierung von Leistungsempfängern im Rahmen der jüngsten Hartz-Reformen am Arbeitsmarkt. Mit diesem Paradigmenwechsel hin zu einem „aktivierenden Wohlfahrtsstaat" avanciert die Kommodifizierung von Arbeitskraft zum zentralen Ziel, das sowohl durch eine Verstärkung des Arbeitszwangs als auch durch eine Ausweitung befähigender Politiken umgesetzt werden soll. Allerdings ist dabei zu beachten, das Arbeitslosigkeit mit einer umfassenden „Enteignung an Lebenschancen" sowohl in Bezug auf Erwerbswelt als auch in Bezug auf die Lebenswelt einhergeht. Für die Ermittlung des Aktivierungspotenzials der Betroffen ist dann der Blick auch auf die qualitative Seite der Arbeitskraft und dabei auf das erwerbs- wie lebensweltlich generierte Arbeitsvermögen zu richten um erfolgreiche Übergänge in die Welt der Arbeit zu ermöglichen.

Nina Baur verdeutlicht Widersprüche zwischen Erwerbsorientierungen und den Idealen einer erfüllten Partnerschaft mit Kindern. Dabei geht sie auf institutionelle Widersprüche, d.h. gleichzeitig bestehende Forderung nach einem Ernährer-Hausfrau-Modell im Bereich der Kindererziehung sowie der Forderung nach einer individualisierten Lebensgestaltung auf dem Arbeitsmarkt und im Bereich der Sozialversicherungssysteme, ein. Auf der Ebene der Alltagspraxis stellen sie junge Menschen vor unlösbare Aufgaben und dies insbesondere dann wenn deren Arbeitsplätze flexibilisiert und unsicher sind. Dabei bindet sie Ihre Analysen an das Leitbild der sozialen Marktwirtschaft an, dass in seinen Ursprüngen als offenes (Gesamt-)Konzept gedacht war. Statt die Gesamtordnung zu gestalten, haben politische Maßnahmen der vergangenen Jahre jedoch lediglich einzelne Politikfelder reformiert, so dass Zielkonflikte verschärft wurden. Insbesondere der Wandel der Geschlechterbeziehungen wurde bei fast allen Reformen ignoriert.

Stefanie Börner zeigt am Beispiel des Kombilohns, wie ein der herkömmlichen wohlfahrtsstaatlichen Logik widersprechendes Instrument Schritt für Schritt schließlich doch in das sozialpolitische Arrangement integriert wurde. Kombilöhne heben die bisherige Trennung zwischen Erwerbseinkommen oder Sozialtransfer auf und können zunächst als systemfremde Maßnahme im deutschen Sozialmodell gelten. Dabei verdeutlicht sie, dass es nicht darum geht, starr an überkommenen Prinzipien oder Strukturelementen festzuhalten, sondern bei Reformbemühungen die langfristigen Folgen für das sozialstaatliche Arrangement und Handlungsimplikationen auf der Akteursebene mitzudenken. In diesem Sinne können Kombilöhne als vorübergehender Scheideweg verstanden werden, an dem sich erneut die Frage nach der zukünftigen Richtung der sozialstaatlichen Entwicklung stellt.

Annelie Buntenbach kritisiert in ihrem Beitrag die Hartz-Reformen. Entgegen aller politischen Versprechungen steht für Sie Hartz-IV heute nicht für einen Aufbruch sondern als Synonym für Verunsicherung. Dies nicht nur bei Arbeitslosen, sondern auch bei den meisten Arbeitnehmerinnen und Arbeitnehmer. Der an sich positive Grundgedanke der Arbeitsmarktreformen, die Vermittlung zu verbessern, ist schnell verblasst angesichts der Realität, die vor allem durch Leistungskürzungen sowie den Druck auf Arbeitslose und Beschäftigte geprägt ist.

In Europa werden unterschiedliche Wege beschritten, um die Effizienz und Sicherheit auf Arbeitsmärkten zu steigern. Im *dritten Teil* des Bandes wird der Blick auf Nachbarländer und ihre Erfahrungen mit der Umsetzung des Leitgedankens Flexicurity gerichtet.

Claudia Bogedan untersucht in diesem Zusammenhang Dänemark und das dort als beispielgebend avancierte Erfolgsmodell von „Flexicurity". In Dänemark gelangen einerseits eine eindrucksvolle Reduktion der Arbeitslosigkeit sowie andererseits eine Politik die scheinbar widersprüchlichen Bedarfe moderner Arbeitsmärkte nach Flexibilität und Sicherheit zu vereinen. Sie verdeutlicht, in welcher Weise die dänischen Erfahrungen Hinweise für die gleichzeitige Zielerreichung von Effizienz und Gleichheit sowie Flexibilität und Sicherheit bei gleichzeitiger eindrucksvoller Reduktion der Arbeitslosigkeit bieten können. Dabei kommt es weniger auf einzelne Reformmaßnahmen an. Wichtiger ist das Zusammenspiel geeigneter Anreizstrukturen. Dies berücksichtigend können die dänischen Erfahrungen durchaus Ausgangspunkt einer grundsätzlichen Neuorientierung auch der deutschen Wirtschafts-, Arbeitsmarkt- und Sozialpolitik sein. Und sie kommt zu dem Schluss: Eine hohe Sozialstaatsquote, Beschäftigungswachstum und soziale Gleichheit sind auch unter den veränderten ökonomischen Bedingungen möglich.

Sascha Zirra und *Jenny Preunkert* gehen in ihrem Beitrag der Frage nach, inwieweit die Europäische Beschäftigungsstrategie in den Jahren 2000 bis 2005 zu den Arbeitsmarktreformen in Deutschland, Frankreich und Italien beitragen konnte. Es wird gezeigt, dass die Europäische Beschäftigungsstrategie und das damit verbundene Leitbild der Flexicurity in allen drei Ländern eine pfadabhängige Modernisierung der Beschäftigungsordnung unterstützt hat. Sie trug dazu bei, dass in den drei untersuchten Ländern lange verschleppte Reformen auf dem Arbeitsmarkt angegangen wurden. Die Instrumente und Leitbilder der Europäischen Beschäftigungsstrategie wurden dabei von nationalen Akteuren in den nationalen Aushandlungsprozessen als Ressource genutzt, um ein eigenes, zum Teil aufgrund der Einbindung in die europäischen Prozesse entstandenes, Veränderungsinteresse voranzutreiben. Während innerhalb der Europäischen Beschäftigungsstrategie die Prinzipien der Flexicurity als Mittel zu mehr Chancengleichheit auf dem Arbeitsmarkt verstanden werden, wurden in den drei untersuchten Staaten einzelne Komponenten als Reformschwerpunkte herausgegriffen: Eine Verbesserung der Qualität der Arbeitsvermittlung in Deutschland, eine staatliche Unterstützung von gering entlohnten Beschäftigungsverhältnissen in Frankreich und ein Ausbau flexibler Beschäftigungsverhältnisse in Italien. Die soziale Segmentation des Arbeitsmarktes konnte mit diesen Reformen daher kaum reduziert werden.

So bleibt zusammenfassend festzuhalten: Arbeitsmärkte werden flexibler. Dabei scheint die Arbeitsmarkt- und Sozialpolitik, die eine wirtschaftlich effiziente und flexible Gestaltung durch soziale Sicherungssysteme wirksam unterstützten, um Autonomiegewinne für möglichst viele Menschen zu steigern, hinter ihren Möglichkeiten zurück zu bleiben.

Eine Ursache hier für ist, dass der Wohlfahrtsstaatsdiskurs seit Jahrzehnten als Krisendiskurs geführt wird. Dem setzt dieser Band, die sozialen und wirtschaftlichen Chancen einer sozialpolitischen Gestaltung von Arbeitsmärkten entgegen. An der Tragfähigkeit und Ausstrahlungskraft dieses Gedankens sowie an der damit verbundenen Hoffnung an einer Fortsetzung der Diskussion über den Nutzen der Sozialpolitik soll sich dieser Band messen lassen.

Teil I
Nutzen und Akzeptanz der Sozial- und Arbeitsmarktpolitik

Effizienz durch Sicherheit. Soziale Rahmenbedingungen moderner kapitalistischer Ökonomien

Georg Vobruba

1 Einleitung

Im Folgenden geht es um vorbereitende Bemerkungen zu einer Theorie, in deren Perspektive sich das Verhältnis von ökonomischer Effizienz und sozialer Sicherheit empirisch untersuchen lässt. Ausgangspunkt ist die These, dass Arbeitskraft in der kapitalistischen Ökonomie einen Überschuss an Bedürfnissen und Interessen aufweist, deren Realisierung effizienzmindernd auf die Ökonomie zurückwirken kann. Da die Unterdrückung solcher Interessen in einer modernen Ökonomie selbst nur um den Preis von Effizienzverlusten möglich ist, wird ihre sozialpolitische Absorption zur Voraussetzung ökonomischer Effizienz. Eine ökonomische Theorie, die mit dem Apriori marktgenerierter Optima operiert, muss die Möglichkeit eines solchen Zusammenhanges kategorial ausschließen und erschließt darum kein angemessenes Verständnis der Bedeutung sozialer Sicherheit als Rahmenbedingung moderner kapitalistischer Ökonomien. Eine Theoriealternative ist freilich noch nicht verfügbar. Dies wäre ein Theoriekonzept, das für empirische Variationen im Verhältnis von ökonomischer Effizienz und sozialer Sicherheit offen ist und Bedingungen benennen kann, unter denen sich erwünschte Varianten herstellen.

2 Die unvollständige ökonomische Integration der Arbeitskraft

Der Begriff „Effizienz" bezeichnet eine besondere Qualität in der Relation zwischen Mitteleinsatz und Zweck; mit Bezug auf eine kapitalistische Ökonomie bedeutet Effizienz, aus einem gegebenen Einsatz von Produktionsfaktoren, Arbeit und Kapital, ein Maximum an Ertrag, also Güteroutput zu erzielen. Dies ist keine nominalistische Begriffsbestimmung, sondern bereits eine empirische Beschreibung. Denn diese Bedeutung von Effizienz ist in der kapitalistischen Ökonomie selbst systemisch verankert. Das bedeutet, dass die ökonomischen Funktionszusammenhänge die Akteure dazu nötigen, das Ziel eines effizienten Einsatzes von Arbeit und Kapital zu verfolgen. Wer nachhaltig gegen diesen Imperativ verstößt, wird vom Markt ausgestoßen.

Unter „Sicherheit" wird hier die institutionell abgesicherte Erwartung eines kontinuierlichen Einkommens in ausreichender Höhe, das entweder aus dem Arbeitsmarkt oder aus dem System sozialer Sicherung bezogen wird, verstanden. Vor dem Hintergrund dieser Definitionen lässt sich das Problem des Zusammenhangs zwischen Effizienz und Sicherheit so formulieren: Die Integration von Arbeitskraft als ökonomische Ressource in eine kapitalistische Ökonomie ist in spezifischer Weise voraussetzungsvoll. Die Integration von Arbeitskraft im Kapitalismus erfolgt, wie allgemein bekannt, über den Arbeitsmarkt. Das heißt, dass Arbeitskraft in Form einer handelbaren Ware in das ökonomische System gerät. Die spezifischen systemischen Anforderungen einer kapitalistischen Ökonomie, Qualifikationsanforderungen, Mobilitätsanforderungen, Flexibilitätsanforderungen teilen sich den Arbeitskräften über den Arbeitsmarkt als spezifische Anforderungen an die Ware Arbeit mit. Nach der Marktseite hin sind das Knappheitsrelationen, nach der Seite der Arbeitskräfte Verhaltensanforderungen.

Das Problem besteht darin, dass Arbeitskraft sich nie völlig ins ökonomische System integrieren lässt, mit anderen Worten: dass sie nie in ihrer Warenförmigkeit aufgeht. Im Kern liegt dies an der von Karl Polanyi (1978) theorierelevant gemachten Tatsache, dass die Arbeitskraft von ihrem Träger unabtrennbar ist. Daraus folgt, dass Arbeitskräfte stets nicht nur als ökonomische Ressource, sondern auch als Personen, also existentiell, in das kapitalistische ökonomische System involviert sind (Vobruba 1989: 27ff.), mit der Konsequenz, dass sie den Flexibilisierungsanforderungen, die ihnen über den Arbeitsmarkt vermittelt werden, nicht bedingungslos entsprechen können.

Die zwingend unvollständige Integration der Arbeitskraft in das ökonomische System hat zweierlei Konsequenzen.

Zum einen ergibt sich daraus die theoriekonstruktive Konsequenz, den Arbeitsmarkt nicht als Teil des ökonomischen Systems aufzufassen, sondern ihn als zwischen der kapitalistischen Ökonomie und seiner gesellschaftlichen Umwelt situiert zu sehen. Darin unterscheidet sich die soziologische Arbeitsmarkttheorie und -forschung radikal von ökonomischen Deutungen, welche den Arbeitsmarkt in der Ökonomie aufgehen lassen und darum allfällige Besonderheiten der Arbeitskraft und des Arbeitsmarktes als Anomalien, gemessen am Referenzmodell des Marktes, auffassen. Die ökonomische Theorie rückt damit in einer Weise an ihren Gegenstand heran, die uns noch kurz beschäftigen wird.

Und zum anderen folgt aus der Unabtrennbarkeit der Arbeitskraft von ihrem Träger, dass bei ihrem Einsatz in der Ökonomie immer mit Handlungsdispositionen gerechnet werden muss, die sich nicht dem Systemimperativ des effizienten Ressourceneinsatzes fügen. Arbeitskräfte treten, aus der Perspektive des ökonomischen Systems, auf dem Arbeitsmarkt mit einem Überschuss an Handlungsmotiven auf: mit Sicherheitsbedürfnissen, Anerkennungsstreben, Gerechtigkeitsgefühlen, Emotionen und so weiter. Im Kern drehen sich die vielfältigen Debatten über „Equality and Efficiency" (Okun 1975), Effizienz und Sicherheit, Effizienz und Gerechtigkeit oder Ökonomie und Wohlfahrtsstaat um die Frage, wie mit diesen überschüssigen Handlungsmotiven zu verfahren sei, insbesondere dann, wenn sie störend auf die Ökonomie, die Handlungsfähigkeit der Politik oder die soziale Integration der Gesellschaft zurückwirken (Vobruba 2003).

Hier ist der Anknüpfungspunkt für eine handlungstheoretisch reformulierte Theorie funktionaler Differenzierung, mit deren Hilfe gezeigt werden kann, dass die Ausdifferenzierung eines Systems sozialer Sicherung deshalb ökonomische Effizienzgewinne induziert, weil es dem ökonomischen System systemfremde Aufgaben wie soziale Absicherung, Wahrung von Gerechtigkeit etc. abnimmt, und ihm so ermöglicht, sich auf seine Kernaufgabe: die effiziente Produktion zu konzentrieren (Vobruba 1991; Huf 1998; Möhle 2001). Je nach politischem Geschmack kann man das als Vorteil ansehen, argwöhnen, der Staat werde so aus seiner „Beschäftigungsverantwortung entlassen" oder beklagen, es werde dadurch von so etwas wie „Klassenkampf" abgelenkt.

Die Auseinandersetzungen um die Durchsetzung der Warenförmigkeit der Arbeit drehen sich im Kern darum, wie viel von den überschüssigen Handlungsmotiven der Arbeitskräfte als Personen durch den „stummen Zwang der ökonomischen Verhältnisse" übergangen werden kann, wie weit also die Warenfiktion den Arbeitskräften aufgezwungen und so zur Realität gemacht werden kann; und wie viel dieser überschüssigen Handlungsmotive entweder im Rahmen des Arbeitseinsatzes berücksichtigt oder arbeitsmarktextern aufgefangen werden muss. Daran schließen zwei Basisoptionen arbeitsmarktbezogener Politik an:

Politik, welche die Durchsetzung der Warenfiktion unterstützt. Das kann entweder geschehen, indem man durch weitgehenden Verzicht auf Sozialpolitik dem „stummen Zwang der ökonomischen Verhältnisse" Raum schafft, oder aber indem man den Arbeitsmarkt politisch restriktiv flankiert.

Politik, welche den überschüssigen Interessen und Handlungsmotiven Raum bietet. Das wiederum kann entweder arbeitsmarktintern stattfinden, durch Jobsicherheit oder durch Beschäftigungssicherheit; oder arbeitsmarktextern, durch ein System sozialer Sicherung, welches Sicherungsinteressen jenseits des Arbeitsmarktes auffängt (Commission 2007).

3   Zeit- und Raumbedingtheit von Effizienz

Ökonomische Effizienz ist formal eindeutig definierbar. Aber sowohl die Anforderungen an effizienten Ressourceneinsatz, die sich aus der Ökonomie ergeben, als auch die Bereitschaft und Möglichkeiten der Arbeitskräfte, ihnen zu entsprechen, variieren zeitlich und räumlich.

In zeitlicher Hinsicht ist es insbesondere der historische Wandel der Ökonomie, aus dem sich wandelnde Voraussetzungen für effiziente Produktion ergeben. Generell gilt, dass in einer Ökonomie, die standardisierte Leistung verlangt, die Leistungserbringung eher durch Kontrolle sichergestellt werden kann als in einer Ökonomie, die auf flexiblen und innovativen input angewiesen ist, weil sich die Leistungsanforderungen rasch und unvorhersehbar ändern. Dieser Wandel ist vor allem in der Fordismus/Postfordismus-Debatte Thema. Märkte werden instabil, volatil; Effizienzanforderungen an die Allokationen ändern sich rasch; Konkurrenzzusammenhänge weiten sich global aus. Arbeitskräfte mit hohen und knappen Qualifikationen entwickeln neuartige Interessen und sind bereit, auf neuartige Anforderungen einzugehen. Arbeitskräfte mit Allerweltsqualifikationen und ohne Anbietermacht stehen vor neuen Verhaltenszumutungen, denen sie sich kaum entziehen aber nicht immer entsprechen können (Dörre 2005).

Das Verhältnis von ökonomischer Effizienz und sozialer Sicherheit variiert historisch. Dass gegenwärtig Effizienz und Sicherheit zueinander zunehmend in ein Bedingungsverhältnis geraten, verdankt sich den zunehmenden Flexibilitätsanforderungen dieser neuen Produktionskonstellation: Die rasch wechselnden Anforderungen der gesellschaftlichen Umwelt an Unternehmen und Arbeitskräfte machen Flexibilität zum Schlüssel für Effizienz. Damit wird Sicherheit, welche Flexibilität fördert, Voraussetzung für ökonomische Effizienzsteigerungen im modernen Kapitalismus (Commission 2007). Man sieht: Ich argumentiere nicht dafür, dass Sicherheit prinzipiell effizienzfördernd wirkt; das Argument lautet, dass mit der Entwicklung zum gegenwärtigen modernen Kapitalismus (jedenfalls in Europa) die Relevanz von Sicherheit als Rahmenbedingung ökonomischer Effizienz zunimmt.

In räumlicher Hinsicht sind es insbesondere unterschiedliche ökonomische Traditionen und Kulturen, welche unterschiedliche Ausprägungen von effizienter Produktion bedingen. Es gibt je nach Weltregion unterschiedliche Selbstverständlichkeiten des Arbeitskräfteeinsatzes sowie unterschiedliche Anforderungen an die Arbeitskräfte, die als akzeptabel gelten. Und es gibt unterschiedliche Formen ökonomischer Strategien und Organisationen, welche diese Dispositionen nutzen. In der Forschung über „Varieties of Capitalism" (Hall/Soskice 2001) und die diversen Sozialmodelle sind diese regional unterschiedlichen Entsprechungsverhältnisse zwischen ökonomischen Anforderungen und Arbeitseinsatz ein zentrales Thema.

Die Berücksichtigung der Zeit- und Raumbedingtheit von Effizienz ist wichtig, weil damit zugleich klar wird, dass sich empirische Aussagen über Bedingungen ökonomischer Effizienz stets nur zeitlich und räumlich spezifiziert, also für eine historische Konstellation und für eine ökonomische Weltregion machen lassen. Das bedeutet zugleich: Der politische Hinweis, dass es anderswo anders geht, besagt nicht viel. Rankings und daraus abgeleitete transregionale Best-practices-Empfehlungen stehen theoretisch auf schwachen Beinen. Denn was in einer Weltregion selbstverständlich akzeptierte Arbeitsanforderung ist, kann in einer anderen eine inakzeptable Zumutung und somit unpraktikabel sein. Veränderungen in den Arbeitsverhältnissen zwecks Effizienzsteigerung, die grundlegend neue Verhaltenszumutungen mit sich bringen, funktionieren darum möglicherweise überhaupt nicht oder müssen langwierige Disziplinierungsprozesse und lange Gewöhnungszeiten in Rechnung stellen, die kostspielig sind. Das ist der systematische Grund dafür, dass weltweit mit mehreren „best practices" zu rechnen ist (Schettkat 2003).

Dies alles sind Unwägbarkeiten bei der Optimierung des Verhältnisses zwischen Effizienz und Sicherheit, die man systematisch nur in den Griff bekommt, wenn man Arbeitskraft soziologisch fasst: also nicht als Ware, sondern als fiktive Ware.

4 Nutzungskonflikte und Interpretationskämpfe

Aus dem Umstand, dass Arbeitskraft nicht im ökonomischen System aufgeht, sondern an der Grenze zwischen ihm und seiner gesellschaftlichen Umwelt liegt, ergeben sich Nutzungskonflikte und Interpretationskämpfe um die Ware Arbeitskraft.

Nutzungskonflikte: Ihr Gegenstand sind die Bedingungen, auf die sich die Arbeitskraft bei ihrem Einsatz einlassen muss. Die Lohnhöhe ist der trivialste Streitgegenstand. Komplizierter sind Flexibilisierungsanforderungen. Allgemein lässt sich sagen: Modalitäten des Einsatzes von Arbeit sind um so komplizierter aushandelbar und für die Forschung um so komplexer, je weniger es sich dabei um ein Nullsummenspiel zwischen Kapital und Arbeit handelt: Es trifft ja nicht einmal im Falle von Lohnverhandlungen durchwegs zu, dass hohe Löhne im Interesse der Arbeitskräfte und niedrige Löhne im Unternehmensinteresse sind. Spätestens wenn ein Unternehmen ökonomisch in Gefahr gerät, entsteht ein breites Interessenbündnis für Kostenreduktion, das die Arbeitskräfte auf beiden Seiten einschließt: Als Belastete und als Begünstigte der Reduktion von Lohnkosten. Aber das ist noch relativ einfach. Schwieriger wird es bei Flexibilität des Arbeitseinsatzes. Das liegt sowohl an Uneindeutigkeiten in der Sache wie an Uneindeutigkeiten des Begriffs. Das heißt: Es gibt Formen von Flexibilität, die allen nützen und es gibt Formen von Flexibilität, die nur einer Partei nützen. Und dazu kommt, dass in der politischen Begriffsverwendung dies verwischt und die Zurechnung von unterschiedlichen Flexibilitätsformen zu Interessen erschwert wird (Vobruba 2007: 205ff.). Generell geht es bei den Nutzungskonflikten darum, ob Arbeitskraft als ökonomische Ressource und als nichts sonst behandelt werden kann, oder wie weit auf ihre überschießenden Motive Rücksicht zu nehmen ist; wie weit die Arbeitskraft also als Ware und wie weit sie als Person behandelt werden muss.

Interpretationskämpfe: Interpretationskämpfe schließen unmittelbar an der letztgenannten Frage an. In ihnen geht es um Auseinandersetzungen darum, ob das Marktmodell das angemessene Referenzmodell für das Verständnis des Arbeitsmarktes ist.

Mit der Etablierung der Deutung, dass Arbeitskraft Ware ist, werden überschüssige Motive zwingend übersehen. Die praktische Notwendigkeit ihrer politischen Berücksichtigung, die sich vor allem im Sozialstaat manifestiert, kann dann nur als arbeitsmarktexterner Störfaktor, nicht als dem Arbeitsmarkt immanentes Erfordernis verstanden werden. Dies ist die Perspektive der neoklassichen ökonomischen Theorie. In ihrer Perspektive können Institutionen sozialer Sicherung darum nur als ökonomische Störfaktoren auftreten. Martin Feldstein in seiner Presidential Adress an die American Economic Association: „Unemployment insurance programs raise unemployment. Retirement pensions induce early retirement and depress saving. And health insureance programs increase medical costs." (Feldstein 2005: 1)[1]. Mit einem Wort: Soziale Sicherheit stört den Markt, der Effizienz verbürgt. Dies wird nicht als empirisches Ergebnis, sondern als theoretisches Apriori und als ein essentieller Aspekt des spezifischen Rollenverständnisses von Ökonomen formuliert. Konsequenz davon ist ihr Eintritt in die Interpretationskämpfe in praktischer politischer Absicht – mit Erfolg, wie Feldstein meint: „Economic reasearch has helped policy officials to recognize these undesirable effects and to redesign social insurance programs" (ebd.). Was immer man dem unmittelbar entgegensetzen mag, in soziologischer Perspektive wird man erst einmal einen Schritt zurücktreten und solche Manifestationen des ökonomischen Rollenverständnisses mit beobachten. Die ökonomische Theorie erweist sich dann als Teil des Untersuchungsgegenstandes der soziologischen Arbeitsmarktforschung. Denn die verstehende Soziologie beobachtet ihren Gegenstand als bereits in der Praxis interpretierten Gegenstand. Man kann auch sa-

---

1   Vgl. dagegen aber Abramovitz 1981.

gen: Die Soziologie betreibt Beobachtung zweiter Ordnung. Sie beobachtet, wie ihr Gegenstand in der Praxis beobachtet und interpretiert wird. Nach mehr als 30 Jahren Arbeitslosigkeit drängen sich die rivalisierenden problembezogen gemeinten Interpretationen von Arbeit und Beschäftigung als integrierte Bestandteile des Untersuchungsgegenstandes Arbeitsmarkt geradezu auf. Nur um den Preis eines heroischen Reflexionsverzichts kann man mit dem gegebenen Erfahrungshintergrund noch mit den ökonomischen Deutungen des Arbeitsmarktes in einen direkten Diskurs eintreten. In der Praxis kann man natürlich über alles, also auch über ökonomische Arbeitsmarktinterpretationen reden. Systematisch wird man sich in soziologischer Perspektive aber genötigt sehen, in erster Linie über diese ökonomischen Deutungen – als Teil des Forschungsgegenstandes Arbeitsmarkt in der kapitalistischen Ökonomie – zu forschen. Dies läuft darauf hinaus, eine Wissenssoziologie der Ökonomie als Teil einer Soziologie des ökonomischen Systems zu entwickeln.

5 Die Forschungslage

Wenn zutrifft, dass Arbeitskraft keine Ware ist, sondern ein Dauerkonflikt darüber besteht, wie weit sie als Ware behandelt werden kann, dann folgt daraus, dass mit überschüssigen Motiven im Arbeitsverhältnis immer zu rechnen ist. Und daraus folgt dann wiederum, dass eine strikte Entgegensetzung von ökonomischer Effizienz und sozialer Sicherheit jedenfalls nicht aufrecht erhalten werden kann. Denn es ist mit der Möglichkeit zu rechnen, dass gerade die Nichtbeachtung von Bedürfnissen nach Sicherheit, Gerechtigkeit etc. störend auf das effiziente Funktionieren der Arbeitskraft zurück wirken, und dass darum die sozialpolitische Absorption solcher störender Bedürfnisse das effiziente Funktionieren der Ökonomie gewährleistet. Die ist eine empirische Frage. Was wissen wir dazu?

Die Forschungslage dazu ist nicht üppig, aber es gibt doch einige bemerkenswerte empirische Resultate. Generell kann man unterscheiden zwischen Untersuchungen, die (1) bei individuellem Verhalten und seinen Kontexten ansetzen; und Untersuchungen, welche (2) makroökonomische und makrosoziale Kennziffern zueinander ins Verhältnis bringen.

(1) Empirische Indizien für ein Bedingungsverhältnis von Effizient und Sicherheit auf der Ebene individuellen Verhaltens lassen sich von zwei Seiten gewinnen. Man kann entweder danach Fragen, (1.1) in welcher Weise die Nichtberücksichtigung überschüssiger Motive Effizienz stört. Oder man kann danach fragen, (1.2) in welcher Weise die Berücksichtigung überschüssiger Motive Effizienz fördert.

(1.1) Evidenz dafür, dass die Nichtberücksichtigung von Gerechtigkeitsgefühlen effizienschädigend sein kann, findet man in der Untersuchung von Olaf Struck, Gesine Stephan und anderen. Sie zeigen, dass Entlassungen, welche das Gerechtigkeitsempfinden der verbliebenen Belegschaft verletzen, zu verringerter Arbeitsmotivation und Eigenkündigungen führen können (Struck u.a. 2006). Solche nichtintendierten Folgen von Unternehmensmaßnahmen können Kosten nach sich ziehen, welche die intendierten Effizienzsteigerungen zumindest temporär übersteigen. (1.2) Umgekehrt kann gezeigt werden, dass ein verlässliches System sozialer Sicherung die Innovationsbereitschaft in einer Ökonomie fördert; dass also die unter dem Verdacht der Effizienzstörung stehende soziale Sicherheit effizienzsteigernd wirken kann (Heidenreich 2004).

(2) Ebenso gibt es empirische Hinweise auf ein Bedingungsverhältnis zwischen Effizienz und Sicherheit auf der Ebene makroökonomischer und -sozialer Zusammenhänge. Manfred Schmidt (2005: 270) kommt in seiner Übersicht über den langfristigen Zusammenhang zwischen Wirtschaftswachstum (jährliches Wachstum des preisbereinigten Pro-Kopf-Sozialprodukts) und der Sozialstaatsentwicklung (jährliche Veränderung der Sozialleistungsquote) zu folgenden Ergebnissen:

Generell ist für den Zeitraum von 1890 bis 1989 eine positive Beziehung zwischen wirtschaftlicher Entwicklung und Sozialausgaben festzustellen. Offen bleibt dabei freilich, wie die Richtung der Kausalität in dieser Beziehung zu interpretieren ist: Der positive Zusammenhang der Makrodaten spricht also gegen die Annahme einer Antinomie, somit für die Verträglichkeit von Wirtschaftsentwicklung und Sozialausgaben. Dass Sicherheit effizientsteigernd wirkt, ist damit nicht gesagt – aber dafür sprechen die Befunde auf der Mikroebene.

6 Forschungsperspektiven

Meine Überlegungen stehen im Zusammenhang eines langen Diskurses, der nie abbrach, aber auch nie hegemonial wurde – möglicherweise, weil er zu früh einsetzte, das heißt, auf einem Entwicklungsstand der kapitalistischen Ökonomie, auf dem sie dieser spezifischen effizienzsteigernden Aspekte des Systems sozialer Sicherung noch nicht bedurfte. Historisch war das in der Weltwirtschaftskrise 1929ff. durch den Verein für Soziale Reform (1930; 1931). Etwa ab der Mitte der 80er Jahre ist soziale Sicherheit als Produktionsfaktor wieder entdeckt worden (Struwe 1989; Rürup 1990). Im Zuge dieses Diskurses kam es auch zur expliziten Wiederaufnahme des Themas der Debatte in der Weltwirtschaftskrise, „Der wirtschaftliche Wert der Sozialpolitik" (Kleinhenz 1986; Vobruba 1989a). Es folgten intensive Auseinandersetzungen mit der Mainstream-Auffassung von

„sozialer Sicherheit als Standortproblem" (Ganssmann 1997; Borchert u.a. 1997) sowie einige systematisierende Arbeiten zum Thema (Huf 1998; Möhle 2001). Parallel dazu entstanden Arbeiten ähnliches Zuschnitts in Großbritannien (Pfaller/Gough/Therborn 1991; Esping-Anderson 1994; Atkinson 1995; Gough 2000) Später kamen Arbeiten dazu, in denen die in Form von Globalisierung versus Sozialstaat vorgetragene Antinomie Markt versus Sozialstaat aufgelöst wird (Ganssmann 2000; Brady et al. 2005) All das ist wichtig und richtig, aber der Text-, Diskussions- und Wissenszusammenhang ist noch nicht dicht genug, um der These ihren Exotenstatus zu nehmen.

Die Aufgabe wäre, die verstreuten Befunde zu sammeln und in eine Systematik zu bringen. Letzteres verlangt nach Theorie. Eine solche Theorie kann nur jenseits des ökonomischen Arbeitsmarktmodells gewonnen werden – nicht in Auseinandersetzung mit ihm. Denn, wie gesagt: Die Ökonomische Theorie ist selbst ein Teil des Untersuchungsgegenstands der soziologischen Arbeits- und Arbeitsmarktforschung. Die Theorie muss so angelegt werden, dass die Frage nach dem Verhältnis zwischen Effizienz und Sicherheit offen gestellt werden kann. Daraus können dann empirische Fragestellungen entwickelt werden, die auf Probleme, unter welchen Bedingungen Sicherheit Effizienz fördernd ist, schärfer eingestellt werden können. Dabei geht es nicht nur um die Frage nach dem Verhältnis zwischen Effizienz und unterschiedlichen Sicherheitsniveaus, sondern darum, welche Strukturmuster von Sozialpolitik – bei konstantem Niveau – am ehesten effizienzfördernd sind.

Das bringt mich zu meiner letzten Bemerkung und einem offenen Problem. Das Effizienzproblem im Verhältnis zwischen Ökonomie und sozialer Sicherheit reproduziert sich im System sozialer Sicherheit selbst: Auch wenn man außer Streit stellt, dass ein bestimmtes Niveau an sozialer Sicherheit Voraussetzung für ökonomische Effizienz ist, bleibt doch die theoretische, empirische und praktische Frage, wie ein gegebenes Niveau an Sicherheit am effizientesten gewährleistet werden kann. Denn effiziente Sozialpolitik kann ja nichts anders bedeuten, als dass ein gegebenes Sicherungsniveau mit minimalem Mitteleinsatz erreicht wird. Dieses Kriterium aber ist nur schwer operationalisierbar. Denn es besteht nicht nur aus objektivierbaren Daten, sondern auch aus einem Sicherheitsgefühl – und genau dieses prägt die ökonomisch relevanten Verhaltensdispositionen der Arbeitskräfte. Am ehesten kann man sich dem Problem ex negativo annähern. Hartz IV steht als trauriges Beispiel für eine Politik, die von fragwürdigen Problemdiagnosen ausgehend, zu mehr Kosten und zu weniger Sicherheitsgefühl geführt hat. Das ist das präzise Gegenteil dessen, was eine moderne kapitalistische Ökonomie gegenwärtig benötigt.

Literatur

Abramovitz, Moses (1981): Welfare Quandaries and Productivity Concerns. In: American Economic Review 71: 1-17.

Atkinson, Anthony B. (1995): The Welfare State and Economic Performance. (Welfare State Programme Discussion Paper 109 – LSE) London.

Borchert, Jens et al. (Hg.) (1997): Standortrisiko Wohlfahrtsstaat? Jahrbuch für Europa- und Nordamerikastudien. Opladen.

Brady, David et al. (2005): Economic Globalization and the Welfare State in Affluent Democracies, 1975-2001. In: American Sociological Review 70: 921-948.

Commisssion of the European Communities. (2007): Towards Common Principles of Flexicurity: More and better jobs through flexibility and security. COM(2007) 359 final. Brussels.

Dörre, Klaus (2005): Prekarisierung contra Flexicurity. In: Kronauer, Martin/Linne, Gudrun (Hg.): Flexicurity. Die Suche nach Sicherheit in der Flexibilität. Berlin: 53-71.

Feldstein, Martin (2005): Rethinking Social Insurance. The American Economic Review. March: 1-24.

Esping-Anderson, Gösta (1994): Welfare States and the Economy. In: Smelser, Neil J./Swedberg, Richard (eds.): The Handbook of Economic Sociology. Princeton: 711-732.

Ganssmann, Heiner (1997): Soziale Sicherheit als Standortproblem. In: Prokla. Zeitschrift für kritische Sozialwissenschaft 27 (1): 5-28.

Ganssmann, Heiner (2000): Politische Ökonomie des Sozialstaats. Münster.

Gough, Ian (2000): Social Welfare and Competitiveness. In: Gough, Ian (ed.): Global Capital, Human Needs and Social Policies. Houndmills: 177-202.

Hall, Peter/Soskice, David (eds.) (2001): Varieties of Capitalism. The Institutional Foundations of Comparative Advantage. Oxfort.

Heidenreich, Martin (2004): Innovationen und soziale Sicherheit im internationalen Vergleich. In: Soziale Welt 55(2): 125-144.

Huf, Stefan (1998): Sozialstaat und Moderne. Berlin.

Kleinhenz, Gerhard (1986): Der wirtschaftliche Wert der Sozialpolitik. In: Winterstein, Helmut (Hg.): Sozialpolitik in der Beschäftigungskrise I. Berlin: 51-81.

Möhle, Marion (2001): Vom Wert der Wohlfahrt. Wiesbaden.

Okun, Arthur (1975): Equality and Efficiency: The Big Tradeoff. Washington.

Pfaller, Alfred/Gough, Ian/Therborn, Göran (1991): Can the Welfare State Compete? London.

Polanyi, Karl (1978 [1944]): The Great Transformation. Frankfurt a.M./Wien.

Rürup, Bert (1990): Sozialpolitik als Produktivkraft. Zur gesamtwirtschaftlichen Effizienz staatlicher Sozialversicherungen. In: Gahlen, Bernhard u.a. (Hg.): Theorie und Politik der Sozialversicherung. Tübingen: 179-194.

Schettkat, Ronald (2003): Institutions in the Economic Landscape. What Impact do Welfare State Institutions Have on Economic Performance? (CESifo DICE Report 2): 27-33.

Schmidt, Manfred G. (2005): Sozialpolitik in Deutschland. Wiesbaden.
Struck, Olaf (2006): Flexibilität und Sicherheit. Wiesbaden.
Struck, Olaf u.a. (2006): Arbeit und Gerechtigkeit. Wiesbaden.
Struwe, Jochen (1989): Wachstum durch Sozialpolitik. Köln.
Verein für Soziale Reform (1930): Die Reform des Schlichtungswesens. Der wirtschaftliche Wert der Sozialpolitik. Jena.
Verein für Soziale Reform (1931): Der wirtschaftliche Wert der Sozialpolitik. Eine Sammelschrift. Jena.
Vobruba, Georg (1989): Arbeiten und Essen. Wien.
Vobruba, Georg (Hg.) (1989a): Der wirtschaftliche Wert der Sozialpolitik. Berlin.
Vobruba, Georg (1991): Jenseits der sozialen Fragen. Frankfurt.
Vobruba, Georg (2003): Die sozialpolitische Selbstermöglichung von Politik. In: Nassehi, Armin/Schroer, Markus (Hg.): Der Begriff des Politischen. Soziale Welt, Sonderband 14, Baden-Baden: 383-397.
Vobruba, Georg (2007): Entkoppelung von Arbeit und Einkommen. Wiesbaden.

Der Mehrwert der Arbeitsmarktpolitik. Von der Arbeitslosen- zur Beschäftigungsversicherung

Günther Schmid

1 Einleitung

Die Forderung, dass Politik einen Mehrwert – einen *„value added"* – schaffen soll, ist heute in aller Munde. Politik legitimiert sich schließlich auch über ihre Ergebnisse (Scharpf 1989). Was dieser „Mehrwert" bedeutet und wie er gemessen werden könnte, ist jedoch umstritten. Darüber hinaus ist der Begriff zumindest im deutschen Sprachgebrauch nicht frei von ideologischen Reminiszenzen. Wer das *Kapital* von Karl Marx gelesen hat, wird sich an die berühmte Formel erinnern:

$$(1) \quad M = C_2 - (C_1 + V)$$

Der Mehrwert (M) ist die Differenz zwischen dem durch Arbeit geschaffenen erweitertem Kapital (C_2) und der Summe des durch den Kapitalisten vorgeschossenen konstanten Kapitals (C_1), also Maschinen, Bauten, Material, und den Kosten für das variable Kapital (V), also dem Lohn für die Arbeiter. So betrachtet könnte der Mehrwert der Arbeitsmarktpolitik ein negatives Vorzeichen bekommen: Je weniger die Arbeitsmarktpolitik die Arbeiter zum Verkauf ihrer Arbeitskraft zwingt, desto höhere Löhne können sie fordern. Neoklassische Ökonomen sehen das übrigens genauso, nur mit einer anderen Brille: Nicht die Arbeitslosigkeit, sondern die Arbeitsmarktpolitik ist das Problem, weil sie den Reservationslohn und damit die Arbeitslosigkeit erhöht.

Neben der Feststellung der ideologischen Position führt diese Sicht nicht weiter. Dennoch ist das Marxsche Formelgerüst als Ausgangspunkt hilfreich. Demnach kann der Mehrwert der Arbeitsmarktpolitik (M_{AP}) als die Differenz zwischen dem Nutzen der Arbeitsmarktpolitik (N_{AP}) und ihren Kosten (K_{AP}) plus Effizienzverlusten (EV) bei ihrer Umsetzung definiert werden.

$$(2) \quad M_{AP} = N_{AP} - (K_{AP} + EV)$$

So schlicht die Formel, so kompliziert wird es, wenn in die Details und an die praktische Umsetzung gegangen wird. Sowohl Nutzen als auch Kosten haben eine objektive und subjektive Dimension. Der monetäre Nutzen – beispielsweise der Arbeitsvermittlung – könnte an der Reduzierung der Dauer der Arbeitslosigkeit und an der Höhe der Einkommen nach erfolgreicher Wiedereingliederung gemessen werden. Trotz des fortgeschrittenen Standes der Evaluationsforschung sind selbst solche einfachen Quantifizierungen heute noch kaum möglich.

Noch schwieriger wird es bei den subjektiven Komponenten des möglichen Nutzens: Etwa die Minderung der Unsicherheit, die Steigerung der Arbeitsfreude, die Erweiterung von Handlungsoptionen durch eine vertrauenswürdige Arbeitslosenversicherung und durch effiziente Arbeitsmarktdienstleistungen. Das sind gewichtige Voraussetzungen für Risiko- und Verantwortungsbereitschaft. Deshalb darf der subjektive Nutzen der Arbeitsmarktpolitik, auch wenn er schwer zu messen ist, nicht vernachlässigt werden. Analog zum Nutzen könnten die Kosten der Arbeitsmarktpolitik differenziert werden. Mögliche Effizienzverluste durch Mitnahme-, Verdrängungs- und Substitutionseffekte müssen hier als bekannt vorausgesetzt werden (Schmid et al. 1996, S. 12f., 156ff.).

Der folgende Essay argumentiert, dass sich die derzeitige Debatte fast ausschließlich auf die möglichen negativen Anreize der Arbeitsmarktpolitik, also auf das *moralische Verhaltensrisiko* fixiert. Die positiven Anreize einer Sicherheit gewährleistenden Arbeitsmarktpolitik, also das *innovative Verhaltensrisiko*, werden derzeit kaum berücksichtigt. Das Argument wird in vier Schritten ausgeführt. Zunächst werden die Alternativkosten der Arbeitslosigkeit zu bestimmen versucht. Danach wendet sich die Aufmerksamkeit den objektiven und anschließend den subjektiven Kosten und Nutzen der Arbeitsmarktpolitik zu. Die Zusammenführung beider Dimensionen führt schließlich zum Ergebnis, dass der Mehrwert moderner Arbeitsmarktpolitik vor allem in der Institutionalisierung von Gelegenheitsstrukturen liegen könnte. Damit sind institutionelle Arrangements gemeint, die Menschen beim Navigieren durch die Risiken kritischer Übergänge im Erwerbsverlauf unterstützen. Dazu müsste jedoch die Arbeitslosenversicherung zu einer Beschäftigungsversicherung weiter entwickelt werden, die nicht nur das Einkommensrisiko bei Arbeitslosigkeit, sondern auch andere erwerbsbezogene Einkommensrisiken im Lebenslauf absichert[1].

---

1   Ich danke Jutta Höhne und Simone Modrack für ihre Unterstützung bei der Text- und Grafikerstellung, sowie Hartmut Seifert für hilfreiche Hinweise zur Verbesserung.

2   Die Alternativkosten der Arbeitslosigkeit

Folgt man Clausewitz, wonach der Angriff die beste Verteidigung ist, könnte der Mehrwert der Arbeitsmarktpolitik zunächst mit dem Hinweis auf die abschreckenden Alternativkosten der Arbeitslosigkeit begründet werden. Demnach stellt sich die Frage: Sind die Kosten der Arbeitslosigkeit als schlagkräftiges Argument für den Mehrwert der Arbeitsmarktpolitik zu gebrauchen?

Die *volkswirtschaftlichen Kosten* der Arbeitslosigkeit sind in der Tat horrend. Nach Berechnungen des IAB betrugen sie im Jahr 2004 250 Mrd. Euro (Bach/Spitznagel 2006). 250 Mrd. Euro sind gut 11 Prozent des nominalen Bruttoinlandsprodukts. 6,4 Mio. unterbeschäftigte Personen hätten diesen Wert erwirtschaften können. In anderen Worten: Umgerechnet pro Kopf wären die Deutschen bei Vollbeschäftigung durchschnittlich um etwa 3.000 Euro pro Jahr reicher gewesen. Das sind zwar „Peanuts" für einige in den Medien präsente Supermanager, für den Durchschnittsverdiener jedoch mehr als ein Monatsgehalt.

Auch für den Staat ist Arbeitslosigkeit teuer. Die *gesamtfiskalischen Kosten* der Arbeitslosigkeit betrugen im selben Jahr 85,7 Mrd. Euro. Sie setzen sich aus Mehrausgaben und Mindereinnahmen durch Arbeitslosigkeit zusammen. Zwei Strukturmerkmale dieser Kosten sind für die Bestimmung des Mehrwerts der Arbeitsmarktpolitik von Bedeutung.

Erstens sind für den Staat mittlerweile die Mindereinnahmen durch entgangene Sozialbeiträge und Steuern mit 46 Prozent fast genauso hoch wie die Mehrausgaben. Darüber hinaus sind von den 54 Prozent Mehrausgaben für Arbeitslosengeld und Arbeitslosenhilfe nur gut zwei Drittel als direkte Kosten (Transferleistungen) zu verbuchen. Ob sich dieses Verhältnis mit der Ersetzung der Arbeitslosenhilfe durch das Arbeitslosengeld II geändert hat, ist offen. Neuere Berechnungen des IAB sind erst im Laufe des Jahres 2008 zu erwarten. Geht man von keinen wesentlichen Änderungen aus, kann aus dem vergleichsweise geringen Anteil der direkten Kosten der Schluss gezogen werden, dass Kürzungen bei den Transfereinkommen, z.B. über geringere Leistungssätze oder kürzere Bezugsdauer, unter gesamtfiskalischen Gesichtspunkten nur begrenzt zur Entlastung öffentlicher Haushalte beitragen. Dagegen setzt diese Struktur der Alternativkosten die institutionellen Akteure unter Druck, mehr an den Kosten der aktiven Arbeitsmarktpolitik anzusetzen, wenn sie Schulden abbauen müssen.

Das zweite Strukturmerkmal mit unangenehmen Folgen für die aktive Arbeitsmarktpolitik ist die Fragmentierung der gesamtfiskalischen Kosten. Die Bundesagentur für Arbeit (BA) trägt 36 Prozent der Gesamtkosten, der Bund 29 Prozent, zusammen also knapp zwei Drittel. Die Bundesländer sind mit 8 Prozent und die Kommunen mit 7 Prozent der Gesamtkosten belastet. Die restlichen 20 Prozent gehen auf Kosten der Renten- und Krankenversicherung. Hans-Uwe Bach und Eugen Spitznagel, die diese Berechnungen angestellt haben, ziehen daraus den folgenden Schluss:

> „Eine gesamtfiskalische, alle tangierten Haushalte umfassende Betrachtung und Behandlung des Problems der Unterbeschäftigung unterbleibt daher in aller Regel. Die hohen Kosten der Arbeitslosigkeit, ihre Verteilung und ihre Ursachen sollten in der Diskussion um Maßnahmen zum Abbau der Arbeitslosigkeit stärker beachtet werden. Oft werden nur die „hohen Kosten" der Arbeitsmarktpolitik kritisiert. Dabei wird übersehen, dass sich die Ausgaben für effektive Maßnahmen bereits kurzfristig über eingesparte Kosten bei der Arbeitslosigkeit teilweise selbst finanzieren. Netto und auf längere Sicht sieht diese Rechnung sogar noch freundlicher aus" (Bach/Spitznagel 2006: 52).

Wenn die Arbeitslosigkeit so teuer ist, warum wird dann nicht Arbeit anstelle von Arbeitslosigkeit finanziert? Einen Teil der Antwort liefert die schon erwähnte Aufteilung der fiskalischen Kosten. Weder die Bundesländer noch die Kommunen, die zwei Drittel der öffentlichen Investitionen tätigen, haben ausreichende fiskalische Anreize, um beschäftigungspolitische Verantwortung zu übernehmen. Die BA und die anderen Sozialversicherungsträger sind schon von Amts wegen dafür nicht zuständig. Der Bund hat zwar wegen seines vergleichsweise hohen Anteils an den gesamtfiskalischen Kosten einen starken Anreiz zum Handeln; bisher konzentrierte er sich aber auf das moralische Risiko der Arbeitsmarktpolitik, d.h. auf die Stärkung der Arbeitsanreize für Arbeitslose durch Kürzung der Dauer des Leistungsbezugs und Verschärfung der Sanktionen. Damit folgte er der vorherrschenden neoklassischen Angebotstheorie, wonach die Vermeidung des Arbeitsleids das bestimmende Motiv des Arbeitsangebots ist. Warum sollten Arbeitslose dieses Leid auf sich nehmen, wenn sie bei einer 38 oder 40 Stundenwoche kein höheres Einkommen erzielen als mit Lohnersatz?

Eine weitere theoretische Erklärung für das arbeitsmarktpolitische Verhalten des Bundes wie der Länder und Kommunen liefert das *Theorem der fiskalischen Kongruenz*: Dort wo Kosten und Nutzen einer Politik institutionell auseinander laufen, besteht kein Anreiz, die Verantwortung zu übernehmen. Pointiert formuliert: Die derzeitige Verteilung der volkswirtschaftlichen und fiskalischen Kosten der Arbeitslosigkeit begünstigt Verschiebebahnhöfe und organisierte Verantwortungslosigkeit oder Leistungskürzungen. Die Antwort auf die Ausgangsfrage ist daher enttäuschend. Die Alternativkosten der Arbeitslosigkeit sind als „Abschreckungswaffe" in der Argumentation für den Mehrwert der Arbeitsmarktpolitik leider nur bedingt tauglich.

3 Kosten und Nutzen aktiver Arbeitsmarktpolitik

Wendet man sich deshalb direkt den Kosten und Nutzen aktiver Arbeitsmarktpolitik zu, dann ist zunächst auf einen noch schlagkräftigeren Grund hinzu-
weisen, warum die hehre Vorstellung, man müsse Arbeit und nicht Arbeitslosigkeit finanzieren, eine Luftnummer sein könnte. Das Argument lautet: Aktive
Arbeitsmarktpolitik schafft weder Arbeitsplätze noch mindert sie die Arbeitslosigkeit. Im Gegenteil. Jeder Euro, der dafür ausgegeben wird, verpufft nutzlos
in den Kaminen der Arbeitsagenturen. So sehen es zumindest prominente und in
maßgeblichen Gremien sitzende Ökonomen:

> „Grundsätzliche Überlegungen und empirische Evidenz legen nahe, die aktive
> Arbeitsmarktpolitik einzustellen, weil sie eine riesige volkswirtschaftliche Versch-
> wendung darstellt, die den Zwangsversicherten im Saldo nicht nutzt, sondern
> schadet" (Breyer et al. 2004: 45).

Wer nach dieser Einschätzung den Mehrwert der Arbeitsmarktpolitik erhöhen
will, schaffe also zuerst die aktive Arbeitsmarktpolitik ab. Dieselben „grundsätzlichen Überlegungen" führen auch zum Schluss, die so genannte passive Arbeitsmarktpolitik zu privatisieren oder wenigstens die Beitragssätze streng nach
Risiko – also nach Branchen, Alter und Qualifikation – zu differenzieren. Für
Ältere wäre demnach nicht – wie im November 2007 von der Großen Koalition
beschlossen – die *Verlängerung* des Arbeitslosengeldbezuges, sondern eine
altersgestufte *Erhöhung* der Beitragssätze das probate Mittel zur Lösung ihres
Arbeitslosigkeitsrisikos.

Dass diese Auffassung in den vergangenen Jahren Wirkung gezeigt hat,
lässt sich unschwer an der Entwicklung der direkten Kosten, also der Ausgaben
für Arbeitsmarktpolitik nachvollziehen. Sieht man einmal von der Sondersituation der 90er Jahre ab, sind die in Preisen von 2000 gemessenen Ausgaben
für aktive Arbeitsmarktpolitik von 22,2 Mrd. Euro im Jahre 2000 auf 13,6 Mrd.
Euro im Jahre 2006 gesunken. Die Versicherungsleistungen für Arbeitslosengeld
sind – nach einem rezessionsbedingten Anstieg (2003-2005) – nahezu konstant
geblieben. Dagegen stiegen die Ausgaben für Arbeitslosenhilfe oder Arbeitslosengeld II von 13,2 auf 20,9 Mrd. Euro (Abb. 1).

Abbildung 1: Ausgaben für Arbeitsmarktpolitik: Arbeitslosengeld, Arbeitslosen-
hilfe/Arbeitslosengeld II und aktive Arbeitsförderung, 1991-
2006 (in Mrd. Euro und Preisen zu 2000)

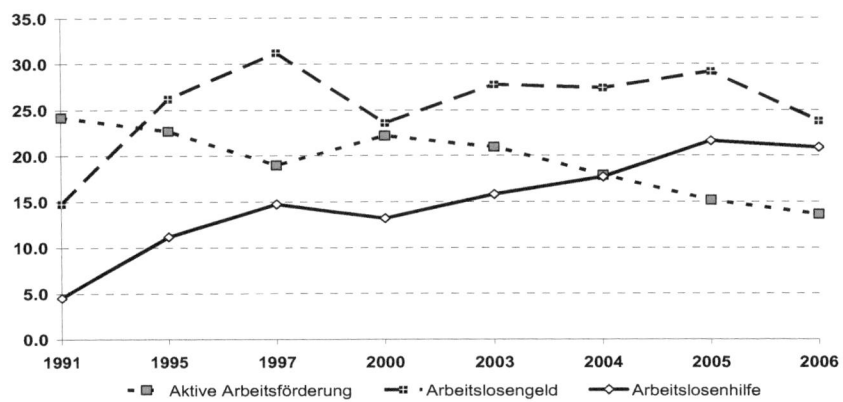

Quelle: ANBA, verschiedene Jahrgänge, eigene Berechnungen

Betrachtet man die Struktur der Ausgaben für aktive Arbeitsmarktpolitik genauer, dann fällt vor allem der Absturz der Maßnahmen für berufliche Bildung
auf, die seit dem Jahr 2000 von 8,7 auf 3,4 Mrd. Euro gesunken sind. Auch die
Beschäftigung schaffenden Maßnahmen fielen drastisch von 5,5 auf 1,8 Mrd.
Euro. Die saisonalen und konjunkturellen Maßnahmen spielen kaum noch eine
Rolle. Nur die Förderung der Selbständigkeit ist gestiegen, wird aber trotz Er-
folgsbescheinigung durch die Evaluierung wieder heruntergefahren. Schließlich
hat die Fülle vermittlungsfördernder Maßnahmen zwar das Niveau von fünf bis
sechs Mrd. Euro noch einigermaßen gehalten. Wenn man aber die interne Struk-
tur dieses Maßnahmebündels genauer betrachtet, zielt dieses zunehmend auf die
Eindämmung des moralischen Risikos anstatt auf die Ermutigung zu riskanten
Mobilitäts- und Investitionsentscheidungen (Abb. 2).

Abbildung 2: Ausgaben für Arbeitsmarktpolitik: Berufliche Bildung, saisonale und konjunkturelle Maßnahmen, vermittlungsfördernde Maßnahmen, Beschäftigung schaffende Maßnahmen, Förderung der Selbständigkeit, 1991-2006 (in Mrd. Euro und Preisen zu 2000)

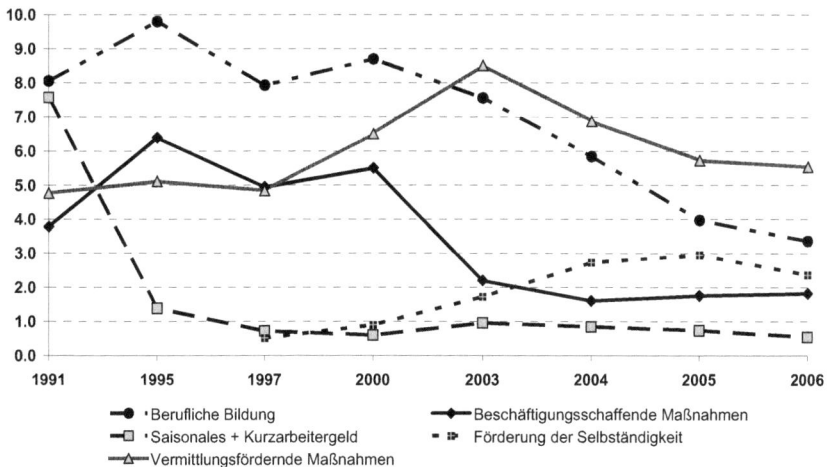

- —●— ·Berufliche Bildung
- —□— ·Saisonales + Kurzarbeitergeld
- —△—Vermittlungsfördernde Maßnahmen
- —◆—Beschäftigungsschaffende Maßnahmen
- ▪ ▪ Förderung der Selbständigkeit

Vermittlungsfördernde Maßnahmen umfassen Zuschüsse zur Eingliederung von behinderten Arbeitnehmern, Langzeitarbeitslosen und Jugendlichen; Mobilitätshilfen (u.a. Übergangs-, Fahr- und Umzugskostenbeihilfe zur Aufnahme einer neuen Beschäftigung), die Vergütung mit Vermittlungsleistungen beauftragter Dritter (ab 2004, z.B. Gutscheinverfahren) und vieles mehr.
Quelle: ANBA, verschiedene Jahrgänge, eigene Berechnungen

Gibt es Aussichten auf eine Umkehr dieses Trends? Die jüngsten Forschungsergebnisse geben dafür drei Anhaltspunkte. Erstens variieren, bezogen auf das Bruttoinlandsprodukt, die Ausgaben für aktive und passive Arbeitsmarktpolitik der entwickelten westlichen Industrieländer stark. Das ist bekannt. Weniger bekannt ist die starke Korrelation beider Größen. Sie kann als *institutionelle Komplementarität* interpretiert werden. Das heißt, mit gebotener Vorsicht: Wer A (gute Einkommenssicherung bei Arbeitslosigkeit) sagt, muss auch B (umfassende Arbeitsförderung) sagen. Jedenfalls zeigt der internationale Vergleich, dass erfolgreiche Länder wie Dänemark, Niederlande und Schweden nach wie vor stark auf aktive wie passive Arbeitsmarktpolitik setzen (Abb. 3). Bezieht man die Ausgaben auf die Arbeitslosen, weist Großbritannien überraschenderweise höhere Ausgaben für aktive Arbeitsmarktpolitik auf als Deutschland (Abb. 4).

Abbildung 3: Ausgaben für aktive und passive Arbeitsmarktpolitik in % des BIP 2004

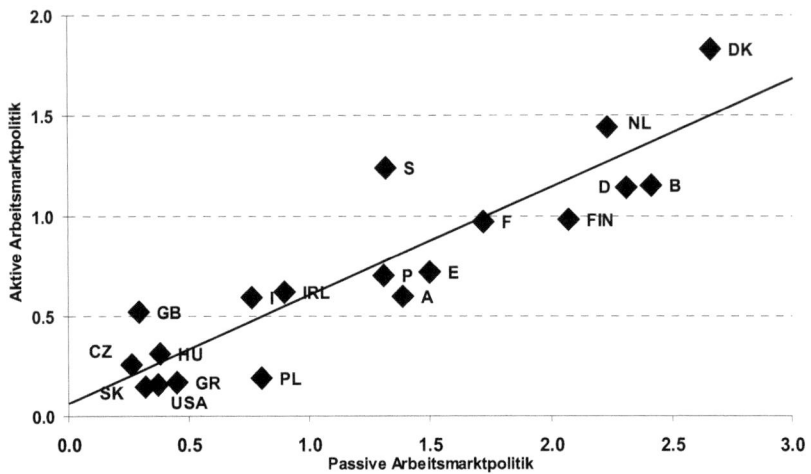

Quelle: OECD

Warum sind diese Länder nicht schon längst Bankrott gegangen? Diese Frage führt zum zweiten „Hoffnungsstrahl". Die neuesten Evaluationsstudien zur Wirksamkeit und Effizienz aktiver Arbeitsmarktpolitik sind nicht nur optimistischer, als es die oben zitierten ökonomischen Lehrmeister nahe legen. Sie geben auch konkrete Anhaltspunkte für mögliche Effizienzsteigerungen.

Ohne auf Details einzugehen[2], lässt sich festhalten: Die Reform der deutschen Arbeitsvermittlung ist auf gutem Wege. Vor allem die rationalisierenden Eingangszonen der Kundenzentren, terminierte Beratungsgespräche und stärkere Arbeitgeberorientierung sind viel versprechend. Die berufliche Weiterbildung, Eingliederungszuschüsse und Existenzgründungen erhöhen signifikant die Integrationschancen von Teilnehmern in Maßnahmen gegenüber Nichtteilnehmern. Nach wie vor gäbe es freilich auch große Defizite der Arbeitsmarkt-

---

2   Zu solchen Details vgl. insbesondere Bundesministerium (2006) und die Beiträge im Schwerpunktheft 3 der vom DIW herausgegebenen Vierteljahreshefte zur Wirtschaftsforschung (2006).

politik zu vermelden, vor allem im Zusammenhang mit der verunglückten Konstruktion der Arbeitsgemeinschaften (ARGEn), die im Dezember 2007 nun auch vom Bundesverfassungsgericht als verfassungswidrig erklärt wurden.

Abbildung 4: Ausgaben für aktive und passive Arbeitsmarktpolitik in US $ je Arbeitslose 2004

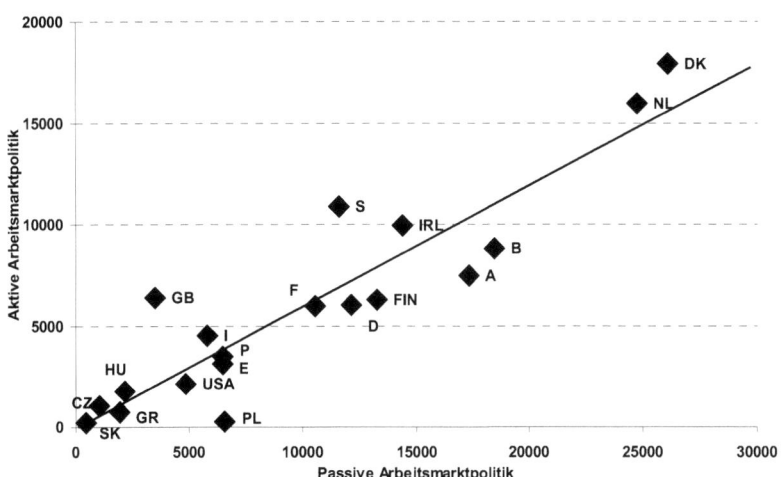

Quelle: OECD, eigene Berechnungen

Der entscheidende Grund, das Glas halb voll und nicht halb leer zu sehen, ist jedoch die Lernfähigkeit der Politik. Der Vergleich von Evaluationsstudien vor und nach den Reformen seit 2002 macht deutlich, dass mit dem Reformprozess die Wirksamkeit einzelner Maßnahmen gesteigert werden konnte, insbesondere für die Weiterbildung. Ebenso erfreulich ist, dass mit steigender Seriosität der Evaluationsforschung eine klare Trennung zwischen wirksamen und schädlichen Instrumenten vorgenommen werden kann. Dass Politik auf dieser Basis auch zu lernen bereit ist, zeigt die veränderte Stoßrichtung der Ausgaben. Nach Berechnungen des IZA können nun etwa 28 Prozent der Ausgaben als wirksam eingeschätzt werden, während der Anteil negativ evaluierter Maßnahmen auf 1,5 Prozent zurückging (Eichhorst/Zimmermann 2007).

Schließlich geben mehrere Metaevaluationen, die auf alle derzeit verfügbaren Wirkungsanalysen zurückgreifen, der aktiven Arbeitsmarktpolitik ein gutes Zeugnis.[3] Stellvertretend sei auf die Zusammenfassung einer OECD-Studie verwiesen (2006: 211): Danach ist es vor allem der Steuer- und Abgabenkeil, der die Arbeitslosigkeit signifikant nach oben treibt. Danach kommen Produktmarkt-regulierung und Transferleistungen. Aktive Arbeitsmarktpolitik dagegen senkt Arbeitslosigkeit stark und hoch signifikant (Abb. 5).

Abbildung 5: Zusammenhang zwischen Arbeitslosenquote, ausgewählten Institutionen und Politikmaßnahmen in OECD-Ländern

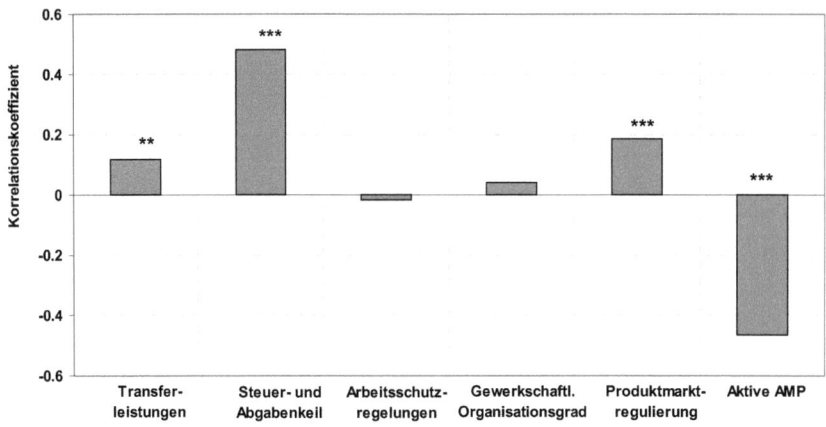

** statistisch signifikant auf 5 %-Niveau *** statistisch signifikant auf 1%-Niveau
Quelle: OECD 2006

Bevor der Mehrwert der Arbeitsmarktpolitik mit weiteren Überlegungen erhärtet werden soll, empfiehlt es sich, die Aufmerksamkeit auf ein weiteres Element der Mehrwertformel zu richten: Wie verhält es sich mit den subjektiven Alternativ-kosten der Arbeitsmarktpolitik? In diesen Alternativkosten könnte der dritte „Hoffnungsschimmer" gesehen werden, denn ihre Kehrseite stellt den potenti-ellen Mehrwert der Arbeitsmarktpolitik dar.

---

3   Koning (2007); Rovelli und Bruno (2007).

4   Subjektive Alternativkosten der Arbeitsmarktpolitik

Die Auswirkungen von Arbeitslosigkeit auf Glück und Zufriedenheit genießen derzeit besonders hohen Aufmerksamkeitswert. In einer mittlerweile klassischen Studie fanden Liliana und Rainer Winkelmann (1998) heraus, dass – gemessen auf einer Skala von 1 (wenig glücklich) bis 10 (sehr glücklich) – die Beschäftigten um 1,78 Punkte und die Nicht-Beschäftigten um 1,54 Punkte „glücklicher" waren als die Arbeitslosen. Drei Viertel der geringeren Zufriedenheit gingen auf soziale Aspekte des Arbeitsplatzverlustes zurück, also auf den Verlust des sozialen Status oder des Selbstwertgefühls. Nur ein Viertel des geringeren Glücks war dem unmittelbaren Einkommensverlust zuzuschreiben. Bei Männern wog diese soziale Komponente noch schwerer als bei Frauen. Frauen pflegten ihre sozialen Netzwerke nach wie vor stärker außerhalb, die Männer eher innerhalb der Erwerbssphäre. In Ostdeutschland war dieser Unterschied allerdings geringer als in Westdeutschland. Die Annahme liegt auf der Hand, dass in diesem Punkt die westdeutschen Frauen in Zukunft wohl eher den ostdeutschen Frauen folgen als umgekehrt.

Darüber hinaus zeigen aktuellere Studien zur Lebenszufriedenheit, dass Arbeitslosigkeit auch die Stimmung derer drückt, die noch in Lohn und Brot stehen, und das ist die gewaltige Mehrheit.[4] Arbeitslosigkeit mindert auch bei nicht unmittelbar Betroffenen Kreativität und Risikofreude. Das wirkt sich offensichtlich negativ auf Produktivität und Wettbewerbsfähigkeit aus und steigert potentiell den Mehrwert der Arbeitsmarktpolitik.

Dazu kommt die normative Kraft der Arbeitslosigkeit. Je höher die Arbeitslosenquote in der subjektiv erfahrbaren Umgebung, desto weniger wird sie individuell zugeschrieben. Das hat positive wie negative Wirkungen. Zum einen entlastet es die Arbeitslosen psychologisch, wenn auch die Kumpel oder Freundinnen in der Umgebung arbeitslos sind; zum anderen dämpft hohe Kontextarbeitslosigkeit energische Suchanstrengungen und kann fatalistische Neigungen unterstützen. Die Tatsache, dass der Einschaltungsgrad der Arbeitsagenturen mit der Höhe der regionalen Arbeitslosigkeit steigt, kann daher als Indiz für einen Mehrwert der Arbeitsmarktpolitik gesehen werden.

Eine vierte indirekte Wirkung der Arbeitslosigkeit ist zu nennen: Sie senkt generell die Neigung, am gesellschaftlichen Leben teilzunehmen. Die Partizipationsforschung hat eindrucksvolle Belege gesammelt, dass gesellschaftliche Beteiligung ein wesentlicher Faktor für Glück und Lebenszufriedenheit ist. Nach

---

4   Böhnke (2006) und Layard (2005).

Bruno Frey und Alois Stutzer (2002) sind die Menschen in denjenigen Schweizer Kantonen am glücklichsten, wo das größte Mitbestimmungsrecht besteht. Wenn die Kantone mit der größten und mit der geringsten Bürgerbeteiligung verglichen werden, dann entspricht der Zugewinn an Glück in etwa dem Glücksgewinn einer Einkommensverdopplung.

Gegen die Auffassung, dass Arbeitslosigkeit nicht das Problem, sondern die Lösung ist, sprechen auch die Forschungsergebnisse zu den nicht-monetären Kosten der Arbeitslosigkeit. Die Belege, dass Arbeitslosigkeit krank macht – und nicht umgekehrt, dass Kranke überdurchschnittlich häufig arbeitslos werden – sind mittlerweile vielfältig und erhärtet. Das betrifft körperliche Erkrankungen, vor allem jedoch psychische Leiden. Krankheitsanfälligkeit und Sterblichkeit sind bei Arbeitslosen wesentlich höher als bei Nichtarbeitslosen. Depressionen, Suchtkrankheiten, Erschöpfungssymptome, Bluthochdruck und Herzinfarkt treten bei Arbeitslosen viel häufiger auf.

Um nur ein Beispiel zu nennen: 10,5 Prozent der männlichen deutschen Erwerbstätigen leiden unter Depressionen; bei männlichen Arbeitslosen unter zwölf Monaten Arbeitslosigkeit sind es schon 20 Prozent, und bei männlichen Langzeitarbeitslosen 25,3 Prozent. Die um das Alter bereinigte Wahrscheinlichkeit, eine Depression zu erleiden, steigt bei langzeitarbeitslosen Männern um den Faktor 3,4, bei langzeitarbeitslosen Frauen um den Faktor 2,7 (Lampert u.a. 2005: 78).

Arbeitslosigkeit macht also krank, und Krankheit verlängert nicht nur die Arbeitslosigkeit, sondern mindert auch die Chancen einer stabilen Wiedereingliederung in das Erwerbsleben. Der Umkehrschluss für den potentiellen Mehrwert der Arbeitsmarktpolitik ist in der Regel berechtigt: Eine gelungene Wiedereingliederung in den Arbeitsmarkt verbessert in den meisten Fällen die Gesundheit signifikant, insbesondere das psychische Wohlbefinden.

Vor voreiligen Schlüssen muss jedoch gewarnt werden. In Wirklichkeit sind die Zusammenhänge verwickelter als die puren Fakten suggerieren. Sie hängen von vielen intervenierenden Variablen oder so genannten Moderatoreneffekten ab. Nicht jede Arbeit macht gesund. Die neuere Forschung weist darauf hin, dass auch Arbeitslosigkeit unter Umständen gesund machen und Arbeit unter Umständen krank machen kann (Paul u.a. 2006). So gesehen wirkt Arbeitslosigkeit in nicht wenigen Fällen sogar befreiend und öffnet die Chance zum Neuanfang. Im Umkehrschluss steigt der Nutzen der Arbeitsmarktpolitik, wenn sie diese Chance durch Gelegenheitsstrukturen unterstützt und nicht auf beliebige, sondern auf nachhaltige Eingliederung und gute Arbeitsbedingungen achtet. Von aktiver Arbeitsmarktpolitik im Sinne *vorsorgender* oder *nachsorgender* Arbeitsplatzpolitik oder Arbeitsorganisationspolitik ist leider noch wenig die Rede.

Die arbeitsbezogene Gesundheitsforschung liefert auch ein zentrales Argument dafür, dass die Arbeitslosenversicherung nicht nur das Problem des moralischen Risikos aufwirft, sondern auch positive Effekte im Sinne des *innovativen Verhaltensrisikos* hat. Eunice Rodriguez (2001) verglich auf der Basis von Paneldaten die Auswirkungen der Arbeitslosigkeit auf das Krankheitsrisiko in den USA, Großbritannien und Deutschland. Als intervenierende Variable untersuchte sie, ob Arbeitslose Versicherungsleistungen oder bedürftigkeitsgeprüfte Sozialleistungen beziehen. Sie fand heraus, dass Versicherungsleistungen als legitime Ansprüche betrachtet und im Gegensatz zu Fürsorgeleistungen nicht als stigmatisierend empfunden werden. Entsprechend unterschiedlich sind die Auswirkungen auf die Gesundheit. Das Krankheitsrisiko bei Empfängern von Fürsorgeleistungen verdoppelt sich gegenüber Empfängern von Versicherungsleistungen sowohl in Deutschland als auch in den USA, etwas weniger in Großbritannien. Daraus kann der Schluss gezogen werden, dass auch so genannte passive Arbeitsmarktpolitik Mehrwert schaffen kann, insoweit sie durch ein zuverlässiges Versicherungsprinzip Gesundheit und Selbstvertrauen von Menschen stärkt.

Mehr noch. An dieser Stelle kann von der Abwehr durchaus zur Attacke gegen die Apologeten des moralischen Risikos geblasen werden. „Grundsätzliche Überlegungen" wie „empirische Evidenz" zeigen, dass generöse Lohnersatzleistungen die Effizienz der Sucharbeitslosigkeit unter Umständen erheblich erhöhen können. Neben einigen neueren Arbeiten belegt sogar die OECD in ihrem jüngsten Beschäftigungsbericht mit ökonometrischen Analysen, dass Länder mit mittelfristigen generösen Lohnersatzleistungen *und* hoher aktiver Arbeitsmarktpolitik eine höhere Produktivität aufweisen als Länder mit geringen und bedarfsgeprüften Pauschalleistungen. Die OECD liefert dafür die möglichen Erklärungsgründe gleich mit: Erstens verbessern generöse Lohnersatzleistungen die Ausgleichsprozesse auf Arbeitsmärkten vor allem durch effizientere Suche, und zweitens fördern sie höhere Risikoinvestitionen sowohl auf Arbeitnehmer- als auch auf Arbeitgeberseite (OECD 2007).

Abschließend sei noch ein Blick auf die Bedrohung der Arbeitslosigkeit für die innere Sicherheit geworfen, in anderen Worten, auf die Kosten der Arbeitslosigkeit durch erhöhte Kriminalität. Schutz von Leib und Leben sowie Sicherheit von Eigentum vor Diebstahl und Raub sind hohe Güter. Deshalb ist in der Laientheorie der Verdacht weit verbreitet, Arbeitslosigkeit verursache Kriminalität. Die Zusammenhänge sind jedoch sehr verwickelt, so dass sie hier nur mit einigen stilisierten Fakten und mit gebotener Vorsicht angedeutet werden können.

Für die ökonomische Theorie der Politik ist Kriminalität schlicht eine alternative Einkommensquelle. Dementsprechend verweisen die meisten Studien auf einen starken Zusammenhang zwischen Arbeitslosigkeit und Eigentumsdelikten. Dieser Zusammenhang wird insbesondere bei Jugendlichen beobachtet, bei ihnen gestaltet sich darüber hinaus Arbeitslosigkeit sozial wesentlich selektiver als bei Erwachsenen. Im Widerspruch zur ökonomischen Theorie steht die Tatsache, dass es vor allem jugendliche Männer sind, die zu Eigentumsdelikten neigen. Die entscheidenden intervenierenden Variablen sind das durch Arbeitslosigkeit gestörte männliche Selbstbewusstsein und die Diskriminierung auf Grund ethnischer oder anderer sozialer Gründe. Im Jahre 1996 waren z.b. 1,6 Mio. Menschen in amerikanischen Gefängnissen inhaftiert, und es saßen mehr Männer – vor allem schwarze Jugendliche – in Haft als berechtigt waren, Arbeitslosenunterstützung in Anspruch zu nehmen.

Richard Freeman (1996) schätzte die Kosten der Kriminalität in den USA 1993 auf vier Prozent des Bruttosozialprodukts. Zwei Prozentpunkte dieser Kosten gehen auf Schäden durch die Kriminalität selbst zurück, die anderen beiden Prozentpunkte auf Versuche, die Kriminalität zu kontrollieren. Für Arbeitsmarktpolitik wendeten die USA 1995 hingegen nur 0,6 Prozent ihres Bruttosozialprodukts auf gegenüber 3,5 Prozent in Deutschland.

Die realen Einstiegslöhne für jugendliche Berufsanfänger ohne abgeschlossene Berufsausbildung sanken in den USA in den 80er und 90er Jahren um 20 bis 30 Prozent. Die Verdienste in der Kleinkriminalität blieben hingegen gleich oder stiegen leicht an. 1980 gaben 31 Prozent der Jugendlichen in Boston an, dass sie „auf der Straße" mehr verdienen könnten als mit regulärer Arbeit; 1989 waren es bereits 63 Prozent. Allerdings ziehen nur wenige Ökonomen wie Richard Freemann (1996) daraus den richtigen Schluss, dass nur Existenz sichernde Mindestlöhne oder Mindesteinkommen einer solchen Entwicklung Einhalt geben können. Das gilt nicht nur für die USA, sondern auch für Europa und für Deutschland insbesondere.

Wie verhält es sich mit der Kehrseite der Kausalität? Verursacht Kriminalität Arbeitslosigkeit? Die Ergebnisse hierzu erscheinen zumindest für die USA eindeutig: 1992 waren die jungen Männer, die 1979 in den USA im Gefängnis waren, in den Folgejahren zu 25 Prozent weniger beschäftigt als Nicht-Kriminelle (Freeman 1999: 3555); entsprechende Studien in Europa liegen leider nicht vor.

Besonders heranwachsende Männer sind also für kriminelle Handlungen gefährdet. Der Grund dafür liegt aber weniger darin, dass ihre ökonomischen Aussichten gering erscheinen, sondern weil ihnen mit Arbeitslosigkeit oder unsicheren Beschäftigungsaussichten die Wege versperrt werden, soziale Anerkennung zu finden. Auch als ungerecht empfundene Ungleichverteilung der Erwerbseinkommen und offene Diskriminierung verstärken die Neigung zur Kriminalität. Umgekehrt gefährdet eine kriminelle Vergangenheit die produktive Wiedereingliederung in den Arbeitsmarkt.

Das stilisierte Fazit ist ein Teufelskreis: Arbeitslosigkeit verursacht Kriminalität, und Kriminalität verursacht Arbeitslosigkeit. Das gilt vor allem für jugendliche Männer. Diese Wechselwirkung legt den Schluss nahe, neben der Langzeitarbeitslosigkeit den sozialen und ökonomischen Kosten der Jugendarbeitslosigkeit besondere Aufmerksamkeit zu schenken. Die Erfahrungen in den USA lehren, dass trotz steigendem Aufwand für die Verbrechensbekämpfung keine sinkenden Kriminalitätsraten zu beobachten sind, eher im Gegenteil.

Könnte der Mehrwert der Arbeitsmarktpolitik darin bestehen, dass sie Kriminalität wirksamer bekämpft als rigide Strafverfolgung? Im Prinzip ja. Aber auch hier ist ein großes Fragezeichen zu setzen. Evaluationsstudien bescheinigen den arbeitsmarktpolitischen Maßnahmen gerade im Jugendbereich übereinstimmend wenig Erfolg. Nachsorgende Arbeitsmarktpolitik kann Mängel in der Bildungspolitik kaum noch zurechtrücken. Nur eine Verzahnung von Arbeitsmarkt- und Bildungspolitik kann den Übergang von der Schule in den Beruf erfolgreich unterstützen.

5 Plädoyer für eine lebenslauforientierte Arbeitsmarktpolitik

Was folgt aus den bisherigen Betrachtungen für den Mehrwert der Arbeitsmarktpolitik? Dass dieser Wert nicht auf „Heller und Pfennig" zu berechnen ist, dürfte angesichts der großen Bedeutung der subjektiven Komponenten von Arbeitslosigkeit und Beschäftigung deutlich geworden sein. Letztlich konnten nur Indizien herangezogen werden, aber deren Gesamtbild stimmt positiv.

Diesen Eindruck möchte ich mit einem Plädoyer für eine *lebenslauforientierte Arbeitsmarktpolitik* noch verstärken. Die Betrachtung der subjektiven Kosten und Nutzen der Arbeitsmarktpolitik legt nahe, neben der berechtigten Zähmung des moralischen Risikos die Möglichkeiten stärker auszuschöpfen, die allen Versicherungen zugrunde liegende produktive Seite, nämlich das innovative Verhaltensrisiko zu stärken. Die Weiterentwicklung der Arbeitslosenversicherung zu einer Beschäftigungsversicherung könnte die Richtung weisen.

Die Grundidee einer Beschäftigungsversicherung ist, nicht nur das Einkommensrisiko bei Arbeitslosigkeit, sondern auch die Einkommensrisiken bei kritischen Übergängen im Lebenslauf abzusichern. Im Grunde genommen nimmt die tradierte aktive Arbeitsmarktpolitik da und dort diese Funktion ja schon wahr, etwa durch die Förderung der Weiterbildung für Geringqualifizierte, die Umschulung von Langzeitarbeitslosen oder neuerdings die Förderung der Selbständigkeit von Arbeitslosen. Eine systematische Differenzierung nach Lebenslaufrisiken steht jedoch noch aus, und von einer konsequenten Ausrichtung der Arbeitsmarktpolitik auf diese Risiken kann nicht die Rede sein.

Für einen Essay ist der Raum zu knapp, um den Ansatz in angemessener Breite vorzustellen.[5] Zwei Beispiele müssen genügen, um die Grundidee zu erläutern. Das erste Beispiel plädiert für einen Vorrang der Beschäftigung in der Arbeitsvermittlung und deren Ergänzung durch nachsorgende Arbeitsförderung. Das zweite Beispiel knüpft an eine gerade heiß geführte Debatte an und stellt der Verlängerung des Arbeitslosengeldbezugs die Alternative eines persönlichen Entwicklungskontos gegenüber.

Zum ersten Beispiel: Der Mehrwert der Arbeitsmarktpolitik darf zwar nicht ausschließlich mit dem Erfolg der Integration in den Arbeitsmarkt gleichgesetzt werden, aber viele der gesammelten Indizien deuten darauf hin, dass die Teilhabe am Erwerbsleben in der Tat zunächst einmal wichtiger erscheint als das erzielte Einkommen. Pointiert formuliert: Die Verschärfung der Zumutbarkeit im Vermittlungsgeschäft wird erst dann zu einer Zumutung, wenn sie nicht durch nachsorgende Arbeitsförderung begleitet wird. Um die Nachhaltigkeit des Vermittlungserfolges zu unterstützen, bedarf es also nachfolgender Angebote oder der Institutionalisierung von Gelegenheitsstrukturen. Dazu gehören z.B. die Kombinationsmöglichkeit von Arbeit und Weiterbildung, um den neuen Arbeitsplatz zu festigen und Aufstiegsmöglichkeiten zu schaffen, oder die Ergänzung durch Transfereinkommen, wenn die Erwerbsfähigkeit wegen Behinderung oder sozialen Verpflichtungen gegenüber Kindern und Pflegebedürftigen begrenzt ist.

Der Vorrang für eine Beschäftigungsorientierung wird auch durch eine Studie von Petri Böckerman (2004) auf der Basis einer Erhebung der Dublin-Stiftung zu den Determinanten subjektiver Beschäftigungssicherheit bestätigt. Danach steigt das Gefühl der Unsicherheit mit zunehmendem Alter. Die Wahrnehmung von Unsicherheit wird dabei aber eher durch die Erwartung möglicherweise drastisch fallender Löhne oder Einkommen, als durch die Erwartung des Arbeitsplatzverlustes verursacht. Das subjektive Sicherheitsgefühl kann trotz steigender objektiver Unsicherheit durch eine Erweiterung des Erwartungshorizonts gestärkt werden. Dazu gehören eine vergleichsweise großzügige Einkommenssicherung bei Übergangsarbeitslosigkeit, ein hoher Arbeitskräfteumschlag getragen durch eine starke Wirtschaftsdynamik, und rechtlich abgesicherte Gelegenheitsstrukturen wie das Recht auf Weiterbildung, auf Arbeitszeitreduzierung oder die Chance, einen Bildungsabschluss im Erwachsenenalter nachholen zu können.

---

5   Ausführlicher hierzu Schmid (2008a, 2008b).

Diese institutionalisierte Erweiterung des Erwartungshorizonts ist einer der Gründe, warum die Dänen – bei objektiv hoher Arbeitsplatzunsicherheit – in Europa mit Abstand das geringste Unsicherheitsgefühl aufweisen. Neben den generösen Lohnersatzleistungen gewährleisten hohe Ausgaben der Arbeitsmarktpolitik für Weiterbildung und entsprechend hohe Teilnahmequoten aller Alterskategorien das Vertrauen in die Gelegenheitsstrukturen. Auch die Schweden haben 1997 bis 2002 in diesem Sinne vorgesorgt: Ein riesiges Arbeitsmarktprogramm der „Wissensanhebung" für Arbeitslose und für *alle* gering qualifizierten Beschäftigten hat die Teilnehmerzahlen zeitweise auf einen Umfang anschwellen lassen, der in Deutschland knapp einer Million zusätzlicher Weiterbildungsplätze entsprechen würde.

Zum zweiten Beispiel: Die Diskussion um die Verlängerung des Arbeitslosengeldbezugs hat wieder einmal drastisch vor Augen geführt, dass die Vorstellungen einer fairen Teilung des Risikos der Arbeitslosigkeit zwischen Beschäftigten, Betrieben und Staat weit auseinander gehen. Von politischer Seite wurde parteiübergreifend das Gerechtigkeitsproblem in den Vordergrund gestellt. Es dürfe nicht sein, dass lange Beitragzahler mit kurzen Beitragzahlern gleichgestellt werden; ältere Arbeitslose sollten daher mit einer längeren Statussicherung rechnen dürfen. Die entsprechenden Beschlüsse der Großen Koalition vom November 2007 sind bekannt.[6]

Von ökonomischer Seite wird vor allem das moralische Risiko in den Vordergrund gestellt. Danach wird mit jeder verlängerten Bezugzeit das Risiko größer, das Arbeitslosengeld durch mangelnde Suchanstrengungen oder gar durch Frühverrentung auszunutzen. Entweder sollte daher eine solche Verlängerung unterbleiben, oder die Arbeitslosenversicherung sollte ganz auf individuelle Beschäftigungskonten umgestellt werden (Boss u.a. 2007).

Beide Lösungen sind unbefriedigend. Mit den individuellen Beschäftigungskonten würde das Solidarprinzip der Arbeitslosenversicherung aufgegeben, denn die Glücklichen im Lebenslauf, denen keine Arbeitslosigkeit beschieden wird, können ihre Konten in den Ruhestand retten. Die beschlossene Verlängerung des Leistungsbezugs mag zwar die „empfundene Gerechtigkeitslücke" ein wenig schließen, trägt aber nichts zur Verbesserung der Wiedereingliederungschancen von Langzeitarbeitslosen bei.

Eine Alternative wäre, das Solidarsystem im Kern aufrecht zu erhalten und durch ein persönliches Entwicklungskonto zu ergänzen. Der Vorschlag geht von der Annahme aus, dass das Anreizproblem der Arbeitsmarktpolitik derzeit

---

6   Mit der Reform erhalten Arbeitslose ab 50 Jahre 15 statt bisher 12 Monate lang Arbeitslosengeld I, bevor sie in das Arbeitslosengeld II abrutschen; über 55-Jährige bis zu 18 und über 58-Jährige bis zu 24 Monate.

weniger in der mangelnden Zähmung des *„moralischen Risikos"* als in der mangelnden Ermutigung zum *„innovativen Risiko"* besteht.[7]

Auch wenn Ansätze durchaus zu erkennen und anzuerkennen sind, fehlt es nach wie vor an Absicherungen neuer Risiken, die es den Menschen erlauben, während ihres Lebenslaufs kritische Übergänge zu wagen: etwa den zeitweiligen Übergang von der Vollzeit- in die Teilzeitbeschäftigung, den Übergang in einen zweiten oder gar dritten Bildungsweg, die Kombination von Arbeit und Bildung, den Übergang von der abhängigen Beschäftigung in die Selbständigkeit, den Übergang von einer sehr gut bezahlten zu einer weniger gut bezahlen Stellung, oder schließlich den graduellen anstatt des abrupten Übergangs in die Rente.

Die theoretische Begründung für das *„innovative Verhaltensrisiko"* von Sozialversicherungen ist im Kern einfach: Versicherungen haben nicht nur negative, sonder immer auch positive Anreizfunktionen. Sie fördern neben der moralischen Versuchung auch die Bereitschaft, riskante Entscheidungen zu treffen, die wegen Risikoaversion sonst nicht getroffen würden. Die soziologische Risikotheorie, etwa von Ulrich Beck, betont zu Unrecht immer nur den Gefahrenaspekt von Risiko. Die Kehrseite des Risikos ist jedoch die Chance: „Wer wagt, gewinnt."

Das belegen Theorien aus verschiedenen Disziplinen. Die historische Forschung – vor allem das bewundernswerte Buch *„Against the Gods: The Remarkable Story of Risk"* von Peter Bernstein (1996) – verweist auf die zentrale Rolle der Versicherungen bei der Entstehung des Kapitalismus: Es waren nicht nur technische, sondern auch soziale Innovationen, vor allem mit der Wahrscheinlichkeitsrechnung die Erfindung und Etablierung der Institution „Versicherung", die den Unternehmensgeist seit Ende des 17. Jahrhunderts beförderten.

Die moderne Verhaltenstheorie, insbesondere die Erwartungstheorie von Daniel Kahneman (2003), verweist auf unsere begrenzte Rationalität und asymmetrische Risikowahrnehmung: Die meisten Menschen überschätzen geringe Risiken mit hoher Eintrittswahrscheinlichkeit und unterschätzen hohe Risiken mit geringer Eintrittswahrscheinlichkeit.

Die Verantwortungsethik, insbesondere von Ronald Dworkin (2000), verweist auf die notwendige Voraussetzung *gleicher* Ressourcenverteilung für

---

7   Das „moralische Risiko" (in der Fachsprache ‚moral hazard') resultiert vor allem aus der
     Informationsasymmetrie zwischen Versicherer und Versicherten. Versicherte können ihren
     Informationsvorsprung in verschiedener Weise auf Kosten der Versichertengemeinschaft aus-
     nutzen, vor allem durch die willentliche Herbeiführung des Risikos, durch Untätigkeit zur Ver-
     meidung des Risikos und durch die Vortäuschung von Aktivitäten oder durch die unbegründete
     Ablehnung eines Angebots (hier eines Arbeitsplatzes oder einer Ausbildung) zur Beendigung
     des Zustandes.

die Verbreitung von Risikofreude *und* Übernahme individueller Verantwortung: Unter dem Schleier des Nicht-Wissens entscheiden sich Individuen für einen Versicherungsvertrag, der gleichzeitig eine generöse Absicherung und eine effektive Kontrolle des moralischen Risikos enthält.

Sogar die Ökonomie hat eine theoretische Grundlage für das innovative Verhaltensrisiko geliefert. Der auf die Finanzwissenschaft zurückgehende Domar-Musgrave-Effekt besagt, dass gegen Verlustgefahren abgesicherte Individuen größere Bereitschaft als nicht abgesicherte Individuen zeigen, riskante Investitionen zu tätigen. Ex ante Umverteilung durch Steuern oder Abgaben zum Zwecke der Minderung solcher Risiken kann auf diesem Wege wachstumsfördernde Effekte haben (Breyer/Buchholz 2007: 72-80; Corneo 2006: 116-118).

Auch die – insbesondere von Peter Hall und David Soskice (2001) entwickelte – Theorie der institutionellen Komplementarität weist darauf hin, dass koordinierte Marktwirtschaften nur deshalb stark in spezifisches Humankapital investieren können, weil das höhere Risiko spezifischer gegenüber generellen Humankapitalinvestitionen durch eine generöse Arbeitslosenversicherung und durch umfassende aktive Arbeitsmarktpolitik abgesichert ist.

Vor dem Hintergrund dieser Theorien stellt sich die Frage: Wie könnte das innovative Verhaltensrisiko institutionell gestärkt werden? Diese Frage steckt letztlich auch in dem derzeit zwar äußerst beliebten, aber theorielosen Konzept der *„Flexicurity"*. In anderen Worten: Welche neuen Sicherheiten könnten die Risikobereitschaft zur internen wie externen Flexibilität erhöhen?

Eine Möglichkeit, das innovative Verhaltensrisiko zu stärken könnte darin bestehen, einen Teil des bisherigen Beitrags zur Arbeitslosenversicherung als persönliches Entwicklungskonto (PEK) anzulegen. Die derzeit günstige Lage der BA-Finanzen hätte als ein Gelegenheitsfenster genutzt werden können, die Reduzierung des Beitragssatzes zugunsten solcher Konten moderater ausfallen zu lassen und die Mittel zur Verlängerung des Arbeitslosengeldbezugs in ein solches Konto umzulenken. Diese beitragsfinanzierten Konten sollten aus allgemeinen Steuermitteln in einer Weise ergänzt werden, dass alle Beschäftigten unabhängig von ihrem Beitrag auf den gleichen Kontostand kommen. Tarifverträge könnten die persönlichen Entwicklungskonten (PEKs) aufstocken.

Den Beschäftigten würden also Guthaben zugeschrieben, ohne dass die verabredeten Summen tatsächlich angespart wären. Der Rückgriff auf die Konten erfolgte nach politisch festgelegten Regeln. Im Gegensatz zu den individuellen Sparkonten derzeitiger Privatisierungsvorschläge sollten keine „Eigentumsrechte" erworben werden. Würden die PEKs nicht genutzt, verfielen sie am Ende des Erwerbslebens.

Die PEK Entwicklungskonten sind als Ergänzung und nicht als Ersatz für den „aktiven" Bestandteil bisheriger Arbeitsmarktpolitik zu verstehen. In arbeitsmarktpolitisch begründeten Fällen soll Arbeitslosen also nach wie vor mit vermittlungsfördernden Maßnahmen, finanziert aus dem rein solidarischen Beitragstopf, unter die Arme gegriffen werden. Die Entnahmen aus dem PEK sollten der individuellen Entscheidung überlassen bleiben, aber an bestimmte Bedingungen geknüpft werden. Generell sollen die Konten zur Finanzierung des Erhalts oder der Verbesserung der Beschäftigungsfähigkeit dienen; insbesondere sollten sie für Weiterbildung, zum Ausgleich reduzierter Arbeitszeiten und zur Überbrückung geminderter Verdienste verwendet werden. In einem Anfangsschritt könnte das Ziehungsrecht auf die Priorität der beruflichen Weiterbildung eingeschränkt werden. Die Kontrolle der Einhaltung dieser Bedingung könnte über eine Weiterbildungsvereinbarung mit dem entsprechenden Betrieb und der zuständigen Arbeitsagentur erfolgen.

Die Anspruchsvoraussetzungen für Ziehungsrechte aus dem PEK wären die gleichen wie beim Arbeitslosengeld, d.h. eine Mindestbeschäftigungszeit in einer Rahmenfrist. Nach dieser Mindestbeschäftigungszeit kann über das volle PEK verfügt werden. Beitragspflicht und regelgebundener Steuerzuschuss bewirken also in einem maßvollen Umfang sowohl intertemporale (zugunsten der rush hour Erwerbsphase) als auch vertikale (zugunsten höherer Risikogruppen) Umverteilung.

Der Beitragssatz von einem Prozentpunkt erbrächte derzeit ein Volumen von 7,5 Mrd. Euro für PEKs. Mit entsprechend ergänzten Steuermitteln könnte das Gesamtvolumen auf 15 Mrd. Euro aufgestockt werden. Umgerechnet auf 27 Millionen sozialversicherungspflichtige Beschäftigte und einer durchschnittlichen Arbeitslebensdauer von 40 Jahren, ergäbe sich ein PEK von etwa 22.000 Euro (Gegenwartswert). Wie bei der derzeitigen Arbeitslosenversicherung wäre eine Ausweitung der Versicherungspflicht auf alle Erwerbstätigen, also auch auf Beamte, Selbständige und geringfügig Beschäftigte wünschenswert. Entsprechend würden sich dann auch die hier angeführten Orientierungsdaten verändern.

Eine solche Erweiterung der Arbeitslosenversicherung – die von nun an auch besser *„Beschäftigungsversicherung"* hieße – hätte mehrere Vorteile: Sie würde weiter zur Minderung des moralischen Risikos beitragen, weil der regelgebundene Steuerbeitrag das Äquivalenzprinzip stärkt. Sie würde auch das Ungerechtigkeitsgefühl mindern, bei langen Beitragszahlungen „enteignet" zu werden, denn über einen Teil der Beiträge könnte nun je nach Lebenslage im Rahmen eines Regelsystems frei verfügt werden. Soweit arbeitsmarktpolitische Maßnahmen aus den eigenen Ziehungsrechten mitfinanziert würden, kann auch eine höhere Effizienz als bisher erwartet werden, weil die Maßnahmen aus Eigeninteresse sorgfältig ausgewählt und hoch motiviert umgesetzt werden. Die Stärkung des innovativen Verhaltensrisikos birgt sicherlich auch Gefahren von Fehlinvestitionen, wenn man von mangelnder Markttransparenz und möglicherweise neuen moralischen Risiken ausgeht.[8] Wegen der begrenzten Information von Individuen würde die Umsetzung von PEK deshalb auch eine Stärkung der Arbeitsberatungskapazität der Arbeitsagenturen voraussetzen.

Der Hauptvorteil einer zur Beschäftigungsversicherung mutierten Arbeitslosenversicherung bestünde jedoch in einer Stärkung des innovativen Verhaltensrisikos. Die Bereitschaft von Arbeitnehmern wie Arbeitgebern würde steigen, riskante Investitionsentscheidungen zu treffen. Vor allem die Flexibilität der Arbeitszeiten im Lebenslauf, die zwischenbetriebliche Mobilität und die Weiterbildungsbereitschaft würden steigen. Eine Beschäftigungsversicherung würde damit nicht nur die ökonomische Wohlfahrt steigern, sondern auch dem sozialpolitischen Ziel einer größeren Selbstbestimmung und einer balancierten Gestaltung von Lebens- und Arbeitswelt näher kommen.

Kurz zusammenfassend lässt sich der Mehrwert der Arbeitsmarktpolitik zwar nicht in „Heller und Pfennig" ausdrücken. Aber er lässt sich in einer Metapher formulieren. Je nachdem, welche Brille man aufsetzt, wird das Vorzeichen positiv oder negativ. Wird Arbeitsmarktpolitik immer nur durch die Brille des moralischen Risikos gesehen, dann sind die Aussichten düster. Wird Arbeitsmarktpolitik aber durch die Brille des innovativen Risikos betrachtet, dann könnten die hier aufgezeigten Möglichkeiten zur Institutionalisierung von Gelegenheitsstrukturen den Weg weisen. In anderen Worten: Weniger Moral, sondern mehr Mut wäre gefordert.

Literatur

Bach, Hans-Uwe/Spitznagel, Eugen (2006): Unter der Oberfläche. Die wahren Kosten der Arbeitslosigkeit. In: IABForum 1: 48-52.

Bernstein, Peter L. (1996): Against the Gods. The Remarkable Story of Risk, New York et al.

Böckerman, Petri (2004): Perception of Job Instability in Europe. In: Social Indicators Research 67: 283-314.

---

8   Selbstverständlich wäre noch eine Fülle von (zum Teil technischen) Einzelfragen der Umsetzung zu klären, um möglichen Missbrauch oder unerwünschte Nebeneffekte unter Kontrolle zu halten. Das betrifft etwa die Frage der Nutzung unausgeschöpfter Konten gegen Ende des Arbeitslebens, wo „Erfindungsreichtum" (also moralisches Risiko) der arbeitsmarktpolitischen Intention des Instruments (das innovative Risiko) ein Schnippchen schlagen könnte. Zur Kontrolle dieses Problems wäre an eine lineare Diskontierung des Kontos ab dem Alter von 50 Jahren zu denken. Auch das mögliche „crowding out" betrieblich finanzierter Weiterbildungsinvestitionen wäre zu beachten.

Böhnke, Petra (2006): Am Rande der Gesellschaft – Risiken sozialer Ausgrenzung. Opladen.

Boss, Alfred/Brown, Alessio J.G./Snower, Denis J. (2007): Beschäftigungskonten für Deutschland (Kieler Arbeitspapiere 1325, Institut für Weltwirtschaft an der Universität Kiel). Kiel.

Breyer, Friedrich/Franz, Wolfgang/Homburg, Stefan/Schnabel, Reinhold/Wille, Eberhard (2004): Reform der sozialen Sicherung. Berlin u.a.

Breyer, Friedrich/Buchholz, Wolfgang (2007): Ökonomie des Sozialstaats. Berlin.

Bundesministerium für Arbeit und Soziales (2006): Die Wirksamkeit moderner Dienstleistungen am Arbeitsmarkt. Bericht des Bundesministeriums für Arbeit und Soziales zur Wirkung der Umsetzung der Vorschläge der Kommission Moderne Dienstleistungen am Arbeitsmarkt. Berlin, 20. Dezember 2006.

Corneo, Giacomo (2006): New Deal für Deutschland. Der dritte Weg zum Wachstum, Frankfurt a.m./New York.

Dworkin, Ronald (2000): Sovereign Virtue. The Theory and Practice of Equality, Cambridge, MA and London.

Eichhorst, Werner und Klaus Zimmermann (2007): And then there were four ... How Many (and Which) Measures of Active Labour Market Policy Do We Still Need? In: Applied Economics Quarterly, 53 (3): 243-272.

Freeman, Richard B. (1996): Why So Many Young American Men Commit Crimes and What Might We Do About It. In: Journal of Economic Perspectives, 10 (1): 25-42.

Freeman, Richard B. (1999): The Economics of Crime. In: Ashenfelter, Orley/Card, David (eds): Handbook of Labor Economics, Volume 3C, Amsterdam: 3529-3571.

Frey, Bruno S./Stutzer, Alois (2002): Happiness and Economics: How the Economy and Institutions Affect Well-Being, Princeton.

Hall, Peter A./Soskice, David (eds) (2001): Varieties of Capitalism. The Institutional Foundations of Comparative Advantages. Oxford.

Kahnemann, Daniel (2003): Maps of Bounded Rationality: A Perspective of Intuitive Judgment and Choice. In: Tore Frangsmyr (ed.): Les Prix Nobel 2002. Stockholm.

Koning, Jaap de (2007): Is the Changing Pattern in the Use of ALMPs Consistent With What Evaluations Tell Us About Their Relative Performance? In: Jaap de Koning (ed.): The Evaluation of Active Labour Market Policies – Measures, Public Private Partnerships and Benchmarking, UK and Northampton, MA, US: 23-45.

Lampert, Thomas/Saß, Anke-Christine/Häfelinger, Michael/Ziese, Thomas (2005): Armut, soziale Ungleichheit und Gesundheit - Expertise des Robert Koch-Instituts zum zweiten Armuts- und Reichtumsbericht der Bundesregierung, Berlin.

Layard, Richard (2005): Happiness - Lessons from a New Science, London.

OECD (2006): OECD Employment Outlook – Boosting Jobs and Incomes, Paris, OECD Publications (Chapter 7: Reassessing the Role of Policies and Institutions for Labour Market Performance: A Quantitative Analysis: 207-243).

OECD (2007): OECD Employment Outlook, Paris, OECD Publications (Chapter 2: More Jobs but Less Productive?: 55-206).

Paul, Karsten I./Hassel, Alice/Moser, Klaus (2006): Die Auswirkungen von Arbeitslosigkeit auf die psychische Gesundheit: Befunde einer quantitativen Forschungsintegration. In: Hollederer Alfons/Brand, Helmut (Hg.): Arbeitslosigkeit, Gesundheit und Krankheit. Bern: 35-52.

Rodriguez, Eunice (2001): Keeping the Unemployed Healthy: The Effect of Means-Tested and Entitlement Benefits in Britain, Germany, and the United States. In: American Journal of Public Health, 91 (9): 1403-1411.

Rovelli, Riccardo/Bruno, Randolph (2007): Labor Market Policies and Outcomes: Cross Country Evidence for the EU-27 (IZA DP No. 3161). Bonn.

Scharpf, Fritz W. (1989): Politische Steuerung und Politische Institutionen. In: Politische Vierteljahresschrift 31(1): 10-21.

Schmid, Günther/O'Reilly, Jacqueline/Schömann, Klaus (eds.) (1996): International Handbook of Labour Market Policy and Evaluation, Cheltenham.

Schmid, Günther (2008a): Full Employment in Europe – Managing Labour Market Transitions and Risks, Cheltenham, UK and Northampton, MA.

Schmid, Günther (2008b): Von der Arbeitslosen- zur Beschäftigungsversicherung. Wege zu einer neuen Balance individueller Verantwortung und Solidarität durch eine lebenslauforientierte Arbeitsmarktpolitik, Gutachten für die Friedrich-Ebert-Stiftung.

Winkelmann, Liliana/Winkelmann, Rainer (1998): Why Are the Unemployed So Unhappy? Evidence from Panel Data. In: Economica 65(257): 1-15.

Arbeitsmarkt und Sozialpolitik – Flexibilität benötigt Sicherheiten

Hartmut Seifert und Olaf Struck

1 Problemstellung

Unerschütterlich erschien lange Zeit die Auffassung, die resistenten Arbeitsmarktprobleme seien am besten zu lösen, wenn nur den Marktmechanismen zum möglichst freien Spiel verholfen würde. Die einfache Botschaft lautete, den rechtlich-institutionellen Rahmen des Arbeitsmarktes von strukturellen Rigiditäten zu befreien. Nach langjährigen Erfahrungen mit arbeitsmarktpolitischen Reformen mehren sich jedoch die Zweifel an der Wirksamkeit der empfohlenen Therapie. So konzidiert die OECD mittlerweile, dass unterschiedliche beschäftigungspolitische Konzepte zu einer guten Beschäftigungslage führen können. Sie verweist auf die Beispiele einiger angelsächsischer Länder mit geringem Regulierungsgrad auf den Produkt- und Arbeitsmärkten, niedrigen Steuersätzen und Lohnersatzraten einerseits und auf Länder (Skandinavien) mit zentralisierten Tarifsystemen, umfassenden sozialen Sicherungssystemen, generösen Lohnersatzraten und hohen Steuersätzen sowie strikten Regelungen zur Beschäftigungssicherung andererseits.

Aber nicht nur die Erkenntnis, dass viele Wege nach Rom führen, erweitert die beschäftigungspolitische Debatte. Es zeigt sich auch, dass der institutionelle Umbau des Arbeitsmarktes nicht über die prognostizierte Lösungskompetenz verfügt, sondern neue Probleme aufwirft. Die Änderungen im Tarifsystem, in der Arbeitsmarktpolitik, im Arbeitsrecht, und bei der Arbeitszeit haben den Bereich der Niedriglöhne anschwellen lassen, gefährden die soziale Sicherung der Beschäftigten wie auch das soziale Sicherungssystem selbst und beeinträchtigen langfristig die Funktionsfähigkeit des Arbeitsmarktes. Die Flexibilisierung des Arbeitsmarktes geht auf Kosten der sozialen Sicherheit. So verwundert es dann auch nicht, dass die Europäische Kommission mit dem Konzept der Flexicurity einen Vorstoß unternimmt, um Flexibilität und soziale Sicherheit in eine ausgewogene Balance zu bringen.

Der nachfolgende Beitrag bewegt sich primär im analytischen Vorfeld des Flexicurity-Ansatzes. Er diskutiert, welche Wirkungen die Flexibilisierung des Arbeitsmarktes auf die soziale Sicherheit erkennen lässt, wie die Wirkungszusammenhänge zu bewerten sind und welche Schlussfolgerungen für die weitere

Gestaltung von Arbeitsmarkt- und Sozialpolitik zu ziehen sind. Bei den konzeptionellen Überlegungen geht der Blick nicht zurück zum status quo ante der Reformpolitik. Vielmehr wird von der Annahme ausgegangen, dass dynamische Arbeitsmärkte Flexibilität brauchen. Flexibilität hat allerdings einen Preis. Die hiermit verbundenen neuen sozialen Risiken erfordern gleichzeitig eine neue soziale Sicherungspolitik. Nur so lassen sich Produktivität und Wachstum mindernde „Kollateralschäden" vermeiden.

In einer knappen Übersicht listet der Beitrag zunächst die wichtigsten Schritte auf, die in den letzten Jahren den Arbeitsmarkt flexibilisiert haben (2). Anschließend wird diskutiert, wie sich die Flexibilisierung des Arbeitsmarktes auf die soziale Sicherung der Beschäftigten auswirkt (3). In nächsten Schritt wird die wechselseitige Koppelung von Erwerbsarbeit und sozialen Sicherungssystemen thematisiert (4), bevor abschließend Überlegungen zu einer balancierten Ausgestaltung der Sozial- und Arbeitsmarktpolitik vorgestellt werden, die zugleich Flexibilität am Arbeitsmarkt und wirtschaftliche Effizienz wie auch Autonomie, Wohlfahrt und Sicherheit für möglichst viele Menschen zu steigern in der Lage sind (5). Ein kurzes Fazit schließt den Beitrag ab (6).

2   Flexibilisierung

Lange Zeit war in Deutschland die Erzielung von Leistungsbereitschaft insbesondere der männlichen Beschäftigten an Sicherheitsversprechen seitens der Arbeitgeber gekoppelt. Betriebswechsel waren – gemessen am internationalen Vergleich – selten, beschränkten sich auf berufliche Einstiegsphasen und waren überwiegend mit horizontaler oder aufstiegsorientierter Einkommensmobilität verbunden. Das Erwerbssystem war durch Berufsfachlichkeit und kollektive Lohnfindungsprozesse gekennzeichnet, die wiederum Einkommensstabilität und ein Existenz sicherndes Lohnniveau gewährleisteten. Diskontinuitäten auf Absatzmärkten von Unternehmen wurden dabei dann vorrangig intern über flexible Arbeitszeiten (Überstunden, Teilzeit, Kurzarbeit) und teilweise über Prämienlöhne ausgeglichen. Beschäftigte waren auf diese Weise an den Marktanpassungsprozessen der Unternehmen beteiligt, wobei jedoch wiederum insbesondere Männer, aber auch zahlreiche Frauen und durchaus auch Teilzeitkräfte zugleich betriebliche Beschäftigungssicherheit erwarten konnten.

Diese Bedingungen gelten in vielen Bereichen bis heute fort. Noch immer sind etwa der berufsfachlichen Ausbildung oder kollektivvertraglichen Aushandlungsprozessen eine hohe, wenngleich von Seiten unterschiedlicher Interessensgruppen auch umstrittene, Bedeutung beizumessen. Doch mehr und mehr kommt es zu Auflösungen der impliziten und der tarifvertraglich oft auch explizit geregelten Kontrakte „Leistung gegen Sicherheit". Mit der Ausweitung der Finanzmärkte und der Öffnung von Märkten vor allem in Asien und Osteuropa gewannen sowohl kurzfristigere als auch höhere Gewinnerwartungen der nunmehr weltweit flexibleren Kapitalgeber an Bedeutung. Dies übt Druck auf Unternehmen in der Weise aus, dass diese, sofern auf externes Kapital angewiesen, ihre Gewinnerwartungen glaubhaft offen legen müssen. Verbunden damit wird systematischer als zuvor versucht, die Transparenz innerhalb von Unternehmen zu steigern, d.h. benchmarking zu betreiben, cost-centre einzuführen etc. Zudem wird versucht, die externe Flexibilität (etwa durch Holdingbildung, Verringerung der Fertigungstiefe, outsourcing, offshoring) sowie die interne Flexibilität (etwa durch Führung über Gewinnmargen und Zielvereinbarungen) zu erhöhen. Während einerseits weniger produktive „Nischen" geschlossen werden, Stellen unbesetzt bleiben oder Beschäftigte entlassen werden, steigt andererseits die Zahl der Beschäftigten in den Controllingabteilungen.

In diesem alltäglichen Gefecht der Unternehmen um Kapitalgeber und Gewinnerwartungen haben sich die Aushandlungsergebnisse zuungunsten der Beschäftigten verschoben. Hinzu kommt eine hohe Arbeitslosigkeit, die Betriebsaustritte gefahrvoll werden lässt und potentiell bestehende exit- und voice-Möglichkeiten auf Seiten der Beschäftigten ebenfalls verringert. Ausgestattet mit derart neuen Optionen und häufig selbst unter Druck brechen viele Manager die lang tradierten Leistungs-Sicherheits-Kontrakte. Die Stichworte sind: Entlassungen zur Steigerung einer häufig ohnehin schon hohen Kapitalrendite, Leistungsverdichtung, Lohnsenkung, Outsourcing, Absenkung des Krankenstandes, Zuwachs zeitflexibler Vertragsformen wie Zeitarbeit und geringfügiger Beschäftigung sowie Angriffe auf bestehende Schutzmechanismen, von der tariflichen Begrenzung der Wochenarbeitszeiten bis hin zum arbeitsrechtlichen Kündigungsschutz. Marktrisiken werden unmittelbarer an die Belegschaften weitergegeben und nunmehr erfolgt die Beteiligung der Belegschaften an den Marktanpassungsprozessen der Unternehmen deutlich stärker als zuvor unter den Bedingungen von Beschäftigungs*un*sicherheit. Dies wird umso offenkundiger, als sich Beschäftigungsaustausche nicht mehr nur auf Berufseinsteiger sowie auf die gering qualifizierten Ränder der Unternehmen beschränken, sondern auch mittlere und ältere Altersgruppen und dabei auch qualifizierte Gruppen umfassen. Ergebnisse zur Entwicklung von Beschäftigungsstabilität zeigen (bei Kontrolle soziodemographischer und konjunktureller Einflussfaktoren) einen Rückgang der betrieblichen Verweildauern seit Mitte der 1990er Jahre. Immer schon bestehen hohe Austrittsraten in den ersten Jahren nach Betriebseintritt. Jedoch sind – mit Ausnahme mittlerer und höherer Steuerungs- und Führungsfunktionen – auch Beschäftigungsverhältnisse mit mittlerer und höherer Betriebszugehörigkeitsdauer zunehmend durch Betriebsaustritte und

eine damit einhergehende verkürzte betriebliche Beschäftigungsperspektive gekennzeichnet (Struck u.a. 2007).
    Diese Entwicklung wird durch die Beschäftigungs- und Sozialpolitik
unterstützt. Der deutsche Arbeitsmarkt galt als wenig flexibel und deshalb als
ungeeignet, die aufgestauten Strukturprobleme am Arbeitmarkt zu bewältigen
(z.b. Sachverständigenrat 2002). Arbeitsmarktrigiditäten und eine expansive
Lohnentwicklung wurden als zentrale Ursachen der Wachstumsschwäche und
der anhaltenden Arbeitsmarktprobleme angesehen. Bei dieser seit Jahren wieder-
holten Kritik war offensichtlich lange Zeit aus dem Blick geraten, dass sich die
rechtlich-institutionellen Rahmenbedingen des Arbeitsmarktes seit Mitte der
1980er Jahre, beginnend mit dem Beschäftigungsförderungsgesetz von 1985,
zwar nur schrittweise, in der Summe aber tief greifend gewandelt hatten und in
die empfohlene Richtung gingen. Auch der tarifliche Regelungsrahmen hatte
sich seit der ersten Hälfte der 1990er Jahre stark verändert. Tarifliche Öffnungsklauseln vergrößerten den betrieblichen Handlungsspielraum, Arbeitszeit und
Lohn flexibler als bisher der wirtschaftlichen Situation anzupassen.
    Dieser Reformprozess, der bereits deutlich vor den Hartz-Gesetzen ein-
setzte, findet im Urteil der OECD durchaus Anerkennung. Sie stuft die Reform-
intensität der institutionell-rechtlichen Verfassung des Arbeitsmarktes als hoch
ein und platziert Deutschland für den Zeitraum 1994 bis 2004 auf Rang vier
unter den OECD-Ländern (Brandt et al. 2005).
    In institutioneller und in inhaltlicher Hinsicht kennzeichnen folgende
Besonderheiten den Abbau von Arbeitsmarktrigiditäten. Für die sukzessive Ausweitung des Flexibilitätsspielraums haben sowohl die Deregulierungspolitik des
Gesetzgebers als auch Vereinbarungen der Tarifvertragsparteien gesorgt. Inhaltlich umfasst die stattliche Liste der insgesamt umgesetzten Schritte sämtliche
Formen der Flexibilität, interne ebenso wie externe Flexibilität[1]. Sie beziehen
sich sowohl auf die Randbereiche des Arbeitsmarktes, den wachsenden Sektor
atypischer Beschäftigungsformen, als auch auf die Kerngruppen. Gestiegen ist
dadurch nicht nur das Flexibilitätspotenzial, auch das Spektrum der personalstra-
tegisch verfügbaren Flexibilitätsvarianten ist gewachsen. Für unterschiedliche
Problemkonstellation steht betrieblicher Anpassungsflexibilität ein breiter Instru-
mentenkasten zur Verfügung, der vielfältige Optionen bietet, Maßnahmen interner und externer Flexibilität miteinander zu kombinieren.
    Insgesamt umfasst Flexibilität ein breiteres Spektrum an Varianten, als es
der häufig zitierte OECD-Indikator „employment protection legislation" (EPL)
ausdrückt (OECD 1999). Er misst den Flexibilitäts-Grad der gesetzlichen Regelungen zum Kündigungsschutz, zur Leiharbeit und zur befristeten Beschäftigung.

---

1   Detailliert zu den Varianten betrieblicher Anpassungsflexibilität: Keller/Seifert (2008).

Sämtliche Formen interner Flexibilität bleiben ausgeblendet. Auch kann dieser Indikator lediglich Aussagen über den rechtlichen Rahmen der Flexibilität nicht aber über den realen Umfang der Flexibilität machen (Seifert/Tangian 2007).

2.1 Interne Flexibilität

Interne Flexibilität beruht auf den Möglichkeiten, den Arbeitskräfteeinsatz im Rahmen personalpolitischer Anpassungsstrategien ohne Rückgriff auf den externen Arbeitsmarkt variieren zu können. Vor allem tarifliche Öffnungsklauseln weiteten sukzessive das Handlungsrepertoire für intern-numerisch und intern-monetäre Flexibilität aus. Sie erlauben, bei zentralen tariflichen Regelungsparametern wie Arbeitszeit und Einkommen von den tariflichen Standards im Rahmen betrieblicher Vereinbarungen (in definierten Bandbreiten) abzuweichen. Im Hinblick auf monetäre Flexibilität sehen die erweiterten Anpassungsmöglichkeiten vor, entweder tarifliche Lohnerhöhungen auszusetzen, tarifliche Entgelte abzusenken, zu differenzieren oder niedrigere Einsteigertarife für spezifische Beschäftigtengruppen einzuführen. Im Hinblick auf numerische Flexibilität räumen Öffnungsklauseln Optionen ein, im Rahmen betrieblicher Vereinbarungen die tarifliche Regelarbeitszeit zu unter- oder auch zu überschreiten oder mit Hilfe von Arbeitszeitkonten variabel zu verteilen.

Gut drei Viertel aller Betriebe mit Betriebsrat (sowie mehr als 20 Beschäftigte) machen von Öffnungsklauseln Gebrauch (Bispinck 2006: 303). In betrieblichen Bündnissen tauschen Betriebsräte und Beschäftigte Zugeständnisse bei Lohn und Arbeitszeit gegen Beschäftigung sichernde Zusagen der Arbeitgeber (Seifert/Massa-Wirth 2005; Massa-Wirth 2007). Inhaltlich überwiegen Vereinbarungen zur Flexibilisierung der Arbeitszeit. Sie bieten darüber hinaus auch Optionen für Formen externer Flexibilität (z.B. Vereinbarungen über Vorruhestand und Altersteilzeit).

Sowohl im Zusammenhang mit Öffnungsklauseln als auch unabhängig von ihnen haben tarifvertragliche Regelungen außerdem die Einführung von Arbeitszeitkonten ermöglicht, deren zentrale Regelungsparameter (Ausgleichszeiträume, Höchstguthaben usw.) schrittweise erweitert (Seifert 2005) und im Prinzip einen Modellwechsel von der mehr oder minder starren Normalarbeitszeit zu einer variabel verteilten Regelarbeitszeit vollzogen. Arbeitszeitkonten erweitern interne (numerische, monetäre und temporale) Flexibilität. Für mehr interne Flexibilität sorgte ferner das Mitte 1994 in Kraft getretene Arbeitszeitgesetz (Klenner u.a. 1998). Es hob die Grenze für die wöchentliche Höchstarbeitszeit bis auf 60 Stunden an und bezog wirtschaftliche Gründe in den Kanon der Ausnahmetatbestände für Sonn- und Feiertagsarbeit mit ein.

2.2 Externe Flexibilisierung

Gleichzeitig zu den Erweiterungen interner Flexibilität haben zahlreiche Änderungen im Arbeitsrecht den Grad externer Flexibilität erhöht. Seit 1985 hatten mehrere Beschäftigungsförderungsgesetze die Regelungen zu befristeter Beschäftigung und Leiharbeit gelockert. Die so genannten Hartz-Gesetze sowie das zum Jahresbeginn 2004 in Kraft getretene „Gesetz für Reformen am Arbeitsmarkt" verstärkten diesen Kurs.

– Beim Kündigungsschutzrecht setzten sie den Schwellenwert für die Anwendbarkeit des Kündigungsschutzgesetzes von fünf auf zehn Beschäftigte herauf. Arbeitgebern wurde die Möglichkeit eingeräumt, bei betriebsbedingten Kündigungen Arbeitnehmern Abfindungen anzubieten, wenn diese im Gegenzug auf Kündigungsschutzklagen verzichten. Die Kriterien der Sozialauswahl wurden eingeschränkt und formalisiert und neu gegründete Unternehmen erhielten die Möglichkeit, Arbeitsverträge bis zu vier Jahren sachgrundlos zu befristen.

– Bei der Leiharbeit ist die ursprüngliche auf maximal drei Monate begrenzte Überlassungsdauer sukzessive (von zunächst 3 auf 6, dann auf 12 und später auf 24 Monate) ausgeweitet und letztlich ebenso wie das Synchronisations- und Wiedereinstellungsverbot völlig abgeschafft worden. Im Gegenzug wurde die tarifliche Entlohnung eingeführt, die aber überwiegend unter den Tarifen der Entleihbetriebe liegt.

– Befristete Beschäftigung ohne sachlichen Grund bei Neueinstellung war bis zum Beschäftigungsförderungsgesetz von 1985 max. 6 Monate möglich, mittlerweile aber bis zu zwei Jahren.

– Das 2003 in Kraft getretene so genannte „Hartz-II-Gesetz" hat die Verdienstgrenze bei geringfügigen Beschäftigungsverhältnissen von 325,- auf 400,- Euro angehoben und die 15-Stundengrenze abgeschafft (Minijobs), die in der Legislaturperiode zuvor eingeführte Versicherungspflicht in Nebenjobs aufgehoben und die Gesamtabgaben für die Arbeitgeber zunächst auf 25% und seit Mitte 2006 auf 30% festgelegt.

– Einfluss auf die externe Flexibilität haben schließlich auch die Änderungen bei der Arbeitslosenunterstützung und bei der Zumutbarkeit. Sie reduzieren das Niveau der Anspruchslöhne und erhöhen den Druck, angebotene Beschäftigungsverhältnisse auch bei suboptimalem Matching anzunehmen.

Die gelockerten oder sogar beseitigten Restriktionen bei extern-numerischer Flexibilität erlauben Betrieben, bei unsicherer Marktentwicklung in erweitertem

Maße auf den externen Arbeitsmarkt zurückzugreifen und temporär den Arbeitseinsatz aufzustocken und ohne Entlasskosten auch wieder zu reduzieren. Diesen Vorteilen können je nach Qualifikationsgrad der benötigten Arbeitskräfte und deren Verfügbarkeit höhere Such-, Einstellungs- und Einarbeitungskosten gegenüber stehen. Flexible Arbeitszeitmodelle auf Basis von Arbeitszeitkonten vermeiden solche Kosten. Sie bieten sich deshalb als funktionale Äquivalente zum Einsatz atypischer Beschäftigung an und können externe Flexibilität ersetzen.

3 Soziale Wirkungen der Flexibilisierung

Forderungen nach Veränderung der rechtlich-institutionellen Rahmenbedingungen des Arbeitsmarktes sind überwiegend mit der Erwartung begründet, dadurch die Entwicklung des Arbeitsmarktes und des wirtschaftlichen Wachstums positiv zu beeinflussen. Strukturfragen der Beschäftigung geraten in den Hintergrund, soziale Probleme sind als Preis für mehr Beschäftigung hinzunehmen (Sachverständigenrat 2002: Ziffer 354). Unterstellt ist, dass der als unvermeidlich geltende trade-off zwischen Flexibilität und sozialer Sicherheit den Weg zu einem höheren Beschäftigungsniveau und zu Wohlfahrtsgewinnen ebnet. Wie die bisherigen Erfahrungen zeigen, ist dieser Zusammenhang jedoch keineswegs gesichert. Die Beschäftigungswirkungen der Flexibilisierungsschritte sind, soweit empirische Untersuchungen, wie für die ersten drei Hartz-Gesetze (Bundesregierung 2006) hierüber Auskunft geben, bestenfalls als gering einzuschätzen (im Überblick: Stiglbauer 2006; OECD 2006; Klär/Fritsche 2008). Anzumerken ist, dass diese Analysen Formen interner Flexibilität nicht berücksichtigen. Der Handlungsspielraum interner Flexibilität ist jedoch in Deutschland vergleichsweise hoch. Wenn aber der unterstellte Wirkungsmechanismus von Flexibilisierung und Beschäftigung nicht oder allenfalls mit erheblichen Abstrichen nach dem unterstellten Muster funktioniert, gewinnt die Frage nach den sozialen Wirkungen der Flexibilisierung umso mehr an Gewicht.

3.1 Einkommen

Die Flexibilisierung des Arbeitsmarktes hat dazu beigetragen, die Lohnentwicklung zu dämpfen, die Lohnstruktur zu spreizen und die Arbeitskosten bzw. Lohnstückkosten zu senken (im Überblick Schettkat 2006). Seit Mitte der 1990er Jahre sind die tariflichen Lohnsteigerungen unter den Margen geblieben, die den verteilungsneutralen Spielraum markieren. Die Bilanz der Entwicklung der

Effektivlöhne für den Zeitraum 1995 bis 2005 weist Deutschland neben Österreich als „lohnpolitisches Schlusslicht" für die Länder der alten EU aus (Schulten
2006: 370). Mehrere, nicht nur auf Deregulierungsmaßnahmen zurückgehende
Faktoren haben diese Entwicklung beeinflusst. Hohe Arbeitslosigkeit, rückläufi-
ge Mitgliederzahlen und eine abnehmende Tarifbindung schwächen die Verhand-
lungsposition der Gewerkschaften und dämpfen die Tarifergebnisse. Die negative
Lohndrift seit den frühen 1990er Jahren hat die Effektivlöhne zusätzlich gedrückt
(Bispinck 2006). Sie geht wesentlich zurück auf die Förderung atypischer Beschäftigungsformen, die im Rahmen von tariflichen Öffnungsklauseln vereinbarten Arbeitszeitverkürzungen (ohne oder nur mit partiellem Lohnausgleich) als
Alternative zu Entlassungen, den Wegfall übertariflicher Einkommenskompo-
nenten und abgesenkte Tarifeinkommen sowie den Wegfall von zuschlagpflich-
tigen Überstunden durch Arbeitszeitkonten.

Die Deregulierungsmaßnahmen der Arbeitsmarktverfassung haben auch die
Lohnstruktur auseinander gezogen. Zugenommen hat die Lohnspreizung vor
allem in der unteren Hälfte der Lohngruppen. Mittlerweile liegt sie deutlich über
dem EU-Durchschnitt und übertrifft das Ausmaß, das in beschäftigungspolitisch
erfolgreichen Ländern wie Großbritannien besteht (Schettkat 2006; European
Commission 2005). Diese Entwicklung hat die Beschäftigungschancen der
gering qualifizierten Arbeitslosen allerdings nicht verbessert, wie es die Flexibi-
lisierungsthese prognostiziert. Der Anteil der Personen ohne berufliche Ausbildung unter den Arbeitslosen stagniert und lag 2005 mit 38,2% unverändert auf
dem Wert fünf Jahre zuvor. Vielmehr wächst der Anteil der Beschäftigten mit
Niedrigeinkommen. Zwischen 1995 und 2006 ist er von 17,5% auf 22,1%
geklettert und liegt damit auf einem im internationalen Vergleich hohen Wert
(Kalina/Weinkopf 2008). Erweitert man die Perspektive von der Individual- auf
den Haushaltskontext und berücksichtigt den Einkommensbedarf aber auch das
Erwerbseinkommen anderer Haushaltsmitglieder, dann verbleibt ein erheblicher
Teil der Vollzeiterwerbstätigen unterhalb der Armutsgrenze.[2] Wesentlich zu
dieser Entwicklung beigetragen haben die Deregulierung und Förderung
atypischer Beschäftigungsverhältnisse. Die Entgelte bei diesen Beschäftigungsformen liegen durchschnittlich unter denen der vergleichbaren Normalarbeitsverhältnissen (Brehmer/Seifert 2007).[3]

Die Flexibilisierung von Einkommen und Arbeitszeiten lässt den Niedriglohnbereich anschwellen und wirft soziale Probleme für wachsende Teile der
Beschäftigten auf (Keller/Seifert 2007; Klammer/Leiber 2007). Armut trotz

---

2   2004 waren es 8,3 % in West- und 18,1% in Ostdeutschland (Andreß/Seek 2007).
3   Mückenberger (1985) definiert Normalarbeitsverhältnisse als zeitlich stabile und mindestens
     Existenz sichernd entlohnte, abhängige Vollzeittätigkeiten, deren Rahmenbedingungen arbeits-
     und sozialrechtlich geregelt sind.

Vollzeitarbeit nimmt zu. Die Zahl der Personen, die auf öffentliche Transfereinkommen angewiesen ist, wächst. Anfang 2007 erhielten rund 1,3 Mio. Beschäftigte zu ihrem Arbeitslohn ergänzendes Arbeitslosengeld II (Bruckmeier u.a. 2007).[4] Das tatsächliche Ausmaß der bedürftigen Erwerbstätigen ist jedoch erheblich größer und wird auf weitere 1,9 Mio. beziffert. Davon sind 1,5 Mio. vollzeitbeschäftigt, deren Einkommen nicht vor Bedürftigkeit schützt (Becker 2006). Langfristig ist angesichts sich ändernder Erwerbs- und Versicherungsbiographien (Zeiten der Arbeitslosigkeit, Niedrigeinkommen, zunehmende Selbständigkeit) mit steigender Altersarmut zu rechnen (Nürnberger 2007). Sozialpolitik hat diese Risiken nicht nur nicht gemildert, sondern durch das abgesenkte Rentenniveau und die Erhöhung des gesetzlichen Renteneintrittsalters verschärft. Höhere Transferleistungen werden zukünftig die Folge sein.

Die Niedriglohn- und Armutsentwicklung hat zur Folge, dass zu ihrer Bekämpfung in wachsendem Umfang öffentliche Mittel konsumtiv eingesetzt werden. Sie stehen dann für Wachstum fördernde, d.h. investive Verwendungen nicht zur Verfügung. Hierunter leiden der Ausbau und die Modernisierung von Infrastruktur und Bildungssystem. Hinzu kommt, dass Einkommensarmut kein guter Nährboden für Bildung ist (Deutsche Bundesregierung 2005). Gehen Bildungs- und Weiterbildungsengagement verloren oder werden Bildungszugänge eingeschränkt, leidet langfristig nicht nur die Anpassungsfähigkeit des Arbeitsmarktes. Die Entwicklung der Arbeitsproduktivität und die wirtschaftliche Dynamik werden gebremst. Wachstumspotenziale bleiben unausgeschöpft.

3.2 Segmentierung

Wenn in Folge der Arbeitsmarktflexibilisierungen die Lohnspreizung zunimmt, atypische Beschäftigungsverhältnisse an Bedeutung gewinnen und der Niedriglohnsektor expandiert, dann wären vor allem die langfristigen sozialen Folgen dieser Entwicklung für das Einkommen während und nach der Erwerbsphase weniger gravierend, sofern eine hohe Aufstiegsmobilität derartige Beschäftigungsverhältnisse zeitlich begrenzen würde. Je kürzer die Phasen prekärer Beschäftigung in der individuellen Erwerbsbiografie ausfallen, desto weniger beeinträchtigen sie den sozialen Status. Welche Chancen besitzen Beschäftigte, aus Arbeitsverhältnissen mit den genannten Merkmalen in Arbeitsbedingungen, mit höheren Löhnen, stabilerer Beschäftigung und besseren Zugängen zu betrieblicher Weiterbildung zu wechseln? Die Anzeichen verdichten sich, dass die

---

4   Im Jahresdurchschnitt 2005 waren es erst 0,88 Mio.

Durchlässigkeit am Arbeitsmarkt eingeschränkt ist und Segmentierungen sich verfestigen.

Niedriglohntätigkeiten stellen für die überwiegende Mehrheit der Beschäftigten eine Sackgasse dar (Schank u.a. 2008). Die prognostizierte Sprungbrettfunktion des Niedriglohnes funktioniert unzureichend. Nur gut jeder Achte der ursprünglichen Bezieher von Niedrigeinkommen hatte zwischen 1998/9 und 2005 den Aufstieg in besser bezahlte Tätigkeiten geschafft. Dabei handelt es sich ausschließlich um sozialversicherungspflichtig Beschäftigte (Minijobs sind in dieser Analyse nicht berücksichtigt). Immerhin besitzt mehr als die Hälfte von ihnen ein (Fach-)Abitur oder eine Ausbildung. Besonders ungünstig sind die Aufstiegschancen für Frauen und für gering Qualifizierte.

Auch bei den atypischen Beschäftigungsverhältnissen (Leiharbeit, Befristungen und geringfügige Beschäftigung) funktioniert die Brücke in Normalarbeitsverhältnisse mit höheren Einkommen, stabilerer Beschäftigung und besserem Zugang zu betrieblicher Weiterbildung nur mit Abstrichen. Von den drei hier diskutierten und durch staatliche Deregulierungspolitik geförderten flexiblen Beschäftigungsverhältnissen sind Minijobs am geringsten in der Lage, den Übergang in Normalarbeitsverhältnisse zu fördern. Die Reform der geringfügigen Beschäftigung hat, wie Evaluierungen zeigen, zwar für mehr Flexibilität am Arbeitsmarkt gesorgt, sie hat mit dieser Beschäftigungsform aber keine Brücke für Arbeitslose in sozialversicherungspflichtige Beschäftigung entstehen lassen (Bundesregierung 2006: 23).

Kaum besser schneidet die Bewertung der Leiharbeit ab. Nur etwa 12 bis 15% der Leiharbeitnehmer wechseln nach einem Entleiheinsatz in ein Beschäftigungsverhältnis beim Entleihbetrieb (Promberger 2006). Selbst wenn diese für 2003 mit Daten des IAB-Betriebspanels geschätzte Verbleibquote in den anschließenden Jahren angesichts der konjunkturell verbesserten Arbeitsnachfrage gestiegen sein sollte, dürfte dennoch nur eine Minderheit der Leiharbeitnehmer von dem so genannten Klebeeffekt profitieren.

Besser sehen die Anschlusschancen für befristet Beschäftigte aus, ohne dass diese Beschäftigungsform als gut funktionierende Brücke in Normalarbeitsverhältnisse bezeichnet werden könnte (Giesecke/Groß 2007). Die Mehrheit (zwei Drittel) der befristet Beschäftigten nach drei Jahre unbefristet tätig. Für einen nicht unerheblichen Teil drohen aber auch Befristungskarrieren. Personen mit solchen Arbeitsverträgen sind nach drei Jahren deutlich häufiger befristet beschäftigt als Personen mit unbefristeten Verträgen.

Die beobachtete Segmentierung setzt sich im Bereich der Arbeitslosen fort. Gerade Langzeitarbeitslose und gering- oder fehlqualifizierte Gruppen werden vielfach nicht an den ersten Arbeitsmarkt herangeführt sondern verbleiben im günstigenfalls im Austausch an den Rändern des Erwerbsarbeitssystems. Insbesondere durch die so genannte „Hartz-Gesetzgebung" ist es dabei zu einer beschleunigten Entwertung des bisher in der Biographie Geleisteten gekommen, wodurch Status- und Annerkennungsängste erzeugt werden. Die Verkürzung des Arbeitslosengeldanspruches auf ein Jahr, die über diese Frist hinausreichende hohe Langzeitarbeitslosigkeit, die 50% der Arbeitslosen kennzeichnet, die Vermittlungsmöglichkeit in beinahe jedwede Maßnahme oder Beschäftigung, die Aktivierungsanforderungen, die durch das Fehlen von Arbeitsplätzen am ersten Arbeitsmarkt in sehr vielen Fällen scheitern müssen und die rigide Anerkennung von Vermögen und Haushaltseinkommen gefährden maßgeblich den einmal erworbenen Status von einmal arbeitslos gewordenen Menschen.

Neben gänzlich Chancenlosen, die einen erheblichen Teil der Langzeitarbeitslosen ausmachen, wechseln viele Beschäftigte zwischen kurzen Phasen befristeter Erwerbsarbeit, Arbeitslosigkeit und arbeitsmarktpolitischen Maßnahmen. Alda (2006) zeigt, dass eine solche Situation – je nach Indikator – auf etwa 10 bis 15% im Westdeutschland und 27 bis 35% in Ostdeutschland zutrifft. Frauen sind von einer solchen prekären Situation häufiger betroffen als Männer und Ältere etwas häufiger als Jüngere.

Nach wie vor ist ein erheblicher Teil dieser prekären Flexibilität auf die Ränder des Arbeitsmarktes beschränkt. Im Westen kennzeichnet er vor allem gering qualifizierte Gruppen. Im Osten sind z.T. gering doch auch fehlqualifizierte Gruppen betroffen. Und in beiden Landesteilen betrifft die Situation vor allem Bezieher niedriger Einkommen. Darunter finden sich dann junge Menschen – nicht selten mit Migrationshintergrund –, die mit sehr hoher Wahrscheinlichkeit keinen Zugang zu einer stabilen und auskömmlichen Beschäftigung erhalten werden sowie Erwerbspersonen mittlerer älterer Jahrgänge, die nach Arbeitsplatzverlust keinen Weg in den kleiner werdenden Raum geschützter Arbeitsmärkte zurück finden. Sie leben als so genannte Betreuungskunden jedoch weitgehend ohne Förderung mit den Leistungen des SGB. Ein Ausdruck dieser hilflosen Situation ist dann auch der Ausgabenrückgang bei der aktiven Arbeitsmarktpolitik. Diese sind stetig und ungeachtet der schwierigen Situation am Arbeitsmarkt von 22,2 Mrd. Euro im Jahre 2000 auf 13,6 Mrd. im Jahr 2006[5] gesunken (ANBA, verschiedene Jahrgänge).

Resümierend lässt sich sagen, dass externe Flexibilität in Form atypischer Beschäftigung insgesamt zunimmt und sich dabei gleichzeitig Segmentierungstendenzen verfestigen. Neben einem gewichtigen Segment langfristig stabiler Beschäftigungsverhältnisse wächst ein Bereich mit unsicheren Beschäftigungsverhältnissen (Köhler u.a. 2008; Struck u.a. 2006; Struck 2006). Mangelnde Aufstiegsmobilität schränkt die Durchlässigkeit zwischen diesen beiden Sektoren

---

5   Angaben in Preisen von 2000.

ein. Die Koexistenz eines Kerns stabiler Beschäftigung mit wachsenden instabilen Rändern wird dabei auf einen Bedeutungsverlust betriebsspezifischer
Qualifikationskomponenten, abnehmenden Legitimationsdrucks über Gewerkschaften und Betriebsräte sowie Deregulierungsschritte zurückgeführt. So geht
die Zunahme an Flexibilität und Mobilität häufig mit Risiken einher.

Ob jedoch Übergänge am Arbeitsmarkt mit Risiken oder mit Chancen und
einem Zugewinn von Autonomie einhergehen ist nicht zuletzt abhängig von der
Ausgestaltung der Sozial- und Arbeitsmarktpolitik.

4   Wechselseitige Koppelung von Erwerbsarbeit und sozialen Sicherungs-
systemen

Systeme sozialer Sicherheit sind in national spezifischer Weise an Arbeitsmärkte
und damit an Einkommen durch Erwerbsarbeit gekoppelt. Sie weisen charak-
teristische Finanzierungs-, Auszahlungs- und Legitimationsmuster auf, die von
Interessengruppen   auch   unter   wechselseitig   akzeptierten   gesamtgesell-
schaftlichen Effizienzkriterien ausgehandelt werden. Die bisherige Kopplung ist
in   Deutschland   institutionell   geprägt   durch   das   Normalarbeitsverhältnis
(Mückenberger 1985) und die Lohnarbeitszentriertheit der sozialen Sicherungssysteme (Vobruba 1990; Struck 2006). Wirtschaftliche, soziale und politische
Veränderungen sind geeignet, bisherige Verkopplungen des Erwerbsarbeits- und
des sozialen Sicherungssystems in Frage zu stellen. Aktuell bedeutsam sind vor
allem die zuvor beschriebenen Veränderungen in der Wirtschaft und am Arbeitsmarkt. Hierbei ist zu berücksichtigen, dass eine enge Kopplung zwischen
Erwerbsarbeit und dem sozialen Sicherungssystem voraussetzungsvoll ist: Es
muss ausreichend Erwerbsarbeit für alle Erwerbspersonen vorhanden sein, die
erwerbstätig sein wollen bzw. sich nicht in gesellschaftlich akzeptierten Nicht-
Erwerbsphasen wie etwa Bildungs-, Krankheits-, Pflegephasen u.ä. befinden.
Und die Erwerbseinkommen müssen ein aktuell Existenz sicherndes Mindesteinkommen überschreiten, da die Ansprüche auf Sozialversicherungsleistungen
etwa im Rentenalter, im Krankheitsfall etc. über abhängige Erwerbsarbeit sichergestellt werden.

Heute kann konstatiert werden, dass sich die bisherige Verbindung zwischen
dem flexibleren Erwerbsarbeits- und dem lohnarbeits- und „normalarbeits"-
fixierten sozialen Sicherungssystem zunehmend löst. Und so stellt sich die
Frage, in welcher Weise eine sozialstaatliche Neuausrichtung die Bedürfnisse der
Wirtschaft und Gesellschaft nach Anpassungsflexibilität und Risikobereitschaft
und damit aber auch nach Sicherheit für Investitionen und Anpassungs-
bereitschaft sowohl für Beschäftigte wie auch für Arbeitgeber verbindet. Erst in

einer solchen Konstellation kann der Sozialstaat seine Funktion als Produktiv-kraft voll entfalten und zu einer Entlastung der angespannten Situation am Arbeitsmarkt und in den sozialen Sicherungssystemen beitragen.

Wichtig für das Verständnis der wechselseitigen Kopplung von Erwerbs-arbeit und sozialen Sicherungssystemen ist, dass Sozialversicherungen im Grundsatz in der Lage sind, die Bereitschaft für Investitionen und riskante Entscheidungen zu stärken. Dies gilt für Erwerbstätige im Betrieb ebenso, wie für erwerbsbezogene Entscheidungen im Lebensverlauf.

Im Rahmen eines sozialstaatlich organisierten Schutzes sind Erwerbsper-sonen im Grundsatz eher bereit, Risiken innerhalb des betrieblichen Erwerbs-verlaufes einzugehen und sich den Direktiven der Betriebsleitung und den Anforderungen des Arbeitsplatzes unternehmerisch loyal, kooperativ und inno-vationsbereit zu stellen. Ausbildungsinvestition, Arbeit bis zur geistigen und körperlichen Leistungsgrenze, eine Bereitschaft, Rationalisierungsmaßnahmen in Form technologischer, arbeitsorganisatorischer und unternehmensstruktureller Veränderungen mit zutragen oder zu befördern (Lampert 1994: 417f.), können durch die Existenz sozialstaatlicher Sicherungen entfaltet und unterstützt werden. Insbesondere für längerfristige betriebliche Beschäftigungsbeziehungen besteht der wirtschaftliche Wert (Vobruba 1989; Okun 1975) einer prophylaktischen Schutzpolitik etwa des Arbeitszeit-, Unfall- und Gesundheitsschutzes als auch von Reha-Maßnahmen in der betriebsentlastenden Externalisierung und Vermei-dung von Sozialkosten und der Sicherung eines leistungsfähigen und motivierten Arbeitskräftepotentials sowie in der Erhöhung der mittel- und langfristigen Arbeitsproduktivität.

Darüber hinaus besteht ein wirtschaftlicher Wert durch Investitionen in das Humankapital von Arbeitskräften, durch soziale Sicherung in Zeiten der Ausbildung, Umschulung, Fort- und Weiterbildung, Einarbeitung etc. sowie im Falle von Krankheit. Und nicht zuletzt fördern chancengleiche Zugangs- und Beteiligungsrechte zu bzw. an den genannten sozialstaatlichen Maßnahmen und hier insbesondere im Bereich Bildung, dass ungleiche Verteilungsergebnisse akzeptiert und in ihrer Entstehung und Existenz individuellen Leistungen zugeschrieben werden.

So überrascht es nicht, dass Bassanini und Duval (2006) sowie der jüngste Beschäftigungsbericht der OECD (2007) zu dem Ergebnis kommen, dass Länder mit vergleichsweise generösen mittelfristigen Lohnersatzleistungen und gleich-zeitig hohen Ausgaben für eine aktive Arbeitsmarktpolitik eine höhere Produktivität aufweisen als Länder mit geringen und bedarfsgeprüften Pauschal-leistungen. Großzügige und auf mittlere Frist angelegte Lohnersatzleistungen verbessern die qualifikatorischen und motivationalen Ausgleichsprozesse auf Arbeitsmärkten vor allem durch eine effizientere Suche nach einem passgerechten Arbeitsplatz. Insbesondere aber fördert eine aktive Arbeitsmarktpolitik höhere Investitionen auf Arbeitnehmerseite, etwa in Qualifizierung, Versuche der Selbständigkeit u.ä. sowie auf Arbeitgeberseite in die Schaffung neuer Stellen oder eine stärkere Berücksichtigung von so genannten Problemgruppen.

5   Maßnahmen für Flexibilität durch Sicherheit

Heute bietet der deutsche Sozialstaat jedoch weder ausreichend Schutz gegen drohende Risiken und normale Brüche im Erwerbsleben, noch schafft er hinreichende Anreize für den Einzelnen, sich offensiv den veränderten Herausforderungen zu stellen.

So mangelt es an der Absicherung von Risiken in der Erwerbsarbeit. Diese bestehen insbesondere im Rahmen prekärer Beschäftigungsverhältnisse, wie etwa bei Teilzeitarbeit und hier insbesondere bei der geringfügigen Beschäftigung, bei der Leiharbeit, bei kurz- und mittelfristigen Beschäftigungsbeziehungen sowie bei geringen und unsteten Einkommen unter Existenzniveau.

Unzureichend Abgesichert sind ferner Risiken bei Übergängen im Lebensverlauf. Sie bestehen bei Wechseln zwischen verschiedenen Beschäftigungsformen, d.h. zwischen Vollzeit- und Teilzeitbeschäftigung, zwischen abhängiger Beschäftigung und Selbständigkeit. Und Risiken bestehen bei Übergängen zwischen Arbeitslosigkeit und Beschäftigung, bei Eintritten und Verläufen in zweiten oder auch dritten Bildungswegen, bei Kombinationen von Arbeit und Bildung, bei Wechseln und Verläufen zwischen Erwerbstätigkeit und Pflegezeiten von Angehörigen oder bei graduellen Übergängen in die Rentenphase.

Wenn aber Arbeit mobiler und flexibler wird, wenn Erwerbsarbeit etwa durch Arbeitslosigkeits- und Familienhasen unterbrochen wird und wenn die Unsicherheit von Investitionen in Beruf und Bildung steigt, weil sich die Berufsbilder und die Anforderungen schneller ändern, dann müssen Lösungen bei der Gestaltung dieser Flexibilität und Mobilität gefunden werden, die Flexibilität auf effiziente Weise fördert und zugleich Segmentierungen zwischen Insidern und Outsidern vermeidet. Dies stellt neue Anforderungen an die Systeme sozialer Sicherheit.

Im Verlauf der Erwerbsarbeit und vor allem bei Übergängen bestehen dabei vor allem Risiken mangelnder Beschäftigungs- oder Einkommensfähigkeit, etwa durch eine zu geringe Ausstattung mit beruflich verwertbarer Bildung und Berufserfahrung, die sich auch im (berufs-)biographischen Verlauf vermindern kann. Hinzu kommen Risiken unsteter oder die Existenz gefährdender Einkommen.[6] Betrachten wir diese zwei Risken im Einzelnen.

5.1 Mangelnde Beschäftigungs- oder Einkommensfähigkeit: Bildung

Die hohe Bedeutung der elterlichen Erziehung und der (vor)schulischen Primär- und Allgemeinbildung für die berufliche Bildung und Übergänge im Erwerbsverlauf ist bekannt und vielerorts beschrieben. Mit der Zunahme der Diskontinuität von Karriereverläufen für viele Erwerbspersonen gewinnen zudem direkte und indirekte Übergänge zwischen Betrieben an Bedeutung. Hier gehen Betriebsaustritte mit einem Verlust betriebsspezifischer Qualifikationen (d.h. der Kenntnisse von spezifischen Arbeitsmitteln, Verfahren, Produkten) einher. Zugleich beleiben allerdings die einmal erworbenen berufsfachlichen Kompetenzen sowie die allgemeinen sozialen und kulturellen Kompetenzen zumindest eine zeitlang erhalten. Gerade auch allgemeine, d.h. betriebs- und berufsübergreifende Qualifikationen können gepaart mit ständig aktualisierten berufsfachlichen Qualifikationen eine Basis für betriebliche Einstiege bieten. Jedoch gilt auch: Etwa 15% der Jugendlichen im Alter bis 29 haben keinen beruflichen Abschluss, bei Jugendlichen mit Migrationshintergrund sind es mehr als ein Drittel. Hier fehlen berufsnotwendige Kompetenzen und so bleibt ein großer Teil dieser Jugendlichen lange Zeit und häufig wiederkehrend arbeitslos.

Wenn nun die Karriereverläufe vielen Beschäftigten durch Berufseintrittsrisiken und/ oder Diskontinuität und differenziertere Qualifikationsprofile gekennzeichnet sind, dann bedeutet dies zweierlei:

Zum einen steigen die Anforderungen an allgemeine Schlüsselqualifikationen wie (a) das Reflexionsvermögen der eigenen Potentiale und Verhaltensweisen, die in der Biographie erworben wurden. Diese müssen realistisch zu den Zielen passen (Reflexionsvermögen). Hinzu kommt (b) die Selbstorganisation zur beruflichen (Weiter)Qualifizierung auf der Basis der zuvor erworbenen beruflich relevanten Handlungskompetenzen (Lernkompetenz bei Wahrung der berufsbiographischen Konsistenz) und (c) die Sicherstellung der Signalisierbarkeit der erworben Kompetenzen durch das Auftreten, durch geeignete

---

6   Zudem bestehen gesundheitliche Gefährdungen und psychische Belastungen in der Erwerbsarbeit aber auch in Phasen der Arbeitslosigkeit. Diese können nicht zuletzt auch die im Rahmen der Rentengesetzgebung verlängerten Erwerbsarbeitphasen beeinträchtigen und erfordern so Initiativen der Humanisierung der Arbeit wie auch eine an der biographischen Situation abgestimmte Arbeits- und Sozialberatung im Rahmen einer arbeitsplatznahen aktiven Arbeitsmarktpolitik. Aus Platzgründen müssen wir an dieser Stelle auf eine nähere Darstellung verzichten.

Dokumentation von „Leistungen und Werke" (Symbolkompetenz). Zudem steigen die Anforderungen an (d) die Fähigkeit, sich für berufliche Neuanschlüsse zu vernetzen, zu informieren etc. (Selbstorganisation) und nicht zuletzt an (e) die Fähigkeit sich in neue betriebliche Sozialstrukturen einpassen zu können (Kooperationskompetenz).

Zum anderen steigen die Anforderungen an die berufliche Erstausbildung und die stetige berufliche Weiterqualifizierung innerhalb und außerhalb von Betrieben, wobei diese nicht auf spezifische Arbeitsplätze beschränkt bleiben darf.

Notwendig sind also umfassende Strategien des lebenslangen Lernens, durch die sich die ständige Anpassungsfähigkeit und Beschäftigungsfähigkeit der Arbeitnehmer gewährleisten lassen und die sich in besonderer Weise auch auf die am meisten gefährdeten Erwerbspersonen richten müssen. Derartige Investitionen in Humanressourcen, angefangen bei der (vor-)schulischen Bildung über die berufliche Ausbildung bis hin zur Weiterbildung stärken die Wettbewerbsfähigkeit von Unternehmen sowie die langfristige Beschäftigungsfähigkeit von Arbeitnehmern. Tatsächlich besteht eine positive Korrelation zwischen einer hohen Beteiligung an Maßnahmen des lebenslangen Lernens und einer hohen Beschäftigungsquote sowie einer niedrigen (Langzeit-)Arbeitslosigkeit (European Commission 2006: 108). Allerdings kommen diese Investitionen zumeist nur den bereits Hochqualifizierten zugute (OECD 2005). Insbesondere Erwerbstätigengruppen mit dem größten Lernbedarf, wie zum Beispiel Geringqualifizierte oder die aufgrund der Deregulierungen wachsende Zahl der Arbeitnehmer mit Zeitverträgen und der Leiharbeitnehmer, aber auch Selbständige und ältere Arbeitnehmer partizipieren am wenigsten von Qualifikationsmaßnahmen, in denen Bildungsabschlüsse nachgeholt oder berufliche Anschluss- oder Weiterbildungsqualifikationen vermittelt werden. Da Betriebe zumeist an der unmittelbaren eigenen Verwertung ihrer Bildungsinvestitionen interessiert sind, d.h. bei Personen, bei denen Übergänge zu erwarten sind, Kosten der Weiterqualifizierung vielfach nicht übernehmen, sind bei der Erstellung des kollektiven Gutes allgemeiner und berufsfachlicher Qualifikationen vielfach der einzelne Arbeitnehmer und unterstützend der Staat und die Tarifparteien gefordert.

Als geeignete Maßnahmen können dabei dann verschieden Maßnahmen subsumiert werden, die die Ausbildung und lebenslanges Lernen fördern. Dazu gehören insbesondere eine verbesserte (vor-)schulische Bildung sowie garantierte Rechte auf einen Ausbildungs- oder Arbeitsplatz für beruflich nicht ausgebildete Jugendliche. Zudem sind Rechte auf Weiterbildung zu stärken und entsprechende Angebote privater und öffentlicher Bildungsträger sicherzustellen. Das Leitbild einer meritokratischen Chancengleichheit ist dabei in Richtung einer zweiten und dritten Bildungschance für gering- oder fehlqualifizierte

Beschäftigte und Arbeitslose auszubauen. Für Beschäftigte könnten darüber hinaus individuelle Lernkonten zum Aufbau kollektivvertraglicher und ggf. steuerlich begünstigter Weiterbildungskonten die derzeit stagnierende betriebliche Weiterbildung befördern.

Von zentraler Bedeutung ist, dass Bildung für die Sicherung beruflicher Verläufe betriebsnah erfolgt. Beruflich relevante Qualifizierung ist mehr als der Erwerb fachlichen Wissens. Hinzu kommen fachliche Erfahrungen im beruflichen Umfeld und betriebliche und berufsfeldspezifische Verhaltensweisen und Verhaltenorientierungen (d.h. soziale und kulturelle Kompetenzen). So erhöhen dann auch insbesondere die betriebsnahen Instrumente der aktiven Arbeitsmarktpolitik, die auf die direkte Eingliederung in den ersten Arbeitsmarkt setzen, wie Lohnkostenzuschüsse, Gründungsförderung oder betriebliche Trainingsmaßnahmen, die Chancen der Teilnehmer auf eine Integration in Erwerbsarbeit auch nach Ablauf der Förderung. Die Förderung der beruflichen Weiterbildung selbst (SGB III, § 77ff.) – deren Maßnahmen beispielsweise mit einem Abschluss in einem anerkannten Ausbildungsberuf enden kann, aber auch das Nachholen einer Abschlussprüfung, berufsbezogene übergreifende Weiterbildungen, berufliche Aufstiegsweiterbildung und Qualifizierungen in Übungsbetrieben umfassen kann – leisten ebenfalls einen Beitrag zur Eingliederung der Geförderten in den Arbeitsmarkt, wenn auch in geringerem Maße als die unmittelbar betriebsnahen Instrumente.

Allerdings muss darauf aufmerksam gemacht werden, dass Arbeitsmarktpolitik nicht aus der Summe einzelner Maßnahmen besteht, sondern eingebunden ist in eine Gesamtstrategie. Diese ist jedoch nur in Ansätzen erkennbar. Aktivierung und „Fordern und Fördern" reichen hierfür nicht aus, da sie keine strategische Zielrichtung erkennen lassen (Reisert 2007: 75). Angemessener sind dagegen das Verständnis von Übergangsarbeitsmärkten und der damit verbundene Gedanke der Sicherung von Flexibilität. Diesem entspricht das Konzept einer Beschäftigungsversicherung, dass nicht nur das Arbeitslosigkeitsrisiko absichert, sondern auch den Erhalt von Beschäftigungs- und Einkommensfähigkeit bei Übergängen zwischen den unterschiedlichen Formen der Erwerbstätigkeit sowie anderen gesellschaftlich notwendigen Reproduktionstätigkeiten.

5.2 Risiken unsteter oder die Existenz gefährdender Einkommen – Beschäftigungsversicherung als Flexibilitäts(ver)sicherung

Dies gilt umso mehr, als eine Rückkehr zum Normalarbeitsverhältnis als Leitbild individueller Erwerbsverläufe im Rahmen einer normalarbeitszentrierten und an männlichen Standardverläufen ausgerichteten Sozialpolitik weder zu erwarten noch als erstrebenswert anzusehen ist. Doch mit der fortbestehenden Ausrichtung sozialstaatlicher Leistungen an eine kontinuierliche Vollzeiterwerbstätigkeit verbinden sich Risiken der sozialen Sicherung besonders für Arbeitskräfte mit befristeten oder abrufbaren Verträgen, Teilzeitbeschäftigten, Leiharbeitnehmern sowie vor allem häufig oder längerfristig Arbeitslosen.

Einen wichtigen Ansatzpunkt bietet hier die Weiterentwicklung der Arbeitslosenversicherung zu einer Beschäftigungsversicherung (zu Prinzipien und Funktionsweisen siehe ausführlicher auch Schmid in diesem Band sowie 2008; Schuster 2005). Eine Beschäftigungsversicherung würde nicht nur das Einkommensrisiko bei Arbeitslosigkeit, sondern auch die Einkommensrisiken bei kritischen Übergängen im Lebenslauf absichern. Eine solche Weiterentwicklung des sozialen Sicherungssystems ließe sich sowohl finanzieren als auch gesellschaftlich legitimieren: Sie knüpft an bestehende staatliche Transferleistungen wie Bafög, Arbeitslosengeld, Weiterbildungs- und Umschulungsprogramme, Familienförderung, Existenzgründerhilfen oder die soziale Grundsicherung etc. an, womit sie (anders als Überlegungen zum bedingungslosen Grundeinkommen) realistisch und ohne Systemwechsel umzusetzen ist. Dabei ist der Zugriff auf Sozialleistungen durch klare und gesellschaftlich akzeptierte Regeln zu gestalten. Auf eine hohe gesellschaftliche Akzeptanz dürften – neben dem Arbeitslosengeld und der sozialen Grundsicherung – vermutlich Kindererziehungszeiten und Phasen der Pflege von Angehörigen, (Weiter-)Bildungsmöglichkeiten zum Erhalt oder zur Verbesserung der Beschäftigungsfähigkeit sowie Existenzgründungsphasen treffen. Der Zugriff auf Sozialleistungen bestünde dann aber nicht nur in einer zeitlich befristeten Übergangsfinanzierung gesellschaftlich anerkannter Reproduktions- und Innovationsphasen (etwa nach einer Mindestbeschäftigungszeit in einer Rahmenfrist), sondern würde auch die Anrechnungszeiten und Transferleistungen in der Alterssicherung (neben den bestehenden Erziehungszeiten etwa auch Ausgleiche bei Teilzeitbeschäftigung und in stärkerem Maße (Weiter-)Bildungsphasen) berücksichtigen. Bei Qualifizierungs- und Arbeitsmarktmaßnahmen ist dann eine Stärkung der Qualifikationsprognosesysteme und der Beratungskapazitäten der Arbeitsagenturen sowie z.T. von IHKs und Bildungsinstitutionen etc. vorauszusetzen. Und nicht zuletzt wären aufgrund der vielfach prekären Wechsel und der nicht seltenen Gleichzeitigkeit von Selbständigkeit und abhängiger Erwerbsarbeit auch Selbständige in das Sozialversicherungssystem einzubeziehen.

Die wichtigsten Vorteile einer Beschäftigungsversicherung bestünden erstens in einer Stärkung des innovativen Verhaltensrisikos sowohl auf Arbeitnehmer- als auf Arbeitgeberseite. Die Neugestaltung zielt darauf, die Flexibilität der Arbeitszeiten im Lebenslauf, die zwischenbetriebliche Mobilität und die Weiterbildungsbereitschaft zu steigern. Sie bietet Beschäftigten Schutz vor beruflichen und sozialen Abstiegen bei Entlassungen, sie bietet Anreize zur Steigerung der Beschäftigungsfähigkeit und sie verbessert Chancen Arbeit und Familie besser miteinander zu vereinbaren. Eine Beschäftigungsversicherung würde damit nicht nur wirtschaftliche Produktivität, Lernen und Innovationen und dementsprechend die ökonomische Wohlfahrt steigern, sondern auch dem sozialpolitischen Ziel einer größeren Selbstbestimmung näher kommen. Zweitens ermöglicht die soziale Sicherung von Flexibilität auch Menschen in höheren Einkommens- und Qualifikationsgruppen zeitweise ihre Erwerbsarbeitszeiten zu vermindern oder für eine gewisse Zeit aus der Erwerbsarbeit auszusteigen.

Hier sind in den letzten Jahren erhebliche Verbesserungen erzielt worden. Zu nennen sind hier das Recht auf Elternzeit, das Recht auf Teilzeitarbeit und auf Pflegetage. Derartige rechtliche Ansprüche auf eine teilweise oder vollständige Arbeitsbefreiung bei Beibehaltung des Arbeitsplatzes oder zumindest Rückkehrrechten auf eine angemessene Beschäftigung im selben Betrieb können erweitert werden. Klare Zeitperspektiven etwa für ein- oder zweijährige Weitbildungsmodule, Erziehungs- und Pflegephasen in Voll- oder Teilzeit würden dabei den Planungsinteressen sowohl der Beschäftigten, wie auch der Arbeitgeber entgegenkommen.

Dabei bieten die hierdurch entstehenden Phasen der Nichtarbeit Raum für Arbeitssuchende, vorausgesetzt das Qualifizierungsniveau dieser Gruppe entspricht dem Anforderungsstand der Tätigkeiten bzw. wird fortlaufend und aktiv auf einem solchen Stand gehalten. Mit jedem Jahr, das alle ca. 27 Millionen sozialversicherungspflichtig Erwerbstätigen in ihrem ca. 40-jährigen aktiven Arbeitsleben zusätzlich in eine sozial und finanziell gesicherte Reproduktionsphase für Bildung, Betreuung oder Umorientierung investieren, ließe sich die Zahl der Arbeitslosen (letztlich natürlich unzulässig grob berechnet) um jahresdurchschnittlich ca. 675.000 Personen verringern.

Eine Stärkung innovativer Verhaltensrisiken kann dementsprechend sowohl mit Verwertungsinteressen von Arbeitgebern als vor allem auch mit Chancen für Beschäftigte und Arbeitslose einhergehen. Diese Situation wechselseitiger Vorteile erhöht die Möglichkeiten für die gesellschaftliche Akzeptanz und die politische Umsetzung derartiger Maßnahmen.

6   Fazit

Arbeitsmärkte sind durch eine Zunahme an Flexibilität und Mobilität gekennzeichnet. Inwieweit sich hieraus Chancen oder Risiken ergeben, ist nicht zuletzt von der Ausgestaltung der Sozial- und Arbeitsmarktpolitik abhängig. Ein zentraler Ansatzpunkt für die Probleme der Arbeitslosen und flexibel und z.T.

prekär Beschäftigten besteht darin, Zugangsbarrieren zum ersten Arbeitsmarkt abzubauen und Phasen der Nichterwerbstätigkeit in stärkerem Maße als bisher sozial zu sichern. Dabei kann das subjektive Sicherheitsgefühl auch bei objektiver Unsicherheit durch eine sozialstaatlich gesicherte Erweiterung des Erwartungshorizonts gestärkt werden. Dazu gehören eine vergleichsweise großzügige Einkommenssicherung bei Übergangsarbeitslosigkeit, ein hoher Arbeitskräfteumschlag, sowohl getragen durch eine starke Wirtschaftsdynamik als auch durch sozial gesicherte Ausstiegsphasen im Rahmen rechtlich gesicherter Gelegenheitsstrukturen sowie das Recht auf Erziehungs- und Pflegezeiten oder auf Weiterbildung und nachholende Bildungsabschlüsse im Erwachsenenalter.

Ein derart an gesellschaftlichen Reproduktionsnotwendigkeiten orientiertes soziales Sicherungssystem kann Beschäftigte vor Lohndumping und übergebührlichen Flexibilitäts- und Leistungsanforderungen schützen, es kann Polarisierungen zwischen (noch) geschützten Beschäftigten, prekär Beschäftigten und Arbeitslosen verhindern, es kann die Innovations- und Investitionsbereitschaft fördern sowie neue Freiheiten im Lebens- und Berufsverlauf ermöglichen und es kann Arbeitssuchenden neue Chancen am ersten Arbeitsmarkt bieten. Da Mobilität und Flexibilität weite Teile der Bevölkerung umfasst, Beschäftigungsförderung gerade im Niedriglohnbereichen durch Sozialabgaben behindert wird und der Nutzen sozialstaatlicher Abersicherungen von Flexibilität im Rahmen der gesellschaftlichen Reproduktionsnotwendigleiten der Gesamtgesellschaft zugute kommen, sind die Sicherungssysteme deutlich stärker als bisher steuerlich zu finanzieren.

Letztendlich ist nicht Flexibilität das Problem, sondern ein unproduktiver Umgang mit Unsicherheiten.

Literatur

Alda, Holger (2006): Sekundäre Arbeitsmarktintegration als Beobachtungskonzept sozioökonomischer Berichterstattung. In: Berichterstattung zur sozioökonomischen Entwicklung Deutschlands – Zweiter Bericht. Zwischenbericht Teil I. Göttingen: 164-167.

Andreß, Hans-Jürgen/Seek, Till (2007): Ist das Normalarbeitsverhältnis noch armutsvermeidend? In: Kölner Zeitschrift für Soziologie und Sozialpsychologie 59: 459-492.

Bassanini, Andrea/Duval Romain (2006): Employment Patterns in OECD Countries: Reassessing the Role of Policies and Institutions (OECD Economics Department Working Paper No. 486) Paris.

Becker, Irene (2006): Armut in Deutschland: Bevölkerungsgruppen unterhalb der Alg II-Grenze (Arbeitspapier 3 des Projekts „Soziale Gerechtigkeit") Düsseldorf.

Bispinck, Reinhard (2006): Tarifpolitischer Jahresbericht 2005: Gemischte Bilanz - Reallohnverluste überwiegen. In: WSI-Mitteilungen 59: 63-70.

Brandt, Nicola/ Burniaux, Jean-Marc/ Duval, Romain (2005): Assessing the OECD Jobs Strategy: Past Developments and Reforms (Economic Department Working Paper 429) Paris.

Brehmer, Wolfgang/Seifert, Hartmut (2007): Wie prekär sind atypische Beschäftigungsverhältnisse? Eine empirische Analyse (WSI-Diskussionspapier Nr. 156) Düsseldorf.

Bruckmeier, Kerstin/Graf, Tobias/Rudolph, Helmut (2007): Aufstocker – bedürftig trotz Arbeit, (IAB Kurzbericht Nr. 22) Nürnberg.

Bundesregierung (2006): Bericht 2006 der Bundesregierung zur Wirksamkeit moderner Dienstleistungen am Arbeitsmarkt, Drucksache 16/3982, Berlin.

Deutsche Bundesregierung (2005): Lebenslagen in Deutschland. Der 2. Armuts- und Reichtumsbericht der Bundesregierung, Berlin.

European Commission (2005): Employment in Europe 2005, Brüssel.

European Commission (2006): Employment in Europe 2006. Brüssel.

Giesecke, Johannes/Groß, Martin (2007): Flexibilisierung durch Befristung. In: Keller, Berndt/Seifert, Hartmut (Hg.), Atypische Beschäftigung – Flexibilisierung und soziale Risiken. Berlin: 83-105.

Kalina, Thorsten/Weinkopf, Claudia (2008): Weitere Zunahme der Niedriglohnbeschäftigung: 2006 bereits 6,5 Millionen Beschäftigte betroffen (IAQ-Report 2008-01) Essen.

Keller, Berndt/Seifert, Hartmut (Hg.) (2007): Atypische Beschäftigung – Flexibilisierung und soziale Risiken, Berlin

Keller, Berndt/Seifert, Hartmut (2008): Flexicurity: Ein europäisches Konzept und seine nationale Umsetzung, Friedrich-Ebert-Stiftung (Hg.), Bonn.

Klammer, Ute/Leiber, Simone (2007): Atypische Beschäftigung und sozialer Schutz. EU-Regulierung und Situation in Deutschland. In: Keller, Berndt/Seifert, Hartmut (Hg.) (2007): Atypische Beschäftigung – Flexibilisierung und soziale Risiken. Berlin: 185-208.

Klär, Erik/Fritsche, Ulrich (2008): Mehr Beschäftigung durch weitere Arbeitsmarktreformen? In: Wirtschaftsdienst 90: 451-460.

Klenner, Christina/Ochs, Christiane/Seifert, Hartmut (1998): Lockerung des Sonntagsarbeitsverbots. In: Keller, Berndt/Seifert, Hartmut (Hg.): Deregulierung am Arbeitsmarkt. Eine empirische Zwischenbilanz. Hamburg: 105-136.

Köhler, Christoph/Struck, Olaf/Grotheer, Michael/Krause, Alexandra/Krause, Ina/-Schröder, Tim (2008): Offene und geschlossene Beschäftigungssysteme. Determinanten, Risiken und Nebenwirkungen. Wiesbaden.

Lampert, Heinz (1994): Lehrbuch der Sozialpolitik. Berlin u.a.

Massa-Wirth, Heiko (2007): Zugeständnisse für Arbeitsplätze? Konzessionäre Beschäftigungsvereinbarungen im Vergleich Deutschland – USA, Berlin.

Mückenberger, Ulrich (1985): Die Krise des Normalarbeitsverhältnisses. In: Zeitschrift für Sozialreform 31(7): 415-434 und (8): 457-475.

Nürnberger, Ingo (2007): Was bekommen künftige Rentner? In: Soziale Sicherheit 57: 405-416.

OECD (1999): Employment Outlook. Paris.
OECD (2005): Promoting Adult Learning. Paris.
OECD (2006): Employment outlook, Paris.
OECD (2007): Employment Outlook. (Chapter 2: More Jobs but Less Productive? The Impact of Labour Market Policies on Productivity). Paris: 55-103.
Okun, Arthur, M. (1975): Equality and Efficiency. The Big Tradeoff. Washington, D.C.
Promberger, Markus (2007): Leiharbeit im Betrieb. Strukturen, Kontexte und Handhabung einer atypischen Arbeitsform. (Abschlussbericht für die Hans-Böckler-Stiftung) Düsseldorf.
Reisert, Bernd (2007): Funktionen und Instrumente der Arbeitsmarktpolitik – Impulsreferat. In: Friedrich-Ebert-Stiftung (Hg.): Zukunft des Sozialstaats – Beschäftigungs- und Arbeitsmarktpolitik (WISO-Diskurs). Düsseldorf.
Sachverständigenrat zur Begutachtung der gesamtwirtschaftlichen Entwicklung (2002): Jahresgutachten 2002/03, Bundesrat Drucksache 856/02, Bonn.
Schank, Thorsten/Schnabel, Claus/Stephani, Jens/Bender, Stefan (2008): Sackgasse oder Chance zum Aufstieg? IAB-Kurzbericht 8, Nürnberg.
Schettkat, Ronald (2006): Lohnspreizung: Mythen und Fakten. Eine Literaturübersicht zu Ausmaß und ökonomischen Wirkungen von Lohnungleichheit, Düsseldorf.
Schmid, Günther (2008): Von der Arbeitslosen- zur Beschäftigungsversicherung. Wege zu einer neuen Balance individueller Verantwortung und Solidarität durch eine lebenslauforientierte Arbeitsmarktpolitik (Gutachten für die Friedrich-Ebert-Stiftung – WISO-Diskurs). Düsseldorf.
Schulten, Thorsten (2006): Europäischer Tarifbericht des WSI – 2005/2006. In: WSI-Mitteilungen 59(7): 365-373.
Schuster, Joachim (2005): Die Beschäftigungsversicherung. In: SPW 3/2005: 20-22.
Seifert, Hartmut (2005): Vom Gleitzeit- zum Langzeitkonto. In: WSI-Mitteilungen 58: 308-313.
Seifert, Hartmut/Massa-Wirth, Heiko (2005): Pacts for employment and competitiveness in Germany. In: Industrial Relations Journal 36: 217-240.
Seifert, Hartmut/Tangian, Andranik (2007): Reconciling Employment Security with Flexibility – Empirical Findings for Europe (WSI-Diskussionspapier Nr. 154) Düsseldorf.
Stiglbauer, Alfred (2006): Die (neue) OECD Jobs Study: eine Einführung und Bewertung, in: Geldpolitik & Wirtschaft Q3/06: 66-84.
Struck, Olaf (2006): Flexibilität und Sicherheit. Empirische Befunde, theoretische Konzepte und institutionelle Gestaltung von Beschäftigungsstabilität. Wiesbaden.
Struck, Olaf/Köhler, Christoph/Goetzelt, Ina/Grotheer, Michael/Schröder, Tim (2006): Die Ausweitung von Instabilität? Beschäftigungsdauern und betriebliche Beschäftigungssysteme (BBSS). In: Arbeit 15: 167-180.
Struck, Olaf/Grotheer, Michael/Schröder, Tim/Köhler, Christoph (2007): Instabile Beschäftigung. Neue Ergebnisse zu einer alten Kontroverse. In: Kölner Zeitschrift für Soziologie und Sozialpsychologie 59: 294-317.
Vobruba, Georg (Hg.) (1989): Der wirtschaftliche Wert der Sozialpolitik. Berlin.

Vobruba, Georg (1990): Lohnarbeitszentrierte Sozialpolitik in der Krise der Lohnarbeit. In: ders. (Hg.): Strukturwandel der Sozialpolitik. Lohnarbeitszentrierte Sozialpolitik und soziale Grundsicherung. Frankfurt a.M.: 11-80.

Einstellungen zum Sozialstaat und Erwerbsstatus

Oliver Nüchter und Alfons Schmid

1 Einleitung

Bei der Analyse von Arbeitsmarkt und Sozialpolitik werden aus ökonomischer Perspektive primär Auswirkungen sozialstaatlicher Regelungen auf Struktur und Funktionsweise des Arbeitsmarktes untersucht. Eine Ausweitung des Sozialstaates wird in der Regel mit verminderter Beschäftigung und erhöhter Arbeitslosigkeit assoziiert; bei einer Verringerung des Sozialstaates werden eher positive Beschäftigungseffekte erwartet (Sachverständigenrat 2005: Ziff. 173ff. und 2007: Ziff. 454ff.; OECD). Der soziologische Fokus richtet sich eher auf die sozialstaatliche Gerechtigkeit. Danach wird in der Regel dem Sozialstaat eine Verringerung sozialer Ungleichheit zugeschrieben, einer Verringerung sozialstaatlicher Sicherung entsprechend eine Zunahme sozialer Ungleichheit (Wegener 1995; Berger/Schmidt 2004). Beide Zugänge basieren primär auf „objektiven" Ergebnissen, die sich als Folge der vorhandenen Regelungen auf das Verhalten der Akteure ergeben (Eichhorst/Konle-Seidl 2005: 6ff.).

In diesem Beitrag steht eine „subjektive" Perspektive im Mittelpunkt: Einstellungen der Menschen gegenüber dem Sozialstaat und sozialen Sicherungssystemen in Abhängigkeit vom Arbeitsmarktstatus. Diese subjektive Perspektive von Arbeitsmarkt und Sozialstaat ist nicht nur von wissenschaftlichem Interesse, denn u.W. bestehen darüber bisher Erkenntnisdefizite (Krause 2007; Struck u.a. 2006; Förg u.a. 2007). Sie ist auch von politischem Interesse hinsichtlich der Steuerung von Veränderungen des Sozialstaats, der Akzeptanz und der Durchsetzbarkeit von Reformen.

An diesen Überlegungen knüpft dieser Beitrag an. Die Fragestellung richtet sich darauf, welche Unterschiede bei den Einstellungen gegenüber dem Sozialstaat in Abhängigkeit vom Erwerbstatus bestehen: Welche Einstellungen haben Arbeitslose und Erwerbstätige zum Sozialstaat und seinen Teilsystemen? Gibt es Unterschiede bei den Einstellungen zwischen den Teilsystemen und wie lassen sich diese erklären? Wegen der bestehenden Erkenntnisdefizite hat dieser Beitrag eher explorativen Charakter.

Den Anknüpfungspunkt für diese Untersuchung bietet ein Projekt für das Bundesarbeitsministerium, in dem die Einstellungen der Bevölkerung gegenüber dem Sozialstaat empirisch auf der Basis von 5000 telefonischen Befragungen in bisher drei Wellen erhoben wurden (Krömmelbein u.a. 2007; Nüchter u.a. 2008).

Wir beginnen den Beitrag mit einigen konzeptionell-theoretischen Überlegungen für das Untersuchungsdesign. Anschließend werden empirische Untersuchungsergebnisse über die Einstellungen zum Sozialstaat je nach Erwerbsstatus referiert. Der Beitrag schließt mit einigen Folgerungen für Theorie und Empirie.

2   Konzeptionell-theoretische Grundlagen

Einstellungen werden „als eine Bewertung von Menschen, Objekten oder Ideen" (Aronson/Wilson/Akert 2004: 230) definiert. Sie drücken Haltungen zu und Beurteilungen von Sachverhalten und Gegenständen aus, die einen inneren Begründungszusammenhang aufweisen und über einen längeren Zeitraum hinaus subjektive Gültigkeit haben (Hartmann/Wakenhut 1995: 13ff.). Dieser Beitrag bleibt auf die kognitive und affektive Dimension beschränkt, die Verhaltenskomponente der Einstellungen können wir nicht berücksichtigen.

Sozialstaatliche Einstellungen beziehen sich u.a. auf den Bereich staatlicher Aktivitäten, der auf die Realisierung sozialer Sicherung zielt (Andreß/Heien/Hofäcker 2001: 18f.; vgl. zu einer weiteren Sichtweise Krömmelbein u.a. 2007: 29ff.; Kaufmann 2005: 132). Soziale Sicherung umfasst nicht ein bestimmtes Niveau sozialstaatlicher Intervention, sondern unterschiedliche Ziele und Maßnahmen. Soziale Sicherung kann somit das Kontinuum zwischen einer basalen Armutsabsicherung zur Gewährleistung einer selbst bestimmten Lebensführung aller Gesellschaftsmitglieder und der Sicherung erreichter Lebensstandards sowie die Herstellung gleicher Zugangs- und Erwerbschancen wie gerechter Verteilung von Gütern und Ressourcen umfassen. Die Einstellungen zum Sozialstaat dürften sich danach unterscheiden, welches Maß an Sicherheit und welches Maß an Gleichheit durch staatliche Sozialpolitik verfolgt und erzielt werden soll.

Die Genese sozialstaatlicher Einstellungen ist von verschiedenen Faktoren abhängig. Zur Analyse der Bestimmungsgründe, warum welche Einstellungen auftreten, kann an die bisherige sozialstaatliche Einstellungsforschung (Andreß/Heien/Hofäcker 2001), an die Befunde der Forschungen zur sozialen Ungleichheit in Deutschland (Hauser/Stein 2001; Berger/Schmidt 2004), die Arbeiten der Lebensqualitätsforschung (Zapf 2001; Bulmahn 2002) sowie an aktuelle Ansätze der soziologischen Gerechtigkeitsforschung (Liebig/Lengfeld/Mau 2004; Liebig/Lengfeld 2002) angeknüpft werden.

Grundsätzlich lassen sich Einstellungen aus dem spezifischen Interesse und der Nutzenorientierung der Menschen sowie aufgrund von deutungsrelevanten Normen und Werten erklären, die wiederum in Wechselwirkung zueinander stehen. Im Zentrum der Erklärung stehen somit kulturtheoretische und strukturtheoretische Ansätze.

Kulturtheoretische Ansätze basieren auf dem Sozialisationstheorem, das die Vermittlung und den Aufbau von Normen und Werten der Menschen ins Zentrum rückt und somit auf eine kognitive Erklärungsebene abzielt (Andreß/Heien/Hofäcker 2001). Zentraler Maßstab der Wahrnehmung und Deutung des Sozialstaats sind Wertorientierungen. Die Vermittlung dieser Normen und Werte selbst findet wiederum vor dem Hintergrund sozialisatorischer, institutioneller und ökonomischer Rahmenbedingungen statt.

Demgegenüber basieren *sozialstrukturelle Erklärungen* auf dem Interesse und der Nutzenorientierung des Einzelnen. Gemäß dem Rational Choice Ansatz wird angenommen, dass die Menschen interessengeleitet denken und handeln, sich bewusst und zielorientiert auf die Bedingungen und Restriktionen ihrer Lebenswelt beziehen (Andreß/Heien/Hofäcker 2001). Ihre Wahlentscheidungen sind an den Kosten und dem Nutzen orientiert, den eine Alternative im Vergleich zu anderen bietet.

Wir basieren hier das Untersuchungsdesign auf Verhaltenstheorien als Basis für die Bewertung des Sozialstaats und seiner Teilsysteme, da diese Theorien Bewertungen zum Gegenstand haben. Ausgangspunkt und Referenzmodell bildet das ökonomische Rationalmodell mit seinem Kosten-Nutzen-Kalkül. Dieses Modell wird aufgrund seines begrenzten Erklärungsgehalts für die Empirie um Erkenntnisse aus der Behavioral Economics erweitert, die psychologische Verhaltenserklärungen in die Analyse von Einstellungen einbezieht. Mit diesem Vorgehen sollen rational begründete mit kulturell begründeten Bewertungen verknüpft werden.

Nach der traditionellen ökonomischen Rationaltheorie werden Einstellungen von Individuen durch Maximierung des Erwartungswertes ihrer Nutzenfunktion unter Nebenbedingungen bestimmt. Daraus lässt sich die These ableiten, dass aufgrund unterschiedlicher Präferenzen und Handlungsbedingungen in Abhängigkeit vom Erwerbsstatus unterschiedliche Bewertungen des Sozialstaats und seiner Teilsysteme bestehen. Darauf basierend haben wir vier Arten von Arbeitsmarktstatus unterschieden:

a) Erwerbstätige ohne Arbeitslosigkeit,
b) Erwerbstätige mit Arbeitslosigkeit,
c) Arbeitslose und
d) Selbstständige.

Diese Typen lassen aufgrund unterschiedlicher Kosten-Nutzen-Relationen hinsichtlich des Sozialstaates und seiner Teilsysteme unterschiedliche Bewertungen nach der ökonomischen Rationaltheorie erwarten. So werden Erwerbstätige ohne Arbeitslosigkeit (Normalarbeitsverhältnis) eher eine distanzierte Einstellung zum

Sozialstaat und zur Arbeitslosenversicherung haben, weil für sie hohe Kosten mit einem eher geringen Nutzen einhergehen. Erwerbstätige mit Arbeitslosigkeitser-fahrungen dürften dagegen Sozialstaat und Arbeitslosenversicherung positiver bewerten, d.h. Arbeitnehmer in prekären Beschäftigungsverhältnissen haben eine positivere Einstellung gegenüber dem Sozialstaat als bei Normalarbeitsverhält-nissen. Arbeitslose bewerten nach der Rationaltheorie Sozialstaat und Arbeitslo-senversicherung und ihre Teilbereiche positiv: hoher Nutzen bei relativ geringen Kosten, wobei Opportunitätskosten bezüglich eines Arbeitsplatzes Unterschiede in der Bewertung nach der Dauer der Arbeitslosigkeit implizieren dürften. Selb-ständige haben nach der Rationaltheorie dagegen eine eher kritische Einstellung zum Sozialstaat, weil die Kosten im Vergleich zum Nutzen hoch sind.

Reformen sozialer Sicherungssysteme werden nach dieser Theorie danach bewertet, wie sie das Kosten-Nutzen-Verhältnis beeinflussen. Eine Reform des Sozialstaats und seiner Teilsysteme im Sinn eines Abbaus von Sozialleistungen dürfte von prekär Beschäftigten und Arbeitslosen eher negativ beurteilt werden, von Selbständigen und im Normalarbeitsverhältnis Stehenden eher positiv.

Hinsichtlich Renten- und Krankenversicherung lassen sich, ausgenommen die Selbständigen, keine eindeutigen Thesen ableiten, da hier die individuelle Si-tuation maßgeblich für die Bewertung ist. Zieht man aber neuere Untersuchungs-ergebnisse heran, nach denen Arbeitslosigkeit mit höheren Gesundheitsrisiken und mit niedrigeren Renten verbunden ist (Hollederer 2002: 411ff.), dann dürfte mit zunehmender Bedeutung der Arbeitslosigkeit eine ökonomisch-rationale Bewertung der Gesundheitsversicherung durch Arbeitslose positiver ausfallen als die der Beschäftigten ohne Arbeitslosigkeit; für die Rentenversicherung dürfte eine umgekehrte Einstellung vorherrschen.

Die ökonomische Rationaltheorie wurde aufgrund ihrer Begrenzungen bei der Erklärung empirischen Verhaltens modifiziert und erweitert. Vor allem im Rahmen der Behavioral Economics und der experimentellen Ökonomie wurden durch Einbeziehung psychologischer Verhaltenstheorien die strengen Annahmen der ökonomischen Rationaltheorie aufgegeben (Kahnemann/Tversky 1979: 263ff.; Bischoff 2007: 1334ff.; Magen 2005; Fehr/Tyran 2005: 43ff.; Berg 2003: 411ff.; Smith 2005: 135ff.; Jungermann/Pfister/Fischer 2005; Förg u.a. 2007). Diese Modifikationen beziehen sich primär auf folgende vier „Fehler" der tradi-tionellen Rationaltheorie (Pesendorfer 2006: 712f.):

- den erwarteten Nutzen: Das Unabhängigkeitstheorem zwischen verschiede-nen „Nutzenbündeln" bzw. deren Wahrscheinlichkeitsverteilung wird in Frage gestellt.
- dem endowment effect: Gütern und Leistungen wird höherer Nutzen bei-gemessen, sobald man sie besessen hat (Bischoff 2007: 1336).

- konstante Diskontierungsrate künftiger Erträge: Empirisch besteht eine zeitvariante Diskontierungsrate, d.h. je weiter in der Zukunft Erträge erwartet werden, desto niedriger der gegenwärtige Erwartungswert.
- soziale Präferenzen: Das Eigennutzaxiom der Rationaltheorie wird dergestalt erweitert, dass der eigene Nutzen auch vom Nutzen anderer abhängt.

Wir werden im Folgenden versuchen, diese behavioristischen Erweiterungen der traditionellen Rationaltheorie auf den Zusammenhang von Erwerbsstatus und Einstellungen zum Sozialstaat zu übertragen.

Nach dem Unabhängigkeitsaxiom werden (künftige) Situationen mittels Wahrscheinlichkeiten bewertet; dies stimmt nicht (immer) mit empirischen Beobachtungen überein (Bischoff 2007: 1334ff.). Nach der Prospekttheorie spielt die subjektive Entscheidungssituation mit subjektiven Entscheidungsgewichten eine wesentliche Rolle bei der Bewertung von Alternativen. Daraus lassen sich Unterschiede in den Einstellungen zum Sozialstaat je nach Erwerbsstatus begründen.

Nach der in der Prospekttheorie begründeten Wertfunktion werden die Konsequenzen einer Option subjektiv transformiert. Bewertungen erfolgen danach nicht absolut, sondern relativ zu einem Referenzpunkt. Einen solchen Referenzpunkt bildet der status quo. Einstellungen zum Sozialstaat und seinen Teilsystemen hängen danach auch vom Stand des jeweiligen Erwerbsstatus ab. Hier findet sich eine weitere Begründung für die Einteilung der obigen Formen des Erwerbsstatus.

Eine weitere Modifikation der Rationaltheorie erfolgt hinsichtlich der Gewichtung (Bischoff 2007: 1337). Danach wird das Konzept der (subjektiven) Wahrscheinlichkeiten zugunsten von Entscheidungsgewichten aufgehoben. Die Wahrscheinlichkeiten werden so transformiert, dass die resultierenden Gewichte die Bedeutung des Eintretens der Ereignisse für die Entscheidung reflektieren; dem Eintritt von Wahrscheinlichkeiten werden unterschiedliche Gewichte zugeordnet: z.B. wird kleinen Wahrscheinlichkeiten ein großes Gewicht zugeordnet, im mittleren Bereich gibt es unterproportionale Entscheidungsgewichte, hohe Wahrscheinlichkeiten werden eher wieder mit relativ großen Gewichten bewertet.

Subjektive Entscheidungsgewichte und Bewertungen sind danach vom status quo als Referenzpunkt abhängig. Diese erwerbstatusspezifischen Einstellungen werden ihrerseits durch jeweils vorherrschende soziostrukturelle und soziokulturelle Faktoren bestimmt. Im Kontext unserer Thematik sind dafür u.a. Einkommen und Vermögen, psychische Situation, gesellschaftliche Normen, Geschlecht, Qualifikation und Alter einschlägig. Unsere These ist, dass diese Gewichte in Abhängigkeit vom Erwerbsstatus unterschiedlich sind, d.h., dass z.B.

der Einfluss von Normen sich je nach Erwerbsstatus unterscheidet. Welchen Stellenwert sie haben, wird die Empirie zeigen. In diesem Kontext spielt auch die Verlustaversion eine Rolle. Die Wertfunktion bildet den Zusammenhang zwischen Zugewinn und Verlust mit dem dazugehörigen Wert ab, den ein Wirtschaftssubjekt diesem zumisst (Bischoff 2007: 1337). Verluste werden danach erheblich stärker gewichtet als Gewinne. Reformen des Sozialstaates, die einen Verlust zur Folge haben, werden demnach negativer bewertet als mögliche positive Auswirkungen. Ein Beispiel dafür sind die Hartz IV-Veränderungen (Förg u.a. 2007).

Der endowment effect als zweiter „Fehler" der Rationaltheorie ist vor allem im Kontext von Sozialstaatsreformen von Bedeutung. Danach hängt die Einstellung davon ab, ob man etwas bereits besessen hat oder nicht. So wird Gütern ein höherer Wert beigemessen, wenn man sie bereits im Besitz hatte. Danach dürften bereits erworbene Ansprüche in den Systemen der sozialen Sicherung die Einstellungen mit bestimmen. Damit lässt sich begründen, dass Personen mit höheren Ansprüchen an den Sozialstaat diesen positiver bewerten als Personen mit geringen Ansprüchen; vor allem bei Reformen im Sinn einer Reduktion sozialstaatlicher Leistungen dürfte dieser Effekt relevant sein. Ein Beleg für diese These ist die positive Bewertung der Bevölkerung zu (Wieder-) Ausweitung der Bezugsdauer des Arbeitslosengeldes I auf 24 Monate für Ältere.

Eine weitere Abweichung von der traditionellen Rationaltheorie betrifft die Diskontierungsrate. Danach ist diese Rate in der Zukunft nicht konstant. Vielmehr gibt es empirische Belege dafür, dass, je ferner der Nutzen in der Zukunft anfällt, desto niedriger ist die gegenwärtige Bewertung dieses künftigen Nutzens. Die Diskontierungsrate ist demnach nicht konstant, sondern hyperbolisch (Förg u.a. 2007).

Hiermit lässt sich eine Unterscheidung der Bewertung nach dem Alter begründen; bezüglich der Rente ergäbe sich daraus eine positivere Bewertung der Rentenversicherung durch Ältere als durch Jüngere. Dies gilt auch für die Arbeitslosenversicherung. Die Differenzierung der Bewertungen nach dem Alter lässt sich auch aus der Equity-Theorie begründen. Diese begründet gerechte Input-Output-Relationen. Wenn in einen Austausch investiert wird, dann wird erwartet, dass die resultierenden Ergebnisse proportional zu ihren getätigten Investitionen sind (vgl. ebenda).

Der homo oeconomicus maximiert seinen Eigennutzen unabhängig von sozialen Beziehungen. Diese Eigennutzannahme schließt eine Erweiterung der Nutzenfunktion um soziale und andere nicht standardmäßige Präferenzen im Regelfall aus (Magen 2005). Soziale Präferenzen bleiben damit ausgeblendet. Nun agiert der Mensch aber in der Regel nicht wie Robinson auf der einsamen Insel, sondern steht in einem sozialen Kontext. Die Fairnesstheorie bietet hierfür Anknüpfungspunkte mit ihrer Theorie der Verteilungsgerechtigkeit: „Theorien der Verteilungsgerechtigkeit gehen davon aus, dass für die Akteure vor allem das Ergebnis einer Interaktion wichtig ist. Fairness betrifft danach die Frage, wie die Vor- und Nachteile am Ende verteilt sind. Prominent sind vor allem Theorien der Ungleichheitsaversion. Danach vermeiden die Akteure, dass Güter ungleich verteilt sind. Das soll für Benachteiligte ebenso gelten wie für Bevorzugte. Die unterschiedliche Betroffenheit macht sich aber in der Stärke der Aversion bemerkbar: Wenn man von einer Ungleichbehandlung benachteiligt wird, wird sie negativer beurteilt, als wenn man von ihr bevorzugt ist. Aber auch im letzteren Fall soll die Ungleichverteilung mit (immateriellen) Kosten verbunden sein. In dem Maße, in dem Können und Leistung belohnt werden, wird auch Ungleichverteilung weniger negativ beurteilt" (Magen 2005: 35f.).

Mit der Berücksichtigung sozialer Präferenzen erfolgt eine Erweiterung des Eigennutzaxioms, indem der eigene Nutzen auch vom Nutzen anderer abhängt. Damit lassen sich gesellschaftliche Normen als Einflussfaktoren auf Einstellungen begründen. These ist, dass innerhalb des jeweiligen Erwerbsstatus und zwischen diesem in Abhängigkeit von Verteilungsnormen (Egalitarismus, Individualismus; (Krömmelbein u.a. 2007; Nüchter u.a. 2008) unterschiedliche Einstellungen bestehen. Dies gilt für alle vier Typen gleichermaßen, aber in unterschiedlichem Ausmaß. So werden Egalitaristen anteilsmäßig häufiger in der Kategorie der Arbeitslosen sein als bei Vollzeitbeschäftigten; sie werden auch eine positive Bewertung staatlicher Regelungen haben und Reformen zur Verringerung staatlicher Leistungen häufiger ablehnen. Individualisten werden dagegen den Sozialstaat per se kritischer beurteilen als Egalitaristen und Reformen im Sinn einer Reduktion eher positiv beurteilen. Ob zwischen den vier Erwerbstypen die Verteilungsnormen eine unterschiedliche Bedeutung haben und damit eine unterschiedliche Bewertung beinhalten, lässt sich nicht a priori feststellen. Aber tendenziell dürfte bei Selbständigen die Bedeutung individualistischer Verteilungsnormen vorherrschen, während Arbeitslose eher einer egalitaristischen Bewertung zuneigen dürften. Welches Verhältnis zwischen gesellschaftlichen Verteilungsnormen und individuellem Rationalkalkül besteht, können wir hier nur als Frage aufwerfen, aber nicht beantworten.

Zusammenfassend lässt sich festhalten, dass sowohl nach der Rationaltheorie als auch nach der behavioristischen Verhaltensökonomie je nach Erwerbsstatus unterschiedliche Einstellungen bzw. Bewertungen zum Sozialstaat und seinen Teilsystemen bestehen. Inwieweit diese These zutrifft, werden wir in einer ersten empirischen Annäherung zu beantworten versuchen.

3 Empirische Befunde

Auf Basis der vorangegangenen Überlegungen wird im Folgenden versucht, auf
empirischem Wege Anhaltspunkte dafür zu finden, inwieweit diese Überlegungen und Thesen zutreffen, d.h. inwieweit die Einstellungen zum Sozialstaat und
seinen Teilsystemen vom Erwerbsstatus abhängen. Wir können wegen der begrenzten Datenbasis nicht alle Thesen überprüfen. Anhand der Beantwortung
von fünf Fragen, die verschiedene Aspekte der sozialen Sicherung berücksichtigen, geben wir eine erste Einschätzung:
– Sozialstaat allgemein:
    o   Wie wichtig wird der Sozialstaat eingeschätzt?
    o   Wir hoch sollen die Ausgaben für die soziale Sicherung sein?
– Spezifische Systeme:
    o   Wie werden die Leistungen der Grundsicherung für Arbeitsuchende
        bewertet?
    o   Wie wird die eigene Alterssicherung eingeschätzt?
    o   Wie wichtig ist die Verbesserung der Arbeitsmarktchancen?

Tabelle 1: Übersicht erklärender Variablen

Sozioökonomische Lage	Soziodemografi-sche Faktoren	Normative Werte / Wissen	Subjektive Lebensqualität
Haushaltsein-kommen Kurzfristige Liquidität („2000€-Frage") Immobilienbesitz Erwerbsstatus *Bildungs-/ Qualfikations-index*	Region *Alter Geschlecht* Haushaltstyp Haushalte mit Kindern	*Egalitarismus Individualismus* Askriptivismus Fatalismus Informiertheitsindex	*Zufriedenheits-index* Anomieindex Gerechter Anteil wirtschaftlichen Lage heute wirtschaftlicher Lage: Aufstieg/ Abstieg Schichtzuge-hörigkeit

Differenziert wurde dabei durchgängig zwischen den oben genannten vier Erwerbstypen; als Referenz sind zusätzlich die Werte für alle Befragten des Surveys ausgewiesen.

Zur Überprüfung der unterschiedlichen Zusammenhänge steht aus dem Sozialstaatssurvey[1] eine umfangreiche Liste von Einflussfaktoren zur Verfügung. Um die theoretischen Vorüberlegungen auf ihre Plausibilität hin prüfen zu können, müssen Indikatoren aus den verschiedenen Einflussdimensionen berücksichtigt werden; zugleich sollte das Modell überschaubar bleiben. In die Untersuchung einbezogen wurden daher nur jene Indikatoren, die die jeweils stärksten Zusammenhänge zeigten (in der Übersicht *kursiv* markiert).[2]

3.1 Bedeutung des Sozialstaats

Eine erste Annäherung auf Einstellungsunterschiede in Abhängigkeit vom Erwerbsstatus erfolgt mittels der Bedeutung, die verschiedene Zielsetzungen des Sozialstaats im Urteil der Menschen haben. Aus der Wichtigkeit, die den Sozialstaatszielen beigemessen wird, haben wir einen Index[3] gebildet, mit dem wir ermitteln können, welche Bedeutung der Sozialstaat insgesamt hat. Wie sich diese Bedeutung auf die vier Erwerbsgruppen sowie die Gesamtbevölkerung verteilt, zeigt (Tab. 2).

Die Einstellungen der beschäftigten Arbeitnehmer unterscheiden sich weder untereinander noch von jenen der Gesamtbevölkerung deutlich. Klare Präferenzen gibt es dagegen bei Arbeitslosen und Selbständigen, wobei in beiden Fällen der erwartete Nutzen die Hauptrolle spielen dürfte.

Weiterhin wurde von uns untersucht, welche Differenzen die vier Erwerbsgruppen zeigen, wenn man sie anhand der oben genannten Merkmale separiert, also Alter, Geschlecht usw. innerhalb jeder Gruppe auf ihren Einfluss hin prüft (Tab. 3).

---

1   Vgl. dazu genauer Krömmelbein u.a. 2007 und Nüchter u.a. 2008.
2   Generell ist einschränkend anzumerken, dass bei einigen Merkmalen die Zellenstärke trotz 5000 Befragter sehr gering wird. So gibt es nur wenige Arbeitslose über 60, und auch die Zahl der hochzufriedenen Arbeitslosen ist gering. Entsprechend häufig werden die Werte insignifikant, d.h. die Signifikanz liegt unter 95%.
3   Erhoben werden insgesamt fünf Ziele des Sozialstaats (sozialer Friede, Armutsvermeidung, Arbeitsmarktchancen, Sicherung des Lebensstandards, Umverteilung), deren Bedeutung von den Befragten mit Hilfe einer vierstufigen Skala (sehr wichtig – unwichtig) eingeschätzt werden sollte. Aus den Mittelwerten aller Angaben wurde dann ein dichotomer Index (wichtig/ weniger unwichtig) gebildet.

Tabelle 2: Bedeutung des Sozialstaats (Index unterschiedlicher Sozialstaatsziele, in %[4]

	Arbeitnehmer ohne Alo.-Erfahrung	Arbeitnehmer mit Alo.-Erfahrung	Selbständige	Arbeitslose	*Alle Befragte*
Eher unwichtig	35	25	45	17	*31*
Weder noch	32	38	29	28	*31*
Eher wichtig	33	37	26	55	*38*
N=	*1726*	*423*	*345*	*309*	*5022*

Tabelle 3: Hohe Bedeutung des Sozialstaats (r^2)

	Arbeitnehmer ohne Alo.-Erfahrung	Arbeitnehmer mit Alo.-Erfahrung	Selbständige	Arbeitslose	*Alle Befragte*
Alter	,072	*	*	,205	*,075*
Geschlecht (Frau)	,165	,144	,190	,163	*,167*
Qualifikation	-,181	-,215	*	-,153	*-,224*
Einkommen	-,193	-,159	-,262	*	*-,218*
Zufriedenheit	-,167	-,271	-,109	-,173	*-,207*
Egalitarismus	,406	,273	,547	,395	*,442*
Individualismus	-,150	*	-,286	-,139	*-,153*

* Werte nicht signifikant

Drei Befunde sind im Kontext der Thesen von Bedeutung:

– Es gibt einen Effekt der Arbeitslosigkeitserfahrung auf die normativen und subjektiven Faktoren. Wer bereits einmal arbeitslos war, für den spielen abstraktere Gerechtigkeitsvorstellungen eine geringere Rolle. Zugleich gewinnen subjektive Zufriedenheitswerte an Einfluss bei der Beurteilung

---

4   Alle Daten wurden berechnet auf Basis der Sozialstaatssurveys 2006 und 2007.

winnen subjektive Zufriedenheitswerte an Einfluss bei der Beurteilung der Bedeutung des Sozialstaats.

- Zweitens sehen wir bei den Selbstständigen eine Polarisierung der Einstellungen, d.h. die Einflussgrößen wirken hier zumeist stärker als bei den anderen Gruppen, vor allem bei den Gerechtigkeitsvorstellungen. Normative Wertvorstellungen wirken innerhalb dieser heterogenen Gruppe stärker als in den anderen Erwerbsgruppen. Damit ist zumindest hier eine Relativierung der traditionellen Rationaltheorie verbunden; gesellschaftliche Orientierungen haben offensichtlich einen nicht unerheblichen Einfluss auf diese Gruppe.

- Schließlich findet sich bei den Arbeitslosen der vermutete Alterseffekt, d.h. wer älter und arbeitslos ist, hält den Sozialstaat für tendenziell wichtiger – was mit der ungünstigen Arbeitsmarktlage und der damit verbundenen Angewiesenheit auf die soziale Sicherung erklärt werden kann; das lässt sich ökonomisch rational, aber auch ansatzweise mit der Equity-Theorie erklären.

3.2 Erwünschte Ausgaben

Wenn der Sozialstaat eine derart hohe Bedeutung hat, liegt die Frage auf der Hand, ob die Menschen das, was dieser tut, für ausreichend halten, oder ob sie sich größere Anstrengungen wünschen. Wir haben hierfür gefragt, für welche sozialpolitischen Bereiche der Staat in Zukunft mehr Geld ausgeben sollte. Hierbei wurde explizit darauf hingewiesen, dass höhere Staatsausgaben auch höhere Steuern und Abgaben bedeuten. Erfasst wurden hierbei alle Säulen der sozialen Sicherung, aber auch Forderungen wie die Unterstützung von Familien mit Kindern. Der hieraus gebildete Ausgabenindex wurde mit den Erwerbsgruppen kreuztabelliert, worauf sich in etwa das erwartbare Bild zeigt (Tab. 4).

Man sieht, dass generell deutlich höhere sozialpolitische Ausgaben gefordert werden. Dies gilt für alle Befragten und in besonderem Maße für die Arbeitslosen, was vor dem Hintergrund der unterschiedlichen Opportunitätskosten auch plausibel erscheint. Bei den Arbeitnehmern ist es fast ohne Belang, ob diese Arbeitslosigkeitserfahrungen haben. Nur eine Gruppe hält die bisherigen Sozialstaatsausgaben mehrheitlich für bereits ausreichend – die Selbständigen. Da diese den geringsten Nutzen von höheren Ausgaben erwarten, erscheint auch dies ökonomisch rational und plausibel.

Tabelle 4: Zukünftige Ausgaben für soziale Sicherung (Index), in %

	Arbeitnehmer ohne Alo.-Erfahrung	Arbeitneh-mer mit Alo.-Erfahrung	Selbständi-ge	Arbeits-lose	*Alle Be-fragte*
Geringer / gleich viel	39	35	53	20	*37*
Etwas hö-her	45	48	34	50	*44*
Viel hö-her	15	17	13	30	*17*
N=	*1727*	*423*	*344*	*310*	*5019*

Die Forderung nach höheren Staatsausgaben wird vor allem von Arbeitslosen er-hoben, während Selbständige mehrheitlich das heutige Ausgabenniveau für aus-reichend halten oder eine Kürzung wünschen. Die Arbeitnehmer nehmen eine Mittelposition ein.

Etwas differenzierter fällt diese Betrachtung aus, wenn wir erneut die Sta-tusgruppen anhand soziodemografischer und soziokultureller Merkmale ausdif-ferenzieren und den Einfluss auf den Ausgabenwunsch prüfen (Tab. 5).

Tabelle. 5: Wunsch nach höheren Ausgaben (r^2)

	Arbeit-nehmer ohne Alo.-Erfahrung	Arbeit-nehmer mit Alo.-Erfahrung	Selbstän-dige	Arbeitslose	*Alle Befragte*
Alter	*	*	*	,164	*
Geschlecht (Frau)	,085	,163	,119	*	*,122*
Qualifikation	-,144	-,237	*	-,140	*-,171*
Einkommen	-,133	-,253	-,146	*	*-,183*
Zufriedenheit	-,201	-,273	-,211	-,363	*-,269*
Egalitarismus	,471	,378	,441	,396	*,472*
Individualis-mus	-,146	-,128	-,191	-,214	*-,159*

* Werte nicht signifikant

Ein deutlicher Unterschied ergibt sich bei der persönlichen Zufriedenheit – geringe Zufriedene fordern durchgängig höhere Staatsausgaben als Hochzufriedene. Von noch größerer Bedeutung sind die normativen Vorstellungen der Befragten. So wünschen Menschen mit einer egalitaristischen Gerechtigkeitsidee deutlich öfter höhere Ausgaben. Umgekehrt sorgt eine individualistische Einstellung vor allem bei den Arbeitslosen und auch den Selbstständigen für einen unterdurchschnittlichen Wunsch nach höheren Ausgaben – diese Gruppen scheinen in besonderem Maße der Ansicht, es auch ohne den Staat schaffen zu können. Bei den Arbeitnehmern mit Arbeitslosigkeitsepisoden spielen Gerechtigkeitsüberlegungen eine etwas geringere Rolle – hier überwiegen dagegen Qualifikation und Einkommen. Für diese Gruppen ist die Bedrohung durch Arbeitslosigkeit am größten – der Wunsch nach einer intensiven Sozialpolitik daher nahe liegend. Bei den Arbeitslosen findet sich ein ähnlicher Effekt beim Alter – je älter der Betroffene, desto größer der Wunsch nach einem fürsorgenden Staat, was unmittelbar den geringer werdenden Arbeitsmarktchancen geschuldet sein dürfte.

3.3 Bewertung der Leistungen des ALG II

Die beiden bislang vorgestellten Fragen befassten sich mit dem Sozialstaat im Allgemeinen. Schon dabei wurde deutlich, dass markante Unterschiede zwischen den Erwerbstatusgruppen liegen, und dass diese Differenzen auf verschiedenen Einflüssen beruhen (Tab. 6).

Tabelle 6: Leistungen der Grundsicherung für Arbeitsuchende (in %)*

	Arbeitnehmer ohne Alo.-Erfahrung	Arbeitnehmer mit Alo.-Erfahrung	Selbständige	Arbeitslose	*Alle Befragte*
Schlecht	14	20	20	40	*17*
Eher schlecht	44	40	33	31	*41*
Eher gut / Gut	41	40	47	29	*42*
N=	*1611*	*455*	*357*	*204*	*4391*

Eine nochmalige Zuspitzung erfährt dieser Befund, wenn man die Teilsysteme des Sozialstaats untersucht. Ausgewählt wurden von uns hierzu erstens die Leistungen der neu geschaffenen Grundsicherung für Arbeit.

Es existieren hierbei deutliche Unterschiede bei der Bewertung. Wie zu erwarten, empfinden v.a. Arbeitslose die Leistungen als unzureichend. Interessan-
ter Weise halten Arbeitnehmer ohne Arbeitslosigkeitserfahrung die Leistungen
am seltensten für schlecht, was die These nährt, dass sie ihren Status quo als stabil betrachten.

Eine Analyse nach verschiedenen Einflussfaktoren für diese Einstellungen
zeigt ein differenziertes Bild (Tab. 7)

Es fällt auf, dass wenige Faktoren wirksam sind. Neben den normativen
Vorstellungen – die die größte Rolle spielen – ist nur noch das subjektive Wohlbefinden bei allen Statusgruppen von Bedeutung, während das Geschlecht und
die Bildung für die Bewertung der Leistungen von ALG II ohne Belang sind.

Während die Gerechtigkeitsvorstellungen bei fast allen Gruppen ähnlich
wirken, ergibt sich bei den Selbstständigen erneut eine starke Polarisierung zwischen Egalitaristen und Individualisten. Die bestehenden Meinungsmuster sind
demnach ausgeprägter und beruhen auf grundsätzlicheren Erwägungen als bei
den anderen Statusgruppen.

Tabelle. 7: Leistungen des ALG II sind gut (r^2)

	Arbeit-nehmer ohne Alo.-Erfahrung	Arbeit-nehmer mit Alo.-Erfahrung	Selbständi-ge	Arbeitslose	*Alle Befragte*
Alter	-,118	*	*	-,151	*
Geschlecht (Frau)	*	*	*	*	*
Qualifikation	*	*	,155	*	*,049*
Einkommen	*	*	*	,160	*
Zufriedenheit	,163	,221	,181	,333	*,242*
Egalitarismus	-,131	-,184	-,294	-,244	*-,158*
Individualis-mus	,127	-,153	,216	,175	*,153*

* Werte nicht signifikant

Bei den Arbeitslosen zeigt sich die unmittelbare Abhängigkeit vom erfragten
System. Je älter bzw. geringer verdienend der befragte Arbeitslose ist, desto größer ist seine Kritik an den Leistungen der Grundsicherung.

3.4 Absicherung im Alter

Als zweites Teilsystem, das potenziell alle Menschen betrifft, wurde von uns die Alterssicherung ausgewählt, und zwar explizit die Frage, für wie gut abgesichert sich die Menschen selbst im Alter halten. Bekannt ist ja, dass das zukünftige Niveau der gesetzlichen Rente sinken wird und private Vorsorgeleistungen diese Lücke schließen sollen. Zu erwarten ist daher, dass die Einschätzung der eigenen Altersvorsorge stark von der individuellen Situation abhängt. Dies wird durch unsere Daten bestätigt (Tab. 8).

Tabelle 8: Eigene Alterssicherung in Zukunft (in %)

	Arbeitnehmer ohne Alo.-Erfahrung	Arbeitnehmer mit Alo.-Erfahrung	Selbständige	Arbeitslose	*Alle Befragte*
Schlecht	9	25	9	33	*14*
Eher schlecht	27	35	22	46	*29*
Eher gut	42	27	40	15	*38*
Gut	22	14	29	6	*19*
N=	*1704*	*420*	*339*	*310*	*3567*

Insgesamt geht eine leichte Mehrheit von einer auch zukünftig guten Absicherung aus. Zwischen den Erwerbsgruppen existieren jedoch deutliche Unterschiede. Selbständige und Arbeitslose zeigen das schon bekannte Antwortverhalten; allerdings sind in dieser Frage auch klare Differenzen zwischen den Arbeitnehmern ohne und jenen mit Arbeitslosigkeitserfahrung zu verzeichnen. Dies kann objektive Gründe haben – wie z.B. geringere Beitragsleistungen in der Vergangenheit – ebenso aber in der subjektiven Deutung der eigenen Situation begründet sein.

Um dies zu prüfen, wurde auch hier der Einfluss der erklärenden Variablen kontrolliert (Tab. 9).

Tabelle. 9: Eigene Alterssicherung ist gut (r²)

	Arbeit-nehmer ohne Alo.-Erfahrung	Arbeit-nehmer mit Alo.-Erfahrung	Selbständi-ge	Arbeitslose	*Alle Befragte*
Alter	,093	,114	*	*	*,125*
Geschlecht (Frau)	-,086	*	*	*	*-,088*
Qualifikation	,070	,165	*	*	*,125*
Einkommen	,230	,299	,301	,265	*,305*
Zufriedenheit	,329	,327	,374	,250	*,365*
Egalitarismus	-,172	-,171	-,166	-,147	*-,232*
Individualismus	,051	*	,268	,124	*,095*

* Werte nicht signifikant

Tatsächlich ist der Einfluss der Zufriedenheit bei beiden Arbeitnehmergruppen gleich hoch. Differenzen ergeben sich jedoch bei Einkommen und v.a. der Qualifikation der Beschäftigten. Wer einmal arbeitslos war und gering qualifiziert ist, schätzt die eigene Alterssicherung deutlich negativer ein als ein Geringqualifizierter ohne Arbeitslosigkeitserfahrung. Generell sind Einkommen und Zufriedenheit, also objektive und subjektive sozioökonomische Lage, bei dieser Frage wichtiger als normative Orientierungen – es überwiegt die ökonomisch-rationale Bewertung.

3.5 Bedeutung der Arbeitsmarktchancen

Wenn der Erwerbsstatus großen Einfluss auf die soziale Lage und die Einstellungen der Menschen hat, liegt die Frage nahe, wie wichtig Erwerbsarbeit aus Sicht der Bevölkerung ist. Hierzu wurde gefragt, wie wichtig es ist, dass der Staat die Chancen des Einzelnen auf dem Arbeitsmarkt verbessert. Gemäß dem Rational-Choice-Modell wäre zu erwarten, dass insbesondere die Arbeitslosen hierin eine hohe Relevanz sehen, während Arbeitnehmer ohne Arbeitslosigkeitsepisode dies als eher nachrangig betrachten (Tab. 10).

Tabelle 10: Sozialstaatsziel: Verbesserung der Arbeitsmarktchancen (in %)

	Arbeitneh-mer ohne Alo.-Erfahrung	Arbeitneh-mer mit Alo.-Erfahrung	Selbständi-ge	Arbeitslose	*Alle Befragte*
Eher unwich-tig	5	5	10	2	*4*
Weder noch	38	28	37	23	*35*
Eher wichtig	57	66	53	76	*60*
N=	*1723*	*422*	*344*	*310*	*5009*

Entgegen dieser These hat die Verbesserung der Arbeitsmarktchancen bei allen Beschäftigtengruppen große Bedeutung. Fast keiner hält diese für weniger wichtig oder gar unwichtig, bei allen Gruppen ist eine Mehrheit der Meinung, dass dies ein sehr wichtiges Sozialstaatsziel sein solle.

Auch hierbei wächst die Bedeutung dieses Ziels, wenn der Befragte arbeitslos ist – was zu erwarten war. Auch wer selbst eine Arbeitslosigkeitsepisode hinter sich hat, stimmt hierbei nochmals deutlicher zu. Interessant ist jedoch, dass auch Arbeitnehmer ohne Arbeitslosigkeitserfahrung und Selbständige dieses Ziel mehrheitlich für wichtig halten, obwohl ihnen selbst dies zunächst nichts einbringt. Zwei Deutungen liegen hier nahe: Eine aus Kosten-Nutzen-Kalkülen gemachte Überlegung, dass Massenarbeitslosigkeit zu höheren Sozialversicherungsbeiträgen führt, sowie die fairnesstheoretisch abgeleitete Idee, dass jeder die Chance zu Beschäftigung haben sollte, um Verteilungsgerechtigkeit herzustellen.

Anhaltspunkte für die Plausibilität beider Thesen liefert die differenzierte Betrachtung der Einflussfaktoren (Tab.11).

Bei den gruppenspezifischen Unterschieden fällt zunächst auf, dass bei den Arbeitslosen nur wenige Einflüsse signifikant sind. Verkürzt – und in Anlehnung an die Referenzpunktthese – könnte man sagen: Ist man erstmal arbeitslos, sind Alter und Geschlecht weniger wichtig, die Forderung nach einer Verbesserung der Arbeitsmarktchancen hat in jedem Fall höchste Priorität. Dies gilt vor allem bei geringer Qualifizierten.

Tabelle 11: Verbesserung der Arbeitsmarktchancen (r^2)

	Arbeitneh-mer ohne Alo.-Erfahrung	Arbeitneh-mer mit Alo.-Erfahrung	Selbständi-ge	Arbeitslose	*Alle Befragte*
Alter	*	*	*	*	*,060*
Geschlecht (Frau)	,143	,133	,147	*	*,125*
Qualifikation	-,145	-,131	*	-,201	*-,158*
Einkommen	-,105	-,151	-,203	*	*-,145*
Zufriedenheit	-,091	-,248	-,054	-,125	*-,134*
Egalitarismus	,246	,201	,343	,288	*,277*
Individualis-mus	-,052	*	-,257	*	*-,067*

* Werte nicht signifikant

Ansonsten zeigt sich bei nicht unmittelbar Betroffenen die schon bekannte Polarisierung entlang der Gerechtigkeitstypen. Für Arbeitnehmer mit Arbeitslosigkeitsepisode ist dagegen vor allem die persönliche Unzufriedenheit maßgeblich für den Wunsch nach staatlich garantierten besseren Arbeitsmarktchancen.

4   Schlussbemerkungen

Die der Untersuchung zugrunde liegende These findet ihre Bestätigung: Der Erwerbstatus der Befragten hat Bedeutung für deren sozialstaatliche Einstellungen. Dies gilt sowohl für Fragen, die sich mit spezifischen Systemen der sozialen Sicherung befassen, als auch für Fragen, die den Sozialstaat insgesamt betreffen.

Die Einflüsse, die für eine Ausdifferenzierung der Einstellungen sorgen, sind jedoch bei den Erwerbsgruppen unterschiedlich bedeutsam. So ist bei Arbeitnehmern, die bereits einmal arbeitslos waren, die berufliche Qualifikation ein entscheidender Faktor bei der Bewertung sozialstaatlicher Leistungen – bei Arbeitnehmern ohne Arbeitslosigkeitserfahrung spielt diese eine geringere Rolle. Bei den derzeit Arbeitslosen kommt zu diesem Qualifikationseffekt noch ein deutlicher Alterseffekt; je älter der befragte Arbeitslose, desto stärker wird sein

Wunsch nach umfassender staatlicher Absicherung. Bei den Einstellungen bei Selbständigen kommt es dagegen zu einer Polarisierung nach Gerechtigkeits- ideologien, d.h. die Einflüsse wirken hier besonders stark in die eine oder andere Richtung.

Bei den Selbständigen, aber auch den anderen Erwerbsgruppen wird auch deutlich, was bereits in den Vorüberlegungen thematisiert wurde: Eine enge Kos- ten-Nutzen-Betrachtung alleine erklärt die bestehenden Einstellungsunterschiede nicht hinreichend. Zwar hat die sozioökonomische Situation der Befragten Rele- vanz, aber von noch höherer Bedeutung – vor allem bei der Betrachtung allge- meinerer sozialpolitischer Ziele – sind die normativen Vorstellungen und Über- zeugungen der Menschen.

Bei dieser statischen Aufteilung in unterschiedliche Einflussbereiche gerät allerdings ein wesentlicher Punkt aus dem Blickfeld: Die Wechselwirkung zwi- schen den Einflussbereichen. So entstehen normative Überzeugungen selbstver- ständlich vor dem Hintergrund der eigenen sozio-ökonomischen Situation, der beruflichen Qualifikation und der subjektiven Zufriedenheit.

Zur Erklärung der Einstellungsunterschiede wurde auf verhaltenstheoreti- sche Ansätze rekurriert. Der Zusammenhang zwischen Einstellungen und Bewer- tungen einerseits und dem Verhalten andererseits ist nicht jedoch so eindeutig wie im ökonomischen Rationalmodell; daher ist die theoretische Begründung von Einstellungsdifferenzen durch Verhaltenstheorien zumindest diskussions- würdig. Um zu ermitteln, inwieweit Verhaltenstheorien adäquat sind für die Er- klärung von Einstellungen, die selbst u.a. verhaltensbasiert sind, ist eine vertiefte Analyse notwendig.

Unabhängig von diesen Erörterungen ist die Kenntnis der Einstellungen für politische Steuerung eine wichtige Voraussetzung, da die Akzeptanz von Refor- men durch die Einstellungen wesentlich bestimmt ist. Eine zu große Diskrepanz zwischen Reformzielen und Überzeugungen der Menschen stellt daher die Wirk- samkeit von Reformen insgesamt in Frage. Der genaue Zusammenhang zwi- schen den Einstellungen und der Wirksamkeit von Maßnahmen wurde u.W. nach bisher kaum thematisiert.

Für sozialpolitisches Handeln ist die Orientierung an Einstellungen für des- sen Gelingen relevant: So werden Reformen eher akzeptiert, wenn sie alle Men- schen in ähnlichem Ausmaß betreffen, als wenn sie unterschiedliche Betroffen- heit erzeugen; auch werden einmal beschlossene Veränderungen eher akzeptiert als langwierige Diskussion über die richtige Ausgestaltung. Information und Kommunikation alleine sind nach unseren Erkenntnissen wohl unzureichend für Einstellungsänderungen; ein Zusammenhang zwischen der Informiertheit der Menschen und deren Reformakzeptanz konnte nicht beobachtet werden.

Aus diesen eher explorativen Überlegungen lässt sich zumindest folgern, dass für die Erklärung des Zusammenhangs von Sozialpolitik und Arbeitsmarkt Einstellungen relevant sind. Der Erwerbsstatus hat unterschiedliche Bedeutung für diese Einstellungen. Allerdings bedarf es sowohl vertiefender theoretischer Überlegungen u.a. über den Zusammenhang von Einstellungen und Verhalten als auch vertiefender empirischen Untersuchungen über die Einstellungen zum Sozialstaat aus der Perspektive des Arbeitsmarktes.

Literatur

Andreß, Hans-Jürgen/Heien, Thorsten/Hofacker, Dirk (2001): Wozu brauchen wir noch den Sozialstaat? Der deutsche Sozialstaat im Urteil der seiner Bürger. Wiesbaden.
Aronson Elliot/Wilson, Timothy D./Akert, Robin M. (2004): Sozialpsychologie, 4. Aufl. München.
Berg, Nathan (2003): Normative behavioral economics. In: Journal of Socio-Economics 32: 411-427.
Berger, Peter A./Schmidt, Volker H. (Hg.) (2004): Welche Gleichheit, welche Ungleichheit? Grundlagen der Ungleichheitsforschung, Wiesbaden.
Bischoff, Ivo (2007): Prospect Theory. In: WISU 36: 1334-1341.
Bulmahn, Thomas (2002): Lebenswerte Gesellschaft. Freiheit, Sicherheit und Gerechtigkeit im Urteil der Bürger. Wiesbaden.
Förg, Michael/Frey, Dieter/Heinemann, Friedrich/Jonas, Eva/Rotfuß, Waldemar (2007): Psychologie, Wachstum und Reformfähigkeit. Schlussbericht, Forschungsauftrag 15/05 des Bundesministeriums der Finanzen, Berlin (bisher unveröffentlicht).
Eichhorst, W., Konle-Seidl, R. (2005): The Interaction of Labor Market, Regulation and Labor Market Policies in Welfare State Reform (IAB-DiscussionPaper No. 19/2005). Nürnberg.
Fehr, Ernst/Tyran, Jean-Robert (2005): Indidvidual Irrationality and Aggregate Outcomes. In: Journal of Economic Perspectives 19: 43-66.
Hartmann, Hans A./Wakenhut, Roland (1995): Gesellschaftlich-politische Einstellungen. Hamburg.
Hauser, Richard/Stein, Holger. (2001): Die Vermögensverteilung im vereinten Deutschland, Frankfurt a.M.
Hollederer, Alfons (2002): Arbeitslosigkeit und Gesundheit. In: MittAB: 411- 428.
Jungermann, Helmut/Pfister, Hans-Rüdiger/Fischer, Katrin (2005): Die Psychologie der Entscheidung, 2. Aufl., Heidelberg.
Kahneman, Daniel/Tversky, Amos (1979): Prospect Theory: An Analysis of Decision under Uncertainty. In: Econometrica 47: 264-291.
Krause, Alexandra (2007): Kündiungsschutzformen und Gerechtigkeit – Einstellungen der Erwerbsbevölkerung. In: WSI Mitteilungen 5: 252- 258.
Krömmelbein, Silvia/Nüchter, Oliver/Bieräugel, Roland/ Glatzer, Wolfgang/Schmid, Alfons (2007): Einstellungen zum Sozialstaat, Frankfurter Reihe Sozialpolitik und Sozialstruktur, Bd. 1. Opladen.

Liebig, Stefan u.a. (2004): Verteilungsprobleme und Gerechtigkeit in modernen Gesellschaften, Frankfurt a.m.

Magen, Stefan (2005): Fairness, Eigennutz und die Rolle des Rechts. Eine Analyse auf Grundlage der Verhaltensökonomik. (Preprints of the Max Planck Institute for Research on Collective Goods Bonn 2005/22). Bonn.

Nüchter, Oliver/Bieräugel, Roland/Schipperges, Florian/Glatzer, Wolgang/Schmid, Alfons (2008): Einstellungen zum Sozialstaat II. Die Akzeptanz der sozialen Sicherung und der Reformen in der Renten- und Pflegeversicherung. Opladen.

Pesendorfer, Wolfgang (2006): Behavioral Economics Comes of Age: A Review Essay on Advances in Behvioral Economics. In: Journal of Economic Literature 44: 712-721.

OECD: Employment Outlook, div. Jahrgänge.

Sachverständigenrat zur Begutachtung der gesamtwirtschaftlichen Entwicklung, Jahresgutachten div. Jahrgänge.

Smith, Vernon L. (2005): Behavioral economics research and the foundations of economics. In: The Journal of Socio-Economics. 34: 135-150.

Struck, Olaf/Stephan, Gesine/Köhler, Christopf/Krause, Alexandra/Pfeifer, Christian/Sohr, Tatjana (2006): Arbeit und Gerechtigkeit. Wiesbaden.

Wegener, Bernd (1995): Gerechtigkeitstheorie und empirische Gerechtigkeitsforschung. In: Müller, Hans-Peter/Wegener, Bernd (Hg.): Soziale Ungleichheit und soziale Gerechtigkeit. Opladen: 195-218.

Zapf, Wolfgang (2001): Die Wohlfahrtssurveys 1978-1998 und danach. In: Becker, Irene/Ott, Notburga/Rolf, Gabriele (Hg.): Soziale Sicherung in einer dynamischen Gesellschaft. Frankfurt a.M.

Teil II
Wechselwirkungen zwischen Arbeitsmärkten und Sozialpolitik

Einkommensfolgen von Betriebsmobilität und -stabilität

Anne Hacket

1 Einleitung

Von Beschäftigten werden heute zunehmende Flexibilität und Mobilitätsbereitschaft gefordert; die Zeiten, in denen Beschäftigte ihr Berufsleben innerhalb eines Betriebes und innerhalb eines Berufsbildes verbringen, seien vorbei. Denn der neue Markt – so wird prognostiziert – wird von zunehmendem Wettbewerb und erhöhter Anpassungsgeschwindigkeit geprägt sein. Der zukünftige Arbeitsmarkt werde sich daher „durch die Aufhebung fester und dauerhafter Arbeitsbeziehungen, durch eine erhöhte Mobilität der Arbeitnehmer sowie durch die Notwendigkeit des lebenslangen Lernens" auszeichnen (FiO 2/2000).

Welche Konsequenzen hat dies für Beschäftigte? Nehmen in einem flexibilisierten und deregulierten Arbeitsmarkt die Risiken innerhalb des Erwerbsverlaufs zu? Welche Beschäftigtengruppen können trotz veränderter Bedingungen bestehen? Damit befasst sich die im Folgenden vorgestellte Untersuchung.[1] Sie betrachtet und analysiert die Einkommensverläufe von *Berufsanfängern* in Ost- und Westdeutschland. Denn vor allem von Berufsanfängern wird eine erhöhte Flexibilitätsbereitschaft gefordert, für sie spielt am Beginn ihrer Karriere berufliche, betriebliche und regionale Mobilität eine große Rolle. Dabei sind die ersten Berufsjahre für den weiteren Erwerbsverlauf von entscheidender Bedeutung: Wem schon beim Berufsbeginn ein stabiler Erwerbsverlauf gelingt, der hat auch in späteren Jahren geringere Arbeitslosigkeitsrisiken zu tragen (Bender/Dietrich 2001), und wer schon in den ersten Berufsjahren berufliche Aufstiege realisieren kann, der hat auch im weiteren Karriereverlauf gute Aufstiegschancen (Rosenbaum 1984). D.h. in den ersten Jahren des Erwerbsverlaufs werden die zentralen Weichen für die Karriere gestellt und Einkommensgewinne und berufliche Aufstiege realisiert, die den weiteren Erwerbs- und Einkommensverlauf maßgeblich prägen (Dietrich/Abraham 2005). Spätestens seit den 90er Jahren treten Berufsanfänger in einen Arbeitsmarkt ein, der dereguliert und flexibilisiert wird. Anders als ältere Kohorten können sie nicht auf durch Seniorität erworbene Schutz-

---

1   Eine ausführliche Fassung bietet Hacket (2008).

rechte zurückgreifen, so dass sich bei Berufsanfängern die unterschiedlichen Konsequenzen von Flexibilität und Mobilität besonders gut beobachten lassen.

2 Flexibilisierung und Deregulierung des Arbeitsmarktes

Was bedeuten nun Flexibilisierung und Deregulierung des Arbeitsmarktes für die Beschäftigungsbedingungen? Um dies zu beantworten, ist es sinnvoll, extern-numerische Flexibilität von interner Flexibilisierung zu unterscheiden: *Extern-numerische* Flexibilität bezieht sich neben Lockerungen des Kündigungsschutzes insbesondere auf die Pluralisierung von Beschäftigungsformen und die zunehmende Verbreitung „atypischer" Beschäftigungsverhältnisse wie befristeter Arbeitsverträge, Leih- und Zeitarbeit bzw. Teilzeitarbeit (Goudswaard/Nanteuil 2000). Arbeitgeber haben somit mehr Möglichkeiten, kurz- bzw. mittelfristige Vertragsbindungen mit Beschäftigten einzugehen und sich leichter und schneller von Arbeitnehmern zu trennen. Wenn sie diese Möglichkeiten auch tatsächlich wahrnehmen, würde dies für Beschäftigte eine geringere Beschäftigungssicherheit bedeuten und sowohl die Arbeitslosigkeitsrisiken als auch die Notwendigkeit von zwischenbetrieblichen Wechseln zur Aufrechterhaltung der eigenen Erwerbstätigkeit erhöhen – sprich: von ihnen höhere Flexibilitäts- und Mobilitätsbereitschaft erfordern. Damit würden neben aufstiegsorientierten und direkten zwischenbetrieblichen Wechseln innerhalb des berufsfachlichen Arbeitsmarkts auch unfreiwillige, durch Arbeitslosigkeitsphasen unterbrochene Betriebswechsel sowie berufliche Wechsel zunehmen und somit diskontinuierliche Erwerbsverläufe stärker als bisher zur ‚Normalität' werden. Dadurch könnten sich für Beschäftigte Risiken ergeben, die sich auch in den Einkommensverläufen nachweisen lassen sollten. Wenn Erwerbsverläufe diskontinuierlicher werden, Ein- und Ausstiege in und aus Beschäftigung stärker als bisher die Karriere prägen, könnten auch die Einkommensperspektiven unsicherer und diskontinuierlicher werden. Einkommensabstiege könnten zunehmen, Einkommensaufstiege, wie sie bislang insbesondere zu Beginn des Karriereverlaufes typischerweise auftreten, könnten ausbleiben.

Die Veränderungen des Arbeitsmarktes durch Deregulierung und zunehmende extern-numerische Flexibilität wurden in der Arbeitsmarktsoziologie seit Mitte der 90er Jahre verstärkt aufgegriffen, und es wurden zahlreiche Untersuchungen zur Veränderung der Beschäftigungsstabilität und -sicherheit durchgeführt.[2] Diskontinuierliche Erwerbsverläufe sowie Mobilität als Kriterium für erhöhte Risiken wurden auf den Hintergrund einer gewöhnlich positiv bewerteten Vergleichsfolie projiziert, die sich durch stabile Beschäftigung, lange Betriebszugehörigkeit sowie das Normalarbeitsverhältnis (Mückenberger 1985) auszeichnete. Betriebswechsel galten entsprechend als „Gegenstück" oder „andere Seite der Medaille" (Davia 2005) der Betriebsstabilität bzw. der stabilen Beschäftigung innerhalb eines Berufs bzw. eines Betriebs. Doch dieses Vorgehen ist fragwürdig, denn die veränderten Bedingungen des Arbeitsmarktes sind mit zunehmender extern-numerischer Flexibilität nicht erschöpfend beschrieben. Auch die *interne* Flexibilisierung verändert die Beschäftigungsbedingungen, und zwar *innerhalb* betriebsstabiler Beschäftigung. Interne Flexibilisierung verändert weniger die zeitliche Perspektive der Beziehung zwischen Arbeitgeber und Arbeitnehmer, sondern bedeutet eine Flexibilisierung des innerbetrieblichen Arbeits- und Personaleinsatzes. Darunter werden Variabilisierungen der Arbeitszeitregelungen, qualifikatorische Anpassungen oder Lohnanreiz-Veränderungen verstanden (Struck/Schröder 2005: 3). Ergänzt wird die interne Flexibilisierung durch permanente Reorganisation (Sauer u.a. 2005) und den Umbau bzw. Abbau von innerbetrieblichen Hierarchien und Karriereleitern. Die Implementierung eines neuen „marktzentrierten Kontrollmodus" (Boes/Bultemeier 2008) koppelt Beschäftigungssicherheit, berufliche Aufstiege und nicht zuletzt individuelle Einkommensperspektiven an die Erfüllung sich wandelnder Kennziffernsysteme und Leistungsvorgaben und immer weniger an Berufserfahrung und Seniorität. Das Normalarbeitsverhältnis, welches – als prägendes und dominierendes Beschäftigungsverhältnis – hohe Arbeitsleistung und Produktivität gegen Beschäftigungssicherheit tauschte, wird im Zuge von extern-numerischer *und* interner Flexibilisierung in einen Vertrag umgewandelt, der einen Tausch von Fähigkeiten und Kenntnissen zum „Marktwert" impliziert, so dass die Anreize für eine langfristige Bindung zwischen Arbeitgeber und Arbeitnehmer für beide Seiten abnehmen (Gerlach/Stephan 2005; Levine et al. 2002). Eine Vermarktlichung (Moldaschl/Sauer 2000) und eine Re-Kommodifizierung von Arbeit sind auch für betriebsinterne Märkte die Folge.

Ob Mobilität und Betriebswechsel im Vergleich zur Betriebsstabilität positiv oder negativ zu bewerten sind, lässt sich daher nicht allein durch die Beschäftigungsdauer bewerten. Wenn man, wie Diebler (2004), das Beschäftigungsverhältnis einschließlich seiner Dauer als ein von Arbeitnehmern und Arbeitgebern zweiseitig bestimmtes Verhältnis auffasst, wird Beschäftigungsstabilität „je nach

---

2   Siehe beispielsweise Bosch u.a. (2001); Diewald/Sill (2004); Erlinghagen/Knuth (2004); Erlinghagen (2002); Grotheer/Struck 2003; Hillmert u.a. (2004); Struck (2005); Winkelmann/ Zimmermann (1998).

Kombination dieser Faktoren auf Angebots- und Nachfrageseite unterschiedlich generiert und ist im Ergebnis von unterschiedlicher Qualität, über die die Dauer allein nicht viel aussagt. So kann die Beendigung eines Beschäftigungsverhältnisses innerhalb eines kurzen Zeitraumes als Korrektur einer suboptimalen Allokation interpretiert werden, sie kann aber auch ein Indiz für die zunehmende betriebliche Externalisierung von Beschäftigungsrisiken sein" (Diebler 2004: 76). Eine lange Betriebszugehörigkeitsdauer verweist zudem nicht nur auf Chancen, eine stabile und erfolgreiche Erwerbstätigkeit aufrechtzuerhalten, sondern kann auch die Abwesenheit von Chancen in anderen Betrieben indizieren (Diewald/Sill 2004: 43). Diese letztere Form der Beschäftigungsstabilität könnte als „alternativlose Beschäftigungsstabilität" bezeichnet werden (Diebler 2004).

Die Gleichzeitigkeit der Veränderungen durch extern-numerische und interne Flexibilisierung wirft die Frage neu auf, welche Qualität Betriebsstabilität und Betriebsmobilität für Beschäftigte haben. Welche Risiken und welche Chancen sind mit Betriebsmobilität verbunden? Ist Betriebsstabilität als positive Referenzfolie für diskontinuierliche und betriebsmobile Erwerbsverläufe geeignet?

Um die Folgen von Betriebsstabilität und Betriebsmobilität zu messen, wurden in der im Folgenden vorgestellten Studie die *Einkommensverläufe* von Berufsanfängern untersucht, d.h. es wurde der Frage nachgegangen, ob sich die Einkommenschancen und -risiken betriebsstabiler von denen betriebsmobiler Berufsanfänger unterscheiden. Der Untersuchung liegt die Annahme zugrunde, dass Betriebsmobilität *und* Betriebsstabilität sowohl Ausdruck von Chancen als auch von Risiken sein können und ihre Wirkungen auf die Einkommensperspektiven daher nicht eindeutig zu bestimmen sind. Ob Chancen oder Risiken durch Mobilität bzw. Stabilität dominieren, entscheidet sich vor allem an den Kontextbedingungen. So machen die immer noch großen Unterschiede zwischen ostdeutschem und westdeutschem Arbeitsmarkt eine getrennte Betrachtung von ost- und westdeutschen Erwerbsverläufen unabdingbar. Eine weitere wichtige Differenzierung von Mobilität liegt in den Gründen, warum ein Betriebswechsel stattfindet. Handelt es sich um eine freiwillige Mobilität und wird ohne Erwerbsunterbrechung zwischen zwei Betrieben gewechselt, sollte es sich vor allem um aufstiegsorientierte Betriebswechsel handeln, die zu Einkommenssteigerungen führen. Anders bei unfreiwilligen Betriebswechseln, d.h. wenn ein Betriebswechsel von einer Arbeitslosigkeitsphase oder Erwerbslücke unterbrochen wird. Einkommensverluste sollten insbesondere bei dieser Gruppe der Beschäftigten nachzuweisen sein. Weiteren Einfluss auf die Einkommenschancen von Beschäftigten haben berufliche Wechsel sowie Arbeitszeitveränderungen, die sowohl innerhalb betriebsstabiler als auch bei betriebsmobilen Erwerbsverläufen zu beobachten und zu beachten sind. Neben der regionalen Unterscheidung zwischen Ost- und Westdeutschland sowie der beschriebenen Differenzierung von Mobilität und Stabilität sollten die Konsequenzen von Betriebsmobilität und -stabilität zudem qualifikationsspezifisch ausfallen. So werden berufliche Bildung und Qualifikation sowie berufliche Aufstiege in Deutschland vor allem betriebsintern organisiert und richten sich in besonderem Maße an Facharbeiter und Akademiker. Auch schützt der stark ausgeprägte berufsfachliche Arbeitsmarkt traditionell vor allem qualifizierte Beschäftigte vor finanziellen Risiken bei zwischenbetrieblicher Mobilität. Auch wenn interne und berufsfachliche Arbeitsmärkte durch interne und externe Flexibilisierung im Wandel begriffen sind, sollten doch sowohl Betriebsstabilität als auch Betriebsmobilität für die verschiedenen Qualifikationsgruppen noch immer eine unterschiedliche Qualität aufweisen. Insbesondere segmentationstheoretische Ansätze (Sengenberger 1987) lassen sich daher zur Interpretation der Ergebnisse heranziehen.

3   Daten und Methoden

Die Folgen von Betriebsmobilität und -stabilität werden im Rahmen dieser Studie mittels einer Betrachtung individueller Einkommensverläufe gemessen. Als Datenbasis wird die aktualisierte regionalisierte Beschäftigtenstichprobe IABS-R01 (Hamann u.a. 2004) herangezogen, mit der die Erwerbs- und Einkommensverläufe der Jahre 1992-2001 für Ost und Westdeutschland lückenlos verfolgt werden können. Die Untersuchung konzentriert sich auf Berufsanfänger[3] aus Ost- und Westdeutschland, die zwischen 1992 und 1999 ihre berufliche Tätigkeit begannen.[4] Ab Beginn einer Erwerbstätigkeit wurden die Erwerbsverläufe sowie eventuelle Arbeitslosigkeitsphasen bis zur letzten möglichen Meldung 31.12.2001 verfolgt, so dass sich höchstens elf und mindestens drei Jahre im Erwerbsverlauf lückenlos mit der IABSR-01 verfolgen lassen. Dabei wurde der Trennung von ostdeutschen und westdeutschen Erwerbs- und Einkommensverläufen besondere Beachtung geschenkt, da in Ostdeutschland nach dem Systemzusammenbruch und dem damit verbundenen Strukturwandel der ostdeutschen Wirtschaft und des Arbeitsmarkts Erwerbsverläufe in besonders hohem Maße durch Betriebswechsel, Arbeitslosigkeit und regionale Mobilität geprägt sind. Mobilität wurde möglichst differenziert betrachtet: Es wurde zwischen regionalen und innerregionalen

---

3   Die Erfassung der Berufsanfänger erfolgte durch die Operationalisierung der ersten Beschäftigungsmeldung, die nach dem 1.1.1991 erfolgen musste. Zudem wurden je nach Bildungsgruppe unterschiedliche Altersgrenzen zur Operationalisierung der Berufsanfänger angelegt. Insgesamt konnten die Erwerbsverläufe von 129 703 Personen ausgewertet werden.

4   An eine erste Beschäftigungsmeldung wurden verschiedene Kriterien angelegt, um diese als Berufseintritt zu werten. Da die erste Beschäftigung als Referenzlohn für die weitere Einkommensentwicklung fungiert, wurden als wichtigstes Kriterium drei Monate Mindestbeschäftigungszeit vorausgesetzt.

Betriebswechseln, zwischen freiwilligen und unfreiwilligen, beruflichen und nicht-beruflichen Mobilitäten unterschieden sowie Mobilität, die einen Arbeitszeitwechsel einschloss, gesondert erfasst. Aufgrund der These, dass die Konsequenzen von Mobilität und Stabilität vor allem bildungsspezifisch unterschiedlich ausfallen, wurde der Interaktionseffekt von Qualifikation und Mobilität ebenfalls gesondert betrachtet.

Zieht man zur Beurteilung der Folgen von Mobilität und Stabilität die Einkommenszuwächse bzw. -verluste als Kriterium heran, so ist es nicht ausreichend, ausschließlich die Einkommensveränderungen zum Zeitpunkt der Betriebsmobilität zu betrachten. Der Zeitpunkt des Betriebswechsels stellt nur einen kleinen Ausschnitt der Erwerbsbiographie von betriebsmobilen Beschäftigten dar, vorherige und nachfolgende innerbetriebliche Einkommensverläufe würden ausgeblendet. Denn die Einkommensentwicklung von betriebsmobilen Beschäftigten ist sowohl innerbetrieblich (durch berufliche Auf- und Abstiege sowie tarifliche Lohnerhöhungen) als auch zwischenbetrieblich (durch innerregionale und überregionale Mobilität) bestimmt. Daher ist es notwendig, die Einkommensveränderungen sowohl für betriebsmobile als auch für betriebsstabile Beschäftigte an *allen* Punkten des Erwerbsverlaufes nachzuzeichnen, innerbetriebliche *und* zwischenbetriebliche Einkommensveränderungen zu berücksichtigen und diese im Einkommensverlauf zu verfolgen und zu summieren.

3.1 Die Operationalisierung der Einkommensmobilität

Mobilität und ihre Folgen für die Einkommensentwicklung werden mittels ereignisanalytischer Verfahren ausgewertet. Durch dieses Vorgehen können die Einkommenschancen von betriebsstabilen und -mobilen Personen sowohl kurzfristig als auch langfristig verglichen und schließlich unterschiedliche Konsequenzen von Mobilität für verschiedene Beschäftigtengruppen identifiziert werden. Ereignisanalytische Verfahren erfordern die Definition von diskreten Zielzuständen. Grundlage der Operationalisierung von Einkommensgewinnen bzw. -verlusten liefert in diesem Fall die prozentuale Aufsummierung von innerbetrieblichen und zwischenbetrieblichen Einkommensveränderungen im Vergleich zum Einstiegslohn, bis die Differenz zwischen aktuellem Lohn und Einstiegslohn die 20% Grenze überschritten hat. Dieses Ereignis bzw. dieser Zielzustand kann dann ereignisanalytisch als abhängige Variable fungieren.

Von einem Einkommensereignis[5] wird gesprochen, wenn sich das aktuelle Gehalt im Vergleich zum Referenzlohn (= Einstiegslohn) um mindestens 20% unterscheidet[6] und dieses Gehaltsniveau mindestens drei Monate bezogen wird. Von einem *Einkommensgewinn* wird gesprochen, wenn das aktuelle Gehalt um mindestens 20% über dem Referenzlohn liegt, ein *Einkommensverlust* liegt vor, wenn das aktuelle Gehalt mindestens 20% geringer ausfällt. Ist ein Einkommensereignis eingetreten, so wird das ereignisauslösende Gehalt zum neuen Referenzlohn und die Einkommensberechnung beginnt von neuem. Das bedeutet, das jeweilige Gehalt der unterschiedlichen Beschäftigungsmeldungen wird in einer Einkommensepisode so lange prozentual im Vergleich zum Referenzlohn gemessen, bis ein Einkommensereignis eintritt. Mit dem Eintreten eines Einkommensgewinns bzw. -verlustes beginnt eine neue Einkommensepisode und die Summierung von Einkommenszuwächsen anhand des neuen Referenzlohnes (= ereignisauslösendes Gehalt) beginnt von neuem, bis ein weiterer Verlust bzw. Gewinn operationalisiert werden kann. Sollte keine prozentuale Einkommensveränderung von mindestens +/–20% zu operationalisieren sein, so ist die Einkommensepisode zensiert und das Ende des Beobachtungszeitraum von drei bis maximal elf Jahren wird ohne (weiteres) Einkommensereignis beendet.

---

5   Die Berechnung von Einkommensereignissen erfolgte in mehreren Schritten (siehe ausführlich dazu Hacket 2008). Gewertet wurde nur Einkommen aus regulärer Tätigkeit in sozialversicherungspflichtiger Beschäftigung. Einkommen aus kurzfristiger Beschäftigung (unter 31 Tage) wurde mit zusammenhängenden Gehaltsmeldungen verrechnet. Die Einkommenseingaben wurden entsprechend dem gültigen Wertebereich (Geringfügigkeitsgrenze und Pflichtversicherungsgrenze) beschnitten. Einkommensangaben, die mindestens 80% an der oberen Pflichtversicherungsgrenze erhalten, wurden nach dem Verfahren von Gartner (2005) geschätzt. Gehaltsangaben wurden ab 1999 in DM umgerechnet und je nach Bezugsjahr auf Basis von 1995 inflationiert.

6   Die relativ hohe Einkommensgewinn- bzw. -verlustgrenze verhindert, dass (relativ kurzfristige) Zeiten mit häufigen Überstunden einen operationalisierten Gewinn zur Folge hätten. Darüber hinaus wurde die Einkommenszuwachs- bzw. -verlustgrenze von 20% gewählt, da gerade bei Berufsanfängern relativ schnelle und hohe Einkommensgewinne zu erreichen sind und Einkommenszuwächse und -verluste zum Teil sehr sprunghaft sind. Zudem führen die häufigen Betriebswechsel der Berufsanfänger zu sehr häufigen und abwechselnden Einkommensauf- und -abstiegen auf niedrigerem Niveau. Eine niedrigere Einkommensgrenze würde demnach den Einfluss von Mobilität auf den Einkommensverlauf überschätzen. Zudem ermöglicht die relativ hohe Einkommenszuwachs- bzw. -abstiegsgrenze, einen längeren Erwerbsverlauf zu betrachten und so direkte und indirekte Folgen von Mobilität und Betriebsverbleib zu beobachten.

Abbildung 1: Schematische Darstellung zur Operationalisierung der Einkommensmobilität

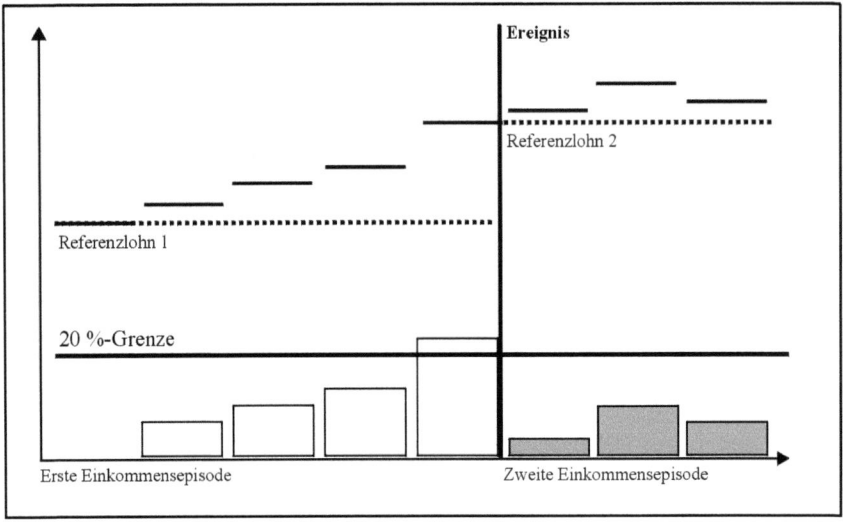

3.2 Die Differenzierung der Einkommensepisoden

Die Operationalisierung orientiert sich demnach an Einkommensepisoden. Der Erwerbsverlauf innerhalb der Einkommensepisode kann nach unterschiedlichen Kriterien differenziert werden und als unabhängige Variable in ein ereignisanalytisches Modell eingefügt werden. Eine Einkommensepisode kann komplett durch betriebsstabile Beschäftigung geprägt sein – alle Einkommensangaben entstammen einem Betrieb –, während andere Episoden durch Betriebswechsel geprägt sind – ihnen liegen mithin Gehaltsangaben mehrerer Betriebe zugrunde. Auch Einkommensepisoden, welche durch Erwerbsunterbrechungen wie beispielsweise Arbeitslosigkeit geprägt sind, lassen sich von denen unterscheiden, die durchgängige Beschäftigungszeiten aufweisen.

Die unterschiedlichen Erwerbsverläufe innerhalb von Einkommensepisoden können exemplarisch in der Graphik verdeutlicht werden.

Abbildung 2: Exemplarische Erwerbsverläufe innerhalb einer Einkommensepisode

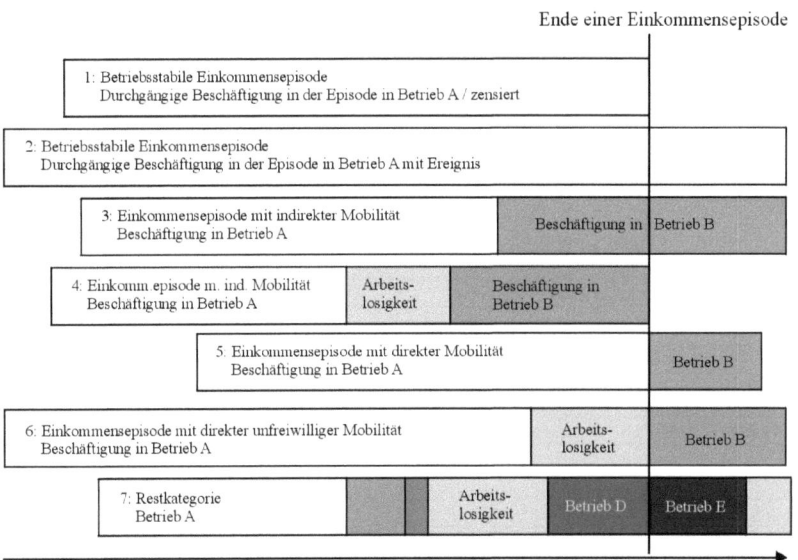

Den einfachsten Fall stellen *betriebsstabile Einkommensepisoden* dar. Beschäftigte, die dieser Kategorie zugeordnet wurden, waren von Beginn der Einkommensepisode bis zum Ende der Einkommensepisode nur in einem Betrieb beschäftigt. Innerhalb der betriebsstabilen Beschäftigung galten als innerbetriebliche Mobilität eine berufliche Mobilität und ein Arbeitszeitwechsel.

Als *betriebsmobile Einkommensepisoden* werden Erwerbsverläufe bezeichnet, die mindestens einen Betriebswechsel innerhalb der Einkommensepisode aufweisen. Dieser Betriebswechsel kann unmittelbar vor dem Erreichen des Einkommensereignisses stattgefunden haben (*direkte Mobilität*) oder eine längere Zeit zurückliegen (*indirekte Mobilität*). Er wird differenziert nach innerregionaler und regionaler Mobilität, nach Ziel und Richtung der regionalen Mobilität, nach freiwilliger und unfreiwilliger Mobilität, nach gleichzeitiger beruflicher Mobilität sowie nach Wechsel des Arbeitszeitumfanges.

Der *Restkategorie* werden Einkommensepisoden zugeordnet, die von sehr kurzfristigen Betriebswechseln (mit einer Beschäftigungszeit unter drei Monaten in dem neuen Betrieb) sowie Betriebswechseln in nichtsozialversicherungspflichtige Tätigkeiten (wie geringfügige Beschäftigung und Bildungsphasen innerhalb des dualen Systems) geprägt sind. Bei diesen Erwerbsverläufen handelt es sich um hochgradig diskontinuierliche und brüchige Erwerbsverläufe, die sowohl durch häufige Betriebswechsel als auch durch häufige Arbeitslosigkeitsphasen gekennzeichnet sind und durch jüngere und geringqualifizierte Beschäftigte im Niedriglohnbereich dominiert werden.

Tabelle 1: Verteilung der unterschiedenen Einkommensepisoden je nach Ost- und Westdeutschland

	Anteil bei Episodenende
Einkommensepisoden aus Westdeutschland	
Betriebsstabilität innerhalb Westdeutschland	47,5
innerregionale Mobilität innerhalb Westdeutschland	24,8
regionale Mobilität innerhalb Westdeutschland	12,6
West-Ost Mobilität	1,1
Restkategorie innerhalb Westdeutschland	14,0
Einkommensepisoden aus Ostdeutschland	
Betriebsstabilität innerhalb Ostdeutschland	44,7
innerregionale Mobilität innerhalb Ostdeutschland	24,2
regionale Mobilität innerhalb Ostdeutschland	12,6
Ost-West Mobilität	6,9
Restkategorie innerhalb Ostdeutschland	11,6

IABS-R01 1992-2001: eigene Berechnungen

Insgesamt zeigt sich, dass es sich bei nahezu der Hälfte aller Episoden in West- und Ostdeutschland um betriebsstabile Episoden handelt, und die übrigen Episoden in irgendeiner Form mit einer Betriebsmobilität verbunden ist. Dabei handelt es sich vor allem um Betriebswechsel innerhalb der Arbeitsmarktregion. Der Wechsel zwischen Ost- und Westdeutschland hat nur für den ostdeutschen Arbeitsmarkt eine stärkere Bedeutung, knapp 7% der Episoden weisen einen Betriebswechsel von einem ostdeutschen in einen westdeutschen Betrieb auf. 14% der Episoden in West- und knapp 12% der Episoden in Ostdeutschland wurden aufgrund kurzfristiger Betriebswechsel bzw. Wechsel in betriebliche Ausbildungen usw. der Restkategorie zugeordnet.

3.3 Operationalisierung und Differenzierung von Mobilität

Mobilität im Erwerbsverlauf kann sich auf unterschiedliche Wechsel zwischen zwei Zuständen beziehen: auf den Wechsel des Betriebes, des Arbeitsplatzes, des

Berufes und ähnliches. In der vorliegenden Untersuchung werden unterschiedliche Formen der Mobilität gemessen. Die wichtigste Art der Mobilität stellt in diesem Zusammenhang ein Betriebswechsel dar. Die Messung eines Betriebswechsels wird durch einen Wechsel des Betriebsnummernzählers operationalisiert und bezieht sich auf einen Betriebswechsel in eine sozialversicherungspflichtige Beschäftigung. Als weiteres Kriterium wurde eine Mindestbeschäftigungszeit von drei Monaten in dem neuen Betrieb festgelegt; Betriebswechsel mit sehr kurzen Beschäftigungszeiten, wie sie beispielsweise durch Ferienjobs oder Nebenjobs gegeben seien können, werden also nicht als vollwertige Betriebswechsel betrachtet. (Diese Wechsel werden in der Restkategorie zusammengefasst.)

Regionale und innerregionale Betriebswechsel: Basis zur Berechnung von regionalen und innerregionalen Betriebswechseln ist die Regionenkennziffer, die sich in der IABS-R01 auf den Betriebort und nicht auf den Wohnort bezieht.[7] Um einheitlichere Regionen zu bilden, die das Arbeitsmarktgeschehen adäquater abbilden, wurde die Regionenkennziffer auf Basis des Jahres 1995 in Arbeitsmarktregionen umgewandelt und gegebenenfalls zusammengefasst (Blien u.a. 1991). Ändert sich gleichzeitig mit einem Betriebswechsel auch die Arbeitsmarktregion, so wird von einem regionalen Betriebswechsel gesprochen, der nach Start- und Zielregion differenziert wird. Es wird somit nicht nur zwischen innerregionalen Betriebswechseln (innerhalb der Arbeitsmarktregion) und regionaler Mobilität differenziert, sondern zusätzlich unterschieden, ob ein regionaler Wechsel aus einem ost- oder einem westdeutschen Betrieb gestartet wurde und in welcher Region der neue Betrieb liegt. Dadurch können Betriebswechsel innerhalb Ost- und Westdeutschlands von Betriebswechseln zwischen Ost- und Westdeutschland getrennt werden.

Freiwillige Mobilität, unfreiwillige Mobilität, Mobilität aus einer Erwerbslücke: Eine der wichtigsten Unterscheidungen von Mobilitäten bezieht sich auf die Differenzierung zwischen freiwilligen und unfreiwilligen Betriebswechseln. Als Kennzeichen für diese Unterscheidung wird eine evtl. vorangegangene Arbeitslosigkeit[8] herangezogen. Erfolgt ein Betriebswechsel nach einer Arbeitslosigkeitsphase, so wird sie als unfreiwillige Mobilität angesehen. Es wird davon ausgegangen, dass der Betriebswechsel erfolgte, um die Arbeitslosigkeit zu be-

---

7   Das heißt, dass ein Wechsel der Regionenkennziffer (bei gleichzeitigem Betriebswechsel) einen Wechsel des Betriebsortes, nicht unbedingt jedoch des Wohnortes bedeutet. Eine regionale Mobilität kann, muss aber nicht zwingend mit dem Wechsel des Wohnortes verbunden sein, wenn beispielsweise eine zunehmende Entfernung zwischen Wohn- und Betriebort durch Pendeln überbrückt wird.

8   Als Arbeitslosigkeit wird ein Leistungsbezug aus der Arbeitslosenversicherung angesehen, der mindestens 31 Tage andauern muss.

enden. Wird ein Betriebswechsel vollzogen, ohne dass die Person vorher eine Arbeitslosigkeitsphase erlebte bzw. ohne dass sie eine Erwerbsunterbrechung aufwies, wird von einem nahtlosen und freiwilligen Wechsel der Arbeitsstelle ausgegangen.[9] Neben freiwilligen und unfreiwilligen Mobilitäten wurden Betriebswechsel, die mit einer Meldelücke einhergehen, unterschieden. Solche Meldelücken können beispielsweise durch unbezahlten Urlaub, lange Krankheit, fehlenden Anspruch auf Versicherungsleistungen aus der Sozialversicherung aufgrund eigener Kündigung oder zu kurzer Beitragszahlung, nicht gemeldete Arbeitslosigkeit oder Wehrpflicht, Selbstständigkeit, Mutterschutz und Elternzeit sowie Bildungsphasen außerhalb des dualen Systems entstehen. In Anlehnung an die Operationalisierung von Anette Haas (2000) werden demnach unter einer freiwilligen Mobilität lückenlose Betriebswechsel (mit einer Beschäftigungslücke von höchstens 31 Tagen) gefasst, während unfreiwillige Mobilitäten mit einer Arbeitslosigkeitsphase verbunden sind. Ist der Betriebswechsel mit einer Erwerbslosigkeit oder ungemeldeten Zeiten von über 31 Tagen verbunden, so spreche ich von Lücke-Mobilität.

Berufliche Mobilität: Ein möglicher gleichzeitiger Berufswechsel wird als weitere Kategorie gemessen. Operationalisierbar ist ein Berufswechsel als Änderung in der Berufskennziffer[10] (Velling/Bender 1994). Allerdings erlaubt die Änderung der Berufskennziffer keine Differenzierung zwischen beruflichen Auf- und Abstiegen, berufliche Mobilität lässt daher gegensätzliche Einflüsse auf die Einkommensentwicklung erwarten. Berufliche Mobilität wurde in innerbetriebliche und zwischenbetriebliche berufliche Mobilität differenziert, je nachdem, ob ein gleichzeitiger betrieblicher Wechsel vorlag oder nicht.

---

9   Bei freiwilligen Betriebswechseln wird davon ausgegangen, dass Beschäftigte ihrem Betrieb gekündigt und z.B. aufgrund besserer Arbeitsbedingungen oder höherer Entlohnung eine Arbeitsstelle in einem neuen Betrieb angenommen haben. D.h. ein freiwilliger Betriebswechsel ist meist das Resultat einer Stellensuche von einem bestehenden Arbeitsplatz aus. Neben aufstiegsorientierten Stellenwechseln können auch drohende Kündigung, Betriebsschließungen sowie Unzufriedenheit mit der Arbeitssituation Motive für die Stellensuche darstellen. Im Gegensatz zu freiwilligen Betriebswechseln ist eine unfreiwillige Mobilität das Resultat einer Stellensuche aus einer Arbeitslosigkeit heraus. Bei unfreiwilligen Betriebswechseln wird meist davon ausgegangen, dass der Arbeitnehmer entlassen wurde, sei es aufgrund fehlender Leistungen des Arbeitnehmers oder aufgrund von Betriebsschließungen und betriebsbedingtem Personalabbau. Letztlich ist die Trennung von freiwilligen und unfreiwilligen Betriebswechseln durch das Kriterium einer vorangegangenen Arbeitslosigkeit unzureichend. Die Operationalisierung von freiwilliger und unfreiwilliger Mobilität vermag nur grob zwischen Entlassungen und Kündigungen zu unterscheiden und kann nur bedingt über die Motive des Betriebswechsels oder über den tatsächlich empfundenen Grad der ‚Freiwilligkeit' einer Mobilität Aussagen machen.

10   Der Berufswechsel wird anhand des Wechsels des Dreistellers der ausgeübten Berufsordnung (328 Berufe, Klassifizierung der Berufe der BA) gemessen.

Als weiteres Mobilitätsmerkmal werden die *Anzahl der beobachteten Betriebswechsel* im Erwerbsverlauf betrachtet. Bei dem Zähler von Betriebswechseln wird nicht zwischen regionalen und innerregionalen Mobilitäten unterschieden.

3.4 Vor- und Nachteile des Untersuchungsdesigns

Die tagesgenauen Angaben zu Erwerbs- und Leistungsbezugszeiten ermöglichen es, durch die Beschäftigtenstichprobe Erwerbs- und Einkommensverläufe sehr detailliert abzubilden. Die Erwerbs- und Einkommensverläufe von sozialversicherungspflichtig Beschäftigten können zudem über einen relativ langen Zeitraum betrachten werden. So ist es möglich, Betriebsverbleiber und Betriebswechsler an allen Punkten ihres Erwerbsverlaufes zu identifizieren und sowohl Erwerbs- als auch Einkommensverläufe verschiedener Beschäftigtengruppen sehr präzise darzustellen. Allerdings lassen sich durch die Beschäftigtenstatistik nur Erwerbszeiten innerhalb sozialversicherungspflichtiger Beschäftigung auswerten, so dass geringfügige Beschäftigung (bis 1999) sowie selbstständige Tätigkeiten nicht betrachtet werden können. Auch beschränkt sich die Meldung von Arbeitslosigkeit in der Beschäftigtenstichprobe auf den Leistungsbezug aus der Arbeitslosigkeitsversicherung. Nichtgemeldete Arbeitslosigkeit und Arbeitslosigkeit ohne Leistungsbezugsberechtigung (insbesondere bei Langzeitarbeitslosigkeit) werden durch die Beschäftigtenstatistik nicht erfasst. Dadurch entstehen Meldelücken, die durch die IABS-R01 nicht näher bestimmt werden können.

Vorteil der regionalisierten Beschäftigtenstichprobe ist die kleinräumige Erfassung von Regionen, die es zulässt, Betriebswechsel nach Ziel und Herkunft der Mobilität zu differenzieren. Die große Fallzahl von Personen, die einen Umfang von zwei Prozent aller sozialversicherungspflichtig Beschäftigten in Deutschland ausmacht, ermöglicht darüber hinaus, sowohl nach Beschäftigtengruppen als auch nach Regionen differenzierte Auswertungen zu tätigen.

Allerdings sollen auch die Nachteile des Datenmaterials für die vorliegende Auswertung nicht verschwiegen werden. Durch das Meldeverfahren werden einige für die Sozialwissenschaften wichtige Merkmale von Personen nicht erfasst. Hier ist insbesondere der Haushaltskontext von Beschäftigten zu nennen. Denn gerade Mobilitätsentscheidungen werden im Kontext von Familien getroffen und die eigene Erwerbstätigkeit wird in Abstimmung mit dem Haushaltskontext geplant. Auch genauere Angaben zur vertraglichen Ausgestaltung von Beschäftigungsverhältnissen wären im Rahmen dieser Untersuchung wünschenswert gewesen. Insbesondere die Unterscheidung von befristeten und unbefristeten Verträgen hätte sich als erklärungskräftiges Merkmal für inner- und zwischenbetriebliche Einkommensverläufe erweisen können. Zudem konnten betriebliche Variablen in diesem Untersuchungsdesign nicht berücksichtigt werden. Das heißt, die Einkommensverläufe werden hier nahezu ausschließlich durch individuelle und regionale Merkmale erklärt, betriebliche Einflüsse wie beispielsweise unterschiedliche Entlohnungsmodelle müssen ausgeblendet bleiben.

3.5 Das ereignisanalytische Modell

Es wurden ereignisanalytische Verfahren (Blossfeld/Rohwer 2002) angewandt und so genannte Piecewise-Constant-Exponentialmodelle durch das statistische Softwarepaket TDA geschätzt. Dabei wurden Competing-Risk-Modelle geschätzt, in denen als Zielzustand einerseits der Einkommensgewinn, andererseits der Einkommensverlust unterschieden wurde.

Allen unterschiedlichen Modellen der Ereignisanalyse gemeinsam ist die Tatsache, dass sie diskrete Ereignisse, die im Verlauf der Existenz einer Analyseeinheit vorkommen, beobachten und die Stärke des Einflusses von verschiedenen Faktoren schätzen, welche die Wahrscheinlichkeit des Eintritts eines solchen Ereignisses determinieren können. In der vorliegenden Studie wird demnach untersucht, unter welchen Bedingungen Beschäftigte ihr Einkommen innerhalb des Erwerbsverlaufs erheblich verbessern konnten bzw. wodurch ein erheblicher Verlust hervorgerufen wurde. Besonderes Augenmerk wird auf Veränderungen im Erwerbsverlauf gelegt: Betriebswechsel, regionale Wechsel, berufliche Wechsel sowie Arbeitslosigkeit und Erwerbspausen, die als zeitveränderliche Kovariaten in das Modell eingefügt werden.[11]

Um eine vereinfachte Form der Darstellung der Modelle zu gewährleisten, wurden hier ausschließlich signifikante Effekte auf dem Niveau von mindestens 99% in Form der so genannten Alphakoeffizienten der jeweiligen Kovariaten

---

11   Innerhalb einer Einkommensepisode kann eine Person durchaus unterschiedliche Erwerbszustände aufweisen. Nach einer Phase betriebsstabiler Beschäftigung kann der Betrieb gewechselt werden und eine erneute Phase der betriebsstabilen Beschäftigung im zweiten Betrieb folgen. Durch die Methode der Ereignisanalyse wird nun zum Zeitpunkt jeder Gehaltsmeldung geprüft, ob ein Einkommensgewinn oder ein Einkommensverlust im Vergleich zum Einstiegsgehalt erreicht wird. Der Erwerbszustand der Person wird nun als unabhängige Variable auf das Risiko eines Einkommensereignisses geschätzt. D.h. während der betriebsstabilen Beschäftigung im ersten Betrieb wird bei jeder neuen Gehaltsmeldung aus dem Betrieb geschätzt, wie das Risiko zugunsten eines Einkommensereignisses ausfällt. Wird nun der Betrieb gewechselt, so wird das Risiko eines Ereignisses aufgrund des Betriebswechsels zum Zeitpunkt der ersten Gehaltsmeldung des neuen Betriebes geschätzt. Sollte nun ein Betriebswechsel nicht unmittelbar zu einem Einkommensereignis führen, wird das Risiko der Person zugunsten eines Ereignisses innerhalb des zweiten Betriebes bei jeder neuen Gehaltsmeldung durch die Variable indirekte Mobilität geschätzt.

(Tuma 1985) dargestellt. Er ist als prozentuale Veränderung der Übergangsrate zu interpretieren, wenn sich der Wert der Kovariate um eine Einheit verändert (Blossfeld/Rower 1995: 92). Es wurden getrennte Modelle für ostdeutsche und westdeutsche Erwerbsverläufe berechnet. Dadurch kann untersucht werden, ob Betriebsstabilität bzw. -mobilität in Ost- und Westdeutschland einen unterschiedlichen Effekt auf die Einkommensperspektiven hat und ob die Einkommensgewinnchancen differenziert nach Bildung und Geschlecht im Ost-West-Vergleich variieren. Berechnet wurden Ereignisanalysen für die ersten drei Einkommensepisoden getrennt nach Ost- und Westdeutschland.[12] In das Modell gehen folgende Variable ein:

Als *Referenzkategorie* wurde der *innerregionale Betriebswechsel* zum Zeitpunkt der Mobilität gewählt (*direkte Mobilität*). Liegt eine innerregionale Mobilität vor, so wird durch die erste Gehaltsmeldung aus dem neuen Betrieb geprüft, ob im Vergleich zum Einstiegsgehalt ein Einkommensgewinn erzielt werden konnte oder ob mit der Mobilität ein Einkommensverlust verbunden war.

Davon unterschieden werden *regionale Mobilitäten* (innerhalb Ost- bzw. innerhalb Westdeutschlands) und Mobilitäten *zwischen* West- und Ostdeutschland, die ebenfalls zum Zeitpunkt des Betriebswechsels auf ihre Einkommensfolgen geprüft wurden.

In die *Restkategorie* gehen Einkommensverläufe ein, die nur kurzfristige Betriebswechsel (unter drei Monaten Beschäftigungszeit in dem neuen Betrieb) oder Betriebswechsel in andere Tätigkeiten (Bildung, geringfügige Beschäftigung) aufweisen. Erwerbsverläufe, die in der Restkategorie zusammengefasst wurden, sind in hohem Maße diskontinuierlich und werden insbesondere von geringqualifizierten Beschäftigten dominiert.

Führt ein Betriebswechsel nicht mit der ersten Gehaltsmeldung des neuen Betriebs zu einem Einkommensgewinn bzw. -verlust, so werden die Erwerbsverläufe von betriebsmobilen Beschäftigten in der Kategorie der *indirekten Mobilität* weitergeführt und es wird geprüft, ob später innerhalb des neuen Betriebes

---

12 Als Grundgesamtheit der westdeutschen Modelle wurden alle Einkommensverläufe gewählt, die ihren Ausgangsort auf dem westdeutschen Arbeitsmarkt haben. Das bedeutet, die erste Beschäftigungsmeldung erfolgte aus einem westdeutschen Betrieb. Ab dieser Beschäftigungsmeldung werden die Einkommens- und Erwerbsverläufe so lange verfolgt, bis entweder ein Einkommensereignis oder die letzte erfasste Meldung erreicht wurde (Zensierung). Wenn eine Person innerhalb dieser Einkommensepisode in einen ostdeutschen Betrieb wechselte, so wurde auch der Einkommens- und Erwerbsverlauf in Ostdeutschland untersucht, so dass auch in den Modellen mit Ausgangsort Westdeutschland durchaus ostdeutsche Einkommensangaben vorliegen können. Ebenso wurden als Grundgesamtheit der ostdeutschen Modelle alle Erwerbsverläufe gewählt, deren erste Einkommensmeldung der jeweiligen Episode aus einem ostdeutschen Betrieb stammte.

ein Einkommensgewinn oder -verlust erreicht wird. Das Einkommensereignis wird demnach innerbetrieblich in dem zweiten (oder weiteren) Betrieb erlangt und steht nicht in unmittelbarem Zusammenhang mit dem Betriebswechsel.[13]

Liegt im Erwerbsverlauf kein Betriebswechsel vor und stammen alle Einkommensmeldungen aus einem Betrieb, so liegt eine *betriebsstabile Beschäftigung* vor. Auch hier gilt, dass Betriebsstabilität als zeitveränderliche Kovariate in das Modell eingefügt wurde – das bedeutet technisch, dass zu jeder neuen Gehaltsmeldung aus einem Betrieb geschätzt wird, ob ein Einkommensgewinn bzw. ein -verlust erreicht wird.

Zusätzlich zu Betriebswechseln als wichtigstes Kriterium für Mobilität können weitere Mobilitätsmerkmale unterschieden werden: ein Betriebswechsel kann mit einer beruflichen Veränderung einhergehen (*zwischenbetriebliche berufliche Mobilität*), ein Betriebswechsel kann durch eine Arbeitslosigkeitsphase (*unfreiwillige Mobilität)* oder Erwerbsunterbrechung (*Lücke-Mobilität*) unterbrochen werden oder ohne Unterbrechung, d.h. nahtlos vonstatten gehen (*freiwillige Mobilität*). Auch *innerbetriebliche* Erwerbsverläufe können von beruflichen Veränderungen (*innerbetriebliche berufliche Mobilität*) und *Arbeitszeitwechsel* geprägt sein. Diese zusätzlichen Differenzierungen wurden durch weitere zeitveränderliche Kovariaten in das Modell eingefügt. Ebenfalls als zeitveränderliche Kovariaten wurde die *Anzahl der Arbeitslosigkeitsphasen* und *Anzahl der Betriebswechsel* im Erwerbsverlauf und soziökonomische Variablen wie *Qualifikation* und *Geschlecht* in das Modell eingefügt. Hier nicht dargestellt wurden die Effekte durch *Arbeitszeitwechsel* (innerbetrieblich und zwischenbetrieblich) sowie der Einfluss der *relativen Einkommensposition*.

4   Ergebnisse

Eine Untersuchung der Folgen von Mobilität (und Stabilität) für die Einkommensverläufe verlangt eine differenzierte Betrachtung. So sind die Verläufe nach Art und Struktur der Mobilität zu unterscheiden: regional oder innerregional, freiwillig oder unfreiwillig. Zentral ist zudem eine Differenzierung nach Kontextbedingungen, etwa soziökonomischen Variablen (Qualifikation, Geschlecht

---

13   Das heißt, Betriebswechsel werden als zeitveränderliche Kovariaten in das Modell eingefügt, zum Zeitpunkt des Betriebswechsels werden sie durch die Variable direkte Mobilität (hier Referenzkategorie) in ihren Auswirkungen auf die Einkommensperspektiven geschätzt, und folgt nach einem Betriebswechsel nicht unmittelbar im neuen Betrieb ein Einkommensereignis, werden sie in der Kategorie der indirekten Mobilität zusammengefasst. Dadurch ist es möglich, unmittelbare Einkommensfolgen von Betriebswechseln von mittelfristigen Einkommensfolgen, die sich erst innerhalb des neuen Betriebes zeigen, zu unterscheiden.

und Region, speziell Ost- oder Westdeutschland). Vor allem aber ist es erforderlich, systematisch die Chancen und Risiken betriebsmobiler und betriebsstabiler Beschäftigter zu unterscheiden, weil nur so hinreichende Kriterien für Antworten auf die zentrale Fragestellung gewonnen werden können: Lohnt sich Mobilität?

Die Ergebnisse werden im Folgenden in zwei Abschnitten vorgestellt: Zunächst wird im Detail den Fragen nachgegangen, wie sich die so differenzierte Mobilität bzw. Stabilität auf die Einkommensrisiken und -chancen der Erwerbspersonen auswirkt. Den Kern des zweiten Abschnitts bilden zentrale Befunde der Untersuchung: die Sondersituation ostdeutscher Beschäftigter und die große Differenz zwischen den Bildungsgruppen, was sowohl die Wirkungen von Betriebsmobilität als auch Betriebsstabilität angeht. Sie werden ausführlich präsentiert und diskutiert.

4.1 Lohnt sich Mobilität – in welchem Fall und für wen?

Welche Beschäftigtengruppen tragen Einkommensrisiken und welche Berufsanfänger können in den ersten Jahren ihrer Karriere Einkommensgewinne erzielen?

Frauen haben deutlich geringere Chancen auf hohe Einkommenssteigerungen im Erwerbsverlauf als Männer. Weibliche Beschäftigte in Westdeutschland haben eine um knapp 30% geringere Chance auf einen Einkommensgewinn als ihre männlichen Kollegen, innerhalb des ostdeutschen Arbeitsmarktes ist dieser Geschlechtsunterschied mit 22,5% etwas kleiner.

Ebenso deutlich wird hier der Effekt von Qualifikation für das Einkommen – je niedriger die Bildung, umso höher das Risiko Einkommensverluste zu erleiden und umso niedriger die Chance Einkommensgewinne im Erwerbsverlauf zu erreichen. Dabei zeigen sich bei dem Vergleich von Hochqualifizierten und Beschäftigten der mittleren Bildungsgruppe (Referenzgruppe) ausschließlich geringere Verlustrisiken durch hohe Bildung, nicht jedoch höhere Einkommensgewinnchancen.

Tabelle 2: Ergebnisse der Piecewise-Constant-Modelle differenziert nach Einkommensgewinn, Einkommensverlust sowie getrennt nach westdeutschen und ostdeutschen Erwerbsverläufen

	Einkommensverlust		Einkommensgewinn	
	West	**Ost**	**West**	**Ost**
sozioökonomische Variablen				
Geschlecht: Ref.: Männliche Beschäftigte				
weibliche Beschäftigte	2,8	-	-29,0	-22,5
Bildung: Ref.: mittlere Qualifikation				
Niedrige Qualifikation	18,5	6,8	-18,1	-21,1
Hohe Qualifikation	-29,5	-36,6	-	-
Mobilitätsvariablen – Referenzkategorie direkte innerregionale Mobilität				
Reg. Mob. innerhalb Westdeutschl.	-5,7	-	-	-
Reg. Mob. innerhalb Ostdeutschl.	-	-	-	9,7
Reg. Mob. + niedrige Qual.	30,0	29,9	17,5	-
Reg. Mob. + hohe Qual.	-39,0	-	-	-
West- nach Ost- Mobilität	113,8		-32,2	
West nach Ost + niedrige Qual.	-		-	
West nach Ost + hohe Qual.	-53,9		-	
Ost nach West-Mobilität	-	-52,8	-	89,6
Ost nach West + niedrige Qual.	45,1			-
Ost nach West + hohe Qual.	-			-21,11
Restkategorie	27,9	127,4	-47,5	-44,6
Betriebsstabilität (Haupteffekt)	-65,3	-61,0	-72,2	-77,5
Betriebsstab. + niedrige Qual.	18,2	28,2	-	-
Betriebsstabilität – hohe Qual.	34,1	45,0	30,4	64,3
Indirekte Mobilität	-45,9	-29,4	-61,4	-71,8
Ind. Mob.+ niedrige Qual.	37,0	23,6	-14,8	-
Ind. Mobilität – hohe Qual.	-17,8	-	33,6	70,8

	Einkommensverlust		Einkommensgewinn	
	West	Ost	West	Ost
Weitere Mobilitätsvariablen				
Berufliche Mobilität: Ref.: keine				
berufl. Mob: innerbetriebl.	51,4	91,6	134,0	154,6
berufl. Mob: zwischenbetriebl.	70,7	87,4	55,4	43,9
Struktur der Mobilität: Ref.: freiwillige Mobilität				
Mobilität mit Meldelücke	118,1	162,85	12,9	12,5
Unfreiwillige Mobilität	152,1	181,12	-	-
Anzahl Arbeitslosigkeitsphasen Ref: keine				
Eine	-43,2	-54,0	-44,3	-57,1
Zwei	-35,5	-56,4	-50,6	-65,3
Drei und mehr	-43,6	-56,8	-61,9	-70,0
Anzahl Betriebswechsel	2,6	7,0	2,4	3,4

IABS-R01 1991-2001: eigene Berechnungen

Wie noch zu zeigen ist, sind die bildungsspezifischen Einkommenschancen jedoch wesentlich durch Mobilitätsereignisse sowie durch eine unterschiedliche Wirkung von Betriebsstabilität für die einzelnen Bildungsgruppen beeinflusst.

Betrachten wir zunächst die Wirkungen von freiwilligen und nahtlosen Betriebswechseln, die je nach Art der Mobilität sowie je nach Bildungsgruppe in ihren Einkommensfolgen geprüft wurden. Einen ersten Eindruck zum Einfluss von Mobilität auf den Einkommensverlauf erhalten wir, wenn wir diese mit den Einkommensfolgen von Betriebsstabilität vergleichen. Im Vergleich zu Betriebswechseln innerhalb der Arbeitsmarktregion (Referenzkategorie) ist die Chance eines Einkommensgewinns innerhalb von Betrieben in Westdeutschland um 72% und in Ostdeutschland gar um 77% geringer, aber auch das Risiko eines Einkommensverlusts ist um 65% bzw. 61% geringer. Das bedeutet für den Zeitpunkt des Betriebswechsels, dass „Mover" zwar eine deutlich höhere Chance auf einen Einkommensgewinn haben als „Stayer", diese jedoch gleichzeitig ein deutlich höheres Risiko eines Einkommensverlustes tragen. Daraus kann man folgern, dass Betriebsstabilität meist Einkommensstabilität bedeutet, während diskontinuierliche Erwerbsverläufe mit diskontinuierlichen Einkommensverläufen einhergehen. Ob bei Mobilität jedoch die Risiken stärker zum Tragen kommen oder ob der Betriebswechsel eher positive Folgen hat, ist sowohl von der Art der Mobilität (regional oder innerregional) als auch von der Struktur der Mobilität (freiwillig oder unfreiwillig) beeinflusst. Die Chancen- und Risikoverteilung unterscheidet sich auch nach Qualifikation und ist unterschiedlich stark zwischen Ost- und Westdeutschland ausgeprägt.

Vergleichen wir zunächst die unterschiedliche Wirkung innerregionaler und regionaler Betriebswechsel in ihren Wirkungen auf die Einkommensperspektiven. Diese werden anhand von Betriebswechseln innerhalb der Arbeitsmarktregion gemessen und danach unterschieden, ob die Mobilität innerhalb Ost- bzw. Westdeutschlands oder zwischen Ost- und Westdeutschland stattfand. Allerdings sind die Einkommenschancen und -risiken kaum dadurch beeinflusst, ob der Betrieb innerhalb der Arbeitsmarktregion gewechselt wird oder regional innerhalb West- bzw. Ostdeutschlands. Eine besondere Form der regionalen Mobilität liegt jedoch vor, wenn von einem westdeutschen in einen ostdeutschen Betrieb und umgekehrt gewechselt wird. Nicht nur der Effekt der Betriebsmobilität, sondern vor allem das unterschiedliche Lohnniveau in Ost- und Westdeutschland wirkt positiv bzw. negativ auf die Einkommenschancen von Beschäftigten. Ein relativ großer Anteil von Berufsanfängern wechselt von Ost- nach Westdeutschland. 14% der hier erfassten Betriebswechsel mit Ausgangsort Ostdeutschland führten in einen westdeutschen Betrieb. Dies ist aufgrund der besseren Arbeitsmarktbedingungen und des höheren Lohnniveaus in Westdeutschland auch nicht verwunderlich. Denn der Wechsel von einem ostdeutschen in einen westdeutschen Betrieb zahlt sich durch höhere Löhne für alle Bildungsgruppen aus. Im Vergleich zu einem Betriebswechsel innerhalb einer ostdeutschen Arbeitsmarktregion steigen die Einkommensgewinnchancen bei Ost-West-Mobilitäten um 82% und das Risiko eines Einkommensverlustes sinkt um 51%. Besonders junge Menschen, die noch nicht familiär gebunden sind, suchen nach Beschäftigungsmöglichkeiten im westdeutschen Arbeitsmarkt. Sollten sich die Arbeitsmarktlage in Ostdeutschland und die Verdienstmöglichkeiten in ostdeutschen Betrieben nicht deutlich verbessern, wird man von einer fortgesetzten Abwanderung junger und qualifizierter Menschen aus Ostdeutschland ausgehen müssen und nur geringe Rückwanderungen erwarten können. Nur knapp drei Prozent der Betriebswechsel aus Westdeutschland führten in einen ostdeutschen Betrieb. Dieser ist mit hohen Einkommensverlustrisiken verbunden.

Deutlich werden die Risiken von diskontinuierlichen Erwerbsverläufen bei Beschäftigten, die der Restkategorie zugeordnet wurden. Die Erwerbsverläufe sind durch häufige Arbeitslosigkeitsphasen, zahlreiche Betriebswechsel und sehr kurze Betriebszeiten gekennzeichnet. Beschäftigte der Restkategorie – meist niedrigqualifizierte Beschäftigte – weisen die schlechtesten Einkommensgewinnchancen auf. Dies gilt insbesondere für Beschäftigte in den neuen Bundesländern. Derjenige Teil der Arbeitsmarktdynamik, der durch Beschäftigte mit sehr häufigen Betriebswechseln, kurzen Beschäftigungszeiten sowie mehrmaligen Übergängen zwischen Beschäftigung, Arbeitslosigkeit und geringfügiger Beschäftigung geprägt wird, führt demnach zu stark negativen Einkommensperspektiven und kann als durchaus risikoreich und prekär angesehen werden.

Eine der wichtigsten Unterscheidungen in Bezug auf Mobilität und deren Einkommenseffekte ist die Differenzierung von freiwilliger und unfreiwilliger Mobilität. Von einem unfreiwilligen Betriebswechsel wird dann ausgegangen, wenn zwei Beschäftigungsverhältnisse durch eine Arbeitslosigkeitsphase unterbrochen wurden und der Betriebswechsel einen Wiedereinstieg aus der Arbeitslosigkeit in eine betriebliche Anstellung bedeutet. Dass es für den weiteren Erwerbsverlauf einen Unterschied macht, ob man selbst eine Anstellung aufgrund besserer Alternativen gekündigt hat oder ob sich aus der Arbeitslosigkeit heraus nach neuen Jobangeboten umsehen muss, ist offensichtlich. Kündigung durch den Arbeitgeber sowie Arbeitslosigkeit können als negatives Signal wirken, das sowohl bei der Arbeitssuche ein Nachteil sein als auch die Einkommensperspektiven in anderen Betrieben verschlechtern kann, vor allem dann, wenn die Kündigung als Signal für niedrige Arbeitsmotivation, geringe Leistungsbereitschaft und unzureichende Fähigkeiten und Kompetenzen des Bewerbers ausgelegt wird (Spence 1973). Unfreiwillige Betriebswechsel erhöhen deutlich die Einkommensverlustrisiken (Davia 2005; Perticara 2002; Belbo/Wolf 2002). Dies bestätigt sich hier eindeutig: Ist ein Betriebswechsel mit einer Arbeitslosigkeit verbunden, so steigen die Einkommensverlustrisiken im Vergleich zu freiwilligen Betriebswechseln in Westdeutschland um 152%, in Ostdeutschland gar um 184% an. Auch Erwerbslücken wirken sich ähnlich negativ auf die Einkommensperspektiven aus: Hier steigt das Risiko eines Einkommensverlusts bei Wiedereinstieg in eine betriebliche Beschäftigung nach einer Erwerbslücke in Westdeutschland um 118% und in Ostdeutschland um 163%. Beschäftigte in Ostdeutschland tragen aufgrund der angespannten Arbeitsmarktlage in den neuen Bundesländern nicht nur höhere Arbeitslosigkeitsrisiken, sondern müssen auch negativere Folgen durch Arbeitslosigkeit erwarten. D.h. aktuelle Arbeitslosigkeit wirkt sich nachhaltig negativ auf die Einkommensperspektiven aus, dasselbe gilt für mehrmalige Arbeitslosigkeit. Ein Wiedereinstieg in eine betriebliche Beschäftigung erhöht das Risiko, diese mit deutlich geringerem Gehalt zu „erkaufen". Waren Beschäftigte zusätzlich zur aktuellen Arbeitslosigkeit schon früher mehrmals arbeitslos, so verbleiben die Einkommensverläufe meist stabil – und zwar auf niedrigem Niveau. Ein wahrscheinlicher Einkommensverlust nach einer unfreiwilligen Mobilität kann im weiteren Einkommens- und Erwerbsverlauf kaum noch durch Gewinne rückgängig gemacht werden. Auch hier sind Beschäftigte in Ostdeutschland benachteiligt.

Wie deutlich geworden ist, kann Mobilität chancenreich sein und Berufsanfänger können durch zwischenbetriebliche Wechsel durchaus profitieren (Gottschalk 2001). Dies gilt insbesondere für hochqualifizierte Beschäftigte in den ersten Berufsjahren (Perticara 2002; Buchinsky et al. 2005), für welche Mobilität ein Mittel darstellt, Berufserfahrung in verschiedenen Betrieben zu sammeln und Karriereaufstiege über zwischenbetriebliche Wechsel zu erreichen. Gleichzeitig zeigen sich die Risiken von diskontinuierlichen Erwerbsverläufen besonders dann, wenn Betriebsmobilität unfreiwillig, also mit Arbeitslosigkeit verbunden ist und fehlende bzw. geringe Qualifikationen die Chancen auf dem Arbeitsmarkt insgesamt verringern. Die Risiken flexibilisierter Erwerbsverläufe werden demnach vor allem dann deutlich, wenn es nicht gelingt, nach Beendigung eines Beschäftigungsverhältnisses eine direkte Anschlussbeschäftigung in anderen Betrieben zu finden und somit einen stabilen und lückenlosen Erwerbsverlauf in verschiedenen Betrieben aufrechtzuerhalten. Dies gilt speziell für geringqualifizierte Beschäftigte und stärker in den neuen als in den alten Bundesländern.

Um die Chancen und Risiken von Betriebsmobilität für den Einkommensverlauf werten zu können, ist ein erneuter Vergleich zu betriebsstabilen Erwerbs- und Einkommensverläufen sinnvoll. Betriebsstabilität geht weitgehend mit Einkommensstabilität einher und innerbetriebliche Beschäftigung kann weitgehend als Schutz vor Einkommensverlusten interpretiert werden. Weitere Berechnungen (Hacket 2008) haben gezeigt, dass Betriebsstabilität vor allem in den ersten Berufsjahren durchaus gute Aufstiegschancen bietet. Allerdings sind auch die Chancen und Risiken innerhalb betriebsstabiler Beschäftigung qualifikationsspezifisch verteilt. Vor allem bei der mittleren Qualifikationsgruppe zeigen sich stabile Einkommensverläufe in den ersten Berufsjahren. Im Vergleich zur niedrigen und hohen Qualifikationsgruppe haben sie sowohl geringere Verlust- als auch Gewinnchancen. Diesen Befund interpretiert Perticara (2002) mit den vergleichsweise hohen innerbetrieblichen Berufserfahrungen, die in Deutschland schon im Rahmen des dualen Ausbildungssystems gesammelt und bereits zum Zeitpunkt des Berufseintritts durch ein hohes Einstiegsgehalt entlohnt werden, so dass innerbetriebliche Returns durch Berufserfahrung schon mit dem Einstiegsgehalt vorweggenommen werden. Hochqualifizierte, die nach dem Abschluss eines Studiums über vergleichsweise geringe innerbetriebliche Berufserfahrung verfügen, erhalten in den ersten Jahren die Erträge von wachsender beruflicher Erfahrung durch zum Teil hohe und stetige innerbetriebliche Gewinne. Die durchweg höheren innerbetrieblichen Einkommensgewinnchancen von Akademikern im Vergleich zur mittleren Bildungsgruppe bestätigen sich in den westdeutschen und in noch stärkerer Form in den ostdeutschen Modellen. In Westdeutschland weisen sie eine um 30% höhere Gewinnrate auf als „Stayer" der mittleren Bildungsgruppe. In Ostdeutschland steigt die Einkommensgewinnchance sogar um 64%. Von den Lohnsteigerungen in Ostdeutschland konnten also speziell betriebsstabile und akademisch gebildete Beschäftigte profitieren. Dass der Berufsbeginn von Akademikern nicht immer unproblematisch ist, zeigt sich in den ebenfalls höheren Einkommensverlustrisiken innerhalb betriebsstabiler Beschäftigung. Sowohl hoch- als auch geringqualifizierte Berufsanfänger starten ihren Erwerbsverlauf häufig unter den Bedingungen atypischer Beschäftigungsverhältnisse, sie arbeiten auf Teilzeitstellen und sind befristet angestellt. Dies führt bei beiden Bildungsgruppen zu höheren innerbetrieblichen Einkommensverlustrisiken als bei der mittleren Bildungsgruppe. Für die Gruppe der geringqualifizierten Beschäftigten bedeutet dies, dass der Schutz vor Einkommensabstiegen durch betriebsstabile Beschäftigung weit weniger gewährt wird als für andere Bildungsgruppen. Sowohl Betriebsmobilität als auch Betriebsstabilität sind bei ihnen weitaus risikoreicher.

Nachdem bislang kurzfristige Einkommensfolgen von Mobilität im Vergleich zur betriebsstabilen Beschäftigung dargestellt wurden, geht es im Folgenden um die mittelfristigen Einkommenskonsequenzen von Betriebsmobilität. Um dies zu prüfen, ist es interessant, die Einkommenseffekte von *indirekten* Mobilitäten mit den Effekten von *Betriebsstabilität* zu vergleichen, denn bei beiden wird ein mögliches Einkommensereignis innerbetrieblich erreicht. Haben Neueinsteiger im Betrieb dieselben Aufstiegschancen wie Beschäftigte, die schon länger im Betrieb beschäftigt sind? Wirkt ein Betriebswechsel auch noch nach dem Zeitpunkt des Betriebswechsels durch spätere innerbetriebliche Benachteiligungen negativ, so dass von mittelfristigen Folgen von Betriebsmobilität auszugehen ist?

Es lassen sich tatsächlich mittelfristige, speziell für Geringqualifizierte negative Folgen von Betriebsmobilität feststellen: Sie haben kaum Chancen, nach einem Betriebswechsel in einem neuen Betrieb Fuß zu fassen und innerbetriebliche Einkommensgewinne zu erreichen. Im Vergleich zu anderen Bildungsgruppen müssen sie auch innerhalb der betrieblichen Beschäftigung von Einkommensnachteilen ausgehen. Dies zeigt sich sowohl in den geringeren Einkommensgewinnchancen als auch in den höheren Einkommensverlustrisiken. Beschäftigte, die in einer Einkommensepisode betriebsstabil beschäftigt waren, weisen geringere Einkommensverlustrisiken auf als Beschäftigte, deren Einkommensverlauf von einem zurückliegenden Betriebswechsel geprägt ist. Das heißt, der Schutz vor Einkommensverlusten, den eine innerbetriebliche Beschäftigung darstellt, ist für betriebsmobile Beschäftigte geringer ausgeprägt als für betriebsstabile Beschäftigte. Ein Betriebswechsel wirkt sich demnach nicht nur unmittelbar, sondern auch mittelfristig negativer aus. Dies betrifft vor allem un- und angelernte Beschäftigte, nicht jedoch Akademiker. Diese haben sogar – wenn auch geringfügig – bessere Chancen, nach dem Wechsel in den Betrieb ihr Einkommen dort zu erhöhen.

4.2 Region und Bildungsgruppe: Zusammenfassende Interpretationen

Wie erwartet, unterscheiden sich die Chancen und Risiken betriebsmobiler bzw. betriebsstabiler Beschäftigter vor allem nach den Kontextbedingungen. Dabei stechen besonders die starken Unterschiede zwischen ostdeutschem und westdeutschem Arbeitsmarkt sowie zwischen unterschiedlichen Qualifikationsgruppen ins Auge. Welche Chancen bietet der ostdeutsche Arbeitsmarkt Berufsanfängern, kann man von einer Polarisierung der Beschäftigungs- und Einkommensperspektiven je nach Qualifikation sprechen, und welche Rolle spielen Betriebsmobilität und Betriebsstabilität zur Erklärung dieser unterschiedlichen Einkommensperspektiven von Berufsanfängern?

Hauptsache Arbeit im Westen? Berufsanfänger in Ostdeutschland haben deutlich niedrigere Einkommensperspektiven als Berufsanfänger in Westdeutschland: Trotz der höheren Lohnsteigerungen im Rahmen des Anpassungsprozesses der ostdeutschen Löhne an Westniveau zwischen 1991 und 1996 haben sie geringere Aufstiegschancen zu erwarten als ihre Kollegen in den alten Bundesländern.[14] Können die niedrigeren Einkommensperspektiven für Berufsanfänger innerhalb der neuen Bundesländer durch die dort höhere Bedeutung von Flexibilität erklärt werden? Es ist nahe liegend, die geringeren Einkommenschancen innerhalb Ostdeutschlands durch die höheren Mobilitätsraten der Beschäftigten zu begründen. Wenn durch Betriebsmobilität das Risiko von Einkommensverlusten steigt und diese Einkommensrisiken vor allem bei unfreiwilligen Betriebswechseln zu Tage treten, könnte ein höherer Anteil von zwischenbetrieblicher und vor allem von unfreiwilliger Mobilität die negativeren Einkommensperspektiven innerhalb des ostdeutschen Arbeitsmarktes erklären. Betriebsstabile Beschäftigung hingegen könnte in Ostdeutschland genauso chancenreich sein wie betriebstabile Beschäftigung in Westdeutschland, ja sogar chancenreicher, wenn Lohnsteigerungen im Rahmen des Anpassungsprozesses der Löhne vor allem betriebsstabilen Beschäftigten zugute gekommen wären.

Neben der höheren Quantität von Betriebsmobilität fällt jedoch vor allem die niedrigere Qualität von Betriebsmobilität für die Beschäftigten in Ostdeutschland auf. D.h. nicht nur der höhere Anteil von Betriebsmobilität, sondern vor allem die negativeren Konsequenzen von Betriebsmobilität für die Einkommensverläufe tragen zur Erklärung der Einkommensrisiken von Berufsanfängern bei. Vor allem für qualifizierte und unqualifizierte Beschäftigte innerhalb des ostdeutschen Arbeitsmarktes gilt, dass mit Betriebsmobilität höhere Einkom-

---

14   Ostdeutsche Berufsanfänger haben eine um 21% niedrigere Chance auf einen Einkommensgewinn als Berufsanfänger innerhalb des westdeutschen Arbeitsmarktes (Hacket 2008).

mensverlustrisiken verbunden sind, als dies in Westdeutschland der Fall ist – besonders dann, wenn ein Betriebswechsel mit Arbeitslosigkeit verbunden ist und es sich um einen Ausstieg aus einer Arbeitslosigkeitsphase handelt. Die angespannte Arbeitsmarktlage in den neuen Bundesländern führt offensichtlich für Arbeitslose dazu, dass zugunsten eines Wiedereinstiegs in Beschäftigung das Anspruchsniveau deutlich heruntergeschraubt wird und auch Stellen angenommen werden (müssen), die nur geringe Einkommensperspektiven bieten. Waren Beschäftigte mehrfach arbeitslos, so zeigt sich ebenfalls eine deutliche Benachteiligung ostdeutscher Beschäftigter: Denn mehrmals Arbeitslose verbleiben wahrscheinlicher als westdeutsche Arbeitslose auf ihrem geringen Gehaltsniveau und haben geringere Chancen wieder Anschluss an das Gehaltsniveau anderer Beschäftigter zu finden. Die höhere regionale Arbeitslosigkeit in Ostdeutschland führt demnach nicht nur dazu, dass mehr Berufsanfänger von Arbeitslosigkeit betroffen sind – sie müssen auch negativere und langfristigere Folgen von Arbeitslosigkeit befürchten als ihre Kollegen in Westdeutschland.

Besonders bedeutsam ist jedoch, dass auch bei freiwilliger und nahtloser Betriebsmobilität die Einkommensrisiken für Beschäftigte höher sind als in Westdeutschland. Vor dem Hintergrund der Unternehmens- und Betriebslandschaft, die in Ostdeutschland weit stärker durch kleine und mittlere Betriebe geprägt ist, ist dieser Befund überraschend. Wie Thomas Ketzmerick schreibt, müsste unter sonst gleichen Bedingungen der zwischenbetriebliche Wechsel in Ostdeutschland häufiger karrierebedingt motiviert sein, da Personalanpassung und berufliche Aufstiege seltener über die internen Märkte großer Unternehmen erfolgen können (Ketzmerick 2002). D.h. man hätte erwarten können, dass freiwillige Mobilität in Ostdeutschland, wenn nicht besser, dann doch zumindest ähnlich gut abschneidet wie in Westdeutschland. Offenbar lässt sich die „Freiwilligkeit" von nahtlosen Betriebswechseln in den neuen Bundesländern anzweifeln. So zeigt eine Untersuchung von Betriebswechseln in Ostdeutschland, dass circa ein Drittel der nahtlosen Betriebswechsel eigentlich unfreiwillig erfolgte. Häufig war das Motiv von ‚freiwilligen' Betriebswechseln nicht aufstiegsorientiert, man wollte mit einem Betriebswechsel vielmehr dem Verlust des Arbeitsplatzes zuvorkommen (Solga u.a. 2000). Wer jedoch unter den Bedingungen drohender oder bestehender Arbeitslosigkeit eine neue Stelle sucht, hat es schwerer, Gehaltsverhandlungen mit potenziellen Arbeitgebern zu führen. Das Anspruchsniveau an zukünftige Arbeitsstellen sinkt, wenn die Alternative ein Eintreten in Arbeitslosigkeit oder eine Verlängerung einer Arbeitslosigkeitsphase ist. Die negativeren Konsequenzen von Betriebsmobilität in Ostdeutschland sprechen dafür, dass eine zunehmende Lohnspreizung innerhalb der neuen Bundesländer zumindest zum Teil auf diskontinuierlichen Erwerbsverläufen und Arbeitslosigkeit bei Beschäftigten der unteren und mittleren Qualifikationsgruppe basiert. Doch nicht nur Betriebsmobilität, sondern auch Betriebsstabilität hat innerhalb des ostdeutschen Arbeitsmarktes eine spezifische Qualität für Beschäftigte. Auch wenn Betriebsstabilität in Ost- und Westdeutschland stabilisierend auf das Einkommen wirkt, sind innerhalb ostdeutscher Betriebe geringfügig häufiger Einkommensverluste zu beobachten, die vor allem auf den höheren innerbetrieblichen Verlustrisiken von geringqualifizierten Beschäftigten beruhen. Sowohl der Berufsbeginn von Akademikern als auch die Erwerbstätigkeit von Geringqualifizierten ist durch einen hohen Anteil von atypischen Beschäftigungsverhältnissen geprägt (Kim/Kurz 2001), und dies führt bei beiden Bildungsgruppen zu höheren Einkommensverlustrisiken innerhalb von Betrieben, als dies bei qualifizierten Berufsanfängern zu beobachten ist. Während Hochqualifizierte einen schlechten Start sowohl innerbetrieblich als auch zwischenbetrieblich in den ersten Berufsjahren zumeist gut kompensieren können, bleiben die innerbetrieblichen Risiken für geringqualifizierte Beschäftigte auch bei steigender Berufserfahrung bestehen.

Was bedeutet dies nun für die Erklärung der unterschiedlichen Einkommensperspektiven im Ost-West-Vergleich? Erstens: Ein Teil der schlechteren Einkommensperspektiven innerhalb des ostdeutschen Arbeitsmarkts geht tatsächlich auf das Konto von höheren Mobilitätsraten innerhalb Ostdeutschlands, der höheren Bedeutung von unfreiwilligen Mobilitäten sowie der negativeren Wirkung von Mobilität. Zweitens: Die Lohnzuwächse im Rahmen der Anpassung der ostdeutschen an westdeutsche Löhne kamen vor allem hochqualifizierten Beschäftigten zugute, nicht aber generell betriebs-stabilen Beschäftigten. Die Lohnanpassung fiel – zumindest für Berufsanfänger – bildungsspezifisch aus, so dass sich die Lohnspreizung in Ostdeutschland vor allem zwischen den Bildungsgruppen entwickelt (Möller 2005). Während sich die Einkommensgewinnchancen von Hochqualifizierten im Ost-West-Vergleich kaum unterscheiden und der ostdeutsche Arbeitsmarkt für Akademiker durchaus gute Gewinnchancen bietet, nehmen niedrigqualifizierte Erwerbstätige kaum an allgemeinen Lohnsteigerungen teil. Vor allem in Ostdeutschland treten niedrigqualifizierte Berufsanfänger in einen Arbeitsmarkt ein, der ihnen kaum Chancen auf lange Erwerbszeiten und stabiles Einkommen bietet. Sie weisen deutlich höhere Arbeitslosigkeitsrisiken auf, es gelingt ihnen kaum lange Betriebszugehörigkeitsdauern zu erreichen und Teil der Kernbelegschaft von Betrieben zu werden. Neben den problematischen Wiedereinstiegschancen in eine Beschäftigung tragen sie zudem hohe Einkommensverlustrisiken, und dies gilt nicht nur bei (freiwilliger und unfreiwilliger) Mobilität. Auch inner-betrieblich können sie weit weniger von Lohnsteigerungen profitieren. Sowohl bei betriebsstabiler Beschäftigung als auch nach einem Wiedereinstieg in eine betriebliche Beschäftigung tragen sie im Vergleich zu Facharbeitern und Akademikern ein vergleichsweise hohes Einkommensverlustrisiko und weisen zudem eine verhältnismäßig niedrige Einkommensgewinnchance auf.

Hauptsache hochqualifiziert? Die Erwerbs- und Einkommensverläufe unterscheiden sich vor allem zwischen den Bildungsgruppen, und bildungsspezifische Polarisierungen nehmen im Erwerbsverlauf zu (Dustmann/Pereira 2003). In West- und noch stärker in Ostdeutschland gilt: Je höher die Qualifikation, umso besser die Arbeitsmarktchancen. Dies schlägt sich sowohl in niedrigeren Arbeitslosigkeitsrisiken als auch in besseren Einkommensperspektiven nieder. Dabei gelten bildungsspezifische Einkommensperspektiven erstens unabhängig von Mobilität und Stabilität (Haupteffekt) und werden zweitens durch Betriebsstabilität und -mobilität wesentlich beeinflusst (Interaktionseffekt). D.h. die bildungsspezifischen Einkommensperspektiven von Berufsanfängern basieren zum Teil auf den bildungsspezifischen Folgen von Mobilität und Stabilität.

Akademiker sind im Vergleich zu qualifizierten Beschäftigten deutlich stärker vor Einkommensverlustrisiken geschützt, und zwar sowohl innerhalb betriebsstabiler Beschäftigung als auch im Falle von zwischenbetrieblicher Mobilität. Höhere Chancen von Akademikern, ihr Gehalt im Vergleich zu qualifizierten Beschäftigten zu verbessern, basieren ausschließlich auf besseren innerbetrieblichen Einkommensperspektiven. Innerbetriebliche Lohnsteigerungen lassen sich vor allem bei akademisch gebildeten Berufsanfängern feststellen. Für Hochqualifizierte in West- und Ostdeutschland bedeutet dies, dass sie erstens innerhalb betriebsstabiler Beschäftigung in den ersten Berufsjahren sehr gute Aufstiegschancen erhalten und zweitens durch zwischenbetriebliche Mobilität kaum Risiken zu tragen haben. Im bundesdeutschen Arbeitsmarkt, der durch die hohe Standardisierung von Bildungs- und Berufsabschlüssen (Allmendinger 1989) eine große Bedeutung berufsfachlicher Zertifikationen für den Erwerbsverlauf induziert, sind für höhere Bildungsgruppen kaum Risiken durch Betriebsmobilität gegeben. Große Teile des externen Arbeitsmarktes tragen die Züge eines berufsfachlichen Segments, dessen Zugang an formelle berufliche Fachausbildungen geknüpft ist (Konietzka/Sopp 2004), die relativ problemlose Anschlussmöglichkeiten für Tätigkeiten in anderen Betrieben bereitstellen. Auch die Eingruppierung von Tätigkeiten und Berufen innerhalb des Tarifsystems schützt die berufliche Ausbildung und das Lohnniveau ihrer Träger, so dass Berufserfahrung, auch wenn sie in verschiedenen Betrieben gesammelt wurde, belohnt wird. Wenn hochqualifizierte Berufsanfänger – wie es diese Ergebnisse zeigen – vor allem freiwillig den Betrieb wechseln, so können sie häufig den Betriebswechsel nicht nur kurzfristig in Form von Einkommensverbesserungen nutzen, sondern profitieren auch nach der Mobilität noch von späteren innerbetrieblichen Gehaltserhöhungen.

Ganz anders gestalten sich die Einkommenschancen und -risiken bei Geringqualifizierten: Sie haben eine deutlich höhere Wahrscheinlichkeit, Einkommensverluste zu erleiden, und im Vergleich zu qualifizierten und hochqualifizierten Beschäftigten nur geringe Aussichten auf Gehaltserhöhungen. Zudem tragen sie hohe Einkommensverlustrisiken, wenn sie den Betrieb wechseln. Bei gleichzeitig hohen Arbeitslosigkeitsrisiken bedeutet dies für Beschäftigte mit geringer Qualifikation, dass der Einstieg in eine betriebliche Beschäftigung nach einer Arbeitslosigkeitsphase häufig durch Einkommensverluste ‚erkauft' wird. Selbst wenn sie freiwillig und nahtlos den Betrieb wechseln und dadurch Einkommensgewinne ermöglicht werden, ist das Risiko, dieses höhere Gehalt im Laufe des Erwerbslebens wieder zu verlieren, für Geringqualifizierte besonders hoch. Die diskontinuierlichen Erwerbsverläufe von Geringqualifizierten gehen mit diskontinuierlichen Einkommensverläufen einher und Auf- und Abstiege in der Einkommenshierarchie prägen die Einkommensverläufe. Langfristige Einkommensgewinne können jedoch von Beschäftigten der niedrigen Qualifikationsgruppe weit seltener erreicht und vor allem aufrechterhalten werden (Hacket 2008). Im Vergleich zu anderen Bildungsgruppen können Geringqualifizierte zudem nur in geringem Maße von betriebsstabiler Beschäftigung profitieren, sie sind auch innerhalb betriebsinterner Arbeitsmärkte hohen Einkommensverlustrisiken ausgesetzt. Innerbetriebliche Arbeitsmärkte sind bildungsspezifisch ausgestaltet, innerbetriebliche Aufstiegswege stehen geringqualifizierten Beschäftigten kaum zur Verfügung und eine bildungsspezifische Polarisierung der Einkommensverläufe entwickelt sich vor allem betriebsintern. Dabei werden die niedrigeren innerbetrieblichen Einkommenschancen deutlich durch die hohen Einkommensverlustrisiken, die geringqualifizierte Beschäftigte *nach* einem Betriebswechsel in dem neuen Betrieb zu befürchten haben. Sie werden eher der Randbelegschaft zugeordnet, in der schlechtere Arbeits- und Einkommensbedingungen üblich sind. Für un- und angelernte Arbeitnehmer und Arbeitnehmerinnen ist es schwierig, in die Kernbelegschaft aufzusteigen und von innerbetrieblichen Bildungs- und Qualifikationsangeboten, von Beschäftigungssicherheit und Einkommenssteigerungen zu profitieren. Geringqualifizierte Beschäftigte – speziell in Ostdeutschland – tragen einerseits hohe Arbeitslosigkeitsrisiken, Betriebswechsel sind vor allem unfreiwillig und durch Arbeitslosigkeit unterbrochen und dies führt zum Teil zu erheblichen Einkommensverlustrisiken. Andererseits können innerbetriebliche Sicherheit und Aufstiegsmöglichkeiten auch bei betriebsstabiler Beschäftigung kaum erlangt werden.

5 Fazit

Deregulierung und Flexibilisierung des Arbeitsmarktes, in deren Zuge Betriebsmobilität an Bedeutung gewinnt, führen zu erhöhten Arbeitsmarktrisiken für Beschäftigte. Während Betriebsstabilität meist Einkommensstabilität bedeutet, gehen diskontinuierliche Erwerbsverläufe mit diskontinuierlichen Einkommensverläufen einher. Sowohl Einkommensgewinne als auch Einkommensverluste sind
häufig Ergebnis von Betriebswechseln. Ob bei einer Betriebsmobilität die Risiken durchschlagen oder ob Betriebsmobilität Chancen für die Beschäftigten be-
reithält, hängt – wie gezeigt – vor allem von den Kontextbedingungen ab: freiwillige oder unfreiwillige Mobilität, Qualifikation, Ost- oder Westdeutschland.

Dabei ist die Betrachtung von individuellen Einkommensaufstiegen und -ab-
stiegen nur eine Ebene, um die Qualität von Betriebswechseln zu bewerten. Ebenfalls entscheidend ist das Lohnniveau, auf dem Betriebsmobilität stattfindet und
Gewinne erzielt werden bzw. Verluste hingenommen werden müssen. Wie Blien
und Rudolph (1989) sowie Davia (2005) zeigen konnten, haben betriebsmobile
Beschäftigte zwar höhere Einkommensgewinne als betriebsstabile Beschäftigte –
dies ist positiv zu werten –, allerdings waren betriebsmobile Beschäftigte vor dem
Betriebswechsel deutlich niedriger entlohnt als betriebsstabile Beschäftigte, so dass
Einkommensgewinne durch Betriebsmobilität als Anpassungsmobilität interpretiert wurden. Dies zeigt sich auch anhand der Daten der hier vorgestellten Untersuchung: Betriebsmobile Beschäftigte konnten ihr Gehaltsniveau an das betriebsstabiler Beschäftigter angleichen, doch dieses normalerweise nicht übertreffen (Hacket 2008). Daher wirkt Betriebsmobilität weniger als Mittel Aufstiege zu realisieren, sondern eher als Mittel schlechte Beschäftigungsbedingungen durch den
Wechsel in andere Betriebe zu revidieren. Diese Chancen haben vor allem hochqualifizierte Beschäftigte, die sich innerhalb von stabiler Beschäftigung nach att-
raktiveren Stellen umsehen können, bei günstigen Stellenangeboten mit Betriebswechseln reagieren und damit ihre zum Teil schlechten Beschäftigungsbedingungen bei Berufseintritt verbessern. Anders bei geringqualifizierten Beschäftigten:
Eine Flexibilisierung des Arbeitsmarktes bedeutet gerade für niedrigqualifizierte
Beschäftigte – und noch mehr in Ostdeutschland –, dass sie eben nicht mehr aus
einer stabilen und sicheren Beschäftigungssituation eine neue und bessere Stelle
suchen können, sondern gerade in konjunkturell schlechteren Zeiten von Betrieben
freigesetzt werden. Betriebsmobilität wird dann eine Notwendigkeit zur Aufrechterhaltung der eigenen Erwerbstätigkeit und weniger ein strategisches Arbeits-
marktverhalten; sie geht mit zum Teil starken Einkommensrisiken einher.

Betriebsstabile Beschäftigte verfügen zwar über geringere Aufstiegschancen, steigen jedoch schon mit einem höherem Gehalt in ihre berufliche Tätigkeit

ein. Einkommensstabilität durch Betriebsstabilität spricht für den erfolgreichen Erhalt der Gehaltsposition und Beschäftigte, die schon zu Beginn ihrer Karriere einen guten Start ins Berufsleben erreichen, wechseln weniger oft den Betrieb. Trotzdem kann eine betriebsstabile Beschäftigung nicht einfach als positive Vergleichsfolie für betriebsmobile Beschäftigung gelten. Denn auch betriebsinterne Arbeitsmärkte wandeln sich und damit verändern sich auch die innerbetrieblichen Einkommens- und Aufstiegsperspektiven für Beschäftigte. Die Veränderungen des Arbeitsmarktes – dieses Fazit ziehen Diewald und Sill auf Basis ihrer Berechnungen innerbetrieblicher und zwischenbetrieblicher Einkommensverläufe – sind mit zunehmender Unsicherheit aufgrund externer Flexibilisierung nur unzureichend beschrieben: „Eine der markantesten Veränderungen scheint uns das Wegbrechen bisher garantierter Chancen eines permanenten Aufstiegs entlang innerbetrieblicher Senioritätsregeln und Karriereleitern auf Basis von Erwartungen aufgeschobener Reziprozität zu sein!" (Diewald/Sill 2004: 59). Dies gilt vor allem für die untere Bildungsgruppe, die von innerbetrieblichen Aufstiegsmöglichkeiten regelrecht abgeschnitten ist und der es weder auf dem internen noch auf dem externen Arbeitsmarkt gelingt, langfristige Einkommensgewinne zu erzielen. Betriebsinterne Arbeitsmärkte halten qualifikationsspezifische Chancen und Risiken bereit, wie es die Segmentationsansätze (Lutz/Sengenberger 1974; Sengenberger 1987) formuliert haben.

Eine Segmentierung des Arbeitsmarktes, die sich vor allem in unterschiedlichen Arbeitsmarktrisiken zwischen den Bildungsgruppen zeigt, gibt es in Deutschland schon lange (Konietzka/Sopp 2004). Schon früher konnte ein ausgeprägter ‚Jedermannsarbeitsmarkt' beobachtet werden, in dem Beschäftigte, die nicht über berufsfachliche Qualifikationsnachweise verfügten, hohen Arbeitsmarktrisiken ausgesetzt waren. Der externe Arbeitsmarkt für Fachkräfte wiederum hatte in der bundesdeutschen Fassung schon immer eine andere Bedeutung als in liberalen Sozialsystemen. Der berufsfachliche Arbeitsmarkt und die Zertifizierung von beruflichen Fähigkeiten ermöglichten es Beschäftigten, zwischenbetriebliche Wechsel und Erwerbsverläufe über mehrere Betriebe hinweg zu organisieren. Ihre Zertifikate schützten sie in besonderem Maße vor Arbeitsmarktrisiken und Dequalifizierung. Bildung und Qualifikation bleiben zur Erklärung für Erwerbs- und Einkommensverläufe der zentrale Faktor. Neben der Bildung sind Betriebsmobilität und -stabilität ein wichtiger und wahrscheinlich an Bedeutung gewinnender Faktor zur Erklärung von Arbeitsmarktrisiken (Diewald/Sill 2004). Denn der Arbeitsmarkt ist in Bewegung und sowohl interne als auch externe Arbeitsmärkte verändern sich, so dass sowohl innerhalb betriebsstabiler Beschäftigung als auch im Falle von zwischenbetrieblichen Erwerbsverläufen unterschiedliche Formen der Chancen und Risiken, der Sicherheit und Unsicherheit entstehen. Aber auch hier sind bildungsspezifische Wirkungen sowohl von innerbetrieblichen als auch von zwischenbetrieblichen Erwerbsverläufen zu beachten.

Literatur

Allmendinger, Jutta (1989): Educational system and labor market outcomes. In: European Sociological Review 5 (2): 231-250.

Belbo, Miriam/Wolf, Elke (2002): Die Folgekosten von Erwerbsunterbrechungen. In: Vierteljahrshefte zur Wirtschaftsforschung 71 (1): 83-94.

Bender, Stefan/Dietrich, Hans (2001): Unterschiedliche Startbedingungen haben langfristige Folgen. Der Einmündungsverlauf der Geburtskohorten 1964 und 1971 in Ausbildung und Beschäftigung – Befunde aus einem IAB-Projekt. (IAB Werkstattbericht 11) Nürnberg.

Blien, Uwe/Koller, Martin/Schiebel, Winfried (1991): Indikatoren zur Neuabgrenzung der Förderregionen. In: Mitteilungen aus der Arbeitsmarkt- und Berufsforschung 24 (1): 1-24.

Blien, Uwe/Rudolph, Helmut (1989): Einkommensentwicklung bei Betriebswechsel und Betriebsverbleib im Vergleich. In: Mitteilungen aus der Arbeitsmarkt- und Berufsforschung 22 (4): 553-567.

Blossfeld, Hans-Peter/Rohwer, Götz (1995): Techniques of Event History Modeling. New approaches to causal analysis. Mahwah, New Jersey.

Blossfeld, Hans-Peter/Rohwer, Götz (2002): Techniques of Event History Modeling. New approaches to causal analysis. 2nd ed., Mahwah, New Jersey.

Boes, Andreas/Bultemeier, Anja (2008): Informatisierung – Unsicherheit – Kontrolle. Analysen zum neuen Kontrollmodus in historischer Perspektive. In: Dröge, Kai/Marrs, Kira/Menz, Wolfgang (Hg.): Rückkehr der Leistungsfrage – Leistung in Arbeit, Unternehmen und Gesellschaft. Berlin: 59-90.

Bosch, Gerhard/Kalina, Thorsten/Lehndorff, Steffen/Wagner, Alexandra/Weinkopf, Claudia (2001): Zur Zukunft der Erwerbsarbeit – Positionsbestimmung auf der Basis kontroverser wissenschaftlicher Debatten. IAT Gelsenkirchen.

Buchinsky, Moshe/Fougère, Denis/Kramarz, Francis/Tchernis, Rusty (2005): Mobility, Wages and the Returns to Seniority and Experience in the U.S. IZA Discussion Paper, H. 1521.

Davia, Maria A. (2005): Job mobility and wage mobility at the beginning of working career: a comparative view across Europe. (Working Papers of the Institute for Social and Economic Research. Colchester: University of Essex 3). Essex. Online verfügbar unter http://www.iser.essex.ac.uk/pups/workpaps.

Diebler, Petra (2004): Angebots- und nachfrageseitige Einflussfaktoren auf die Stabilität betrieblicher Beschäftigungsverhältnisse. (SFB 580 – Mitteilungen 14). Jena.

Dietrich, Hans/Abraham, Martin (2005): Eintritt in den Arbeitsmarkt. In: Abraham, Martin/Hinz, Thomas (Hg.): Arbeitsmarktsoziologie. Probleme, Theorien, empirische Befunde. Wiesbaden: 69-98.

Diewald, Martin/Sill, Stephanie (2004): Mehr Risiken, mehr Chancen? Trends in der Arbeitsmarktmobilität seit Mitte der 1980er Jahre. In: Struck, Olaf/Köhler, Christoph (Hg.): Beschäftigungsstabilität im Wandel? Empirische Befunde und theoretische Erklärungen für West- und Ostdeutschland. München/Mering: 39-61.

Dustmann, Christian/Pereira, Sonia C. (2003): Wage Growth and Job Mobility in the U.K. and Germany. (Working Papers of the Institute for Social and Economic Research. Colchester: University of Essex). Essex.

Erlinghagen, Marcel (2002): Arbeitsmarktmobilität und Beschäftigungsstabilität im Übergang von der Industrie- zur Dienstleistungsgesellschaft. Eine Analyse des westdeutschen Arbeitsmarktes auf Basis der IAB-Beschäftigtenstichprobe. In: Mitteilungen aus der Arbeitsmarkt- und Berufsforschung 35 (1): 74-89.

Erlinghagen, Marcel/Knuth, Matthias (2004): Beschäftigungsstabilität in der Wissensgesellschaft. In: Struck, Olaf/Köhler, Christoph (Hg.): Beschäftigungsstabilität im Wandel? Empirische Befunde und theoretische Erklärungen für West- und Ostdeutschland. München und Mering: 23-38.

FiO (2000): Mobilität und flexible Erwerbsbiographien im Urteil der Bevölkerung. In: FiO-Brief Aktuelle Informationen zur Ordnungspolitik 2: 1-7.

Gartner, Hermann (2005): Imputation der Löhne über der Beitragsbemessungsgrenze in den IAB Personendaten. Forschungszentrum der Bundesagentur für Arbeit im Institut für Arbeitsmarkt- und Berufsforschung (FDZ-Methodenreport, 2). Nürnberg.

Gerlach, Knut/Stephan, Gesine (2005): Betriebszugehörigkeitsdauer, Betriebseffekte und industrielle Beziehungen. In: Struck, Olaf/Köhler, Christoph (Hg.): Beschäftigungsstabilität im Wandel? Empirische Befunde und theoretische Erklärungen für West- und Ostdeutschland. München/Mering: 157-180.

Gottschalk, Peter (2001): Wage Mobility within and between Jobs. (Manuskript. Boston College, Department of Economics) Boston.

Goudswaard, Anneke/Nanteuil, Mathieu de (2000): Flexibility and Working Conditions: A Qualitative and Comparative Study in Seven EU Member States. In: European Foundation for the Improvement of Living and Working Conditions (Hg.): Flexibility and Working Conditions: A European Bibliographical Review. Dublin.

Grotheer, Michael/Struck, Olaf (2003): Beschäftigungsstabilität: Entwicklung und Arbeitszufriedenheit. Ergebnisse aus der IAB-Beschäftigtenstichprobe 1975–1997 und der BIBB/IAB-Erhebung. In: Mitteilungen aus der Arbeitsmarkt- und Berufsforschung 36 (3): 301-328.

Haas, Anette (2000): Arbeitsmarktausgleich. Regionale Mobilität gestiegen. (IAB Kurzbericht 4). Nürnberg.

Hacket, Anne (2008): Lohnt sich Mobilität? Einkommensperspektiven in internen und externen Arbeitsmärkten in den ersten Berufsjahren. Wiesbaden: (im Erscheinen).

Hamann, Silke/Krug, Gerhard/Ludwig-Mayerhofer, Wolfgang/Hacket, Anne (2004): Die IAB-Regionalstichprobe 1975-2001: IABS-R01. In: ZA-Information, Jg. 55.

Hillmert, Steffen/Kurz, Karin/Grunow, Daniela (2004): Beschäftigungsmobilität in der ersten Hälfte des Erwerbslebens. Ein Kohortenvergleich. In: Struck, Olaf/Köhler, Christoph (Hg.): Beschäftigungsstabilität im Wandel? Empirische Befunde und theoretische Erklärungen für West- und Ostdeutschland. München/Mering: 63-86.

Ketzmerick, Thomas (2002): Arbeitsmarktbewegungen und zwischenbetriebliche Mobilität. In: SFB 580, Mitteilungen 2: 45-54.

Kim, Anna/Kurz, Karin (2001): Precarious Employment, Education and Gender: A Comparison of Germany and the United Kingdom. In: Mannheimer Zentrum für Europäische Sozialforschung: Arbeitspapiere 39: 1-28.

Konietzka, Dirk/Sopp, Peter (2004): Gespaltener Arbeitsmarkt – ausgeschlossene Individuen? In: Berliner Debatte Initial 15 (2): 34-49.

Levine, David I./Belman, Dale/Charness, Gary/Groshen, Erica L./O'Shaughnessy, K. C. (2002): How new is the new employment contract? Evidence from North American pay practices. (W.E. Upjohn Inst. for Employment Research) Kalamazoo, Mich.

Lutz, Burkart/Sengenberger, Werner (1974): Arbeitsmarktstruktur und öffentlicher Arbeitsmarkt – Eine kritische Analyse von Zielen und Instrumenten. Göttingen.

Moldaschl, Manfred/Sauer, Dieter (2000): Internalisierung des Marktes – Zur neuen Dialektik von Kooperation und Herrschaft. In: Minssen, Heiner (Hg.): Begrenzte Entgrenzungen. Berlin: 205-224.

Möller, Joachim (2005): Lohnungleichheit in West- und Ostdeutschland im Vergleich zu den USA. Zentrum für Europäische Wirtschaftsforschung GmbH, Working Papers. Online verfügbar unter http://www.zew.de/de/publikationen/dfgflex/papers.html.

Mückenberger, Ulrich (1985): Die Krise des Normalarbeitsverhältnisses. Hat das Arbeitsrecht noch Zukunft? In: Zeitschrift für Sozialreform 31: 415-475.

Perticara, Marcella C. (2002): Wage Mobility through Job Mobility. (Working papers ILADES. Unveröffentlichtes Manuskript) Georgetown University/Universidad Alberto Hurtado.

Rosenbaum, James E. (1984): Careers in Corporate Hierarchy. Orlando: Academic Press.

Sauer, Dieter/Boes, Andreas/Kratzer, Nick (2005): Reorganisation des Unternehmens. In: SOFI/IAB/ISF München/INIFES (Hg.): Berichterstattung zur sozioökonomischen Entwicklung in Deutschland – Arbeit und Lebensweisen. Erster Bericht. Wiesbaden: 323-350.

Sengenberger, Werner (1987): Struktur und Funktionsweise von Arbeitsmärkten. Frankfurt a. M.

Solga, Heike/Diewald, Martin/Goedicke, Anne (2000): Arbeitsmarktmobilität und die Umstrukturierung des ostdeutschen Beschäftigungssystems. In: Mitteilungen aus der Arbeitsmarkt- und Berufsforschung 33 (2): 242-260.

Spence, Michael (1973): Job Market Signaling. In: Quarterly Journal of Economics: 355-374.

Struck, Olaf (2005): Betrieb und Arbeitsmarkt. In: Abraham, Martin/Hinz, Thomas (Hg.): Arbeitsmarktsoziologie. Probleme, Theorien, empirische Befunde. Wiesbaden: 169-189.

Struck, Olaf/Schröder, Tim (2005): Ursachen betrieblicher Beschäftigungsdauern: Befunde anhand der ersten Welle des SFB 580-B2-Betriebspanels. (SFB 580 Arbeitspapier). Jena

Tuma, Nancy B. (1985): Rewards, Ressources and the Rate of Mobility: A Nonstationary Multivariate Stochastic Model. In: American Sociological Review 41: 338-360.

Velling, Johannes/Bender, Stefan (1994): Berufliche Mobilität zur Anpassung struktureller Diskrepanzen am Arbeitsmarkt. In: Mitteilungen aus der Arbeitsmarkt- und Berufsforschung 27 (3): 212-231.

Winkelmann, Rainer/Zimmermann, Klaus F. (1998): Is job stability declining in Germany? Evidence from count data models. In: Applied Economics (30): 1413-1420.

Weiterbildungschancen in flexiblen Arbeitsmärkten

Katrin Baltes und Andrea Hense

1 Einleitung

In Deutschland lässt sich im Zuge des globalen Wettbewerbs, der Entwicklung von der Industrie- zur Dienstleistungsgesellschaft, dem Ausbau der tertiären Bildung, der zunehmenden Frauenerwerbstätigkeit und dem Wandel von Familien- und Partnerschaftsvorstellungen ein Strukturwandel der Arbeit beobachten (Bosch 2001: 221, 225f.). Dieser zeichnet sich zum einen durch die Zunahme der strukturellen Arbeitslosigkeit und zum anderen durch die Flexibilisierung der betrieblichen Organisations-, Zeit- und Entlohnungsstrukturen aus, die auch in der Personalorganisation ihren Niederschlag findet (Grotheer/Struck 2003: 302; Keller/Seifert 2006: 237; Schenk 2004: 100f.; OECD 1986, 1989). Das deutsche Sozialmodell abhängiger Erwerbsarbeit, das sich in der Nachkriegszeit vor dem Hintergrund hoher Wachstumsraten, annähernder Vollbeschäftigung, industrieller Massenproduktion und familiärer Arbeitsteilung nach dem Modell des männlichen Alleinverdieners herausgebildet hat und als Normalarbeitsverhältnis bezeichnet wird, ist ergänzt worden durch andere – zumeist als atypisch charakterisierte – Beschäftigungsformen. Diese werden in Abgrenzung zum vorherigen Standard definiert und weisen mindestens eines der folgenden Merkmale auf: erleichterte Aufhebung des Arbeitsverhältnisses (z.B. Leiharbeit, befristete Beschäftigung), weniger standardisierte, reduzierte und/oder flexibel abrufbare Arbeitszeiten (z.B. Teilzeit, geringfügige Beschäftigung, Scheinselbständigkeit), schwankende bzw. niedrige Erwerbseinkommen sowie eingeschränkte soziale, arbeitsrechtliche oder betriebliche Absicherung. Sie können sowohl für Arbeitnehmer als auch für Arbeitgeber wichtige Flexibilisierungsbedürfnisse erfüllen, welche u.a. aus Nachfrageschwankungen und gewandelten Erwartungen an die Arbeits- und Lebensgestaltung (z.B. bessere Vereinbarkeit von Familie, Bildung, Beruf und Freizeit) resultieren (Bosch 2001: 221, 225f.).

Aus einer ungleichheitstheoretischen Perspektive stellt sich die Frage, ob atypische Beschäftigungsformen mit gestiegenen individuellen Teilhabechancen einhergehen oder ob eine zunehmende Ungleichheit von Partizipationsmöglichkeiten die Folge ist. Da die langfristigen Einkommens- bzw. Beschäftigungssicherheiten abgeschwächter sind als beim Normalarbeitsverhältnis, führen sie zwar zu einer potenziellen Gefährdung der kontinuierlichen Erwerbskarriere und des aktuellen wie zukünftigen Lebensstandards. Ob dieses Potential jedoch zum

Tragen kommt, hängt von weiteren Rahmenbedingungen ab. So können Weiter-
bzw. Wiederbeschäftigungschancen von Arbeitnehmern und Arbeitslosen u.a.
durch berufliche Weiterbildung erhöht werden. Diese kann zur Verbesserung
bzw. Absicherung der beruflichen Situation genutzt werden, da sich die Optionen zur Positionierung auf dem Arbeitsmarkt mit steigender Bildung erweitern,
während gering qualifizierte Personen eine zunehmende Ausgrenzung von Erwerbsarbeit erfahren (Dostal 2005: 493; Baethge/Kupka 2005: 203). Insofern
kommt der Analyse der Zugangsmöglichkeiten zu beruflicher Erwachsenenbildung eine wichtige Rolle bei der Beurteilung aktueller Risiken am Arbeitsmarkt zu. Ziel dieses Aufsatzes ist es herauszufinden, ob die aktuelle Platzierung
am Arbeitsmarkt – beschäftigt in einem Normalarbeitsverhältnis, atypisch beschäftigt oder arbeitslos – die relativen Chancen für berufliche Weiterbildung
und vermittelt darüber für zukünftige Beschäftigungschancen beeinflusst. Zeigen
sich vergleichbare Optionen oder entstehen neue Risiken, die eine Ungleichheit
verstärkende Wirkung haben und gerade diejenigen treffen, die bereits teils oder
vollkommen aus dem Erwerbssystem ausgegrenzt sind?

Eine systematische Beantwortung dieser Frage unter Berücksichtigung aller
drei Gruppen liegt bisher nicht vor. Lediglich gewisse Ausschnitte wurden empirisch erforscht: Untersuchungen über den Zugang zu betrieblicher Weiterbildung
berücksichtigen erstens Arbeitslose nicht und differenzieren zweitens häufig
nicht zwischen atypisch Beschäftigten und Personen in Normalarbeitsverhältnissen (Grünewald/Moraal/Schönfeld 2003; Bellmann/Leber 2003). Sofern sie hier
unterscheiden, weisen sie nur einzelne atypische Formen aus; zumeist Teilzeit
(Schömann/Becker 2002; Pannenberg 1998) oder Befristung (Leemann 1999).
Andere Studien fokussieren zwar die Arbeitslosen (Hujer/Wellner 2000; Hof-
bauer/Dadzio 1984; Klose/Bender 2000; Schneider u.a. 2006), sagen jedoch
nichts über Erwerbstätige aus. Insofern fehlt ein systematischer Vergleich auf der
Basis eines einheitlichen Datensatzes, mit dem Unterschiede für die bezeichneten
Gruppen festgestellt und zueinander in Beziehung gesetzt werden können, so
dass relative Vor- und Nachteile sichtbar werden und hinsichtlich ihrer Folgewirkungen verglichen werden können.

In diesem Aufsatz interessieren insbesondere die atypisch Beschäftigten,
deren Weiterbildungschancen zu den Optionen der anderen beiden Gruppen in
Relation gesetzt werden. Forschungsleitend ist die Annahme, dass atypisch Beschäftigte sowohl im Vergleich zu Personen in Normalarbeitsverhältnissen als
auch im Vergleich zu Arbeitslosen eine Benachteiligung erfahren. Zu dieser
Vermutung gelangt man wie folgt: Zunächst ist festzustellen, dass das zunehmende Angebot von Arbeitskraft seitens der Erwerbspersonen mit einem abnehmenden Arbeitsvolumen einhergeht (Alda 2005: 250), wodurch die Konkurrenz
am Arbeitsmarkt zusammen mit der strukturellen Arbeitslosigkeit steigt. Damit

sinkt die Verhandlungsmacht v.a. für Personen mit solchen Qualifikationen, für die am Arbeitsmarkt ein Überangebot besteht. Folglich kann angenommen werden, dass sich die Erwerbschancen und -bedingungen stark ausdifferenzieren. Für Betriebe ist es dann interessant, in die Weiterbildung ihrer Arbeitnehmer zu investieren, wenn sie davon ausgehen können, dass die weitergebildeten Personen dem Unternehmen vollends und langfristig an verantwortlicher Stelle zur Verfügung stehen und sich die Kosten somit amortisieren. Wie später gezeigt wird, korrespondiert dies am ehesten mit dem Profil eines Normalarbeitsverhältnisses. Daher wird vermutet, dass Fortbildungsprivilegien atypisch Beschäftigten weniger zugute kommen als Personen in Normalarbeitsverhältnissen. Für Arbeitsagenturen stellt berufliche Weiterbildung eine Option dar, Arbeitslose in Erwerbsarbeit zu vermitteln. Dieses Instrument der aktiven Arbeitsmarktpolitik ist Erwerbstätigen jedoch nicht zugänglich. Zusammenfassend kann daraus geschlossen werden, dass Unternehmen bzw. Arbeitsagenturen ein Interesse an der Weiterqualifizierung von Personen in Normalarbeitsverhältnissen bzw. Arbeitslosen haben, während atypisch Beschäftigten der korporative Akteur fehlt, der aus entsprechenden Weiterbildungsinvestitionen einen Vorteil zieht. Folglich dürften die Zugangschancen zu beruflicher Erwachsenenbildung für atypisch Beschäftigte vergleichsweise gering sein. Eine Absicherung bzw. Verbesserung ihrer bisherigen beruflichen Position wäre durch Weiterbildung also kaum zu erreichen. Stattdessen dürften sie durch den versperrten Weiterbildungszugang in eine prekäre Lage geraten, welche sich langfristig negativ auf ihre Erwerbskarriere auswirken und zur Exklusion aus dem Erwerbssystem beitragen kann.

Der Artikel gliedert sich wie folgt: Nach der Herleitung der Fragestellung und der Charakterisierung der Untersuchungsgruppen im ersten Kapitel folgt im zweiten Kapitel die ausführliche Erläuterung der forschungsleitenden Hypothesen. Das dritte Kapitel gibt nähere Hinweise zum methodischen Vorgehen. Konkret soll mit Hilfe von logistischen Regressionen auf der Basis des Mikrozensus 2003 geprüft werden, ob der Erwerbsstatus einen eigenständigen Effekt auf den Zugang zu beruflichen Fortbildungsangeboten hat. Im vierten Kapitel werden schließlich die Ergebnisse und im fünften Kapitel die Interpretation vorgestellt.

2   Erwerbsstatusbedingte Ungleichheiten und Weiterbildungschancen

Zur Analyse der aktuellen Umstrukturierungen am Arbeitsmarkt bietet sich in der gegenwärtigen Armuts- und Ungleichheitsforschung ein von Robert Castel entworfenes Drei-Zonen-Modell (Castel 2000) an, das zur Beschreibung der Sozialstruktur einer Gesellschaft auf die individuelle Stellung im Erwerbssystem

Bezug nimmt. Es unterscheidet folgende analytische Phasen im Prozess sozialer Integration bzw. Exklusion: Die „Zone der Integration" zeichnet sich durch stabile, abgesicherte Arbeitsverhältnisse und ein solides eingegliedert sein in soziale Netze aus. Am anderen Ende des Kontinuums, in der „Zone der Entkopplung", kommt der dauerhafte Ausschluss aus der regulären Erwerbsarbeit mit weiteren sozialen Entbehrungen zusammen (ebd.: 360f.). Zwischen diesen beiden Polen sieht Castel die sich zunehmend ausbreitende „Zone der Verwundbarkeit", in der die Integration in einem zerbrechlichen Zustand ist, weil die gesellschaftliche Einbindung in verschiedenen Dimensionen bereits ins Wanken geraten ist. „[...] ein prekäres Verhältnis zur Arbeit [kombiniert] mit einer fragilen Unterstützung durch die nächste Umgebung" (ebd.: 13) sind hier die charakteristischen Merkmale. Da in diesem Artikel die ungleichheitsrelevante Bedeutung der aktuellen Positionierung im Erwerbssystem auf eine zukünftige Platzierung am Arbeitsmarkt im Fokus des Interesses steht, wird die Einbindung der Untersuchungspersonen in weitere soziale Netzwerke nicht untersucht, wenngleich sie für die allgemeine Verortung innerhalb der Sozialstruktur einer Gesellschaft relevant ist.

Übertragen auf die aktuelle Organisation der Erwerbsarbeit wird ein abhängiges Arbeitsverhältnis, das „nach der geltenden Arbeits- und Sozialverfassung den optimalen Schutz [der abhängig Beschäftigten, d. Verf.innen] genießt" (Mückenberger 1986: 34) und somit kennzeichnend für die Zone der Integration ist, als Normalarbeitsverhältnis[1] bezeichnet. Zwar ist das Normalarbeitsverhältnis, hier definiert als abhängiges Vollzeit-Beschäftigungsverhältnis mit Existenz sicherndem Einkommen, Sozialversicherungsschutz, arbeitsrechtlicher Absicherung, unbefristetem Arbeitsvertrag und planbaren, regelmäßigen wöchentlichen Arbeitszeiten (Hoffmann/Walwei 1998: 410; Bartelheimer 2005: 107; Kraemer/Speidel 2005: 372), weiterhin die dominierende Beschäftigungsform, „zunehmende Anteile anderer Erwerbsformen verdeutlichen jedoch, dass sich Norm und Normalität der Beschäftigungsorganisation in einem Umbruch befinden" (Kratzer/Sauer 2005: 130). Einem stetig wachsenden Anteil der Arbeitnehmer werden weniger stabile, weniger abgesicherte und absichernde Arbeits-

---

1   „Normal" ist es nicht nur wegen seines zeithistorischen Verbreitungsgrades, sondern vor allem weil es als Bezugspunkt für Rechtsinterpretationen und Normsetzende juristische Ge- und Verbote gilt, welche die Rahmenbedingungen abhängiger Erwerbsarbeit vorgeben. Empirisch fassbarer wird es, wenn man die Kriterien ableitet, an die Ausmaß und Intensität des Arbeitnehmerschutzes gebunden sind: dauerhafte und qualifizierte Vollzeitarbeit in (Groß)betrieben. Seine Funktion besteht in der Reduktion von Unsicherheiten auf Seiten der Arbeitnehmer wie der Arbeitgeber, denn es grenzt die Vielzahl möglicher Arbeitsformen ein und damit das, was verhandelbar und gegebenenfalls strittig ist (Mückenberger 1985: 422-429, 431). In diesem Sinne ist das Normalarbeitsverhältnis immer auch vom gesellschaftlichen und historischen Kontext abhängig.

verhältnisse angeboten (Alda 2005: 249), die in der Zone der Verwundbarkeit zu verorten sind. Sie zeichnen sich durch erleichterte Aufhebung des Arbeitsvertrages, weniger standardisierte und/oder reduzierte Arbeitszeiten, schwankende, kaum Existenz sichernde Einkommen oder eingegrenzte soziale, arbeitsrechtliche oder betriebliche Sicherungsleistungen aus. Zu diesen so genannten „atypischen Beschäftigungsformen" zählen Teilzeit- und Zeitarbeit, Vollzeitarbeit im Niedriglohnsektor, geringfügige und befristete Beschäftigung. Da die langfristigen Einkommens- bzw. Beschäftigungssicherheiten abgeschwächter sind als beim Normalarbeitsverhältnis, führen diese Arbeitsverhältnisse zu einer *potenziellen* Gefährdung der kontinuierlichen Erwerbskarriere und des aktuellen wie zukünftigen Lebensstandards. Sie tragen aus diesem Grund ein gewisses prekäres Potenzial in sich, das stets latent gegeben ist und sich dann entfaltet, wenn weitere Lebensumstände dies befördern.[2] Mit dieser Entwicklung wird zur Positionsbestimmung im Erwerbssystem ein detaillierter Blick notwendig: Zwischen gänzlicher Integration durch ein abgesichertes Normalarbeitsverhältnis und dem Ausschluss aus Erwerbsarbeit in der Arbeitslosigkeit sind Positionen mit einer mehr oder weniger fragilen Einbindung ins Erwerbssystem zu differenzieren, die sich je nach Vertragsgestaltung mehr in der Nähe des einen oder des anderen Pols befinden.

Das Erkenntnisinteresse der Exklusionsforschung richtet sich weniger auf die Verortung von Personen in einer der drei Zonen, sondern vielmehr auf die Prozesse, die einen Wechsel von einer in die andere Zone befördern. Angesichts des für Deutschland geltenden starken Zusammenhangs von Qualifikationen und Arbeitsmarktchancen (Reinberg/Hummel 2005; Dostal 2005: 493; Konietzka 2004: 287; Klammer/Tillmann 2001: 312) ist Bildung als eine zentrales Ressource anzusehen, die für berufliche Integrations- und Ausgrenzungsprozesse verantwortlich ist. Während die Schul- und Berufsbildung den Einstieg in das Erwerbssystem und die dort erreichbare Positionierung beeinflussen (Solga 2005; Baethge/Kupka 2005: 203), reichen sie unserer Ansicht nach zur Erklärung der Dynamiken im Berufsverlauf nicht aus. Hier ist zudem die berufliche Weiterbildung[3] zu berücksichtigen, die sich im weiteren Lebensverlauf immer wieder er-

---

2   Bericht z.B. ein zweites Einkommen aufgrund von Arbeitslosigkeit weg, kann die latente Gefährdung zur akuten Bedrohung werden (Andreß/Güllner 2001). Weitere individuelle und gesellschaftliche Folgen von atypischer Beschäftigung hat das WSI untersucht (Keller/Seifert 2007).

3   Angelehnt an die Definition des Deutschen Bildungsrates wird berufliche Weiterbildung verstanden als Fortsetzung oder Wiederaufnahme organisierten Lernens, das eine weitere berufliche Qualifizierung intendiert und im Anschluss an eine erste Bildungsphase und nach Aufnahme einer Berufstätigkeit stattfindet (Deutscher Bildungsrat 1970: 197). Von der beruflichen Weiterbildung abzugrenzen sind Bildungsangebote, die sich eher auf den Privat- und Freizeitbereich beziehen (allgemeine Weiterbildung) oder der Weiterentwicklung von aktiver Bürger-

eignen und durch die flexible Anpassung erwerbsrelevanter Qualifikationen neue Chancen schaffen kann.[4] Denn kulturelles Kapital ist zeitvariabel und steigt z.B. mit Berufserfahrung oder Kursteilnahme bzw. verliert infolge fehlender aktiver Anwendung oder Anpassung an technische und organisatorische Neuerungen an Wert. Insbesondere in modernen Gesellschaften, in denen sich der technische Wandel sehr schnell ereignet, muss das Wissen, das zum Schritthalten mit den gesellschaftlichen Veränderungen erforderlich ist, in einem kontinuierlichen Weiterbildungsprozess erworben werden (Dostal 1991: 304). Neben positiven Effekten für den Unternehmenserfolg (Grünewald/Moraal/Schönfeld 2003) kann ferner eine förderliche Wirkung von beruflicher Weiterbildung auf Chancen der Einkommenssteigerung sowie des Arbeitsplatzerhalts für Arbeitnehmer festgestellt werden (Becker 1993; Becker/Schömann 1996; Schreiber 1998: 42, Schömann/Becker 2002: 172). Darüber hinaus zeigt sich für Arbeitslose, dass sich die Teilnahme an Weiterbildungsmaßnahmen positiv auf den Übergang in Beschäftigung auswirken kann (Staat 1997: 160 ff.; Blaschke/Nagel 1995).[5]

Arbeitgeber greifen bei Neueinstellungen auf möglichst verlässliche Signale zurück (Spence 1973), die ihnen als Indikatoren für das Wissen und Können der Bewerber dienen, denn deren tatsächliche individuelle Produktivität ist vor der praktischen Erprobung kaum festzustellen.[6] Als Indikatoren fungieren die standardisierten und formalisierten Bildungsabschlüsse, die ihnen vom Bildungssystem zur Verfügung gestellt werden. Insofern steigern die in informellen Lernprozessen[7] erworbenen Kompetenzen zwar das inkorporierte kulturelle Kapital

---

schaft und Partizipation (politische Weiterbildung) dienen. Folglich bezwecken letztere keine berufsbezogenen Effekte, sondern erzeugen sie höchstens als zufälliges Nebenprodukt. Um zu häufige Redundanzen zu vermeiden, werden in diesem Artikel die Begriffe „Weiterbildung", „Erwachsenenbildung" und „Fortbildung" synonym verwendet.

4   Kritisch dazu: Mayer (2000).

5   Für Arbeitslose ergeben sich insbesondere bei kürzeren Maßnahmen (unter 6 Monaten) positive Effekte auf die Übergangswahrscheinlichkeit in Beschäftigung, die bei längeren Weiterbildungen kaum oder nicht mehr zu verzeichnen sind (Hujer/Wellner 2000: 415). Zudem ist zwischen kurz- und langfristigen Folgewirkungen zu unterscheiden (Klose/Bender 2000). Zu den unterschiedlichen und teils widersprüchlichen Effekten von beruflicher Weiterbildung Becker/Hecken (2005: 152-160) und für die Arbeitslosen Schneider u.a. (2006).

6   Eigentlich müsste man hier zudem zwischen allgemeinem und spezifischem Humankapital unterscheiden. Dies ist jedoch mit den meisten Sekundäranalysen, so auch dem Mikrozensus, nicht möglich.

7   Im Berichtssystem Weiterbildung (BMBF 2005: 51) wird zwischen Erwachsenenbildung in Form von Kursen und Lehrgängen und weniger formalisierten, informellen Formen unterschieden. In der letzten Kategorie sind verschiedene Varianten des Lernens zusammengefasst, die sich u.a. auf das Anlernen am Arbeitsplatz, den Besuch von Fachmessen, die Teilnahme an Qualitätszirkeln sowie verschiedene Formen des Selbstlernens mit Hilfe des Internets, von Fachliteratur oder anderer Medien beziehen. Informelle berufliche Weiterbildung umfasst demnach jede Art des berufsrelevanten Kenntniserwerbs außerhalb von Kursen und Lehrgän-

(Bourdieu 1983: 186), also das eigentliche Wissen und Können. Allerdings ist diese Form der Bildung wegen ihrer fehlenden Objektivierung und Standardisierung[8] nicht so einfach auf dem Arbeitsmarkt eintauschbar wie die zumeist zertifizierten Qualifikationen, die in formalen Lernprozessen erworben werden. Im Weiteren interessiert uns deshalb nur die formale berufliche Weiterbildung. Denn es wird davon ausgegangen, dass informelle Weiterbildungsformen am durch Beruflichkeit geprägten deutschen Arbeitsmarkt (Sengenberger 1987) weniger ausschlaggebend für Wanderungsbewegungen zwischen verschiedenen Erwerbsstatus sind. Ferner ist informelle Weiterbildung im Rahmen einer standardisierten Erhebung von Massendaten, die zur Bearbeitung der Fragestellung notwendig ist, kaum valide zu messen, denn sie erfordert ein stärkeres Eingehen auf die individuelle Arbeitsgestaltung und die Lernhaltigkeit des Arbeitsplatzes, was eher mit qualitativen Methoden zu erreichen ist.

Voraussetzung für die Aktivierung des förderlichen Potenzials von Erwachsenenbildung ist der Zugang zu entsprechenden Angeboten. Dieser wird durch Institutionen kontrolliert, die den Großteil der formalen beruflichen Weiterbildung organisieren bzw. finanzieren (Nuissl/Schiersmann/Siebert 2001: 15f.): Im Falle der Erwerbstätigen handelt es sich insbesondere um die Betriebe, im Falle der Arbeitslosen um die Bundesagentur für Arbeit. Im Vergleich dazu ist die selbstorganisierte und -finanzierte berufliche Weiterbildung von marginaler Bedeutung. Daher konzentrieren wir uns ausschließlich auf die Untersuchung der institutionellen Kontexte und Gelegenheitsstrukturen, also die Fremdselektion im Zugang zu beruflicher Weiterbildung, und lassen Selbstselektionseffekte unberücksichtigt. Bezüglich der institutionellen Gelegenheitsstrukturen gehen wir davon aus, dass sich der Zugang zu berufsrelevanten Bildungsressourcen je nach Position im Erwerbssystem unterscheidet und dabei – wie im nächsten Kapitel ausgeführt – Ungleichheit verstärkende Chancen zur Absicherung einer privilegierten oder Verbesserung einer benachteiligten Position generiert werden.

---

gen. Kennzeichnend für diese Lernformen ist, dass sie nicht zertifiziert sind, nicht unbedingt mit einer expliziten Lernabsicht einhergehen und nicht zwingender Weise einen bewussten Lernprozess darstellen, denn z. T. ereignet sich der Erwerb von Kenntnissen und Fähigkeiten quasi nebenbei im Vollzug der Arbeit.

8   Zu erwähnen ist, dass es verschiedene Ansätze gibt, auch informelles Lernen nachträglich zu ermitteln und z.B. in Form von Weiterbildungspässen zu dokumentieren. Da diese Anstrengungen jedoch noch relativ am Anfang stehen und daher noch nicht allgemein bekannt und bundesweit verbreitet sind, werden sie hier nicht weiter berücksichtigt. Zu diesem inhaltlichen Argument, das z.B. nicht für die Attestierung informeller Weiterbildungsaktivitäten in Arbeitszeugnissen gilt, kommt ein methodischer Grund hinzu: Die fehlende Berücksichtigung dieser Informationen in allgemein verfügbaren Massendatensätzen verhindert eine entsprechende Auswertung.

Ziel dieses Aufsatzes ist es herauszufinden, ob die Platzierung am Arbeitsmarkt die relativen Chancen für berufliche Weiterbildung und vermittelt darüber
für zukünftige Beschäftigungschancen beeinflusst und zusätzlich zur selektiven
Wirkung des Bildungssystems in Funktion tritt. Entsprechend stehen im vorliegenden Aufsatz nicht die bereits vielfach belegten Wirkungen unterschiedlicher
Schul- und Berufsabschlüsse auf weitere Weiterbildungschancen im Vordergrund (Becker/Hecken 2005: 150). Stattdessen wird untersucht, ob vom Erwerbsstatus – beschäftigt in einem Normalarbeitsverhältnis, atypisch beschäftigt,
arbeitslos – zusätzliche *eigenständige* Wirkungen auf den Zugang zu Bildung
ausgehen. Damit soll die Kenntnis über soziale Ungleichheiten beim Zugang zu
Weiterbildungschancen erweitert werden. Denn bisher fehlt ein systematischer
Vergleich auf der Basis eines einheitlichen Datensatzes, mit dem Unterschiede
hinsichtlich der Teilnahme an Erwachsenenbildung differenziert nach Erwerbsstatusgruppen festgestellt und miteinander verglichen werden können.

3   Institutionelle Nutzenabwägungen und Fremdselektion beim
       Weiterbildungszugang

Der Zugang zu beruflicher Weiterbildung wird insbesondere von Betrieben und
der Bundesagentur für Arbeit kontrolliert. Um Hypothesen über die institutionell
gesteuerte Fremdselektion beim Weiterbildungszugang generieren zu können, ist
zu erläutern, wie die Offerierung von Fortbildungsgelegenheiten von den Nutzenabwägungen dieser Institutionen geleitet ist. Dabei spielt die Positionierung
im Erwerbssystem eine ausschlaggebende Rolle, da sie für die Bestimmung der
institutionellen Zuständigkeit und den Vorteil, den eine Institution aus der Weiterbildung zieht, relevant ist. Entsprechend wird ausgeführt, nach welchen Kriterien Betriebe bzw. die Bundesagentur für Arbeit über den Bildungszugang entscheiden, um darauf aufbauend zu prüfen, für welche Personengruppen ein er-
leichterter bzw. erschwerter Weiterbildungszugang erwartet werden kann. Da die
Argumentation auf den Entscheidungslogiken der korporativen Akteure und den
daraus abgeleiteten Folgen für die Erwerbspersonen aufbaut, werden die einzelnen atypischen Beschäftigungsverhältnisse nicht nacheinander, sondern jeweils
im Kontext dieser Nutzenabwägungen abgehandelt. Aufgrund der beschriebenen
Umstrukturierungen am Arbeitsmarkt, welche die Einführung der vergleichsweise neuen Analysekategorie „atypisch Beschäftigte" notwendig gemacht haben, sind wir insbesondere an einer genaueren Analyse ihrer Partizipationschan-
cen interessiert. Daher werden wir ihre relativen Weiterbildungschancen zum
einen mit denjenigen von Personen in Normalarbeitsverhältnissen und zum anderen mit denjenigen von Arbeitslosen vergleichen.

Da die in Weiterbildung erworbenen Kenntnisse personengebunden sind, werden Unternehmen genau dann Ressourcen für die Qualifizierung von Arbeitnehmern zur Verfügung stellen, wenn die weitergebildeten Arbeitnehmer nicht abwandern und somit die Investitionen durch gesteigerte Produktivität nach der Fortbildungsmaßnahme wieder in das Unternehmen zurückfließen (Alewell/Koller 2001: 62; Leemann 1999: 224). Diese Rentabilitätsabwägungen führen dazu, dass die Finanzierung beruflicher Weiterbildung von Unternehmensseite an bestimmte Bedingungen geknüpft wird, die – wie die folgenden Überlegungen zeigen – am ehesten mit dem Profil der Normalarbeitsverhältnisse korrespondieren: Betrachtet man Weiterbildung zunächst unter dem rein qualifikatorischen Aspekt, ist der empirische Befund, nach dem Führungskräfte die höchste Weiterbildungsquote haben (Wilkens/Leber 2003: 335), rasch einsichtig. In verantwortungsvollen Positionen wird der Bedarf an aktuellem Know-How höher sein als in wenig qualifizierten, ausführenden Positionen. Es ist davon auszugehen, dass Führungspositionen eine kontinuierliche Präsenz im Unternehmen bzw. im Außendienst voraussetzen, weshalb diese Positionen kaum mit befristet Beschäftigten, entliehenen Zeitarbeitern[9] sowie Teilzeit- oder geringfügig Beschäftigten besetzt werden, so dass diese entsprechend nicht von dem Fortbildungsangebot für Führungskräfte profitieren können. Unter dem qualifikatorischen Aspekt wird Weiterbildung für Personen in atypischen Beschäftigungsformen auch dann unwahrscheinlich, wenn sie zur kurzfristigen Reaktion auf einen Nachfrageanstieg eingesetzt werden, wie dies bei entliehenen Zeitarbeitern und befristet Beschäftigten der Fall sein kann (Hagen/Boockmann 2002: 208). Hier ist anzunehmen, dass es dem Unternehmen um eine möglichst rasche Erhöhung des verfügbaren Personals geht. Deshalb wird eher bedarfsgerecht, also unter Beachtung der erforderlichen Qualifikationen eingestellt, anstatt

---

9   Für Zeitarbeiter muss die Situation aufgrund des für Zeitarbeit typischen Dreiecks-Verhältnisses näher spezifiziert werden: Zeitarbeiter sind typischer Weise bei einem Zeitarbeitsunternehmen (Verleiher) angestellt, welches die Arbeitskräfte einem anderen Unternehmen (Entleiher) für eine vereinbarte Zeit überlässt. Um zu verdeutlichen, dass im Text von Weiterbildungsangeboten von Seiten des entleihenden Unternehmens die Rede ist, wird der Terminus „entliehene Zeitarbeiter" verwendet. Denn Zeitarbeiter können auch von Seiten des Zeitarbeitsunternehmens (Verleiher) Weiterbildungsangebote erhalten. Hierbei ist allerdings ebenfalls davon auszugehen, dass Zeitarbeitsunternehmen infolge von Rentabilitätsabwägungen eher bedarfsgerecht neu einstellen, statt vorhandenes Personal weiterzuqualifizieren: Da insbesondere gering Qualifizierte in Zeitarbeitsverhältnissen zu finden sind (Jahn/Rudolph 2002: 5) und in diesem Segment ein Überangebot am Arbeitsmarkt besteht, ist anzunehmen, dass der Bedarf der Zeitarbeitsunternehmen durch Neukrutierung gedeckt werden kann. Zudem werden Zeitarbeiter häufig in Aufgabenbereichen eingesetzt, die nur geringe Qualifikationen (Pietrzyk 2003: 117) oder aber spezielle, Entleiher spezifische Kenntnisse erfordern, so dass aus Sicht des Zeitarbeitsunternehmens eine Fortbildung ihrer Angestellten nicht notwendig oder nicht hinreichend zielgenau möglich ist.

beliebig qualifiziertes Personal aufgabenspezifisch zu schulen. Diese Überlegungen korrespondieren mit dem empirischen Befund, dass etwa drei Viertel aller Weiterbildungsinvestitionen erst nach den ersten 6 Monaten der Beschäftigung in einem Unternehmen erfolgen (Pannenberg 1998: 264). Dies deutet darauf hin, dass Unternehmen zunächst eine Phase des gegenseitigen Kennenlernens abwarten, bevor sie in die Qualifizierung neuer Mitarbeiter investieren. Insbesondere befristet Beschäftigte scheiden u. U. aus, bevor sie eine Betriebszugehörigkeitsdauer erreicht haben, in der Weiterbildungsangebote des Arbeitgebers wahrscheinlicher werden. Hinzu kommt, dass es aus humankapitalistischer Sicht unsicherer ist, ob sich die Bildungsinvestitionen bei Beschäftigten mit kürzeren Arbeitszeiten amortisieren. Vergleichbares gilt für Teilzeit- und geringfügig Beschäftigte. Da Weiterbildungskosten Fixkostencharakter haben, steigt der relative Anteil der Weiterbildungskosten an den Personalkosten mit einer Verringerung der Arbeitszeit (Brehmer/Seifert 2007: 10).

Weiterbildung kann neben dem rein qualifikatorischen Aspekt auch weitere Zwecke erfüllen, die dem Unternehmen Anlass zu Fortbildungsfinanzierung geben. So kann Weiterbildung etwa als Screening-Instrument eingesetzt werden, indem der Arbeitgeber aus der Teilnahme an Fortbildungsmaßnahmen auf die Motivationslage und Lernbereitschaft des Arbeitnehmers schließen und u.a. darauf Entscheidungen zur Weiterbeschäftigung oder Beförderung stützen kann (Becker/Hecken 2005: 142). Der Einsatz von Weiterbildung mit diesem Zweck ist jedoch nur sinnvoll, wenn zum einen eine langfristige Beschäftigung des Arbeitnehmers beabsichtigt ist, was bei befristet Beschäftigten und entliehenen Zeitarbeitern in der Regel nicht unterstellt werden kann. Zum anderen ist dieses Instrument der Mitarbeiterbewertung für solche Aufgaben zweckmäßig, die sich durch einen hohen Bedarf an Lernbereitschaft und Eigenmotivation auszeichnen. Es ist davon auszugehen, dass insbesondere Personen im Niedriglohnsektor mit Tätigkeiten betraut werden, die sowohl leicht zu erlernen als auch leicht zu kontrollieren sind, weshalb häufiges Lernen oder eine hohe intrinsische Motivation aus Sicht des Unternehmens eine untergeordnete Rolle spielen werden. Aus diesen Gründen werden Beschäftigte in solchen Arbeitsverhältnissen auch nicht an Weiterbildungsangeboten partizipieren, die das Unternehmen als Anreiz für arbeitgeberkonformes Verhalten anbietet. Diese werden vermutlich eher an Führungspositionen gerichtet, die – wie oben erläutert – in der Regel von Personen in Normalarbeitsverhältnissen bekleidet werden.

Unternehmensfinanzierte Weiterbildung kann darüber hinaus – in Verbindung mit Aufstiegschancen – als Mittel zur Bindung von Arbeitnehmern eingesetzt werden (Neubäumer 2006: 99). Auch hier ist leicht ersichtlich, dass dieser Weiterbildungszweck nur bei solchen Arbeitnehmern seinen Sinn erfüllt, für die eine langfristige Beschäftigung geplant ist und die bei einer Abwanderung eine

Qualifikationslücke im Unternehmen hinterlassen würden. Eine dauerhafte Beschäftigung ist – wie oben bereits verdeutlicht – nicht gegeben bei entliehenen Zeitarbeitern und befristet Beschäftigten; insbesondere bei Beschäftigten im Niedriglohnsektor ist an der geringen Entlohnung abzulesen, dass bei ihren Qualifikationen ein Überangebot auf dem Arbeitsmarkt besteht.

Letztlich ist zu bedenken, dass atypische Beschäftigung nicht notwendiger Weise mit geringen Qualifikationen einher geht. Bei befristet Beschäftigten etwa geht man von einer U-förmigen Qualifikationsverteilung aus, wonach sich die größten Anteile an Arbeitnehmern mit befristeten Verträgen unter den besonders hoch und den besonders niedrig Qualifizierten finden (Hagen/Boockmann 2002: 212). Auch bei Teilzeitbeschäftigten kann vermutet werden, dass ein nicht zu vernachlässigender Anteil hochqualifiziert ist und eine Reduktion der Arbeitszeit selbst – etwa aus familiären Gründen – wünscht. In solchen Fällen ist es möglich, dass trotz atypischem Arbeitsvertrag unternehmensfinanzierte Weiterbildung angeboten wird. So ist beispielsweise denkbar, dass das Unternehmen einen befristeten Arbeitnehmer mit einem spezifischen Know How, das lediglich für einen überschaubaren Zeitraum benötigt wird, einstellt und die Einweisung in unternehmenseigene Abläufe vor Aufnahme der Tätigkeit unumgänglich ist. Vorstellbar ist ferner, dass qualifizierte Arbeitnehmer zur Verlängerung der Probezeit zunächst einen befristeten Arbeitsvertrag erhalten, für den aber die Umwandlung in ein unbefristetes Arbeitsverhältnis bei beidseitiger Zufriedenheit geplant ist. In diesem Fall dürften sich Weiterbildungsangebote von Beginn an nicht von denen für unbefristet Beschäftigte unterscheiden. Von diesen Ausnahmen abgesehen, gehen wir dennoch vor dem Hintergrund der oben angestellten Überlegungen davon aus, dass in der Regel atypisch Beschäftigte aufgrund ihrer Stellung im Unternehmen, dem zum Teil geringeren Einbindungsgrad ins Unternehmen und unterschiedlicher betrieblicher Rentabilitätsabwägungen alleine aufgrund der Art ihres Arbeitsverhältnisses weniger unternehmensfinanzierte Weiterbildungsangebote erhalten als Personen in Normalarbeitsverhältnissen. Obwohl die Analysekategorie der atypischen Beschäftigungsverhältnisse sehr heterogene Formen umfasst, die in vielen anderen Bereichen mit heterogenen Risiken einhergehen, dürften sie aus unterschiedlichen Gründen allesamt zu einem eingeschränkten Weiterbildungszugang führen.[10] Somit lässt sich für die erste Vergleichsgruppe folgende Hypothese ableiten:

1) Personen in Normalarbeitsverhältnissen partizipieren eher an beruflicher Weiterbildung als atypisch Beschäftigte.

---

10 Ob diese „Homogenitätsannahme" stimmt, wird empirisch untersucht, indem gesonderte Analysen für einzelne atypische Beschäftigungsformen durchgeführt werden.

Kommen wir nun zur zweiten Vergleichsgruppe, den Arbeitslosen: Die Bundesagentur für Arbeit nutzt die Förderung beruflicher Weiterbildung als Instrument der aktiven Arbeitsmarktpolitik. Seit dem Bestehen dieses Instrumentes hat es sich – u.a. unter dem gestiegenen Kostendruck infolge der erhöhten Arbeitslosigkeit – von einem eher prophylaktischen Arbeitslosigkeit verhinderndem Instrument, welches auf die langfristige Anpassung des Qualifikationsprofils von Erwerbspersonen an neue Arbeitsmarktbedingungen ausgerichtet war, zu einem eher kurativen Instrument gewandelt (Klose/Bender 2000: 422-425; Hofbauer/Dadzio 1984: 183). Dieses bezweckt die gezielte Qualifikation von Arbeitslosen mit dem vorrangigen Ziel der raschen Wiederbeschäftigung anstelle der langfristigen Unterstützung von Ausgleichsprozessen am Arbeitsmarkt.[11]

Da die Förderung der Weiterbildung nur dann gewährt wird, wenn erwartet werden kann, dass sie zur Wiederaufnahme einer Beschäftigung verhilft, werden die Voraussetzungen des Teilnehmers, die Gegebenheiten des regionalen Arbeitsmarktes und die Art der Weiterbildung vom Sachbearbeiter zueinander in Bezug gesetzt. Die durch die gestiegene Arbeitslosigkeit geforderte Wirtschaftlichkeit und Effizienz machen es notwendig, dass die Bundesagentur für Arbeit stärker auf die Mittelverfügbarkeit, den kurzfristigen Bedarf des regionalen Arbeitsmarktes und die Eingliederungswahrscheinlichkeit der Teilnehmer achtet. Im Ergebnis hat das bereits vor der Reform vom 01.01.2003 dazu geführt, dass insbesondere Frauen, Arbeitslose mit Defiziten in der Erstausbildung, Ältere und Ausländer unter den Teilnehmern an beruflicher Weiterbildung unterrepräsentiert waren (Hofbauer/Dadzio 1984: 185-188; Klose/Bender 2000: 425), durch die Reform wurde diese Tendenz nur noch verstärkt (Schneider u.a. 2006: 199-202). Dennoch gehen wir davon aus, dass Arbeitslose aufgrund der Zuständigkeit der Agentur für Arbeit mehr Weiterbildung erhalten als atypisch Beschäftigte, denn letztere sind in keine der Institutionen (voll) eingebunden, die Weiterbildung typischerweise unterstützen. Auch wenn die Agenturen die Teilnehmer sozial selektieren, so sind sie dennoch bestrebt, Arbeitslose in Arbeit zu vermitteln und alle dafür notwendigen Maßnahmen – so auch die berufliche Weiterbildung – auszuschöpfen. Ein vergleichbares Interesse der Betriebe an der Fortbildung atypisch Beschäftigter kann jedoch wie erläutert nicht angenommen wer-

---

11 Durch das Inkrafttreten des „Ersten Gesetzes für moderne Dienstleistungen am Arbeitsmarkt" am 1. Januar 2003 kam es zu Änderungen der Förderkriterien und einer neuen Geschäftspolitik der Bundesagentur für Arbeit in diesem Bereich, der eine engere Verzahnung von Weiterbildung und Vermittlung erreichen soll (Schneider u.a. 2006: 19-26). Die sich daraus ergebende reduzierte Teilnahme an beruflicher Weiterbildung zeigt sich aufgrund des vorgelagerten Referenzzeitraumes kaum in den Analysedaten, denn die ausschließliche Zuweisung in Fördermaßnahmen über Bildungsgutscheine startete de facto mit dem 01.03.2003. In zukünftige Analysen ist diese Entwicklung jedoch einzubeziehen.

den. Auf der Basis dieser Überlegungen wird für die zweite Vergleichsgruppe folgende Hypothese formuliert:

2) Arbeitslose nehmen eher als atypisch Beschäftigte an beruflicher Wie terbildung teil.

Allerdings muss einschränkend erwähnt werden, dass Arbeitslose im Gegensatz zu Erwerbstätigen keinen Zugang zu betrieblicher Weiterbildung haben, welche Teilnehmer im Arbeitsvollzug gemäß den Erfordernissen am Arbeitsplatz zielgerichtet schulen kann. Damit existieren für die Weiterqualifizierung von Arbeitslosen andere Rahmenbedingungen als für diejenige von Erwerbstätigen. Da Arbeitslosen also der Ort im Erwerbssystem fehlt, von dem aus der Weiterbildungsbedarf und die passgerechten Weiterbildungsstrategien entworfen werden können, ist ihre Weiterbildung mit größeren Unsicherheiten verbunden. Daraus leiten wir ab, dass die Weiterbildung, an der Arbeitslose zumeist partizipieren, aufgrund dieser strukturellen Schwierigkeiten eher am Bedarf des Arbeitsmarktes vorbeigehen kann.

Sollten die vorgenannten Hypothesen bestätigt werden, so hätten atypisch Beschäftigte weniger Gelegenheiten zum kontinuierlichen Erwerb von Bildungsressourcen als Personen in Normalarbeitsverhältnissen und Arbeitslose. Die Fortsetzung ihrer begonnenen Exklusionskarrieren würde somit wahrscheinlicher. Arbeitslose wären bei einer Verifizierung der zweiten Hypothese hingegen nicht aufgrund geringer Bildungsmöglichkeiten benachteiligt. Ihre ungünstige Lage ergäbe sich vielmehr daraus, dass sich der prinzipiell mögliche positive Effekt von Weiterbildung auf den Wiedereintritt in die Erwerbsarbeit infolge der strukturell bedingten mangelnden Zielgenauigkeit der Fortbildungsmaßnahmen nur eingeschränkt entfalten kann. Arbeitslose und atypisch Beschäftigte hätten demnach weniger Gelegenheiten als Personen in Normalarbeitsverhältnissen, an für den Arbeitsmarkt integrationsförderlicher Weiterbildung zu partizipieren.

4 Daten, Variablen, Methode

Die im vorangegangenen Abschnitt formulierten Hypothesen werden mit Regressionsanalysen auf der Basis des Scientific Use Files des Mikrozensus 2003 (MZ03) geprüft, der sich aufgrund der in 2003 durchgeführten Schwerpunkterhebung zum Thema „Erwachsenenbildung" und der damit verbundenen einmaligen Aufnahme zusätzlicher Variablen zum Weiterbildungsverhalten für die hier angestrebte Untersuchung besonders eignet. Die Daten zur Erfassung der zentralen unabhängigen Variablen (Normalarbeitsverhältnisse, atypische Beschäftigungsformen und Arbeitslosigkeit) sind im Grundprogramm des MZ enthalten. Die Fragen zur abhängigen Variable „Weiterbildung" finden sich im Ergänzungsprogramm, das nur an eine Unterstichprobe mit einem im Bundesdurchschnitt bei 0,45% liegenden Auswahlsatz gerichtet wird. Die Vorteile des MZ sind in der großen Fallzahl und der durch die gesetzliche Auskunftspflicht niedrigen Unit- und Item-Nonresponserate zu sehen. Dadurch können statistisch gesicherte Aussagen auch für zahlenmäßig kleinere Bevölkerungsgruppen getroffen werden, wie etwa Weiterbildungsteilnehmer in einzelnen atypischen Beschäftigungsverhältnissen. Der Datensatz wurde auf die Bevölkerung zwischen 15 und 65 Jahren in Privathaushalten am Ort der Hauptwohnung in der Unterstichprobe beschränkt, so dass für die Analysen 153.790 Fälle zur Verfügung stehen.

Die abhängige Variable unserer Untersuchung ist der Zugang zu formaler beruflicher Weiterbildung. Der Mikrozensus erfragt die Teilnahme an Weiterbildungskursen, die im letzten Jahr absolviert wurden. Für die letzten drei Fortbildungen sind berufliche von allgemeinen Kursen zu trennen, so dass aufgrund dieser Information eine dichotome Weiterbildungsvariable gebildet werden kann, die besagt, ob der Befragte im angegebenen Zeitraum berufliche Weiterbildungsveranstaltungen besucht hat. Als zentrale unabhängige Variable gilt der Erwerbsstatus. Im Sinne des Labour-force-Konzeptes sind im Mikrozensus alle mindestens 15 Jährigen, die in der Berichtswoche wenigstens eine Stunde gearbeitet haben, als Erwerbstätige zu zählen. Für die Rekodierung von Normalarbeitsverhältnissen und atypischen Erwerbsformen stützt sich die Analyse nur auf die abhängig Beschäftigten, die nicht mehr in Ausbildung, Schule oder Studium bzw. im Zivil- oder Grundwehrdienst sind.[12] Wenn Arbeitsverhältnisse unbefristete Vollzeitstellen[13] sind, die Erwerbstätigen ihren überwiegenden Lebensunterhalt durch Berufstätigkeit mit mindestens 700,- Euro persönlichem Nettoeinkommen finanzieren[14] und keiner hauptsächlich geringfügigen Beschäftigung nachgehen, dann gilt die Beschäftigung als Normalarbeitsverhältnis. In die Kate-

---

12   Dies resultiert daraus, dass sie in der Regel noch keine Berufsausbildung abgeschlossen haben und berufliche Weiterbildung für sie daher bereits per definitionem wegfällt.

13   Die Abgrenzung wird über die normalerweise geleistete wöchentliche Arbeitszeit vorgenommen. Dabei wird ein Arbeitsverhältnis als Vollzeitarbeitsverhältnis behandelt, wenn mindestens 35 Stunden in der Woche gearbeitet werden.

14   Diese Hilfskonstruktion ist zur Spezifikation einer Existenz sichernden Beschäftigung notwendig, da das persönliche Erwerbseinkommen im MZ nicht ausgewiesen wird. Sie beruht auf folgender Überlegung: Wenn das Erwerbseinkommen Existenz sichernd ist, sollten die Mittel für den Lebensunterhalt überwiegend aus der Erwerbstätigkeit kommen. Liegt in diesem Fall das persönliche Nettoeinkommen jedoch unter 700,- Euro (Grenze in Anlehnung an ALG 2 plus Wohngeld festgelegt), dann wird das Vollzeitarbeitsverhältnis als nicht Existenz sichernd angesehen. Dasselbe trifft zu, wenn Erwerbstätige als Transferleistungsbezieher identifiziert werden.

gorie der atypisch Beschäftigten werden Befragte eingeordnet, sobald eines der Kriterien des Normalarbeitsverhältnisses nicht zutrifft. Als Untergruppen einer atypischen Beschäftigung können befristet, nicht Existenz sichernd,[15] hauptsächlich geringfügig[16] und Teilzeitbeschäftigte unterschieden werden. Zu den Arbeitslosen zählen schließlich alle Nichterwerbstätigen, die beim Arbeitsamt gemeldet sind, sowie Erwerbstätige, die Leistungen vom Arbeitsamt empfangen.[17]

Um den eigenständigen Einfluss des Erwerbsstatus ermitteln zu können, sind weitere Kontrollvariablen zu berücksichtigen. Daher gehen in die logistischen Regressionen folgende berufsbezogene sowie soziodemographische Kovariaten ein, die bereits in anderen Untersuchungen zu beruflicher Weiterbildung nachweisbare Effekte zeigten und deren Bedeutung im Kontext der Ergebnisdarstellung noch näher erläutert wird: Die Schulbildung[18] und der berufsqualifizierende Abschluss[19] berücksichtigen, dass Weiterbildung immer auf bereits vorangegangenen Bildungsprozessen aufbaut und folglich von diesen vorstrukturiert wird. Die Stellung im Beruf, der Internationale Sozioökonomische Index des beruflichen Status (International Socio-economic Index of Occupational Status; ISEI)[20] und die Branche werden benötigt, weil die beruflichen Weiterbildungsangebote je nach Wissensintensität und Art der Tätigkeit unterschiedlich zweckdienlich sind und folglich in höheren und wissensintensiveren Positionen bzw. wissensintensiveren Branchen eher angeboten werden. Das Alter, das Geschlecht und die Staatsangehörigkeit der Untersuchungspersonen reflektieren weitere personengebundene Merkmale, die den Weiterbildungszugang beeinflussen können. Während hinsichtlich des Geschlechts uneindeutige Ergebnisse vor-

---

15 Vgl. Fußnote 11.

16 Nach dem Berichtswochenkonzept beziehen sich die Angaben im MZ auf die Zeit vom 5. bis 11. Mai 2003. Das hat u.a. eine Untererfassung der geringfügigen Beschäftigung zur Folge, da für sie sehr unterschiedliche Arbeitszeitregelungen gelten (Statistisches Bundesamt 1999:1).

17 Aufgrund der Fragebogenführung ist bei Erwerbslosen, die eine Tätigkeit in Aussicht haben, nicht bekannt, ob sie beim Arbeitsamt gemeldet sind, denn ihnen wird die Frage zur Meldung beim Arbeitsamt nicht gestellt. Eine Unterschätzung der Arbeitslosenzahlen dürfte die Folge sein. Nichterwerbspersonen und Erwerbslose, die sich nicht arbeitslos gemeldet haben, fallen aus den Berechnungen ebenfalls heraus, da sie kein Anrecht auf eine geförderte Weiterbildung durch die Agentur für Arbeit haben.

18 Hier werden zum einen die Ausprägungen „Polytechnische Oberschule" und „Realschulabschluss" und zum anderen „Fachhochschulreife" und „Hochschulreife" zusammengefasst.

19 Unterschieden werden drei Ausprägungen: „kein Abschluss" „Abschluss einer beruflichen Ausbildung" und „Hochschulabschluss/Promotion".

20 Für die Erwerbstätigen werden die ISCO-88 (COM)-Werte der aktuellen hauptsächlichen Erwerbstätigkeit genutzt. Für die Modelle, in denen die ISEI-Werte zusammen mit einer Arbeitslosen-Variable vorkommen, wird eine zweite ISEI-Variable gebildet, die für die Arbeitslosen die ISEI-Werte für ihre frühere Erwerbstätigkeit verwendet. Da diese jedoch auch nur für die Arbeitslosen vorliegen, die zuvor erwerbstätig waren, wird für die restlichen Arbeitslosen der Wert 15 angenommen, der direkt unter dem letzten empirisch gemessenen ISEI-Wert liegt.

liegen, die eher für die Bevorzugung von Männern sprechen, spielten Alter und Staatsangehörigkeit durchweg eine zentrale Rolle. Jüngere erhalten zum einen häufiger Angebote für Weiterbildung und suchen sie zum anderen auch eher (Wilkens/Leber 2003: 332), was insbesondere auf den längeren Verwertungsmöglichkeiten von Bildungsinvestitionen gründet (Neubäumer 2006: 105). Letzteres dürfte auch für die Fremd- und Selbstselektion von Deutschen relevant sein, die darüber hinaus aufgrund ihrer Sprachkenntnisse und ihrer in Deutschland erworbenen Bildungszertifikaten vermutlich bessere Anschlussmöglichkeiten für Weiterbildungsprozesse bieten.

Da es sich bei der abhängigen Variable zur formalen Erwachsenenbildung um ein dichotomes Merkmal handelt, werden verschiedene Modelle einer logistischen Regression gerechnet, die insbesondere der Aufklärung der kausalen Effekte von Normalarbeitsverhältnissen, atypischer Beschäftigung und Arbeitslosigkeit dienen sollen.[21] Zudem stellt sich die Frage, ob die förderliche Wirkung des Bildungsabschlusses bei den drei Vergleichsgruppen in ähnlicher Weise greift, so dass neben dem Grundmodell ein Modell mit Interaktionstermen konstruiert wird. Dazu werden aus dem Produkt der dichotomen Variable „Erwerbsstatus" und der in drei Dummy-Variablen abgebildeten Variablengruppe „Berufsabschluss" zwei 0-1-codierte Interaktionsterme generiert. Mit ihrer Hilfe kann der Einfluss des Berufsabschlusses auf die Weiterbildungsteilnahme für Personen in Normalarbeitsverhältnissen, in atypischer Beschäftigung bzw. Arbeitslosigkeit getrennt beobachtet werden.

5 Ergebnisse

Im Folgenden wird zuerst ein kurzer Einblick in die Verteilung der zentralen Analysemerkmale sowie die Zusammensetzung der Untersuchungsgruppen gegeben. Danach wird die erste Hypothese überprüft, die besagt, dass Personen in Normalarbeitsverhältnissen eher an Weiterbildung partizipieren als Personen in atypischen Beschäftigungsverhältnissen. Daran anschließend erfolgt die Untersuchung der zweiten Hypothese, in der vermutet wird, dass auch Arbeitslose eher an Erwachsenenbildung teilnehmen als atypisch Beschäftigte.

Die deskriptiven Ergebnisse zeigen, dass berufliche Weiterbildung ein Phänomen ist, das überhaupt nur auf etwas mehr als die Hälfte der Untersuchungspersonen zutrifft. Gerade die formale Weiterbildung wird dabei insgesamt nur von einer kleinen Gruppe absolviert. Denn während 49,2% der Untersuchungs-

---

21 Ausgewiesen sind jeweils die unstandardisierten Logitkoeffizienten, da eine Standardisierung aufgrund der hohen Zahl an Dummy-Variablen nicht sinnvoll erschien.

personen informelle Weiterbildung ausüben, nehmen insgesamt nur 10,5% der Personen im Analysedatensatz an formaler beruflicher Weiterbildung teil, und 48,7% der Untersuchungspersonen nutzen gar keine Form beruflicher Weiterbildung.

Tabelle 1: Zusammensetzung der Untersuchungsgruppen (in Anteilen vom jeweiligen Erwerbsstatus)

	NAV	Atyp. Besch.	Befristet	Teilzeit	Geringfügig	Nicht E-xistenz sichernd	Arbeits-lose
Männer	68,1	24,7	53,7	15,2	20,9	26,5	55,4
Deutsche	94,4	93,1	92,7	93,5	91,3	92,4	88,7
Schulabschluss							
Keiner	1,2	2,6	1,8	2,1	3,1	3,0	4,8
Hauptschule	34,7	37,5	26,8	37,4	44,2	39,1	42,4
Mittlere Reife	36,3	37,2	42,3	34,5	27,8	38,3	39,6
Fachhoch-schulreife	7,2	5,1	5,6	4,9	4,5	4,1	3,7
Abitur	20,7	17,7	23,5	21,1	20,3	15,5	9,5
Berufsabschluss							
Keiner	9,7	18,4	52,5	22,8	36,4	42,2	27,3
Berufliche Ausbildung	73,6	68,9	5,9	64,4	57,9	52,5	66,4
FH-Ab-schluss	6,4	3,8	2,7	3,4	2,1	1,9	2,8
Hochschul-abschluss	8,7	7,6	7,0	7,5	3,4	3,0	3,0
Promotion	1,6	1,3	1,9	1,0	0,4	0,4	0,5
BRD Ost	19,8	16,6	28,1	13,1	11,6	18,9	39,6
Äquivalen-zeinkom. in EUR (AM)	1687	1419	1298	1456	1274	1243	879
Alter in Jahren (AM)	41	41	28	42	40	36	41

Datengrundlage: Mikrozensus 2003

56,3% der Personen befinden sich in Normalarbeitverhältnissen (NAV), 29,9% in atypischer Beschäftigung und 13,8% in Arbeitslosigkeit. Die atypischen Arbeitsformen lassen sich des Weiteren wie folgt differenzieren: 23,2% der Personen sind Teilzeit, 21,9% nicht Existenz sichernd, 12,7% befristet und 7,2% hauptsächlich geringfügig beschäftigt. Da sich diese Formen nicht gegenseitig ausschließen und z.b. eine nicht Existenz sichernde Arbeit zugleich auch befristet sein kann, summiert sich die Anzahl der Fälle nicht zur Gesamtzahl der atypisch Beschäftigten auf. Ferner ist interessant, wie stark die einzelnen Varianten in die allgemeine Kategorie eingehen bzw. welche Anteile sie an allen atypischen Beschäftigungsverhältnissen ausmachen: 67,5% der atypischen Erwerbsformen sind Teilzeitarbeitsplätze, 50,6% nicht Existenz sichernde, 19,5% befristete und 17,3% hauptsächlich geringfügige Beschäftigungsverhältnisse. Auch hier ist zu beachten, dass die Kategorien sich nicht gegenseitig ausschließen. Zum besseren Einblick in die Zusammensetzung der Untersuchungsgruppen sind in Tabelle 1 zentrale soziodemographische Merkmale aufgelistet.

5.1 Weiterbildungsteilnahme von Personen in Normalarbeitsverhältnissen und atypischer Beschäftigung

In Modell 1a (Tabelle 2) interessiert zur Überprüfung der ersten Hypothese zunächst die dichotome Variable, die den Erwerbsstatus repräsentiert und angibt, ob es sich um ein Normalarbeitsverhältnis (Referenzkategorie) oder um eine atypische Beschäftigung handelt. Der entsprechende Koeffizient trägt ein negatives Vorzeichen und ist hochsignifikant, was darauf hinweist, dass selbst bei Kontrolle anderer möglicher Einflussgrößen die Teilnahme an beruflicher Weiterbildung für atypisch Beschäftigte weniger wahrscheinlich ist als für Personen in Normalarbeitsverhältnissen. Demnach geht also vom Erwerbsstatus ein eigenständiger Effekt auf die Weiterbildungsteilnahme aus. Dieses Ergebnis bestätigt folglich die Annahme der ersten Hypothese, dass Personen in Normalarbeitsverhältnissen eher an beruflicher Fortbildung partizipieren als atypisch Beschäftigte.[22]

Hinsichtlich der Wirkung der weiteren berücksichtigten Kovariaten zeigt Modell 1a, dass es für Personen mit abgeschlossener Schul- und Berufsbildung

---

22 Modelle, die anstelle der allgemeinen Variable „atypisches Arbeitsverhältnis" die einzelnen atypischen Formen verwenden, kommen prinzipiell zu demselben Ergebnis. Nur bei Befristeten sind die Effekte nicht signifikant, dafür zeigen sie sich aber bei Teilzeit-, nicht Existenz sichernd und hauptsächlich geringfügig Beschäftigten umso deutlicher. Die Modelle dieser drei atypischen Formen mit den Interaktionstermen deuten erneut auf den starken Einfluss des Erwerbsstatus hin, denn in allen Fällen sind die Logitkoeffizienten der atypisch Beschäftigten gleich welchen Qualifikationsniveaus niedriger als diejenigen der Personen in Normalarbeitsverhältnissen mit beruflicher Ausbildung oder universitärem Abschluss. Besonders deutlich zeigt sich der Unterschied bei nicht Existenz sichernd und hauptsächlich geringfügig Beschäftigten.

wahrscheinlicher ist, an beruflicher Weiterbildung zu partizipieren, als für Personen ohne Schul- und Berufsabschluss. Der Koeffizient für den Hauptschulabschluss ist zwar nicht signifikant, insgesamt weisen die Berechnungen aber für alle schulischen und beruflichen Abschlüsse positive Werte aus. Die Ergebnisse spiegeln das im Kontext von Weiterbildung viel zitierte „Matthäus-Prinzip" wider (Bellmann/Leber 2003), wonach gerade jene besonders aussichtsreiche Chancen auf berufliche Fortbildung haben, die bereits über eine hohe formale schulische und berufliche Bildung verfügen. Neben der bekannten höheren Bildungsneigung Hochqualifizierter (Baethge/Baethge-Kinsky 2004: 49) können eine Reihe weiterer Begründungen gefunden werden: Zum Beispiel, dass Personen mit höheren formalen Abschlüssen in der Regel mit komplexeren Tätigkeiten betraut werden, für die eher ein Bedarf an kontinuierlicher Fortbildung besteht als für einfache, ausführende Aufgaben, deren Inhalte möglicherweise eher in informellen Anlernprozessen vermittelt werden. Unternehmen haben bei den in der Regel niedrig qualifizierten Beschäftigten auf „Jedermannsarbeitsplätzen" (Becker/Hecken 2005: 142) kaum Interesse an einer langfristigen Bindung; bedarfsgerechte Neueinstellung kann in diesem Arbeitsplatzsegment für das Unternehmen günstiger sein als die Weiterbildung von vorhandenem Personal. Aufgrund des Überangebots an gering qualifizierten Personen auf dem Arbeitsmarkt kann das Unternehmen davon ausgehen, seinen Bedarf durch Neurekrutierung decken zu können. Darüber hinaus wirkt sich die geringe Bereitschaft von niedrig qualifizierten Beschäftigten, unbezahlte Überstunden zu machen (Neubäumer 2006: 102), negativ auf ihre Chance auf Weiterbildung aus. Denn Weiterbildungskosten haben Fixkostencharakter: Steigt der relative Anteil der Weiterbildungskosten an den Personalkosten, so wird die betriebliche Investition in Weiterbildung unwahrscheinlicher (Brehmer/Seifert 2007: 10). Während Hochqualifizierte bereit sind, ihre weiterbildungsbedingten Ausfälle für das Unternehmen kostenneutral durch unbezahlte Überstunden zu kompensieren, müsste das Unternehmen bei den Beschäftigten, die nicht dazu bereit sind, die Ausfälle durch den Einsatz zusätzlicher Arbeitskraft ausgleichen. Dadurch wird die Fortbildung dieser Arbeitnehmer für das Unternehmen teurer und damit unattraktiver. Zudem bringen Höherqualifizierte in der Regel mehr Eigenanteil an Zeit für Weiterbildung ein (Dobischat 2003). Da außerdem ein Zusammenhang zwischen der „Trainability" (Neubäumer 2006: 105) und der bisherigen Bildung gezeigt werden kann, rechnen Unternehmen damit, dass Fortbildungsmaßnahmen insbesondere bei höher Qualifizierten effizient sind. Hinzu kommt, dass Betriebe insbesondere Hochqualifizierte an das Unternehmen binden möchten und Weiterbildung als Anreiz nutzen, dieses zu gewährleisten.

Diese Vermutungen werden unterstützt durch den positiven, hochsignifikanten Effekt von ISEI (0,02). Die ISEI-Klassifikation basiert auf der Annahme, dass Bildung durch den Beruf in Einkommen umgewandelt wird. Entsprechend gehen durchschnittliche Bildungs- und Einkommenswerte von Berufsgruppen in die Skalenkonstruktion von ISEI ein. Ausführende und weniger komplexe Tätigkeiten finden sich eher im unteren, leitende und komplexere Tätigkeiten eher im oberen Bereich der Werteskala.

Tabelle 2: Teilnahme an beruflicher Weiterbildung im Vergleich von Personen in NAV und atypischer Beschäftigung (logistische Regression)

Kovariaten	Modell 1a		Modell 1b	
Schulabschluss (Ref.: kein Abschluss)				
Hauptschule	0,32	(0,19)	0,29	(0,19)
Realschule	0,65**	(0,19)	0,63**	(0,19)
Hochschulreife	0,78***	(0,20)	0,76***	(0,20)
Berufsabschluss (Ref.: kein Abschluss)				
Berufliche Ausbildung	0,67***	(0,06)	0,56***	(0,07)
Hochschulabschluss/Promotion	0,70***	(0,07)	0,56***	(0,08)
Atyp. Beschäftigung (Ref.: NAV)	-0,31***	(0,03)	-0,60***	(0,11)
Interaktionsterm 1: Atyp. beschäftigt – berufliche Ausbildung			0,29***	(0,11)
Interaktionsterm 2: Atyp. beschäftigt – Hochschule/Promotion			0,38***	(0,00)
Stellung im Beruf (Ref.: Arbeiter)				
Beamte	0,77***	(0,06)	0,78***	(0,06)
Angestellte	0,62***	(0,04)	0,62***	(0,04)
Soldaten	0,84	(0,52)	0,82	(0,52)
ISEI	0,02***	(0,00)	0,02***	(0,00)
Alter in Jahren	-0,01***	(0,00)	-0,01***	(0,00)
Geschlecht (Ref.: Frauen)	0,11***	(0,03)	0,11***	(0,03)
Deutsche (Ref.: Ausländer)	0,48***	(0,07)	0,49***	(0,07)
Mc Fadden Pseudo R^2	0,10		0,10	
Wald Chi^2	5311,32 (df: 28)		5272,28 (df: 30)	
p	0,000		0,000	
n	72.578		72.578	

Unstand. Logitkoeffizienten, Branchen nicht berichtet, s.e. in Klammern,
*p_z < .05; ** p_z < .01; ***p_z < .001
Datengrundlage: Mikrozensus 2003

Die Ergebnisse der Regression zeigen hier, dass die berufliche Erwachsenenbildung mit steigendem Status und damit mit steigender Komplexität der Tätigkeit wahrscheinlicher wird. Einen auf die auszuübenden Tätigkeiten zurückzuführenden Effekt sehen wir auch in den Ergebnissen zur Stellung im Beruf. Es ist ersichtlich, dass alle Untersuchungsgruppen – Beamte (0,77), Angestellte (0,62) und Soldaten (0,84) – eher an beruflicher Weiterbildung partizipieren als Arbeiter, die hier die Referenzkategorie bilden. Auch diesbezüglich vermuten wir die Ursache darin, dass Arbeiter typischerweise Tätigkeiten mit einem vergleichsweise geringen Komplexitätsgrad ausüben und daher für diese ein eher geringer Bedarf an formaler beruflicher Weiterbildung gesehen wird.

Aus Gründen der Übersichtlichkeit sind in Tabelle 2 die Effekte der Branche des Arbeit gebenden Betriebes nicht dargestellt. Mit einer Ausnahme erhöht sich die Wahrscheinlichkeit, an beruflicher Weiterbildung teilzunehmen bei den Beschäftigten aller Branchen im Vergleich zur Referenzkategorie „Gastgewerbe". Einzig bei „Privaten Haushalten mit Hauspersonal" liegt im Vergleich zur Referenzgruppe eine Verringerung der Weiterbildungswahrscheinlichkeit vor. Besonders gute Chancen auf berufliche Fortbildung haben – im Vergleich zur Referenzkategorie – die Beschäftigten im Bereich „Energie- und Wasserversorgung", „Erziehung und Unterricht" sowie im „Gesundheits-, Veterinär- und Sozialwesen". Dies spricht dafür, dass in wissensintensiveren Branchen formale berufliche Weiterbildung eher genutzt wird.

Die Berechnungen zu den soziodemographischen Variablen zeigen zunächst den hochsignifikanten negativen Effekt des Alters (-0,01). Hier bestätigen sich die bekannten Befunde bezüglich einer abnehmenden Bildungsneigung respektive -offerierung im Alter (BMBF 2005: 25). Der große zeitliche Abstand zu den letzten Schulerfahrungen wie auch die Frage nach der Sinnhaftigkeit beruflicher Weiterbildung gegen Ende der Erwerbsphase dürften sich hemmend auf die Fortbildungsbeteiligung auswirken, denn der erwartete Bildungserfolg und die Rentabilität der Bildungsinvestitionen werden zumeist schlechter gesehen als bei Jüngeren. Die Ergebnisse verweisen darüber hinaus auf eine höhere Teilnahmewahrscheinlichkeit für Männer als für Frauen (0,11). Insgesamt sind die Resultate der Erwachsenenbildungsforschung bezüglich des Zusammenhangs von Geschlecht und Kursteilnahme jedoch nicht eindeutig (Wilkens/Leber 2003: 332). Für Deutsche ist die Teilnahme an beruflicher Weiterbildung wahrscheinlicher als für Ausländer (0,48), was auf möglicherweise vorhandene sprachliche oder bildungszertifikatsspezifische Barrieren oder auf Selbst- und Fremdselektion zurückgehen kann.

Im Modell 1a wurde gezeigt, dass es wahrscheinlicher wird, an beruflicher Weiterbildung teilzunehmen, wenn der Bildungsgrad steigt bzw. ein Abschluss vorliegt, wobei der Effekt hier insbesondere dem Berufs- und weniger dem Schulabschluss zugesprochen wird. Denn der Bedarf an beruflicher Weiterbildung wird im Kontext der Arbeit ermittelt, und die auszuführenden Tätigkeiten hängen in der Regel von der Berufsausbildung ab. Gleichzeitig weist das Modell eine negative Wirkung einer atypischen Beschäftigung aus. Es stellt sich nun die Frage, ob ein Bildungsabschluss für alle Erwerbstätigen die gleiche förderliche Wirkung hat. Um dies zu beantworten, wurden im Modell 1b aus dem Produkt

der dichotomen Variable „Erwerbsstatus" und der in drei Dummy-Variablen abgebildeten Variablengruppe „Berufsabschluss" zwei 0-1-codierte Interaktionsterme generiert. Der erste gilt für atypisch Beschäftigte mit beruflicher Ausbildung und der zweite für atypisch Beschäftigte mit Hochschulabschluss. Mit ihrer
Hilfe kann der Einfluss des Berufsabschlusses auf die Weiterbildungsteilnahme
für Personen in Normalarbeitsverhältnissen und in atypischer Beschäftigung getrennt beobachtet werden.

Für Normalarbeitsverhältnisse ist der Effekt des Berufsabschlusses unmittelbar aus der Tabelle ablesbar, da der Haupteffekt des Berufsabschlusses die
Werte für Normalarbeitsverhältnisse angibt. Gleiches gilt für atypisch Beschäftigte ohne Abschluss, deren Koeffizient mit dem Haupteffekt der Erwerbsstatus-Variable übereinstimmt. Die Koeffizienten der atypisch Beschäftigten mit
einer beruflichen Ausbildung bzw. mit einem universitären Abschluss müssen
erst noch durch Addition der relevanten Haupt- und Interaktionseffekte ermittelt
werden. Als Referenzkategorie dienen in allen Fällen Personen in Normalarbeitsverhältnissen ohne Abschluss, so dass die unterschiedlichen Kombinationen
aus der Erwerbsstatus- und der Berufsabschlussvariable untereinander vergleich-
bar sind. Aus den Werten der im Modell 1b berichteten Haupt- und Interaktionseffekte ergeben sich folgende Koeffizienten,[23] nach denen die Gruppen aufstei-
gend sortiert werden können: Atypisch Beschäftigte ohne Berufsabschluss
(-0,604), Personen in Normalarbeitsverhältnissen ohne Berufsabschluss (Referenzkategorie), atypisch Beschäftigte mit einem Ausbildungsabschluss (0,243),
atypisch Beschäftigte mit universitärem Abschluss (0,337), Personen in Normalarbeitsverhältnissen mit einem Ausbildungsabschluss (0,559) sowie solche mit
universitärem Abschluss (0,565). Hier zeigt sich, dass sich der förderliche Einfluss des Berufsabschlusses auch bei atypisch Beschäftigten bemerkbar macht.
Allerdings reicht er nicht aus, um den negativen Effekt des Erwerbsstatus zu
kompensieren. Die erste Hypothese, nach der Personen in Normalarbeitsverhältnissen eher an beruflicher Weiterbildung partizipieren, gilt weiterhin.[24] Nur im

---

23 In der Tabelle wurden die Koeffizienten auf zwei Nachkommastellen gerundet. Für die im Text
berichteten Werte wurden anstelle der gerundeten die exakten Zahlen zur Addition verwendet.

24 Der Einfluss des Erwerbsstatus auf die Teilnahme an Weiterbildung wurde zusätzlich mit Hilfe
von Matchingverfahren überprüft. Dies soll Auskunft darüber geben, ob der prognostizierte
und bisher empirisch ermittelbare eigenständige Effekt des Erwerbsstatus auch dann nachgewiesen werden kann, wenn eine Experimentalsituation angenähert wird, wobei atypisch Beschäftigte die Experimental- und Personen in Normalarbeitsverhältnissen die Kontrollgruppe
bilden. Der Vorteil hiervon ist, dass sowohl die Heterogenität der Vergleichsstichproben (Personen in atypischer Beschäftigung und in Normalarbeitsverhältnissen) als auch die Zuweisung
der Treatment-Bedingung (atypische Beschäftigung) durch die Berücksichtigung geeigneter
Kovariaten kontrolliert werden. Verwendet wurden ein Nearest Neighbour Matching mit Zu-
rücklegen und oversampling, ein Epanechnikov-Kernel Matching und ein Mahalanobis-
Distanz-Kovariatenmatching. Alle bestätigen, dass die formale Weiterbildungsteilnahme von

Vergleich zu Personen in Normalarbeitsverhältnissen ohne Abschluss haben atypisch Beschäftigte mit einem Berufsabschluss einen Vorteil. Die Effekte aller anderen Variablen entsprechen denen in Modell 1a und werden daher nicht erneut berichtet.

5.2 Weiterbildungsteilnahme von Arbeitslosen und atypisch Beschäftigten

Hypothese 2 beinhaltet die Annahme, dass Arbeitslose aufgrund ihrer Einbindung in die Förderstrukturen der Agentur für Arbeit eher an beruflicher Weiterbildung teilnehmen als atypisch Beschäftigte. Die ISEI-Werte werden für Arbeitslose durch die entsprechenden Werte des vorherigen Arbeitsverhältnisses ersetzt, denn ihre Weiterbildung dürfte sich auch in der Arbeitslosigkeit nach ihrem beruflichen Tätigkeitsfeld unterscheiden. Die Stellung im Beruf und die Branchenzugehörigkeit können jedoch in einem Modell zum Vergleich mit Arbeitslosen keine Geltung mehr beanspruchen und entfallen daher.[25]

In Modell 2a (Tabelle 3) interessiert zunächst der Koeffizient für die Variable „atypische Beschäftigung", die zwischen Arbeitslosigkeit als Referenzkategorie und der Beschäftigung in einem atypischen Arbeitsverhältnis unterscheidet. Es zeigt sich ein hochsignifikanter negativer Effekt (-0,24) eines atypischen Beschäftigungsverhältnisses auf die Chance, an beruflicher Weiterbildung teilzunehmen, was die Hypothese 2 bestätigt. Allerdings bleibt abzuwarten, ob sich diese Aussage auch in Zukunft halten lässt, denn durch die verstärkte Einführung von Effizienzkriterien, nach denen die Agentur für Arbeit die Teilnehmer, die Bildungsorganisationen und die Maßnahmen bewerten lässt, ist es in den letzten Jahren unter Arbeitslosen zu einem kontinuierlichen merklichen Rückgang von Weiterbildungsteilnehmern gekommen (Schneider u.a. 2006: 41; Klose/Bender 2000: 423).

Die Wirkungen der qualifikationsbezogenen und soziodemographischen Variablen entsprechen auch in Bezug auf Arbeitslose weitestgehend den Effekten in den Modellen 1a und 1b: Mit steigendem Schul- und Berufsabschluss[26] sowie mit steigendem ISEI-Wert nimmt die Chance auf berufliche Weiterbildung zu, mit steigendem Alter nimmt die Chance ab. Deutsche erhalten eher als Ausländer berufliche Fortbildungsmöglichkeiten, bei der Variable „Geschlecht" ist der Koeffizient in diesem Modell negativ (-0,06), jedoch nicht signifikant.

---

atypisch Beschäftigten auch unter Experimentalbedingungen niedriger ist als bei Personen in Normalarbeitsverhältnissen.

25 Das geringe Pseudo R^2 von 0,08 kann mangels weiterer Kovariaten, die für Erwerbstätige und Arbeitslose gleichermaßen gelten, nicht verbessert werden.

26 Der Logitkoeffizient für Hauptschulabsolventen ist allerdings nicht signifikant.

Den gleichen Überlegungen wie zuvor folgend wird auch hier untersucht, ob der Berufsabschluss für Arbeitslose und atypisch Beschäftigte den gleichen förderlichen Effekt auf die Teilnahme an beruflicher Weiterbildung ausübt. Hierzu werden in Modell 2b analog zu Modell 1b zwei 0-1-codierte Interaktionsterme aufgenommen, die gebildet werden aus den Dummies für den Berufsabschluss und der dichotomen Variable, die atypisch Beschäftigte von Arbeitslosen unterscheidet. Die Bezeichnung der Interaktionsterme ist gleich derer in Modell 1b, die Referenz bilden hier jedoch Arbeitslose ohne Abschluss. Wie in Tabelle 3 ersichtlich, sind die Effekte der soziodemographischen und schulischen Kovariaten in Modell 2b denen aus Modell 2a ähnlich, weshalb sich die Ausführungen im Folgenden auf den Erwerbsstatus und die berufliche Ausbildung konzentrieren.

Tabelle 3: Teilnahme an beruflicher Weiterbildung im Vergleich von Arbeitslosen und atypisch Beschäftigten (logistische Regression)

Kovariaten	*Modell 2a*		*Modell 2b*	
Schulabschluss (Ref.: kein Abschluss)				
Hauptschule	0,19	(0,19)	0,23	(0,19)
Realschule	0,81***	(0,19)	0,90***	(0,20)
Hochschulreife	1,10***	(0,20)	1,15***	(0,20)
Berufsabschluss (Ref.: kein Abschluss)				
Berufliche Ausbildung	0,64***	(0,06)	0,25**	(0,09)
Hochschule/Promotion	0,78***	(0,09)	0,18	(0,13)
Atypische Beschäftigung (Ref.: Arbeitslosigkeit)	-0,24***	(0,04)	-0,93***	(0,12)
Interaktionsterm 1: Atyp. beschäftigt – berufl. Ausbildung			0,74***	(0,12)
Interaktionsterm 2: Atyp. beschäf. – Hochschule/Promotion			0,99***	(0,15)
ISEI	0,02***	(0,00)	0,02***	(0,00)
Alter in Jahren	-0,02***	(0,00)	-0,01***	(0,00)
Geschlecht (Ref.: Frauen)	-0,06	(0,04)	-0,06	(0,04)
Deutsche (Ref.: Ausländer)	0,52***	(0,09)	0,52***	(0,10)
Mc Fadden Pseudo R^2	0,08		0,08	
Wald Chi^2	1840,87 (df: 10)		1841,39 (df: 12)	
p	0,000		0,000	
n	36.445		36.445	

Unstandardisierte Logitkoeffizienten, s. e. in Klammern, $*p_z < .05$; $** p_z < .01$; $***p_z < .001$
Datengrundlage: Mikrozensus 2003

In Modell 2b kann der Effekt des Berufsabschlusses für Arbeitlose direkt aus den Haupteffekten des Berufsabschlusses aus der Tabelle abgelesen werden. Der Koeffizient für atypisch Beschäftigte ohne Abschluss stimmt mit dem Haupteffekt der Erwerbsstatus-Variable überein, so dass auch für diese Gruppe der Logitkoeffizient unmittelbar der Tabelle entnommen werden kann. Ebenfalls analog zu Modell 1b müssen die Koeffizienten der atypisch Beschäftigten mit einer beruflichen Ausbildung oder Hochschulabschluss bzw. Promotion erst aus den relevanten Haupt- und Interaktionseffekten berechnet werden, wozu auch hier die exakten Werte herangezogen und anschließend gerundet wurden. Nach Ermittlung der Logitkoeffizienten ergibt sich folgende Reihenfolge für die Untersuchungsgruppen: Atypisch Beschäftigte ohne Berufsabschluss (-0,932), Arbeitslose ohne Berufsabschluss (Referenzkategorie), atypisch Beschäftigte mit abgeschlossener Berufsausbildung (0,055), Arbeitslose mit Hochschulabschluss/ Promotion (0,175), atypisch Beschäftigte mit Hochschulabschluss/Promotion (0,229), Arbeitslose mit abgeschlossener Berufsausbildung (0,247). Entsprechend den Ergebnissen aus Modell 1b zeigt sich auch hier erstens der förderliche Einfluss eines Berufsabschlusses auf die Chance, an Weiterbildung teilzunehmen. Zweitens wird für atypisch Beschäftigte ersichtlich, dass die Teilnahmewahrscheinlichkeit mit der Höhe des Abschlusses konsequent steigt, während dies bei Arbeitslosen nicht der Fall ist. Ein möglicher Grund dafür, dass Arbeitslose mit einer beruflichen Ausbildung eher an Weiterbildung teilnehmen als arbeitslose Hochschulabsolventen bzw. Promovierte könnte darin gesehen werden, dass die Agentur für Arbeit zumindest bei einem Teil der Hochqualifizierten keinen Weiterbildungsbedarf sieht. Kostenargumente berücksichtigend, könnte sie davon ausgehen, dass die bisherigen Qualifikationen der Hochqualifizierten ausreichen, um einen (Wieder-)Einstieg in den Arbeitsmarkt in absehbarer Zeit zu ermöglichen und Weiterbildung keinen zusätzlichen Gewinn verspricht, bzw. dass die Arbeitslosen andernfalls selbst aktiv werden.[27] Bei den Personen mit Berufsabschluss scheint die Agentur ebenfalls wie Unternehmen dem „Matthäus-Prinzip" zu folgen und insbesondere jenen Weiterbildung anzubieten, die bereits aufgrund ihrer formalen Ausbildung bessere Chancen auf dem Arbeitsmarkt haben als Personen ohne abgeschlossene Berufsausbildung. Auch hier spielen vermutlich Rentabilitätsabwägungen eine Rolle und die Frage, für wen eine Fortbildung die Vermittlungschancen am ehesten erhöht. Vergleicht man atypisch Beschäftigte und Arbeitslose, zeigt lediglich die Gegenüberstellung von Hochschulabsolventen, dass atypisch Beschäftigte eine privilegierte Stellung einnehmen, wobei der Haupteffekt für den Hochschulabschluss bzw. für die Promotion nicht signifikant ist und entsprechend über diese Qualifikationsgruppe keine statistisch gesicherten Aussagen möglich sind. Die Ergebnisse legen damit der Ten-

---

27 Diese Vermutung wird gestützt durch ein Expertengespräch mit einem Vermittler der Agentur für Arbeit, der sich auf ein entsprechendes internes Positionspapier der Bundesagentur für Arbeit bezog.

denz nach und in Bezug auf zwei der drei untersuchten Qualifikationsniveaus die
Annahme einer spezifizierten Hypothese 2 nahe: Arbeitslose eines bestimmten
Qualifikationsniveaus partizipieren eher an beruflicher Weiterbildung als aty-
pisch Beschäftigte mit demselben Qualifikationsniveau.[28]

6   Fazit und Diskussion

Ausgangspunkt der Fragestellung dieses Beitrages war die Beobachtung, dass
der Anteil „atypischer Arbeitsverhältnisse" im Zeitverlauf auf dem Arbeitsmarkt
zugenommen hat. Diese schaffen zwar für einige Arbeitnehmer günstige Bedingungen bei der Vereinbarkeit von Arbeit und privaten Interessen, sie gehen jedoch auch mit erheblichen Unsicherheiten einher. Daher wird es bei der Betrachtung von gesellschaftlichen Ungleichheitsstrukturen erforderlich, angelehnt
an Castel nicht nur abgesicherte und absichernde Normalarbeitsverhältnisse auf
der einen und den Ausschluss aus der Erwerbsarbeit auf der anderen Seite in den
Blick zu nehmen, sondern auch die sich zunehmend ausbreitenden atypischen
Beschäftigungsverhältnisse zu beachten, die mit ihrer zerbrechlichen Einbindung
in das Erwerbssystem zwischen den beiden Polen stehen. In diesem Artikel inte-
ressierte nun, ob sich der Zugang zu beruflicher Weiterbildung für Personen in
Normalarbeitsverhältnissen, atypischer Beschäftigung und Arbeitslosigkeit aufgrund der Nutzenabwägungen von Betrieben und Arbeitsagenturen unterscheidet. Denn berufliche Weiterbildung kann potenziell zur Verbesserung bzw. Absicherung der beruflichen Situation genutzt werden und ist damit gerade auch für
Personen mit einer geringeren Einkommens- und Erwerbssicherheit interessant.
Wie ausgeführt, wurde davon ausgegangen, dass atypisch Beschäftigte im Vergleich zu beiden anderen Untersuchungsgruppen im Bildungszugang benachteiligt sind und dass sich der eigenständige Effekt des Erwerbsstatus auch dann
zeigt, wenn andere mögliche Einflussgrößen kontrolliert werden.
    Die Ergebnisse der logistischen Regressionen wiesen für die Kontrollvari-
ablen die aus der Weiterbildungsforschung bereits bekannten Tendenzen aus: In
allen Modellen zeigte sich nahezu gleich bleibend, dass mit steigendem Schul-
und Berufsabschluss und steigendem sozioökonomischem Status die Wahrscheinlichkeit, an beruflicher Weiterbildung teilzunehmen, steigt, während sie
mit zunehmendem Alter abnimmt. Beamte, Angestellte und Soldaten partizipieren eher an Weiterbildung als Arbeiter, Männer eher als Frauen und Deutsche

---

28   Während das Nearest Neighbour Matching und das Kernel-Matching keine statistisch gesicher-
      ten Aussagen zulassen, stützt das Kovariatenmatching die Annahme, dass Arbeitslose auch un-
      ter Experimentalbedingungen eher an beruflicher Weiterbildung partizipieren als atypisch Be-
      schäftigte.

eher als Ausländer. Wissensintensivere Branchen greifen stärker auf Erwachsenenbildung zurück als andere.

In Bezug auf die Hypothesen war zu sehen, dass bei einer atypischen Beschäftigung die Teilnahme an beruflicher Weiterbildung weniger wahrscheinlich ist als bei einem Normalarbeitsverhältnis oder bei Arbeitslosigkeit. Das bedeutet erstens, dass der Erwerbsstatus – wie vermutet – einen eigenständigen Einfluss auf die Wahrscheinlichkeit hat, an beruflicher Weiterbildung zu partizipieren. Insofern konnte erstmals im direkten Vergleich der drei Erwerbsstatusgruppen auf der Basis eines einheitlichen Datensatzes gezeigt werden, dass der Erwerbsstatus mitverantwortlich ist für den Zugang zu beruflichen Fortbildungsmöglichkeiten. Das von Castel entworfene Drei-Zonen-Modell bezieht sich also auf wichtige Analysekategorien, die bei der Untersuchung von gesellschaftlichen Ungleichheitsstrukturen vertiefende Einblicke gewähren. Mit dem vorliegenden Befund konnten die Kenntnisse über Bildungsungleichheiten erweitert werden, denn er zeigt, dass zusätzlich zu den selektiven Zugangschancen, die vom Bildungssystem produziert werden, weitere Selektionen des Erwerbssystems wirksam werden, die neue Ungleichheiten produzieren. Diese treffen – wie in den Hypothesen angenommen – zweitens besonders diejenigen, die bereits aufgrund ihrer fragilen Einbindung in das Erwerbssystem von höheren Beschäftigungsrisiken betroffen sind und können damit eine Ungleichheit verstärkende Dynamik in Gang setzen. Es ist davon auszugehen, dass dieser Befund auf die geringere Einbindung atypisch Beschäftigter in jene Institutionen zurückzuführen ist, die berufliche Weiterbildung in der Regel organisieren und finanzieren. Unternehmen haben ein geringes Interesse, für Beschäftigte Fortbildungen anzubieten, die ihnen nur über einen kurzen Zeitraum als Arbeitskraft zur Verfügung stehen, so dass sich die Bildungskosten in dieser Zeit nicht amortisieren können. Ähnliches gilt für Beschäftigte, die in Arbeitsfeldern eingesetzt werden, die in der Unternehmenshierarchie im unteren Bereich zu verorten sind oder mit wenig komplexen Tätigkeiten einhergehen und daher weniger Weiterbildungsbedarf haben. Die Förderangebote der Agentur für Arbeit stehen atypisch Beschäftigten nicht offen, während Arbeitslose prinzipiell davon profitieren können. Allerdings ist mit zu bedenken, dass diese Art der Erwachsenenbildung – wie bereits erläutert – strukturelle Schwächen hat und nach den empirischen Ergebnissen je nach Qualifikationsniveau unterschiedlich zugeteilt wird.

Fragt man nach den Konsequenzen, die sich aus den empirischen Ergebnissen für die zukünftigen Erwerbskarrieren der drei Gruppen ergeben, so kann Folgendes festgehalten werden: Im Hinblick auf eine kontinuierliche und stabile Erwerbskarriere haben Personen in Normalarbeitsverhältnissen aufgrund der relativen Sicherheiten, die ihnen ihr Arbeitsvertrag gewährt, die beste Position, gefolgt von atypisch Beschäftigten, deren Integration in das Erwerbssystem riskanter ist, und Arbeitslosen, die bereits aus dem Erwerbsystem ausgeschlossen sind und sich um einen (Neu-)Einstieg bemühen müssen. Mit Blick auf den Zugang zu beruflicher Weiterbildung, die prinzipiell zu einer Situationsverbesserung bzw. zur Absicherung einer bestehenden Position beitragen kann, ergibt sich jedoch ein Bild, das von der Castelschen Vorstellung einer stetigen Verschlechterung von Erwerbsbedingungen im Übergang von der Zone der Integration hin zur Zone der Entkopplung abweicht. Zunächst sind auch hier die Personen in Normalarbeitsverhältnissen am besten integriert, denn sie haben einen vorteilhafteren Zugang zu Qualifizierungsangeboten als atypisch Beschäftigte. Da davon ausgegangen werden kann, dass die Kurse in der Regel auf ihr Tätigkeitsfeld abgestimmt sind, tragen die Fortbildungsmaßnahmen mit hoher Wahrscheinlichkeit zu einem tätigkeitsrelevanten Wissensgewinn bei und können prinzipiell zum Zwecke des beruflichen Aufstiegs oder zur Besitzstandswahrung eingesetzt werden. Arbeitslose sind bezüglich des Zugangs zu beruflicher Weiterbildung ebenfalls privilegierter als atypisch Beschäftigte, wobei sich dieses Ergebnis in den kommenden Jahren aufgrund der rückläufigen Zahlen von Weiterbildungsteilnehmern unter Arbeitslosen umkehren kann. Es ist zudem unsicherer als bei Erwerbstätigen, ob die Weiterbildungsangebote für Arbeitslose die Bedürfnisse potenzieller Arbeitgeber treffen, denn der Weiterbildungsbedarf kann nicht auf der Basis aktueller Arbeitsanforderungen ermittelt werden. Somit ist die Verwertbarkeit der erworbenen Weiterbildung voraussichtlich nicht in gleichem Maße gegeben wie bei Personen in Normalarbeitsverhältnissen.

Betrachtet man abschließend die atypisch Beschäftigten, so wird ihre benachteiligte Lage hinsichtlich beruflicher Fortbildungsmöglichkeiten sowohl im Vergleich mit Personen in Normalarbeitsverhältnissen als auch im Vergleich mit Arbeitslosen offensichtlich. Ist der Zugang zu Weiterbildung behindert, so kann sich das prinzipiell erreichbare karriereförderliche und damit integrierende Potenzial von Weiterbildung nicht entfalten. Für die atypisch Beschäftigten bedeutet dies zum einen, dass sie Weiterbildung seltener zur Verbesserung ihrer beruflichen Situation nutzen können. Zum anderen birgt der behinderte Zugang zu Erwachsenenbildung die Gefahr, eine langfristige Verschlechterung der beruflichen Situation hervorzurufen. Denn Bildungsressourcen sind zeitvariabel: Wenn vorhandene Wissenselemente, Fertigkeiten und Fähigkeiten nicht kontinuierlich angewendet und aktualisiert werden, kann es zu einem Wertverlust kommen. Die Benachteiligung im Zugang zu beruflicher Weiterbildung kann demnach für atypisch Beschäftigte eine Schmälerung von berufsrelevanten Bildungsressourcen bedeuten. Insgesamt hat ein atypisches Beschäftigungsverhältnis also eine desintegrierende Wirkung, die weit reichende Folgen nach sich ziehen kann, die sich erst im weiteren Berufsverlauf zeigen. Befindet sich eine Person erst einmal außerhalb des privilegierten Normalarbeitsverhältnisses, so ist sie nicht nur mit der erwerbsbedingten Unsicherheit von atypischen Arbeitsverhältnissen bzw. von Arbeitslosigkeit konfrontiert, zudem stehen ihr aus unterschiedlichen Gründen weniger Möglichkeiten zur Änderung dieser Situation zur Verfügung. Die Fortführung einer einmal begonnenen Exklusionskarriere ist daher wahrscheinlicher als ihre Umkehrung.

Literatur

Alda, Holger (2005): Beschäftigungsverhältnisse. In: SOFI/IAB/ISF/INIFES (Hg.): Berichterstattung zur sozioökonomischen Entwicklung in Deutschland. Arbeit und Lebensweisen. Erster Bericht, Wiesbaden: 245-270.

Alewell, Dorothea/Koller, Petra (2001): Finanzierung und Sicherung von Weiterbildungsinvestitionen. Personalführung 10: 62-71.

Andreß, Hans-Jürgen/Güllner, Miriam (2001): Scheidung als Armutsrisiko. In: Barlösius, Eva/Ludwig-Mayerhofer, Wolfgang (Hg.): Die Armut der Gesellschaft. Opladen: 169-200.

Baethge, Martin/Baethge-Kinsky, Volker (2004): Der ungleiche Kampf um das lebenslange Lernen. Eine Repräsentativ-Studie zum Lernbewusstsein und -verhalten der deutschen Bevölkerung. In: edition QUEM, Studien zur beruflichen Weiterbildung im Transformationsprozess, Hg. von der Arbeitsgemeinschaft Betriebliche Weiterbildungsforschung e.V., Band 18. Münster: 9-200.

Baethge, Martin/Kupka, Peter (2005): Bildung und soziale Strukturierung. In: SOFI/IAB/ISF/INIFES (Hg.): Berichterstattung zur sozioökonomischen Entwicklung in Deutschland. Arbeit und Lebensweisen. Erster Bericht, Wiesbaden: 177-210.

Bartelheimer, Peter (2005): Teilhabe, Gefährdung, Ausgrenzung. In: SOFI/IAB/ISF/ INIFES (Hg.): Berichterstattung zur sozioökonomischen Entwicklung in Deutschland. Arbeit und Lebensweisen. Erster Bericht. Wiesbaden: 85-124.

Becker, Rolf (1993): Zur Bedeutung der beruflichen Weiterbildung für den Berufsverlauf. Eine empirische Längsschnittuntersuchung über Weiterbildungs- und Berufschancen. In: Meier, Arthur/Rabe-Kleberg, Ursula (Hg.): Weiterbildung, Lebenslauf, sozialer Wandel. Neuwied: 61-86.

Becker, Rolf/Schömann, Klaus (1996): Berufliche Weiterbildung und Einkommensdynamik. Eine Längsschnittuntersuchung mit besonderer Berücksichtigung von Selektionsprozessen. In: Kölner Zeitschrift für Soziologie und Sozialpsychologie 3: 426-461.

Becker, Rolf/Hecken, Anna (2005): Berufliche Weiterbildung – arbeitsmarktsoziologische Perspektiven und empirische Befunde. In: Abraham, Martin/Hinz, Thomas (Hg.): Arbeitsmarktsoziologie. Probleme, Theorien, empirische Befunde. Wiesbaden: 131-168.

Bellmann, Lutz/Leber, Ute (2003): Denn wer da hat, dem wird gegeben. IAB-Materialien 1: 15-16.

Blaschke, Dieter/Nagel, Elisabeth (1995): Beschäftigungssituation von Teilnehmern an AFG-finanzierter Weiterbildung. In: MittAB 2: 195-213.

BMBF (2005): Berichtssystem Weiterbildung IX. Ergebnisse der Repräsentativbefragung zur Weiterbildungssituation in Deutschland. Bonn.

Bosch, Gerhard (2001): Konturen eines neuen Normalarbeitsverhältnisses. In: WSI-Mitteilungen 4: 219-230.

Bourdieu, Pierre (1983): Ökonomisches Kapital, kulturelles Kapital, soziales Kapital. In: Kreckel, Reinhard (Hg.): Soziale Ungleichheiten. Soziale Welt: Sonderband 2, Göttingen: 183-198.

Brehmer, Wolfram/Seifert, Hartmut (2007): Wie prekär sind atypische Beschäftigungsverhältnisse? Eine empirische Analyse. WSI-Diskussionspapier 156.

Castel, Robert (2000): Die Metamorphosen der sozialen Frage. Eine Chronik der Lohnarbeit, Konstanz.

Deutscher Bildungsrat (1970): Strukturplan für das Bildungswesen. Empfehlungen der Kommission. Bonn.

Dobischat, Rolf u.a. (2003): Integration von Arbeit und Lernen. Erfahrungen aus der Praxis des lebenslangen Lernens. Berlin.

Dostal, Werner (1991): Weiterbildungsbedarf im technischen Wandel. In: MittAB 2: 304-316.

Dostal, Werner (2005): Qualifikation und Arbeitsmarktdynamik. In: SOFI/IAB/ISF/INIFES (Hg.): Berichterstattung zur sozioökonomischen Entwicklung in Deutschland. Arbeit und Lebensweisen. Erster Bericht. Wiesbaden: 481-504.

Grotheer, Michael/Struck, Olaf (2003): Beschäftigungsstabilität: Entwicklung der Arbeitszufriedenheit. Ergebnisse aus der IAB-Beschäftigtenstichprobe 1975-1997 und der BIBB/IAB-Erhebung. In: MittAB 3: 300-328.

Grünewald, Uwe/Moraal, Dick/Schönfeld, Gudrun (Hg.) (2003): Betriebliche Weiterbildung in Deutschland und Europa. Bielefeld.

Hagen, Tobias/Boockmann, Bernhard (2002): Determinanten der Nachfrage nach befristeten Verträgen, Leiharbeit und freier Mitarbeit: Empirische Analysen auf Basis des IAB-Betriebspanels. In: Bellmann, Lutz/Kölling, Arnd (Hg.): Betrieblicher Wandel und Fachkräftebedarf, Beiträge zur Arbeitsmarkt- und Berufsforschung (BeitrAB) Bd. 257. Nürnberg: 199-231.

Hofbauer, Hans/Dadzio, Werner (1984): Berufliche Weiterbildung für Arbeitslose. In: MittAB 2: 183-200.

Hoffmann, Edeltraut/Walwei, Ulrich (1998): Normalarbeitsverhältnis: ein Auslaufmodell? Überlegungen zu einem Erklärungsmodell für den Wandel der Beschäftigungsformen. In: MittAB 3: 409-425.

Hujer, Reinhard/Wellner, Marc (2000): Berufliche Weiterbildung und individuelle Arbeitslosigkeitsdauer in West- und Ostdeutschland: Eine mikroökonometrische Analyse. In: MittAB 3: 405-420.

Jahn, Elke/Rudolph, Helmut (2002): Auch für Arbeitslose ein Weg mit Perspektive. In: IAB Kurzbericht 20.

Keller, Berndt/Seifert, Hartmut (2006): Atypische Beschäftigungsverhältnisse: Flexibilität, soziale Sicherheit und Prekarität. WSI-Mitteilungen 5: 235-240.

Keller, Berndt/Seifert, Hartmut (Hg.) (2007): Atypische Beschäftigung – Flexibilisierung und soziale Risiken. Berlin.

Klammer, Ute/Tillmann, Katja (2001): Flexicurity: Soziale Sicherung und Flexibilisierung der Arbeits- und Lebensverhältnisse. In: WSI. Düsseldorf.

Klose, Christoph/Bender, Stefan (2000): Berufliche Weiterbildung für Arbeitslose – ein Weg zurück in Beschäftigung? Analyse einer Abgängerkohorte des Jahres 1986 aus Maßnahmen zur Fortbildung und Umschulung mit einer ergänzten IAB-Beschäftigtenstichprobe 1975-1990. In: MittAB 3: 421-444.

Konietzka, Dirk (2004): Berufliche Ausbildung und der Übergang in den Arbeitsmarkt. In: Becker, Rolf/Lauterbach, Wolfgang (Hg.): Bildung als Privileg? Erklärungen und Befunde zu den Ursachen der Bildungsungleichheit. Wiesbaden: 281-310.

Kraemer, Klaus/Speidel, Frederic (2005). Prekarisierung von Erwerbsarbeit. Zur Transformation des arbeitsweltlichen Integrationsmodus. In: Heitmeyer, Wilhelm/ Imbusch, Peter (Hg.): Integrationspotenziale einer modernen Gesellschaft. Wiesbaden: 367-390.

Kratzer, Nick/Sauer, Dieter (2005): Flexibilisierung und Subjektivierung von Arbeit. In: SOFI/IAB/ISF/INIFES (Hg.): Berichterstattung zur sozioökonomischen Entwicklung in Deutschland. Arbeit und Lebensweisen. Erster Bericht, Wiesbaden: 125-150.

Leemann, Regula J. (1999): Determinanten beruflicher Weiterbildung. Schweizerische Zeitschrift für Soziologie 2: 217-258.

Mayer, Karl Ulrich (2000): Arbeit und Wissen: Die Zukunft von Bildung und Beruf. In: Kocka, Jürgen/Offe Claus (Hg.): Geschichte und Zukunft der Arbeit. Frankfurt a.M./ New York: 383-409.

Mückenberger, Ulrich (1985): Die Krise des Normalarbeitsverhältnisses. Hat das Arbeitsrecht noch Zukunft? In: Zeitschrift für Sozialreform 7/8: 415-434 u. 457-475.

Mückenberger, Ulrich (1986): Zur Rolle des Normalarbeitsverhältnisses bei der sozialstaatlichen Umverteilung von Risiken. In: Prokla 3: 31-45.

Neubäumer, Renate (2006): Warum bilden Betriebe ihre Mitarbeiter weiter - oder auch nicht? Ein theoretischer Ansatz zur Erklärung unterschiedlicher Weiterbildungsaktivitäten von Betrieben. In: Weiß, Manfred (Hg.): Evidenzbasierte Bildungspolitik. Berlin: 94-113.

Nuissl, Ekkehard/Schiersmann, Christiane/Siebert, Horst (2001): Literatur und Forschungsbericht Weiterbildung. Nr. 48.

OECD (1986): Flexibility in the Labour Market: The Current Debate. OECD, Paris.

OECD (1989): Labour Market Flexibility. Trends in Enterprises. OECD, Paris.

Pannenberg, Markus (1998): Weiterbildung, Betriebszugehörigkeit und Löhne. In: Pfeiffer, Friedhelm/Pohlmeier, Winfried (Hg.): Qualifikation, Weiterbildung und Arbeitsmarkterfolg. In: ZEW Wirtschaftsanalysen 31: 257-278.

Pietrzyk, Ulrike (2003): Flexible Beschäftigungsform – Zeitarbeit – auf dem Prüfstand. In: Arbeit – Zeitschrift für Arbeitsforschung, Arbeitsgestaltung und Arbeitspolitik 2: 112-130.

Reinberg, Alexander/Hummel, Markus (2005): Höhere Bildung schützt auch in der Krise vor Arbeitslosigkeit. IAB-Kurzbericht Nr. 9.

Schenk, Ulrich (2004): Arbeitnehmerüberlassung im Rahmen der Flexibilisierung betrieblicher Arbeitsmärkte. In: Vogel, Bernhard (Hg.): Leiharbeit. Neue sozialwissenschaftliche Befunde zu einer prekären Beschäftigungsform. Hamburg: 98-118.

Schneider, Hilmar/Brenke, Karl/Kaiser, Lutz/Steinwede, Jacob/Jesske, Birgit/Uhlendor, Arne (2006): Evaluation der Maßnahmen zur Umsetzung der Vorschläge der Hartz-Kommission. IZA Research Report No. 7.

Schömann, Klaus/Becker, Rolf (2002): A Long-Term Perspective on the Effects of Training in Germany. In: Schömann, Klaus/O´Connell, Philip J. (Hg.): Education, training and employment dynamics. Transitional Labour Markets in the European Union. Cheltenham et al.: 153-185.

Schreiber, Norbert (1998): Was nutzt berufliche Weiterbildung? Befunde aus aktuellen empirischen Untersuchungen. In: Sozialwissenschaften und Berufspraxis 1: 29-47.

Sengenberger, Werner (1987): Struktur und Funktionsweise von Arbeitsmärkten. Die Bundesrepublik Deutschland im internationalen Vergleich. Frankfurt a.M.

Solga, Heike (2005): Ohne Abschluss in die Bildungsgesellschaft. Die Erwerbschancen gering qualifizierter Personen aus soziologischer und ökonomischer Perspektive. Opladen.

Spence, Andrew (1973): Job market signalling. In:Quarterly Journal of Economics 87: 355-374.

Staat, Matthias (1997): Empirische Evaluation von Fortbildung und Umschulung. Baden-Baden.

Statistisches Bundesamt (1999): Faktisch anonymisiertes Einzelmaterial des Mikrozensus 1996. Methodische Erläuterungen, Definitionen und wichtige Hinweise zur Auswertung. Wiesbaden.

Wilkens, Ingrid/Leber, Ute (2003): Partizipation an beruflicher Weiterbildung – Empirische Ergebnisse auf Basis des Sozio-Ökonomischen Panels. In: MittAB 3: 329-337.

Arbeitsvermögen in Zeiten des SGB II – Zwischen Reproduktion und Erosion

Sabine Pfeiffer, Anne Hacket, Tobias Ritter und Petra Schütt

1 Das Aktivierungsparadigma und die Möglichkeiten einer qualitativen, subjektbezogenen Arbeitsmarktforschung

Mit den SGB-II-Reformen ist die *Aktivierung* der Leistungsempfänger zu einer der Kernaufgaben der neuen „arbeitsmarktnahen sozialen Dienstleistungen" geworden (Bartelheimer 2005). Mit diesem Paradigmenwechsel hin zu einem „aktivierenden Wohlfahrtsstaat" avanciert die Kommodifizierung von Arbeitskraft zum zentralen Ziel, das sowohl durch eine Verstärkung des Arbeitszwangs als auch durch eine Ausweitung *befähigender Politiken* umgesetzt werden soll (Dingeldey 2007). Im Mittelpunkt von Maßnahmen und beruflicher Weiterbildung steht nun nicht mehr in erster Linie die (Wieder-) Eingliederung in reguläre Beschäftigung, sondern der Erhalt bzw. die Wiedererlangung der Beschäftigungsfähigkeit (Hujer/Thomson 2006: 330) sowie die Vermittlung allgemeiner und spezifischer Kenntnisse zu deren Verbesserung (Biewen u.a. 2006: 366).[1] Dabei geht die Aktivierungsintention der Reform davon aus, dass allein die institutionell aufgezeigten „Wahl- und Handlungsoptionen" den einzelnen Arbeitslosen bereits „befähigen", „Entscheidungen über seine weiteren Beschäftigungsperspektiven zu treffen" und die angebotenen „Handlungsoptionen wahrzunehmen" (Hartz u.a. 2002: 45). Dies scheint drei Unterstellungen zu implizieren: a) auf Seiten des Arbeitslosen findet sich ein individuelles Defizit vor; b) die Institutionen arbeitsmarktnaher Dienstleistungen sind fähig, diese Defizite treffsicher zu identifizieren und die jeweils passenden Angebote zu unterbreiten; und c) aus den institutionell angebotenen Optionen resultiert – quasi zwangsläufig und naturwüchsig – Aktivierung und Befähigung auf Seiten des einzelnen Arbeitslosen.

Diese Unterstellungen halten freilich schon der empirischen Forschung kaum stand. Aktuelle Ergebnisse der SGB-II-Wirkungsforschung belegen, dass

---

[1] Allerdings setzten bereits die sozialstaatlichen Strategien einer „aktiven" Arbeitsmarktpolitik zu Zeiten des Arbeitsförderungsgesetzes von 1969 ausdrücklich bei subjektiven Anpassungsproblemen an (AFG § 2) und zielten auf eine verstärkte „Formierung der Arbeit", etwa durch Qualifikationsverbesserungen oder Erhöhung der Mobilitätsbereitschaft (Bonß u.a. 1984: 144 f.).

die Annahme eines Aktivierungsdefizits für einen großen Teil des Adressatenkreises gar nicht, für andere unterschiedlich stark zutrifft (Baethge-Kinsky u.a. 2007: 61f.). Darüber hinaus erscheinen die Leistungsempfänger hier grundsätzlich in einer eigentümlich zwiespältigen Rolle: einerseits als bloße Objekte einer „Aktivierungspolitik", andererseits in „psychologisierende(r) Perzeption" (Bonß u.a. 1984: 144f.) als defizitäre Subjekte, denen die Fähigkeit oder der Wille abgeht, etwas für ihre Arbeitsmarkttauglichkeit zu tun.

Akzeptiert man zunächst die Logik des Aktivierungsparadigmas, so stellen sich zentrale Fragen: nämlich *ob* aktiviert werden kann, *was* aktiviert werden kann und wo sich *Ressourcen* für Aktivierung verbergen. Die Antwort auf diese Fragen lässt sich nicht nur auf der Ebene von Strukturdaten finden. Um beurteilen zu können, ob zentrale Bereiche der gesellschaftlichen Reproduktion gefährdet sind, ist zusätzlich der Blick auf die *qualitativen* Auswirkungen auf subjektiver Ebene unumgänglich. Insbesondere hier sind mögliche Gefährdungen für den Einzelnen zu identifizieren und Muster und Tendenzen für Chancen und Hürden gesellschaftlicher Teilhabe beobachtbar. Denn die Fähigkeit, aktiv bzw. „aktiviert" zu werden, ist auf jeden Fall eine subjektive Ressource, und „aktivieren" lässt sich nur, was das jeweilige Subjekt bereits erworben und sich angeeignet hat. Das Aktivierungsparadigma geht letztlich immer von einer Anpassungsleistung auf Seiten des Individuums aus und damit von dessen Bereitschaft und Fähigkeit, auf Mobilitäts- und Flexibilitätserwartungen des Arbeitsmarktes adäquat zu reagieren. Und das heißt nicht nur, seine subjektiven Ansprüche darauf auszurichten, sondern auch die gesamten lebensweltlichen Beziehungen und Bezüge sowie Planungen (z.B. wo und wie will ich leben? in welcher familiären oder anderen sozialen Konstellation usw.). Mobilitäts- und Flexibilitätserwartungen – vermittelt über arbeitsmarkt- und sozialpolitische Institutionen – haben infolge der SGB II-Reform für die Betroffenen lebensweltliche und biografische Konsequenzen neuer Qualität: neue Anforderungen an die individuelle Bewältigung von   Unsicherheit einerseits, neue „Sicherheiten" im Sinne einer institutionell verordneten Einschränkung der Teilhabeoptionen und der lebensweltlichen Wahlchancen andererseits.

Wie Flexibilitäts- und Mobilitätsanforderungen subjektiv und biografisch bewältigt werden können, wie mit widersprüchlichen Konstellationen von Sicherheit und Unsicherheit im Rahmen der SGB-II-Reformen lebensweltlich umgegangen wird – damit befasst sich das Projekt „Armutsdynamik und Arbeitsmarkt: Entstehung, Verfestigung und Überwindung von Hilfebedürftigkeit bei Erwerbsfähigen".[2] Gemeint sind Personen, die im Sinne des SGB II hilfebedürftig sind (also Leistungen beziehen) oder hilfebedürftig zu werden drohen. Im Rahmen des Projekts erforschen wir nicht nur, wie Hilfebedürftigkeit entsteht, sich verfestigt und überwindet, sondern vor allem auch, wie diese Prozesse von den Betroffenen erlebt werden. Ein solcher subjektbezogener Ansatz beschränkt sich nicht auf die Identifikation von begünstigenden oder hemmenden sozialen und subjektiven Faktoren, sondern stellt auch die Frage, wie sich die Alltagswirklichkeit von Hilfebeziehern im Zeitverlauf ändert (vgl. zu ersten Ergebnissen Pfeiffer u.a. 2008; Promberger u.a. 2008; Wenzel 2008). Die hier zentral gestellte Perspektive nimmt dabei vor allem in den Blick, welche *Fähigkeiten* auf der Subjektseite notwendig sind, um nicht nur den gestiegenen Mobilitäts- und Flexibilitätsansprüchen begegnen, sondern auch die damit einhergehenden subjektiven (Un-) Sicherheits- konstellationen lebensweltlich und biografisch bewältigen zu können. Dazu stellen wir im Folgenden zunächst die zentrale Kategorie unserer Analysen vor, nämlich das Konzept des *Arbeitsvermögens* (Kapitel 2). Darauf beschreiben und begründen wir unser *methodisches Vorgehen* (Kapitel 3), um schließlich erste, noch vorläufige *Ergebnisse* in Form von Dimensionenbündeln und einer Verlaufstypologie zu skizzieren (Kapitel 4). Erste Schlussfolgerungen für den Ertrag unseres analytischen Ansatzes finden sich in einem kurzen *Fazit* (Kapitel 5).

2 Das Konzept des Arbeitsvermögens

Der qualitive, subjektbezogene Ansatz des Projekts ist natürlich keineswegs vorgängerlos. Qualitative Arbeitslosigkeitsforschung hat (zumindest vermeintlich)[3] ihren Anfang in einer klassischen Studie genommen: in Marienthal. Trotz der teilweise dramatischen Veränderungen der untersuchten Arbeits- und Lebenswelt vermittelt diese bis heute – vor allem auch methodisch – Maßstäbe setzende Studie (Hopf 1985: 305) uns einen erschreckend aktuell wirkenden Eindruck vom Verschwimmen, Erodieren und Verlust von Zeitstrukturen sowie

---

2   Das Forschungsvorhaben wird bearbeitet vom Institut für Arbeitsmarkt- und Berufsforschung (IAB), dem Hamburger Institut für Sozialforschung (HIS) und dem Institut für Sozialwissenschaftliche Forschung e.V. (ISF München). Das vom IAB drittmittelfinanzierte Projekt wird gefördert durch das Bundesministerium für Arbeit und Soziales (BMAS).

3   So weist Wacker (2001) auf Schwächen der Marienthal-Studie hin, etwa auf die unzureichende Rezeption des damaligen Standes der – damals durchaus bereits existierenden – Arbeitslosen- und Armutsforschung, insbesondere in Bezug auf gesundheitliche Auswirkungen von Arbeitslosigkeit. Der in den Sozialwissenschaften weit verbreitete „Gründungsmythos" setze gerechtfertigt den Startpunkt sozialwissenschaftlicher Arbeitslosenforschung gleich mit der Marienthal-Studie.

von den psychologischen Folgen von Arbeitslosigkeit. Die Autoren gingen typo-
logisch vor und identifizierten bei den Arbeitslosen von Marienthal vier
Haltungstypen: die ungebrochene, die resignierte, die verzweifelte und die
apathische Haltung (Jahoda u.a. 1978: 70ff.).

So sehr in dieser Typologie Gemütslagen und psychische Dimensionen
überwiegen – sie erlaubt eine aufschlussreiche Interpretation, die für unser
aktuelles Projekt große Bedeutung hat. In den Beschreibungen finden sich eben
nicht nur Phänomene einer reaktiven Gemüts- und Stimmungslage und einer
inneren Haltung zur Welt, sondern auch Phänomene des *Tuns*. Während die
Fähigkeit zu einer aktiven Arbeitssuche nur beim ungebrochenen Typ gefunden
wird, ist durchgängig von lebensweltlichen Aktivitäten der Aufrechterhaltung des
Haushalts und der Pflege der Kinder die Rede, die nur der apathische Typ nicht
mehr erfolgreich bewältigt: Erst bei ihm verwahrlosen Wohnung und Kinder und
die Wirtschaftsführung wird unrationell. In unseren empirischen Untersuchungen[4] interessiert uns genau diese Frage der *Fähigkeiten des Tuns* – und
zwar in Bezug auf die Erwerbs- *und* auf die Lebenswelt: Was macht diese
Fähigkeiten qualitativ eigentlich aus? Wie oder besser woran bilden sie sich aus?
Unter welchen Bedingungen können sie aktiviert werden und wann und wie
erodieren sie in längeren Phasen von Arbeitslosigkeit bzw. Hilfebezug nach
SGB II?

Um diese Fragen beantworten zu können, haben wir eine konzeptionelle
Brille aufgesetzt, die ihre Stärke empirisch bislang *innerhalb* von Erwerbsarbeit
gezeigt hat, von ihrem theoretischen Rüstzeug her aber auch und in
vergleichbarem Maße für Lebensweltliches „funktioniert". Es geht um das Konzept des *Arbeitsvermögens*,[5] das seine Tauglichkeit als operationalisierbare
Kategorie für die Untersuchung der qualitativen Seite von Arbeit bereits unter
Beweis gestellt hat (Pfeiffer 2004b).

Arbeitsvermögen und Arbeitskraft bilden ein komplementäres Begriffspaar:
Während „Arbeitskraft" alle objektivierbaren Dimensionen der Arbeit (und
Arbeitsfähigkeit) umfasst, also zertifizierte Qualifikationen, berechen- und
kontrollierbare Leistungen, das Arbeitsverhältnis und schließlich die formali-
sierbaren und objektivierbaren Anteile des Wissens und Arbeitshandelns, bezieht
sich das Arbeitsvermögen auf die subjektive, qualitative Gebrauchswert-Seite.

---

4   Diese Darstellung bezieht sich auf die empirischen und konzeptionellen Arbeiten im
     Auswertungspaket „Kompetenzen, Arbeitsvermögen und Arbeitsorientierung", das vom Institut
     für Sozialwissenschaftliche Forschung e.V. (ISF München) bearbeitet wird.
5   Dieses Konzept knüpft an Vorhandenes an: so an die Marxschen Frühschriften, an die Debatten
     rund um ein oder viele weibliche Arbeitsvermögen in der feministischen Forschung der 70er
     und 80er Jahre (Beck-Gernsheim/Ostner 1978; Becker-Schmidt 1983; Knapp 1987; Ostner
     1991; Pfeiffer 2004b) und an die Überlegungen in „Geschichte und Eigensinn" zu einer
     politischen Ökonomie der Arbeitskraft (Negt/Kluge 1993: 86ff.).

Steht der Tauschwert der Arbeitskraft für Berechenbares und Formalisierbares, kurz: Quantifizierbares, so umfasst Arbeitsvermögen die qualitativen Seiten von Arbeit. Dazu zählen Phänomene wie Leiblichkeit, Stofflichkeit und subjektivierende Wissens- und Handlungsformen. Die Perspektive auf das Subjekt mit dem Kategorienpaar von Arbeitskraft und Arbeitsvermögen begreift das Subjekt in allen Dimensionen als arbeitendes, tätiges, inklusive seiner Wertvorstellungen und subjektiven Einstellungen, seiner physischen und psychischen Verfasstheit sowie seiner biografischen Erfahrungen – all dies sind Aspekte, die insoweit im Fokus stehen, als sie als Bildner und Verausgaber von Arbeitsvermögen eine Rolle spielen.

Eine zentrale Phänomenebene und damit ein wesentlicher empirisch erfassbarer Ausdruck von Arbeitsvermögen ist das, was Böhle u.a. *subjektivierendes Arbeitshandeln* nennen (Böhle/Milkau 1988; Böhle/Rose 1992; Böhle u.a. 2002). Was im betrieblichen Alltag ebenso wie in der Terminologie der beruflichen Weiterbildung oder der Arbeitsvermittlungspraxis oft mit Begriffen wie Erfahrung oder Intuition konnotiert wird, umfasst demnach Dimensionen wie eine empathische Beziehung zu Objekten, eine ganzheitliche Wahrnehmung, assoziatives Denken, Gespür und eine explorativ-dialogische Vorgehensweise. Der Ansatz des subjektivierenden Arbeitshandelns ermöglicht es in besonderer Weise, die im Arbeitshandeln generierten informellen und impliziten Wissensbestände und Handlungskompetenzen unter systematischem Bezug auf subjektive Empfindungen und Leiberfahrungen analytisch zu fassen. Gegenüber anderen auf Erfahrungswissen und damit korrespondierende Handlungsformen verweisenden Ansätzen (etwa Brödner 1997; Hack 1988; Malsch 1987) beharrt er auf einem eigensinnigen, nicht-formalisierbaren Moment des Subjekts – und seines Arbeitsvermögens.

Diese Stärke des Ansatzes wird mit dem Konzept des Arbeitsvermögens (Pfeiffer 2004a: 137ff.) eingebunden in ein übergreifendes theoretisches Konzept, mit dem zudem eine kategoriale Anknüpfung an ökonomische, strukturelle, soziale und materiale Bedingungen von arbeitsbezogenem Handeln möglich wird. *Arbeitsvermögen fungiert in diesem Konzept nicht nur als die qualitative subjektgebundene Komplementärkategorie zur erwerbsförmigen und arbeitsmarktgängigen Kategorie der Arbeitskraft, sondern auch als das Potenzial, das die Herstellung von Arbeitskraft im und durch das Subjekt überhaupt erst ermöglicht.*

Dabei spielen die immer auch materialen Aspekte von anzueignender „Welt", also die Mittel und Gegenstände der Arbeit sowie die Arbeitsorganisation als „Bühne" und *embedding context* und als erleb- und erfahrbares „Habitat" beispielsweise auch einer spezifischen Arbeitskultur (Hirschfelder 2004; Warneken 2001) für die Verausgabung und Bildung von Arbeitsvermögen eine zentrale Rolle.[6] Wenn Arbeitsvermögen im und durch den leiblichen Umgang mit „Welt" entsteht, dann heißt dies für Erwerbsarbeit: *Arbeitsvermögen entwickelt sich im subjektivierenden Umgang mit den Mitteln und Gegenständen der Arbeit.* Also z.B. das Materialgefühl des Schreiners, die Fähigkeit der Montagearbeiterin, Störungen im Vorfeld zu erahnen, oder das Gespür eines Krankenpflegers für den ganzheitlichen Zustand einer Patientin – jenseits messbarer Vitalfunktionen. Arbeitsvermögen entsteht aber auch im Eingebundensein in eine bestimmte Form von Arbeitsteilung, Arbeitsorganisation und Organisationskultur. Ob jemand in der hierarchisch-autoritären Struktur eines Großbetriebs der 70er Jahre beruflich sozialisiert wurde oder teilautonome Gruppenarbeit erlebt hat; ob jemand den Habitus eines Kleinfilialbankers internalisiert hat oder Berufserfahrung überwiegend in der Kultur eines familialen Handwerksbetriebs oder eines global agierenden Großkonzerns gesammelt hat: Das macht einen Unterschied. Und zwar auch in Bezug auf die je spezifischen Konglomerate an Befähigungen, die mit diesen in vielerlei Hinsicht verschiedenen Kontexten einhergehen. Sich in eine konkrete Arbeitsorganisation, ihre spezifische Kultur und ihre charakteristischen Formen der Arbeitsteilung einzupassen erfordert eine je spezifische Ausprägung von Arbeitsvermögen. Das gilt mindestens im gleichen Maße auch für eine Nicht-Anpassung: Sich zu einer Unternehmensstrategie instrumentell zu verhalten, eine bestimmte „verordnete" Kultur mitzuspielen, ohne ihr zu erliegen, im Meeting bewusst die gewünschte Performance zu zeigen, sich in der Projektarbeit subversiv oder offen konfrontativ zu verhalten – das sind ebenfalls Ausprägungen von Arbeitsvermögen, die viele Formen von Erwerbsarbeit erforderlich machen. Auch über das Erleben und Bewältigen von Zeit- und Leistungsdruck, von Konkurrenz und Kontrolle einerseits, Anerkennung und Kollegialität andererseits entsteht Arbeitsvermögen.

Durch die kategorialen Ebenen des Arbeitsmittels, des Arbeitsgegenstands und der Arbeitsorganisation ist ein Bezug von *Subjekt- und Strukturebene* integral gelegt. Und zwar eben nicht als mehr oder weniger unvermittelter Gegensatz von Subjekt und „objektiven" Bedingungen bzw. allenfalls deren subjektiver Deutung. Die Arbeitswelt ist hier gefasst als leiblich erfahrenes

---

6   Die Bedeutung der sozialen Organisation der Arbeit – beispielsweise im Umgang mit Kollegen, Vorgesetzten und Kunden – und der Situiertheit beruflicher Arbeitsprozesse und -aufgaben für die berufliche Entwicklung wird zwar zum Teil in der Kompetenzdebatte aufgegriffen (etwa Bremer 2002; Lave/Wenger 1991). Der von uns gewählte Ansatz geht aber über die vorherrschenden Verständnisse von Arbeitsorganisation und Unternehmenskultur hinaus. Er thematisiert Aspekte des Informellen und Kulturellen als ebenso funktional für die Organisation wie relevant für die Ausprägung von Arbeitsvermögen. Und er begreift Organisation als quasi-stofflich, d.h. eben auch als leiblich erleb- und erfahrbar (Böhle/Bolte 2002; Pfeiffer 2004a: 164 ff.).

komplexes Umfeld, an dem sich Arbeitsvermögen sowohl verausgabt als auch konkret ausbildet und aus welchem es seine spezifische Ausprägung bezieht. Und das gilt nicht nur für die Arbeitswelt: Auch die Mittel, die Gegenstände und die Organisation auf Seiten der *Lebenswelt* gehören dazu. Weil Arbeitsvermögen sich an Mitteln, Gegenständen und Organisation in Erwerbs- *und* Lebenswelt entwickelt, weil es sich nur in der Aneignung von Welt verausgabt und nur darin entsteht: Deshalb ist es gerade im Hinblick auf die *Situation des Ausgeschlossenseins von Erwerbsarbeit* eine entscheidende Kategorie. Denn diese Situation reduziert unweigerlich den erleb- und erfahrbaren Ausschnitt von Welt und damit die Möglichkeiten, Arbeitsvermögen auszubilden. Man wird abgeschnitten von Arbeitsmitteln, Arbeitsgegenständen, Arbeitsorganisation – und ist veränderten Anforderungen durch die lebensweltliche Bewältigung der Situation ausgesetzt. So entsteht beispielsweise neues und spezifisches Arbeitsvermögen im Umgang mit den Arbeitsvermittlern. Es kommt zwangsläufig zu neuen lebensweltlichen Einschränkungen, im Einzelfall aber auch zu neuen Optionen.

Zusammenfassend lässt sich sagen, dass die Kategorie des Arbeitsvermögens eine Reihe von Möglichkeiten eröffnet: Das Arbeitsvermögen adressiert individuelle Kompetenzen jenseits zertifizierbarer Qualifikationen, es bezieht systematisch Leiblichkeit und sinnliche Tätigkeit ein, und es verbindet kategorial die Ebenen von Subjekt und Welt, Subjekt und Struktur, Erwerbs- und Lebenswelt. So eröffnet es einen Blick auf bislang unterbewertete Ressourcen für Aktivierung und Beschäftigungsfähigkeit.

3 Methodischer Ansatz und Auswertungsstrategie

3.1 Methodischer Ansatz

Der methodische Ansatz der Untersuchung verfolgt eine Exploration und Typenrekonstruktion mittels eines qualitativen Kurzzeitpanels in zwei Befragungswellen. Die Sampleauswahl ist durch inhaltliche Kontrastierung von Kontextfaktoren im Hilfebezug geprägt: Zum einen wurden personenbezogene Faktoren berücksichtigt (Erwerbsbiografie, Lebenssituation, Haushaltszusammensetzung), zum anderen wurde nach regional- und lokalspezifischen Differenzierungen ausgewählt. Die Erhebung fand in Deutschland in sieben Regionen statt, die nach den Kriterien Siedlungstyp, regionale Arbeitsmarktlage und -dynamik, SGB-Organisationsmodell[7] und Strukturwandlungsprozess variieren. Die Stichprobe setzt sich aus erwerbsfähigen Hilfebedürftigen und aus Personen zusammen, die sich am Rande der Hilfebedürftigkeit befinden (sog. Aufstocker, Leiharbeiter usw.). Der Feldzugang ist über die Verknüpfung deduktiver und induktiver Elemente[8] strukturiert. Mittels einer systematischen Fallauswahl wurde nach minimaler und maximaler Kontrastivität eine theoretische Sättigung anvisiert (theoretisches Sampling nach Glaser/Strauss 2005). Die Panelstruktur mit zwei Erhebungswellen im Abstand von einem Jahr bietet die Chance, mögliche Transformationsprozesse im andauernden, unterbrochenen, veränderten oder beendeten Hilfebezug sowie den Einfluss von Maßnahmen im Rahmen des SGB II im Zeitverlauf zu beobachten. Aus der ersten Befragungswelle stehen 106 auswertbare Interviews zur Verfügung, in der zweiten Welle konnten nahezu alle Fälle wieder befragt werden.

Die Befragungen selbst orientieren sich an biografisch-narrativen Interviewtechniken (Schütze 1984; Bohnsack 2003; Rosenthal 2005; Küsters 2006). Die Erstinterviews sind in zwei Phasen zu unterteilen: einen erster biografisch-narrativen Teil mit geringem Strukturierungsgrad durch die Interviewführung, generiert durch einen einheitlichen Erzählstimulus, und einen zweiten Teil, in dem der Grad der Fremdstrukturierung durch gezieltes Nachfragen zur Eingangserzählung (Folgeerzählung) und die Einführung von Themenfeldern, die aus der Perspektive des Forschungsinteresses durch die Erzählung noch nicht abgedeckt sind, gesteigert wird. Für diese Themenfelder ist ein Interviewleitfaden erstellt worden. Die Interviewdauer liegt zwischen zwei und vier Stunden, die Interviews liegen als Audiodateien und vollständig transkribiert vor. Ergänzend werden Feldprotokolle[9] erstellt, die als zentrale Beobachtungsdimensionen Habitus, Kommunikativität, Umgang mit der materiellen Umwelt und deren Gestaltung, Beschreibung von interaktiven Effekten und sozioökologische Besonderheiten erfassen.

---

7 Es gibt die drei SGB II-Trägerschaftsmodelle: ARGE, optierende Kommune, getrennte Trägerschaft, die alle im Sample vertreten sind.

8 Deduktive Elemente: z.B. regionale Arbeitsmarktlage, Ost- und Westdeutschland, SGB-II Trägermodelle, Aufstocker und voller Leistungsbezug. Induktive Elemente nach dem Konzept des theoretical sampling der Grounded Theory: Nach den ersten Interviews Stichprobenziehung nach der Maßgabe der Fallkonstrastierung. Es wurden Fälle mit größtmöglicher Abweichung vom vorherigen Fall und weitestgehender Deckungsgleichheit ausgewählt.

9 In Anlehnung an die Methode des problemzentrierten Interviews, Witzel 1985.

3.2 Auswertungsstrategie

Der so gewonnene Datenkorpus von Audiodateien, Transkripten und Feldprotokollen wird mit einer Verbindung von abkürzend-klassifikatorischen inhaltsanalytischen und sinnrekonstruktiven sequenzanalytischen Verfahren ausgewertet. Die Typenkonstruktion orientiert sich an den methodologischen Überlegungen der wissenssoziologischen Hermeneutik (Reichertz 1991: 159) und empirisch begründeter Typenbildung (Kelle/Kluge 1999). Die Fülle des Materials wurde mit Unterstützung einer für qualitative Forschung geeigneten Software strukturiert. Dies erfolgt mittels einer Vercodung anhand der erkenntnistheoretisch relevanten Dimensionen von Arbeitsvermögen und ergänzenden Kategorien.

4 Arbeitsvermögen in Arbeitslosigkeit: Verlaufstypen

Unser Projekt befindet sich derzeit mitten in der zweiten Erhebungswelle und vor dem Beginn einer systematischen Auswertung des gesamten Materialkorpus, gesicherte oder gar abschließende Resultate sind daher noch nicht generierbar. Trotzdem kann aus heutiger Sicht durchaus ein aus der Empirie extrahierter, wenngleich noch tentativer Ausblick auf mögliche Resultate und skizzierbare Typologien geleistet werden. Basis hierfür sind, neben akkumulierten Feldeindrücken, erste Auswertungen im Rahmen des *theoretical sampling* und die Vorbereitung der zweiten Erhebungswelle. Zunächst sprechen die bisherigen Ergebnisse dafür, dass mehrfache und/oder längere Phasen des Hilfebezugs nicht ohne Auswirkungen auf das subjektgebundene Arbeitsvermögen sind. Nahe liegend scheinen auf den ersten Blick Erosionsprozesse von in der Erwerbssphäre generiertem Arbeitsvermögen. Gleichzeitig finden sich aber auch Erosionsprozesse in Bezug auf lebensweltlich erworbene Aspekte des Arbeitsvermögens und/oder dessen Bedeutung als lebensweltliche Bewältigungsressource sowie bewusste Gegenstrategien des Erhalts und der Neugenese und unerwartete lebensweltliche Optionsnischen. Auf diese Vielfältigkeit der Befunde werden wir in Form eines ersten Typologieentwurfs zum Arbeitsvermögen weiter unten eingehen. Zunächst aber kann ein Dimensionsfächer benannt werden, der für die Dynamik von Transformationsprozessen des subjektgebundenen Arbeitsvermögens im Hilfebezug von Bedeutung ist und Einfluss zu haben scheint auf Ausmaß, Tempo, Richtung und Qualität der Transformationsprozesse ebenso wie auf damit verbundene subjektive Erlebnisqualitäten und subjektive Reflexions- und Reaktionsoptionen. Ohne über

Wechselwirkungen, Widersprüchlichkeiten und Zusammenhänge zum jetzigen Zeitpunkt schon Gesichertes aussagen zu können, scheinen sich entlang dieses Dimensionsfächers auch Indikatoren für mögliche Verstetigungs- und Verfestigungstendenzen festzumachen. Als relevant sind in einem ersten Zugriff zu nennen:

- Die Dauer und Häufigkeit von Hilfebezug und Arbeitslosigkeit und/oder prekären Beschäftigungsphasen
- Die subjektive Perspektive auf eigenes Arbeitsvermögen (Bewertung, Einstufung, Eigen- und erlebte Fremdanerkennung)
- Das Zugehörigkeitsgefühl zu einer Berufsgruppe/Berufsethos
- Der emotionale Bezug zur eigenen beruflichen Tätigkeit
- Die lebenslaufbezogene Option auf die frühzeitige Genese eines auf Erwerbsarbeit orientierten Basisarbeitsvermögens
- Das formale Qualifikationsniveau und die damit verbundene Möglichkeit der Hilfe zur Selbsthilfe
- Das soziale Umfeld (soziale, emotionale und materielle Ressourcen)
- Das Passungsverhältnis von Arbeitsorganisation bzw. Arbeitsumfeld und dem zu erhaltenden bzw. neu zu generierenden Arbeitsvermögen im Rahmen von Maßnahmen und Förderungen
- Eine Berufsausbildung und/oder längere und ausgeprägte Phase frühberuflicher Sozialisation
- Anerkennung des (erwerbsbezogenen wie lebensweltlich generierten) Arbeitsvermögens. Dazu zählt die zeitliche Perspektive (biografischer Verlauf und aktuelle Situation) ebenso wie die institutionelle (ARGE, potenzielle Arbeitgeber) und die soziale (Familie, Umfeld etc.)
- Optionen von Erhalt/Genese von Arbeitsvermögen im lebensweltlichen Kontext

Auf Basis des bisherigen Auswertungsstands des empirischen Materials können aus diesem Dimensionsfächer vier Dimensionsbündel verdichtet werden. Dies sind zum einen die zwei eindeutiger erwerbs- und arbeitsmarktorientierten Dimensionen *Beruflichkeit* und *Erwerbsorientierung*. Zum anderen nehmen wir die stärker auf die Lebenswelt zielenden Dimensionen der *Lebensweltorganisation* (Haushalt, Kinder, Finanzen, Wohnen usw.) und den Umgang mit dem eigenen Körper/Leib und mit Gesundheit/Krankheit als *Reproduktionshandeln* in den Blick. Während es bei den Typologien des Arbeitsvermögens um Strategien von Erhalt, Genese und Erosion geht und dabei eine gleichwertige Berücksichtigung von lebensweltlich und erwerbsbezogenem Arbeitsvermögen angelegt ist, fokussieren die einzelnen Dimensionen bewusst einseitig auf lebensweltliche oder erwerbsorientierte Fokussierungen, um so auch subjektintern biografisch zu verarbeitende Widersprüche zwischen lebensweltlichen und intrinsischen Orientierungen und Bedürfnissen einerseits, ökonomisch bedingten objektivierten Anforderungen andererseits deutlich machen zu können. Im systematischen Auswertungsprozess des Gesamtkorpus werden die einzelnen Dimensionen analytisch getrennt aus dem empirischen Material extrahiert und in einem zweiten Schritt Wechselwirkungen und Verbindungslinien zwischen den einzelnen Dimensionen innerhalb der Typen herausgearbeitet. Die genannten Dimensionen bilden sich ab in den Verlaufstypen von Arbeitsvermögen, die sich aus dem empirischen Material derzeit abzeichnen. Dabei unterscheiden wir ganz grundsätzlich Genese, Erosion und Isolation.[10] Vor allem und nicht unerwartet finden sich dabei zum einen Prozesse der Erosion, die sich nach der Bewusstheit des Prozesses unterscheiden lassen:

Blinde Erosion von Arbeitsvermögen. Erosion von Arbeitsvermögen ohne Reflexion über diesen Prozess und ohne den Versuch einer Entwicklung von Gegenstrategien. Adressiert ist hier sowohl die Erosion von in der Erwerbswelt erworbenem Arbeitsvermögen durch längere Zeiten von Arbeitslosigkeit als auch die Erosion von lebensweltlich orientiertem Arbeitsvermögen mangels gesellschaftlicher und sozialer Teilhabechancen in längeren Phasen des Hilfebezugs.

Fatalistische Erosion von Arbeitsvermögen. Anders als im Typ der blinden Erosion werden hier Prozesse der Erosion in Phasen längeren Hilfebezugs sehr wohl wahrgenommen und reflektiert, es werden aber bewusst keine Gegenstrategien entwickelt, bspw. mit dem Argument, es lohne sich nicht, etwas zu erhalten, was (auf dem Arbeitsmarkt, von der Gesellschaft usw.) nicht gebraucht bzw. abgefragt wird.

Erosion ist also das reflektierte oder nicht bewusst wahrgenommene „Nachlassen" bereits aufgeschichteter Ausprägungen von Arbeitsvermögen. Das ist nicht im Sinne eines quantitativen Abbaus zu verstehen – vieles bleibt sedimentiert und kann aktiviert werden, sobald die „Welt" es wieder abfordert.

---

10 Neben diesen beiden Erosionstypen finden sich in der Empirie Hinweise für einen weiteren Typ, den wir momentan mit dem Begriffspaar *„Isolation/Separierung"* labeln. Gemeint ist damit ein von gesellschaftlicher, lebensweltlicher und/oder erwerbsbezogener Teilhabe weitgehend isolierter Typ. Hier stehen im Mittelpunkt Fälle, die schon am Einstieg zu einer erwerbsbezogenen Teilhabe gescheitert sind und/oder im biografischen Verlauf immer schon nur stark eingeschränkte lebensweltliche Teilhabechancen erlebt haben. Dabei handelt es sich um Konstellationen, denen Genesechancen für Arbeitsvermögen weitgehend immer schon verschlossen blieben oder die durch lange Phasen (bspw. von Krankheit) solche Chancen nachhaltig eingebüßt haben. Dieser Typ mag quantitativ zwar von untergeordneter Bedeutung sein, benötigt aber unfraglich besondere Aktivierungsstrategien.

Allerdings geht in langen Phasen des Hilfebezugs auch das Gefühl dafür verloren, ob diese Aktivierung noch und wieder gelänge. Erosion als Folge von Arbeitslosigkeit und Verursacher für Verfestigungsmuster liegt als empirischer Befund natürlich relativ nahe. Überraschender ist dagegen, dass wir auch Optionen für die Genese von Arbeitsvermögen im Hilfebezug gefunden haben. Die beiden sich abzeichnenden Genesetypen unterscheiden sich jeweils in der Motivationsquelle, die sich entweder strategisch an Außenanforderungen orientiert oder an eigenen Emanzipations- und Entwicklungsbestrebungen:

Strategische Genese von Arbeitsvermögen. Bewusste Strategien von Erhalt bzw. Neugenese von Arbeitsvermögen mit einer strategischen und intentionalen Orientierung an Arbeitsmarkterfordernissen oder einer klaren lebensweltlichen Orientierung i. S. einer Bewältigung von lebensweltlichen Herausforderungen.

Intrinsische Genese von Arbeitsvermögen. Der Erhalt bzw. die Genese von Arbeitsvermögen wird nicht in erster Linie als notwendige Voraussetzung für einen Zugang zur Erwerbswelt oder zur Bewältigung lebensweltlicher Herausforderungen thematisiert. Bei diesem Typ stehen Strategien des Erhalts bzw. Erwerbs unter der Perspektive eigener Selbstverwirklichung im Fokus.

Dynamiken der Genese können sich also *strategisch* auf Verschiedenes richten: auf den bewussten Erhalt von Fähigkeiten mit Blick auf *Erwerbschancen*, wenn bspw. ein gelernter Koch im Hilfebezug weiterhin versucht, große Cateringaktionen auszurichten, um das Gefühl für große Mengen und die Fähigkeit zur Organisation komplexer Abläufe nicht zu verlieren. Die Strategie kann sich aber auch dezidiert auf *Lebensweltliches* richten, z.B. auf den veränderten Umgang mit Einkaufen und Kochen, um mit dem schmalen Budget im Hilfebezug noch annähernd eine gesunde Ernährung aufrecht zu erhalten. Und schließlich kann sich die Genese von Arbeitsvermögen auch auf die Situation des Hilfebezugs selbst richten, bspw. wenn es gilt, einen Umgang mit der Arbeitsvermittlung zu lernen, der einem den Zugang zu als sinnlos empfundenen Maßnahmen erspart, ohne dafür Sanktionen zu erleiden. Die intrinsische Genese dagegen speist sich zunächst ganz aus eigenem Wollen und eigener Bedürfnisbefriedigung, nichtsdestotrotz können sich daraus durchaus wiederum Effekte auf Arbeitsvermögensgenese mit Blick auf Erwerbsorientierung ergeben. Dazu illustrativ ein Beispiel aus unserer Empirie in einer Kürze und damit verbundenen Oberflächlichkeit, die der Einzelfall eigentlich nicht zulässt:

Frau Fimo, eine Frau um die 40 mit drei Kindern, hat seit zehn Jahren ihren Beruf als Altenpflegerin nicht mehr ausgeübt. Sie trennt sich von ihrem Mann und befreit sich damit aus einer abhängig machenden Beziehung, die ihr keinen Freiraum ließ – weder in Bezug auf erwerbs- noch lebensweltliche Optionen. Die Bewältigung der neuen Situation im Hilfebezug bringt sie dazu, nun ein Hobby zu ergreifen. Auch das undenkbar im Rahmen ihrer Ehe und damit eine völlig neue lebensweltliche Erfahrung. Sie beginnt mit Knete detailgetreu Lebensmittelminiaturen nachzubilden. Ziel ist es zunächst nur – so schildert es die Befragte –, sich in Zeiten der lebensweltlichen Veränderung emotional zu beruhigen. Mit ihrer Erwerbsorientierung hat dies zunächst nichts zu tun, diese bleibt gerichtet auf ihren alten Beruf. Die Modellierung verlangt der Befragten völlig Neues und Unbekanntes ab: Sie entwickelt Fingerfertigkeit, lernt auszutüfteln wie es gehen kann. Sie stellt an sich selbst erstaunt fest, ein Gefühl für Formen, Proportionen und Farbe zu entwickeln. Und leitet daraus – das erste Mal in ihrem Leben – das Selbstbewusstsein ab, die eigene Wohnung einzurichten und umzugestalten. Das alles geht ihr anfangs nicht leicht von der Hand. Miniaturen misslingen, die Knete landet aus Frust an der Wand. Aber: sie beißt sich durch, macht weiter. Und: lernt darüber weiteres, von dem sie nichts (mehr) wusste: dass sie Geduld an den Tag legen kann, dass sie Ehrgeiz entwickeln kann. Über all dies erlebt sie zunehmend auch Anerkennung: zunächst im engsten sozialen Umfeld, dann auch darüber hinaus. Mit der Anerkennung wächst die Motivation, die Sicherheit gegenüber dem eigenen Können, Ehrgeiz zum Noch-besser-Werden. Entscheidend ist: Frau Fimo hat darüber nicht nur einen lebensweltlichen Einschnitt bewältigt. Sie hat viel erfahren und gelernt über ihr eigenes Können, über ungeahnte Talente, aber auch über erwerbsrelevante Ausprägungen wie Ehrgeiz und Geduld. Ihre Erwerbsorientierung bleibt die der Altenpflege.

Dieses Beispiel zeigt zunächst einmal nur zweierlei: erstens, dass die Situation im Hilfebezug zu neuen Geneseoptionen von Arbeitsvermögen genutzt werden kann. Und zweitens, dass eine intrinsische Motivation zur Genese lebensweltlichen Arbeitsvermögens auch das erwerbsorientierte Arbeitsvermögen erweitert. Dabei geht es – auch der Befragten – nicht um eine banalisierende Gleichsetzung von Lebens- und Erwerbswelt. Natürlich wird sich Frau Fimo wegen ihrer neuen Erfahrungen mit Lebensmittelminiaturen aus Knete nicht als Modellbauerin bei Dr. Oetker, beim Konditor im Ort oder bei einer Agentur für Food-Fotografie bewerben. Aber sie bewirbt sich mit neuem und anderem Selbstbewusstsein als Altenpflegerin; sie wird mutmaßlich dort dann auch andere Kompetenzen einbringen (z.B. bei der Beschäftigungstherapie mit den Bewohnern). Arbeitsvermittlung setzt mit Aktivierung unzulänglich an, wenn sie diese neuen Aspekte im Arbeitsvermögen von Frau Fimo übersieht, die damit einhergehende qualitative Erweiterung nicht einschätzen und die daraus resultierenden Chancen in Bezug auf die eigentliche Berufs- und Erwerbsorientierung nicht einordnen kann. Arbeitsvermittlung setzt aber auch dann unzulänglich an, wenn sie aus rein lebensweltlich erworbenem Arbeitsvermögen völlig neue Zugangschancen zu Erwerbsarbeit ableitet. Die Aneignungswelten Hobby oder auch Ehrenamt unterscheiden sich qualitativ von den jeweiligen scheinbar vergleichbaren Erwerbskontexten – auch auf der Ebene des Arbeitsvermögens. So weit ein erster und nur schlaglichtartiger Einblick in unsere Empirie.

Bei der vorgenommenen Typenbildung zum Arbeitsvermögen sind vier Aspekte leitend und entscheidend, die sich aus der Perspektive des Konzepts ableiten und sich gleichzeitig in den ersten empirischen Befunden zu bestätigen scheinen, nämlich eine spezifische Zeit- und Prozessqualität, die systematische Verschränkung von Erwerbssphäre und Lebenswelt, eine optionale Wechselwirkung aus Struktur und Handlung und eine Rest-„Konjunktivität":

Zeit- und Prozessqualität. Arbeitsvermögen bildet sich innerhalb biografisch spezifischer Settings aus, die sich im biografischen Verlauf (ob zufällig oder sozusagen pfadabhängig, schicksalhaft oder selbst intendiert) ändern. Durch die leibliche Einschreibung von Arbeitsvermögen sind gleichzeitig sowohl die Prozesse des Erwerbs als auch der Erosion von Arbeitsvermögen (bzw. Strategien zu dessen Erhalt) nur in längerfristigen Zeitverläufen denkbar. Dementsprechend ist auch das subjektive Erleben dieser Prozesse abhängig von der Dauer durchlebter spezifischer (i. S. einer auf Arbeitsvermögen bezogenen Relevanz) biografischer Phasen. Zu beachten ist dabei insbesondere die notwendig angelegte Ungleichzeitigkeit: Lebensweltliche und erwerbsbezogene Öffnungen und Schließungen im biografischen Verlauf treten meist in Form zeitlich scheinbar punktuell auftretender Ereignisse (Krankheit, Scheidung, Kündigung, Insolvenz des Arbeitgebers usw.) auf. Die damit verbundenen qualitativen Veränderungen in Bezug auf die Optionen und Potenziale zur (erwerbsbezogenen oder lebensweltlichen) Teilhabe und in deren Folge die Genese oder Erosion von Arbeitsvermögen sind dagegen erst in teils sehr langen Zeiträumen subjektiv spürbar. Zudem ist von einer biografischen Aufschichtung auszugehen: Je mehr Teilhaberäume biografisch erlebt werden und je varianter diese sind, je zahlreicher und unterschiedlicher also die ausgebildeten Facetten von Arbeitsvermögen sind, desto höher sind auch die subjektiven Potenziale und Optionen in Bezug auf neue Herausforderungen im biografischen Verlauf bzw. in Bezug auf die Fähigkeit, Kontinuitäten oder Brüche in der eigenen Biographie bewusst herzustellen.

Verschränkung von Lebenswelt und Erwerbssphäre. Eine Typenbildung aus der Perspektive des Arbeitsvermögens entlang der Trennlinie Lebenswelt/ Erwerbssphäre würde den konzeptuellen Besonderheiten nicht gerecht werden. Prozesse der Erosion oder der Genese von Arbeitsvermögen laufen zum einen in jeder Sphäre ab, in der konkrete Teilhabe aktuell möglich ist oder in anderen biografischen Phasen und Settings möglich war. Zum anderen können Aspekte des Arbeitsvermögens unabhängig vom Ort ihrer ursprünglichen Genese ihre Potenziale in der je anderen Sphäre entfalten. Die Fähigkeit, solche Verknüpfungen und Verschränkungen zwischen Arbeits- und Lebenswelt herzustellen (und sei es nur auf der Ebene einer Orientierung), ist selbst ein Aspekt des individuellen Arbeitsvermögens. Eine konzeptuelle Trennung wäre hier also wenig hilfreich und hätte allenfalls analytische Qualität.

Optionale Wechselwirkung von Struktur und Handlung. Die Typenbildung zum Arbeitsvermögen orientiert sich an einer zunächst unterstellten Offenheit der Wechselwirkung von Struktur und Handlung: Arbeitsvermögen und dessen Transformation im biografischen Verlauf sowie insbesondere in Phasen des Hilfebezugs ist keine determinierte Nebenfolge struktureller bzw. objektiver Rahmenbedingungen, aber auch nicht losgelöst von den konkret erlebbaren und erfahrbaren Materialitäten. Arbeitsvermögen ist in diesem Sinne kein konstruktivistisches Konzept. Gleichzeitig aber ist Arbeitsvermögen im Subjekt nicht schlicht eine Reaktion auf gegebene Bedingungen. Deren Aneignung (die wiederum Voraussetzung und Vehikel der Bildung von Arbeitsvermögen ist) ist immer auch ein aktiver, gestaltender Prozess: Er geht von der je konkreten Subjektkonstellation aus und wirkt auf die strukturell gegebenen Rahmenbedingungen zurück. Es ist letztlich ebenso eine Frage der ‚objektiven‘ Rahmenbedingungen wie des subjektiv konkret ausgeprägten Arbeitsvermögens, ob biografische Verläufe passiv erlebt oder aktiv gestaltet, ob Teilhabechancen gesucht oder Schließungen erduldet werden.

Rest-„Konjunktivität". Subjektive Einschätzungen zur Qualität, Ausprägung und Reaktivierbarkeit des eigenen Arbeitsvermögens unterliegen – zumindest partiell – einer immanenten *Konjunktivität*. Das heißt, dass solche Einschätzungen vorwiegend mit Bezug auf Praxisfelder gelingen, in denen Subjekte sich gegenwärtig bewegen. Weit schwieriger sind sie jedoch mit Bezug auf früher gelebte Praxisfelder und Tätigkeiten. Das eigene Arbeitsvermögen wird nur in aktuell und konkret gelebten Teilhabebereichen als eine ‚Tatsache‘ erlebt, retrospektiv gelingt dies nur eingeschränkt. Werden Qualitäten des Arbeitsvermögens, die in früheren biographischen Phasen bzw. anderen und im Hilfebezug nicht mehr zugänglichen Lebensbereichen erworben wurden, in der aktuellen Lebenssituation abgefragt, kann aus Subjektperspektive nur schwer eingeschätzt werden, welches Reaktivierungspotenzial im eigenen Arbeits- vermögen noch vorhanden ist. Ebenso schwer fällt dann der Transfer dieses Wissens, also eine Antwort auf die Frage, ob und in welchem Maße die biografisch erworbenen Fähigkeiten erfolgreich auf andere Herausforderungen anzuwenden wären. Wer aus ehedem vertrauten Tätigkeitsfeldern freigesetzt wurde, wie es bei Erwerbslosigkeit regelmäßig der Fall ist, erfährt deshalb nach und nach eine tief greifende Unsicherheit darüber, welchen Herausforderungen er noch gewachsen ist. Mit letzter Sicherheit kann diese Frage erst wieder in der Konkretheit des Tuns beantwortet werden.

5   Fazit

Arbeitsvermögen, das wurde gezeigt, bildet sich aus in der Auseinandersetzung mit Welt. Dabei ist Auseinandersetzung ganz wörtlich zu nehmen: Es geht nicht (nur) um die Kommunikation mit Welt oder ein kognitives Wissen über die Welt, sondern zentral auch um das *leibliche Umgehen* mit Welt in ihrer jeweiligen – stofflich und sozial repräsentierten – Materialisierung. In einer Gesellschaft, deren wesentliche Teilhabemechanismen mit Erwerbsarbeit direkt oder indirekt verknüpft sind, markiert die Situation des Hilfebezugs automatisch eine teils erhebliche Einschränkung, zumindest aber eine deutliche qualitative Veränderung des erfahrbaren Ausschnitts von Welt. Denn: Arbeitsvermögen bildet sich zwar aus in Erwerbsarbeit *und* Lebenswelt, die jeweiligen Ausschnitte von Welt aber haben qualitative Unterschiede – damit unterscheidet sich auch das jeweils auszubildende und/oder aktivierbare Arbeitsvermögen. Erwerbswelt und erwerbsweltbezogene Ausprägungen von Arbeitsvermögen sind also nur bedingt in der Lebenswelt zu generieren. Die Situation im *Hilfebezug* ist daher auf jeden Fall als eine *Einschränkung und qualitative Veränderung des erfahrbaren Ausschnitts von Welt* zu sehen und hat damit auch zwangsläufig *Auswirkungen auf die Qualität des generierbaren Arbeitsvermögens* – und damit auf die Quelle, die unsere Arbeitskraft herstellt, deren Beschäftigungsfähigkeit generiert und die Bewältigung lebensweltlicher Anforderungen sichert. Gleichzeitig ist das Arbeitsvermögen in seinen Ausprägungen und seinem Wesen nach qualitativer Natur und bewegt sich damit quer zu herrschenden – tauschwertkompatiblen – Rationalitäts- und Anerkennungsmustern. Nicht zuletzt deshalb wird es in seinem Potenzial und in seiner Bedeutung für die Erwerbs- und Lebenswelt unterschätzt – teilweise von den Personen im Hilfebezug selbst, vor allem aber in der Arbeitsvermittlung und Fallbearbeitung und von potenziellen Arbeitgebern. Deshalb ist es umso wichtiger, die Auswirkungen des Hilfebezugs auf *die* zentrale subjektgebundene Ressource für die Bewältigung oder Überwindung der Situation des Hilfebezugs empirisch nachzuzeichnen – auch und gerade in einem längeren zeitlichen Verlauf. Damit geht das Konzept des Arbeitsvermögens weit über das gängige Verständnis von Beschäftigungsfähigkeit hinaus: weil es die Pole von Arbeitsmarktnachfrage einerseits und Angebot des Individuums andererseits überwindet. Was gemeinhin unter Beschäftigungsfähigkeit verstanden wird, muss zwar „im" Subjekt und durch das Subjekt hergestellt werden; das aber geht nur in der aktiven Aneignung anhand eines Gegenüber. Deshalb, so Negt und Kluge (1993: 88) ist das „schlimmste, was einer Arbeitskraft angetan werden kann (...) die totale Trennung von Können und Betätigungsfeld". Wohlgemerkt: Negt und Kluge reden hier von der Arbeitskraft und nicht vom Subjekt oder gar den psychischen Folgen oder Haltungen, die eine solche Trennung als alleiniger Dauerzustand unweigerlich hat. Dann nämlich wird Arbeitslosigkeit zu einer umfassenden „Enteignung an Lebenschancen" (Negt 2002: 257) – und zwar nicht nur in Bezug auf Erwerbswelt, sondern oft genug auch in Bezug auf die Lebenswelt. Hilfebezug ist zunächst immer eine Verkleinerung des Ausschnitts von „Welt" und damit potenziell eine Verringerung der Genesechancen für Arbeitsvermögen. Und in diesem Sinne ist Bourdieu (1997: 142f.) zuzustimmen, der die so alltäglichen wie relevanten „Kleinigkeiten" von Welt zusammenfasst:

> „Mit ihrer Arbeit haben die Arbeitslosen die tausend Kleinigkeiten verloren, in denen sich eine gesellschaftlich bekannte und anerkannte Funktion realisiert und manifestiert, d.h. die Gesamtheit der im Vorhinein, außerhalb jedes bewußten Planes, gesetzten Ziele in Form von Erfordernissen und Dringlichkeiten – „wichtigen" Verabredungen, zu erledigenden Arbeiten, vorzunehmenden Überweisungen, zu erstellenden Kostenanschlägen –, und die ganze bereits in der unmittelbaren Gegenwart in Form von zu beachtenden Fristen, Terminen und Fahrzeiten – zu erreichenden Bussen, einzuhaltenden Rhythmen, zu beendenden Arbeiten – präsente Zukunft. Dieses objektiven Universums von Anreizen und Hinweisen, die richtungweisend und stimulierend auf das Handeln und darüber auf das ganze soziale Leben wirken, beraubt, können sie die freie Zeit, die ihnen belassen ist, nur als tote Zeit, Zeit für nichts, die ihren Sinn verloren hat, erleben."

Mit der konzeptuellen Brille des Arbeitsvermögens und anhand unserer bisherigen Sichtung unserer Empirie können wir dem letzten Satz Bourdieus jedoch partiell widersprechen. Arbeitslosigkeit bedeutet nicht immer und nicht immer zwangsläufig nur die Erosion von (erwerbsbezogenem und lebensweltlichem) Arbeitsvermögen. Lebenswelt *kann* ebenfalls neue Optionen für die Genese ermöglichen – auch im Hilfebezug. Bestimmte Aspekte eines erwerbsorientierten Arbeitsvermögens sind aber nicht beliebig in der Lebenswelt (z.B. auch nicht im Ehrenamt oder geförderten Maßnahmen) „simulierbar". Es macht Sinn für die Chancen des Einzelnen, nach neuen Optionen im Hilfebezug zu suchen. Dabei legt der Begriff des Arbeitsvermögens den Blick auf Gefährdungen, aber auch auf Optionen qualitativer Art frei, die anders nicht sichtbar würden.

Die neue Ausrichtung der Arbeitsmarkt- und Sozialpolitik birgt neue Optionen und Gefährdungen. Zentrale Frage ist daher, wie es Hilfebedürftigen gelingen kann, den neuen Anforderungen durch den Wohlfahrtsstaat zu entsprechen, und welche Potenziale durch arbeitsmarktpolitische Maßnahmen oder durch lebensweltliche Bezüge zur Genese des Arbeitsvermögens genutzt werden können. Gerade eine Arbeitsmarkt- und Sozialpolitik, die neben dem Fordern das

Fördern an die erste Stelle setzt, wäre gut beraten, den Blick auf eine tauschwertorientierte Beschäftigungsfähigkeit um den Aspekt des Arbeitsvermögens zu erweitern. Aber: Ohne Arbeitsplatz geht der wesentliche Ort für die Genese von Arbeitsvermögen verloren. Arbeit ist nicht nur der Kern der Ökonomie, sondern der zentrale Ort gesellschaftlicher Teilhabe – das empfinden ganz stark auch die, die „draußen" stehen. Das zeigen unsere Interviews sehr durchgängig und deutlich. Auf den ersten Blick wirkt eine Sozial- und Arbeitsmarktpolitik hilfreich, die Flexibilität fördert und fordert, indem Hilfeempfänger verpflichtet werden, eine Beschäftigung auch unterhalb zertifizierter Qualifikationsniveaus anzunehmen, um erwerbsbezogenes Arbeitsvermögen generieren zu können. Ob hiervon grundsätzlich auszugehen ist, muss auch deswegen offen bleiben, weil die Genese von erwerbsbezogenem Arbeitsvermögen immer auch tätigkeits- und anforderungsbezogen ist. Auch innerhalb von Erwerbsarbeit ist also von einer unterschiedlichen Qualität von Gelegenheitsstrukturen auszugehen.

Der Eintritt in den ersten Arbeitsmarkt und der Verbleib auf diesem sind nicht alleiniges Ziel von Arbeitsmarktpolitik nach Agenda 2010, auch wenn dies die öffentliche Debatte beherrscht. Im Zuge der Zusammenlegung von Arbeitslosenhilfe und Sozialhilfe ist die Stabilisierung innerhalb des Hilfebezugs gleichwertiges Ziel von Arbeitsmarktpolitik geworden. Gerade diesbezüglich kann die Perspektive Arbeitsvermögen den Blick frei machen auf die Potenziale der Menschen – auch unter den restriktiven Bedingungen des Hilfebezugs –, das soziale Leben zu stabilisieren, an der Gesellschaft teilzuhaben und evtl. darauf aufbauend Chancen zur Überwindung des Hilfebezugs zu erkennen. Und nur mit diesem Blick wird zweierlei sichtbar: nämlich zum einen, welche subjektiven Befähigungen notwendig sind, um den Flexibilitäts- und Mobilitätsansprüchen des Arbeitsmarktes gerecht werden zu können, und wie sehr diese abhängig sind von realen Aneignungsmöglichkeiten beispielsweise im Rahmen von Ein-Euro-Jobs. Und zum anderen, welche lebensweltlich-biografischen Zumutungen in der Bewältigung neuartiger arbeitsmarktbedingter Unsicherheiten und gleichzeitig neuer „Sicherheiten" (im Sinne einer Einschränkung von Teilhabeoptionen) liegen. Das im Indivdiuum gebundene Arbeitsvermögen ist ein Bewältigungspotenzial, das zu seiner Genese und zu seinem Erhalt auf adäquate Aneignungsräume und -optionen angewiesen bleibt. Das eine ist ohne das andere auf Dauer nicht zu haben – Arbeitsmarkt- und Sozialpolitik, will sie ihren Aktivierungsanspruch ernst nehmen, kann daher das „Fordern" nicht allein in die Verantwortung des Individuums legen, ohne zugleich das „Fördern" auch im Sinne der Bereitstellung von Aneignungsoptionen auszubuchstabieren. Auch aktuelle Ergebnisse aus der Aktivierungspraxis (Baethge-Kinsky u.a. 2007) zeigen, dass es wesentlich stärker als bisher darauf ankäme, den Aktivierungs-bedarf nicht zu unterstellen, sondern zu ermitteln. Unsere Untersuchungen stützen dieses Ergebnis und ergänzen es aus der Sicht des Adressatenkreises von Aktivierung: Denn erst recht gilt diese Feststellung für die Ermittlung des Aktivierungs-*potenzials* – und eben diese Ermittlung kann nur gelingen mit einem profunden Blick auf die *qualitative Seite der Arbeitskraft*, das erwerbs- wie lebensweltlich generierte *Arbeitsvermögen*.

Literatur

Baethge-Kinsky, Volker/Bartelheimer, Peter/Henke, Jutta/Wolf, Andreas/Land, Rainer/ Willisch, Andreas/Kupka, Peter (2007): Neue soziale Dienstleistungen nach SGB II, IAB-Forschungsbericht 15/2007. Nürnberg.

Bartelheimer, Peter (2005): Moderne Dienstleistungen und Erwerbsfürsorge. Fallbearbeitung nach SGB II als Gegenstand soziologischer Forschung. In: SOFI-Mitteilungen, 33: 55-79.

Bechtle, Günter/Sauer, Dieter (2002): Kapitalismus als Übergang – Heterogenität und Ambivalenz. In: Jahrbuch Arbeit, Bildung, Kultur, Bd. 19/20: 49-61.

Beck-Gernsheim, Elisabeth; Ostner, Ilona (1978): Frauen verändern – Berufe nicht? Ein theoretischer Ansatz zur Problematik von ‚Frau und Beruf'. In: Soziale Welt 29: 257-287.

Becker-Schmidt, Renate (1983): Entfremdete Aneignung, gestörte Anerkennung, Lernprozesse: Über die Bedeutung von Erwerbsarbeit für Frauen. In: Matthes, Joachim (Hg.): Krise der Arbeitsgesellschaft? Verhandlungen des 21. Deutschen Soziologentags in Bamberg 1982. Frankfurt a.M.: 412-426.

Biewen, Martin/Fitzenberger, Bernd/Osikominu, Aderonke/ Völter, Robert/Waller, Marie (2006): Beschäftigungseffekte ausgewählter Maßnahmen der beruflichen Weiterbildung in Deutschland: Eine Bestandsaufnahme. In: Zeitschrift für Arbeits-markt-Forschung (39): 365-390.

Böhle, Fritz/Milkau, Brigitte (1988): Vom Handrad zum Bildschirm. Frankfurt a.M./New York.

Böhle, Fritz/Rose, Helmuth (1992): Technik und Erfahrung – Arbeit in hochautomatisierten Systemen. Frankfurt a.M./New York.

Böhle, Fritz/Bolte, Annegret/Drexel, Ingrid/Dunkel, Wolfgang/Pfeiffer, Sabine/Porschen, Stephanie (2002): Umbrüche im gesellschaftlichen Umgang mit Erfahrungswissen – Theoretische Konzepte, empirische Befunde, Perspektiven der Forschung. München: ISF München Forschungsberichte. München.

Bohnsack, Ralf (2003): Rekonstruktive Sozialforschung. Einführung in qualitative Methoden. Opladen.

Bonß, Wolfgang/Keupp, Heiner/Koenen, Elmar (1984): Das Ende des Belastungsdiskurses? Zur subjektiven und gesellschaftlichen Bedeutung von Arbeitslosigkeit. In: Bonß, Wolfgang; Heinze, Rolf G. (Hg.): Arbeitslosigkeit in der Arbeits-gesellschaft. Frankfurt a.M.: 143-188.

Bourdieu, Pierre (1997): Der Tote packt den Lebenden. In: Steinrücke, Margareta (Hg.): Schriften zu Politik & Kultur 2, Hamburg: 142-146.

Bremer, Rainer (2002): Berufliche Kompetenz und Identität als forschungslogischer Ausgangspunkt einer berufswissenschaftlichen Entwicklungshermeneutik. In: Fischer, Martin/Rauner, Felix (Hg.): Lernfeld: Arbeitsprozess. Ein Studienbuch zur Kompetenzentwicklung von Fachkräften in gewerblich-technischen Aufgaben-bereichen. Baden-Baden: 488-518.

Brödner, Peter (1997): Der überlistete Odysseus. Über das zerrüttete Verhältnis von Menschen und Maschinen. Berlin.

Dingeldey, Irene (2007): Wohlfahrtsstaatlicher Wandel zwischen „Arbeitszwang" und „Befähigung". In: Berliner Journal für Soziologie (17): 189-209.

Glaser, Barney G./Strauss, Anselm L. (2005): Grounded Theory. Strategien qualitativer Forschung. Bern.

Hack, Lothar (1988): Vor Vollendung der Tatsachen. Die Rolle von Wissenschaft und Technologie in der dritten Phase der industriellen Revolution. Frankfurt a. M.

Hartz, Peter u.a. (2002): Moderne Dienstleistungen am Arbeitsmarkt, Vorschläge der Kommission zum Abbau der Arbeitslosigkeit und zur Umstrukturierung der Bundesanstalt für Arbeit. Berlin.

Hirschfelder, Gunther (2004): Die historische Dimension der Arbeitskulturen. In: Hirschfelder, Gunther/Huber, Birgit (Hg.): Die Virtualisierung der Arbeit. Zur Ethnografie neuer Arbeits- und Organisationsformen. Frankfurt a.M.: 27-52.

Hirseland, Andreas/Promberger, Markus/Wenzel, Ulrich (2007): Armutsdynamik und Arbeitsmarkt. Qualitative Beobachtungen und Befragungen im Feld von Arbeitsmarkt und sozialer Sicherung. In: Promberger, Markus (Hg.): Neue Daten für die Sozialstaatsforschung. Zur Konzeption der IAB-Panelerhebung „Arbeitsmarkt und Soziale Sicherung". IAB Forschungsbericht, 12/2007, Nürnberg: 102-130.

Hopf, Christel (1985): Fragen der Erklärung und Prognose in qualitativen Unter-suchungen. Dargestellt am Beispiel der „Arbeitslosen von Marienthal". In: Lutz, Burkhard (Hg.): Soziologie und gesellschaftliche Entwicklung. Verhandlungen des 22. Deutschen Soziologentages in Dortmund 1984. Frankfurt a.M./New York: 303-316.

Hujer, Reinhard/Thomson, Stephan L. (2006): Wirksamkeit von Arbeitsbeschaffungs-maßnahmen in Deutschland: Empirische Befunde mikroökonomischer Analysen. In: Zeitschrift für ArbeitsmarktForschung (39): 329-346.

Jahoda, Marie/Lazarsfeld, Paul F./Zeisel, Hans (1978): Die Arbeitslosen von Marienthal. Frankfurt a.M.

Kelle, Udo/Kluge, Susann (1999): Vom Einzelfall zum Typus. Fallvergleich und Fallkonstrastierung in der qualitativen Sozialforschung. Opladen.

Knapp, Gudrun-Axeli (1987): Arbeitsteilung und Sozialisation: Konstellationen von Arbeitsvermögen und Arbeitskraft im Lebenszusammenhang von Frauen. In: Beer, Ursula (Hg.): Klasse Geschlecht. Feministische Gesellschaftsanalyse und Wissen-schaftskritik. Bielefeld: 236-273.

Küsters, Ivonne (2006): Narrative Interviews. Grundlagen und Anwendungen. Wiesbaden.

Lave, Jean/Wenger, Etienne (1991): Situated Learning. Legitimate Peripheral Participa-tion. New York.

Legnaro, Aldo (2006): „Moderne Dienstleistungen am Arbeitsmarkt" – Zur politischen Ratio der Hartz-Gesetze. In: Leviathan 34: 514-532.

Leisering, Lutz (2004): Paradigmen sozialer Gerechtigkeit. Normative Diskurse im Umbau des Sozialstaats. In: Liebig, Stefan/Lengfeld, Holger/Mau, Steffen (Hg.): Verteilungsprobleme und Gerechtigkeit in modernen Gesellschaften. Frankfurt a.M.: 29-68.

Leibfried, Stephan/Leisering, Lutz/Buhr, Petra u.a. (1995): Zeit der Armut. Lebensläufe im Sozialstaat. Frankfurt a.M.

Malsch, Thomas (1987): Die Informatisierung des betrieblichen Erfahrungswissens und der ‚Imperialismus der instrumentellen Vernunft'. Kritische Bemerkungen zur neotayloristischen Instrumentalismuskritik und ein Interpretationsvorschlag aus arbeitssoziologischer Sicht. In: Zeitschrift für Soziologie (16): 77-91.

Moldaschl, Manfred/Voß, Günter G. (Hrsg): Subjektivierung von Arbeit. München, Mering.

Negt, Oskar/Kluge, Alexander (1993): Geschichte und Eigensinn. Bd. 1: Entstehung der industriellen Disziplin aus Trennung und Enteignung. Frankfurt a.M.

Ostner, Ilona (1991): ‚Weibliches Arbeitsvermögen' und soziale Differenzierung. In: Leviathan 19: 192-207.

Pfeiffer, Sabine (2004a): Arbeitsvermögen – eine Schlüsselkategorie zur Analyse (reflexiver) Informatisierung. Wiesbaden.

Pfeiffer, Sabine (2004b): Ein? Zwei? – Viele! ... und noch mehr Arbeitsvermögen! Ein arbeitssoziologisches Plädoyer für die Reanimation der Kategorie des Arbeitsvermögens als Bedingung einer kritikfähigen Analyse von (informatisierter) Arbeit. In: Baatz, Dagmar/Rudolph, Clarissa/Satilmis, Ayla (Hg.): Hauptsache Arbeit? Feministische Perspektiven auf den Wandel von Arbeit (Arbeit – Demokratie – Geschlecht Band 1), Münster: 212-226.

Pfeiffer, Sabine (2008): Arbeit – Natur des Menschen? Natur der Gesellschaft! Oder: Wir sind nie dialektisch gewesen. In: Rehberg, Karl-Siegbert (Hg.): Die Natur der Gesellschaft. Verhandlungen des 33. Kongresses der Deutschen Gesellschaft für Soziologie in Kassel 2006. Frankfurt a.M./New York (im Erscheinen).

Pfeiffer, Sabine/Hacket, Anne/Ritter, Tobias/Schütt, Petra (2008): Arbeitsvermögen und Arbeitslosigkeit. Konzept, Methoden, Typen. München: ISF aktuell (im Erscheinen).

Promberger, Markus/Wenzel, Ulrich/Pfeiffer, Sabine/Hacket, Anne/Hirseland, Andreas (2008): Beschäftigungsfähigkeit, Arbeitsvermögen und Arbeitslosigkeit. In: WSI-Mitteilungen, Heft 2 (im Erscheinen).

Reichertz, Jo (1991): Aufklärungsarbeit. Kriminalpolizisten und Feldforscher bei der Arbeit. Stuttgart.

Rosenthal, Gabriele (2005): Interpretative Sozialforschung. Eine Einführung. Weinheim.

Schütze, Fritz (1984): Kognitive Figuren des autobiographischen Stegreiferzählens. In: Martin Kohle und Günther Robert (Hg.): Biographie und soziale Wirklichkeit. Neue Beiträge und Forschungsperspektiven. Stuttgart: 78-117.

Wacker, Alois (2001): Marienthal und die sozialwissenschaftliche Arbeitslosenforschung – ein historischer Rück- und Ausblick. In: Zempel, Jeanette/Bacher, Johann/Moser, Klaus (Hg.): Erwerbslosigkeit. Ursachen, Auswirkungen und Interventionen. Opladen: 397-414.

Warneken, Bernd Jürgen (2001): Arbeiterkultur, Arbeiterkulturen, Arbeitskulturen. Eine Aktualisierung. In: Brednich, Rolf Wilhelm (Hg.): Grundriss der Volkskunde. Einführung in die Forschungsfelder der Europäischen Ethnologie. Berlin: 280-289.

Wenzel, Ulrich (2008): Fördern und Fordern aus Sicht der Betroffenen. Verstehen und Aneignung sozial- und arbeitsmarktpolitischer Maßnahmen des SGB II. In: Zeitschrift für Sozialreform 54 (*im Erscheinen*).

Witzel, Andreas (1985): Das problemzentrierte Interview. In: Gert Jüttemann (Hg.): Qualitative Forschung inder Psychologie. Weinheim: 227-255.

Wolf, Harald (1999): Arbeit und Autonomie. Ein Versuch über Widersprüche und Metamorphosen kapitalistischer Produktion. Münster.

Konsequenzen des Verlusts des ganzheitlichen Denkens: Soziale Marktwirtschaft und die Triade Arbeitsmarkt, Sozialstaat und Geschlechterbeziehungen am Beispiel von Westdeutschland

Nina Baur

1 Vom Leitbild des Neoliberalismus zurück zur Idee der sozialen Marktwirtschaft

Die ersten drei Nachkriegsjahrzehnte brachten Deutschland ein ungeahntes wirtschaftliches Wachstum, extrem geringe Arbeitslosenzahlen und eine Ausdehnung des Sozialstaats. Der Traum des stetig wachsenden Wohlstands, an dem die gesamte Bevölkerung teilhaben konnte, schien wahr zu werden. Seit der Ölkrise kämpft Deutschland allerdings mit hoher Sockelarbeitslosigkeit und einer ‚Krise des Sozialstaats'. Auf der Suche nach Lösungen begann spätestens Mitte der 1980er neoliberales Denken den öffentlichen und politischen Diskurs (nicht nur) in Deutschland zu dominieren (Butterwegge 1998). Spätestens um die Jahrtausendwende ist neoliberales Gedankengut fester Bestandteil des Denkens auch der sozialdemokratischen Parteien (Lahusen 2006). Dies bleibt oft implizit, da bestimmte Gedanken indirekt über scheinbar neutrale europäische Regelwerke – etwa die offene Methode der Koordinierung (Heidenreich/Bischoff 2006) – nationale Politikagenden beherrschen (Lahusen 2006).

Kernbestandteil des neoliberalen Paradigmas ist die Forderung nach Liberalisierung und Marktkonformität staatlicher Regulierung. Der Sozialstaat scheint komplett aus den Fugen geraten und hemmt gemäß diesem Paradigma Leistungsbereitschaft, Eigeninitiative und Wettbewerb. Aus Sicht der Vorgaben der EU und im Vergleich zu Großbritannien und den USA in den 1980ern erscheint Deutschland eher als Nachzügler (Heidenreich/Bischoff 2006; Lahusen 2006), und eine Reihe von politischen Reformen der vergangenen Jahre zielen darauf ab, den ‚Reformstau' aufzulösen. Beispiele sind die Agenda 2010, die Reformen der Altersvorsorge (Riester-Rente), der Sozialhilfe, Arbeitsvermittlung und Arbeitslosenversicherung (Hartz-Reformen) sowie die geplante Reform des Gesundheitswesens.

Zusätzlich bestimmen in den vergangenen Jahren eine Reihe weiterer Themen den Mediendiskurs, so etwa hohe Arbeitslosigkeit, sinkende Geburtenraten und Bildungsdefizite deutscher Kinder (PISA). All diese Probleme haben scheinbar nichts miteinander zu tun, weshalb in den letzten Jahrzehnten für jeden Bereich getrennt nach Lösungen gesucht wurde und verschiedene Bereiche der Sozialversicherungen weitgehend unabhängig voneinander reformiert wurden.

Wenn sich überhaupt ein gemeinsamer Nenner finden lässt, dann das oben genannte neoliberale Paradigma in einer spezifisch deutschen Wendung: Denn einer der Kernbestandteile der politischen, wirtschaftlichen und sozialen Ordnung der Bundesrepublik Deutschland nach 1945 ist der Gedanke der sozialen Marktwirtschaft. Dieser sogenannte Ordoliberalismus ist eine Variante des Neoliberalismus, der in der Nachkriegszeit von einer Reihe von deutschsprachigen Ökonomen entwickelt wurde. Zu nennen sind u.a. die Angehörigen der Freiburger Schule – Walter Eucken, Leonard Miksch, Franz Böhm, Hans Großmann-Dörth – sowie Wilhelm Röpke, Alexander Rüstow, Friedrich August von Hayek, Ludwig Erhardt und Alfred Müller-Armack (Müller-Armack 1988: 6; Starbatty 1982: 9; Zinn 1992: 31).

Befürworter der Reformen der letzten Jahre sehen sich so auch nicht als Neuerer, sondern als Erneuerer. Gefordert wird dementsprechend ein ‚Zurück zu den Wurzeln'. Im Folgenden werde ich am Beispiel des Verhältnisses von Arbeitsmarkt und Sozialstaat der Frage nachgehen, was dieses ‚Zurück zu den Wurzeln' bedeutet. Ich werde dabei zunächst zeigen, dass in der heutigen Reformdebatte einige zentrale Aspekte des ordoliberalen Denkens ausgeblendet werden, die aber durchaus relevant sind für die Tragfähigkeit von Reformen (allen voran das ganzheitliche Denken).

Ich werde in einem zweiten Schritt zeigen, wie nach 1945 das Leitbild der sozialen Marktwirtschaft in Institutionen politisch umgesetzt wurde. Wie Grafik 1 verdeutlicht, unterscheide ich hierzu zwischen vier Argumentationsebenen: Erstens konkurrieren zu jedem historischen Zeitpunkt verschiedene (gesellschaftstheoretisch gespeiste) Leitbilder, Ideen und Ideologien. Nach 1945 waren dies neben dem Ordoliberalismus u.a. die katholische Soziallehre und der Sozialismus. Diese Ebene ist insofern relevant, da sie sowohl Gegenwartsdiagnose aus Sicht einer bestimmten theoretischen Perspektive ist, als auch Zukunftsängste und -utopien widerspiegelt. Leitbilder beinhalten demnach die Idealvorstellungen einer Gesellschaft, aus denen sich Reformvorschläge ableiten lassen.

Davon zu unterscheiden sind, zweitens, politische Institutionen, wie etwa die Wirtschaftsordnung, der Sozialstaat, industrielle Beziehungen, das Bildungssystem usw. Wie diese Institutionen konkret ausgestaltet werden, hängt von den historisch-kulturellen Rahmenbedingungen in ihrer Entstehungszeit ab. Mit der Zeit kommt es zu einem ‚lock-in', d.h. verschiedene Institutionen werden aufeinander abgestimmt und stabilisieren das Gesamtsystem, so dass etablierte Strukturen einem Wettbewerbsvorteil gegenüber Neuerungen haben. Sobald es zu dieser Verfestigung kommt, ist es schwierig, sie wieder aufzulösen (Arthur 1988), weshalb i.d.R. typische nationale Entwicklungspfade zu beobachten sind (Borchert 1998;

Mósesdóttir 2000; Pfau-Effinger 2001; 2004; Crouch/Farrell 2002; Thelen 2002; Eichhorst/Sesselmeier 2006).

Zu unterscheiden sind auf der Ebene der alltäglichen Lebensführung drittens, individuelle Lebensziele, Werte, Normen und Einstellungen, und viertens, individuelles Handeln.

Grafik 1: Dynamik von Leitbildern, Institutionen und alltäglicher Lebensführung

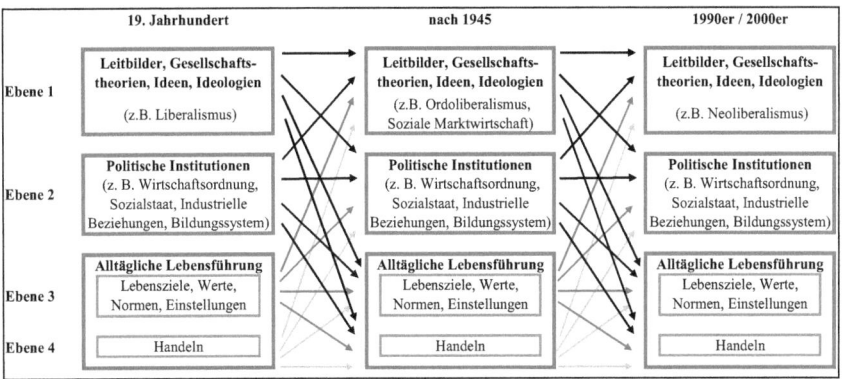

Jede dieser Ebenen kann sich im Lauf der Zeit wandeln. So ist auf der ideenge-schichtlichen Ebene ein Wandel vom *Laissez-faire*-Liberalismus des 19. Jahrhunderts über den Ordoliberalismus der Nachkriegszeit hin zum Neoliberalismus in seiner heutigen Prägung zu beobachten.

Gleichzeitig beeinflussen diese Ebenen sich gegenseitig: Institutionen können von Leitbildern geprägt sein, aber auch von diesen abweichen. So zeigt die Debatte um den ‚Reformstau', dass offensichtlich die aktuellen Institutionen nicht dem Leitbild eines neoliberalen Mainstreams entsprechen. Institutionen und Leitbilder rahmen wiederum die alltägliche Lebensführung, indem sie Deutungsmöglichkeiten, Mentalitäten und Alltagspraktiken bieten oder behindern (Williams 1989; Pfau-Effinger 1999; Crouch/Streeck 2000; Lehmbruch 2001). Der Einzelne kann sich mit den durch Institutionen und Leitbildern angebotenen Deutungsmustern mehr oder weniger identifizieren, und wenn seine eigenen Handlungsmotive mit den in die Institutionen eingegossenen Motiven korrespondieren, dann erleichtern Institutionen das Erlangen der Handlungsziele (Simmel 1901/1996). Verfolgt das Individuum dagegen andere als die von den Institutionen vorgegebenen Handlungsziele oder senden die verschiedenen Institutionen widersprüchliche Signale aus, können zwar durchaus die Handlungsziele angepasst werden (zumindest in modernen, demokratischen, individualisierten Gesellschaften). Wahrscheinlicher ist aber, dass das Individuum Ausweichstrategien betreibt, d.h. nicht im von der Institution intendierten Sinn handelt. Für eine Reform würde das bedeuten, dass sie scheitern würde oder unerwünschte Nebenfolgen hätte. Die Ebenen alltäglichen Lebensführung und Institutionen stellen insofern den Möglichkeitsraum für aus Leitbildern generierte Reformvorschläge dar (Eichhorst/Sesselmeier 2006).

Ich werde illustrieren, dass sich die Theoretiker der sozialen Marktwirtschaft dessen durchaus bewusst waren und dass in den 1950ern Leitbilder, Institutionen und alltägliche Lebensführung kongruierten, was wahrscheinlich eine der Erklärungen für den damaligen Erfolg des ‚Modells Deutschland' ist.

In einem dritten Schritt skizziere ich den Wandel der Leitbilder, des Institutionengefüges und der alltäglichen Lebensführung nach 1945.[1] Ich werde zeigen, dass der Verlust des ganzheitlichen Denkens zu Widersprüchen sowohl innerhalb des Institutionengefüges, als auch zwischen Institutionen und alltäglicher Lebensführung geführt hat.

2   Das neoliberale Leitbild der 1950er und 1960er: Die soziale Marktwirtschaft

1945 war nicht nur der deutsche Staat, sondern mit ihm auch die Wirtschaft und die sozialen Sicherungssysteme zusammengebrochen. Die zwei zentralen Fragen, die sich noch vor Gründung der Bundesrepublik stellten, waren, wie man Deutschland zu einer stabilen Demokratie machen konnte und wie die Wirtschaftsordnung gestaltet werden sollte, und in diesem Kontext kämpften ordoliberale Wirtschaftstheoretiker für die Wirtschaftsform der ‚sozialen Marktwirtschaft' (Zinn 1992: 59-64).

2.1 Ziele sozialer Marktwirtschaft: Freiheit und soziale Gerechtigkeit

Die Befürchtungen der Theoretiker der sozialen Marktwirtschaft vor einem leistungshemmenden totalen Versorgungsstaat und dem Überwuchern des Wohlfahrtsstaates sind wohl belegt. Die Schriften ordoliberaler Theoretiker und Wirtschaftspolitiker sind dabei nur vor dem damaligen historischen Hintergrund richtig zu verstehen.

Hierzu gehörte einerseits die Auseinandersetzung mit dem Nationalsozialismus und die Frage, wie man aus Deutschland eine stabile Demokratie machen

---

1   Ich fokussiere aus Platzgründen auf Westdeutschland. Dies scheint gerechtfertigt, da das Konzept der sozialen Marktwirtschaft in Westdeutschland entwickelt wurde und nach der Wiedervereinigung das westdeutsche Institutionengefüge auf den Osten transferiert wurde.

könne. Der Grundgedanke der Ordoliberalen war, dass (marktwirtschaftliche) Freiheit der Demokratie förderlich sei (Erhard 1962; 1973; Behlke 1961: 84; Müller-Armack 1981; Müller-Armack 1988; Starbatty 1982: 2-10; Zinn 1992: 31).[2]
    Andererseits herrschte in der Nachkriegsära keineswegs ein Konsens darüber, ob Marktwirtschaft oder Planwirtschaft, Kapitalismus oder Sozialismus die besseren Wirtschafts- und Gesellschaftsformen seien. Im Gegenteil: Durch die Erfahrungen der Weltwirtschaftskrise und die (von vielen Deutschen als positiv wahrgenommenen) planwirtschaftlichen Gegenmaßnahmen unter den Nationalsozialisten zweifelten die meisten Wirtschaftswissenschaftler und Politiker an dem Sinn der Marktwirtschaft (Zinn 1992: 31; Müller-Armack 1988: 4-5). Gleichzeitig wollten die Alliierten das deutsche Sozialversicherungssystem nach dem Beveridge-Modell neu gestalten (Briggs 1961: 225; Ginsburg 1992: 139-142; Heß 1981: 300; Ritter 1989: 145-147; Chamberlayne 1992: 301-305). Viele der Schriften ordoliberaler Theoretiker sind deshalb direkte Polemiken gegen Sozialismus, Kommunismus und Planwirtschaft. Sie betonten insbesondere, dass eine zentrale Lenkungswirtschaft, wie sie im Nationalsozialismus und in der Sowjetunion existierte, ineffizient sei und für einen geringeren gesamtwirtschaftlichen Wohlstand sorge (Erhard 1957: 102-134; Eucken 1960: 106-139).
    Darüber geht in der Rezeption des Ordoliberalimus häufig unter, dass (wirtschaftliche) Freiheit nur eines der beiden Ziele der sozialen Marktwirtschaft ist. Das andere Ziel ist (soziale) Sicherheit bzw. soziale Gerechtigkeit. So sieht etwa Eucken (1960: 315) Sicherheit als ein menschliches Grundbedürfnis und betont, dass „[d]as Anliegen der sozialen Gerechtigkeit (…) nicht ernst genug genommen werden" kann, da es sich in modernen Gesellschaften in besonders dringlicher Weise stelle:

> „Soziale Sicherheit und soziale Gerechtigkeit sind die großen Anliegen der Zeit. Die soziale Frage ist seit Beginn der Industrialisierung mehr und mehr zur Zentralfrage menschlichen Daseins geworden. Sie hat eine eminente geschichtliche Kraft. Auf ihre Lösung müssen Denken und Handeln vor allem gerichtet sein" (Eucken 1960: 1).

Der Grund dafür, dass sich die Frage nach sozialer Sicherheit in modernen (marktwirtschaftlichen) Wirtschaftssystemen besonders dringlich stellt, liegt darin, dass die Arbeitsteilung sehr groß ist und sehr lange Interdependenzketten zwischen sehr vielen Menschen existieren. Diese Abhängigkeit von anderen Menschen schafft neue Unsicherheit und Angst. Die größte Bedrohung moderner Gesellschaften ist dabei neben der bereits genannten Bedrohung der (wirtschaftlichen und

---

2   Aus dem Gedanken, dass Marktwirtschaft Demokratien stabilisieren kann, folgt aber im Umkehrschluss *nicht*, dass Marktwirtschaft automatisch zu Demokratie führt: „Die Wahrheit ist eben, daß eine Gesellschaft Marktwirtschaft und zugleich gefährlich ungesunde gesellschaftliche Grundlagen und Verhältnisse haben kann" (Röpke 1958: 131).

politischen) Freiheit durch Totalitarismus, dass Menschen aus dem Wirtschafts-
system ausgeschlossen und damit in ihrer Existenz bedroht werden. Letzteres ge-
schieht v.a. durch Arbeitslosigkeit (Eucken 1960: 317-320). Individuelle Freiheit
und soziale Sicherheit sind folglich für die Theoretiker der sozialen Marktwirtschaft keine Gegensätze, sondern ergänzen einander (Eucken 1960: 106-139; Erhard 1962: 568-569).

*2.2 Die Zentralität des Arbeitsmarktes und des Kampfes gegen Arbeitslosigkeit
für moderne Gesellschaften*

Entsprechend ist für Ordoliberale der Schutz vor Arbeitslosigkeit und Erwerbs-
unfähigkeit eines der Hauptziele moderner Wirtschaftspolitik (Eucken 1960:
319-320): „Regierungen und sogar Staatsformen, unter denen Massenarbeitslosigkeit entsteht und andauert, haben keinen Bestand" (Eucken 1960: 140). Der
Arbeitsmarkt ist in modernen kapitalistischen Gesellschaften das wesentlichste
Moment sozialer Sicherung, da er für die Verteilung des wirtschaftlichen
Wohlstandes an die Arbeitnehmer sorgt (Eucken 1960: 43-48; 321-324). Das
heißt aber nicht, dass Vollbeschäftigung um jeden Preis verfolgt werden soll. Ein
Beispiel ist Deutschland 1946:

> „Wenn auch alle Menschen von früh bis spät beschäftigt waren, gelang es infolge
> schlecht geordneter und unzureichend entfalteter Arbeitsteilung nicht, sie zureichend
> zu versorgen. (…) Dieses Beispiel zeigt, daß Vollbeschäftigung mit wirtschaftlicher
> Not verbunden sein kann und daß Vollbeschäftigung infolgedessen keineswegs al-
> lein das Ziel der Wirtschaftspolitik sein darf. Auch die Vollbeschäftigungspolitiker
> denken punktuell. Sie heben eine Teilfrage einseitig heraus. Und so wird die Wirt-
> schaftspolitik von ihrem sachlich-notwendigen Ziel – der zureichenden Versorgung
> mit Konsumgütern – abgelenkt" (Eucken 1960: 141).

Ziel der Erwerbsarbeit ist folglich nicht die Arbeit selbst, sondern der durch sie
ermöglichte wirtschaftliche Wohlstand. Ohne das aus ihnen erwachsende, existenzsichernde Einkommen sind Arbeitsplätze sinnlos:

> „Immer wieder betone ich, daß mit bloßer Beschäftigung dem deutschen Arbeiter
> und dem deutschen Volke in seiner Gesamtheit nicht gedient wäre, sondern daß es
> um seiner Existenzsicherung darauf ankäme, *sichere*, d. h. rationelle *Arbeitsplätze zu
> schaffen*" (Erhard 1957: 41).

2.3 Der Markt dient der Gesellschaft

Während heutige Wirtschaftsreformen bisweilen den Eindruck erwecken, als versuche die Politik, einzelne Menschen bzw. die Gesellschaft als Ganzes zu ‚fordern‘, um sie auf maximale wirtschaftliche Effizienz hin zu trimmen bzw. ‚fit für den Markt‘ zu machen, stand für die Theoretiker der sozialen Marktwirtschaft außer Frage, dass der Markt der Gesellschaft dienen soll – und nicht die Gesellschaft dem Markt (Erhard 1962; 1973). Ein einseitiger Fokus auf materiellem Wohlstand, eine Philosophie des Nützlichkeitsdenkens, ein Kult der Produktivität, der materiellen Expansion und des Lebensstandards wären maßlos (Röpke 1958: 149-151) und würden der Wirtschaft Vorrang vor der Gesellschaft geben, also das Mittel zum Zweck und damit das Leben freudlos machen (Röpke 1958: 174). Stattdessen muss eine funktionierende Wirtschaft moralisch und gesellschaftlich eingebettet sein (Röpke 1958: 131):

> „[D]ie Marktwirtschaft ist nicht alles. Sie muß in einen höheren Gesamtzusammenhang eingebettet sein, der nicht auf Angebot und Nachfrage, freien Preisen und Wettbewerb beruhen kann. Sie muß vom festen Rahmen der Gesamtordnung gehalten sein, die nicht nur die Unvollkommenheiten und Härten der Wirtschaftsfreiheit durch Gesetze korrigiert, sondern auch dem Menschen die seiner Natur gemäße Existenz nicht verweigert" (Röpke 1958: 131).

2.4 „Wohlstand für alle" als Ziel der Marktwirtschaft

Wenn der Markt der Gesellschaft dient, was sind dann die Ziele der Marktwirtschaft? Auch diesbezüglich sind die Aussagen der Ordoliberalen deutlich: Marktwirtschaft hat ihre Berechtigung darin, dass sie Armut überwindet (statt sie zu erzeugen) und „Wohlstand für alle" (Erhard 1962: 337) schafft:

> „Wollten wir nicht in geschichtsloser Primitivität verharren und versinken, dann durften wir uns nicht in dem sozialistischen Versuch einer vermeintlich gerechten Verteilung der Armut erschöpfen, sondern wir mußten die Armut selbst überwinden. Das aber heißt, daß wir Massenkaufkraft, ‚Wohlstand für Alle‘ schaffen mussten" (Erhard 1962: 339).

Die Marktwirtschaft ist dabei immer nur das Mittel zum Zweck:

> „Wohlstand für alle‘ und ‚Wohlstand durch Wettbewerb‘ gehören untrennbar zusammen; das erste Postulat kennzeichnet das Ziel, das zweite den Weg, der zu diesem Ziel führt" (Erhard 1957: 9).

Die Marktwirtschaft erzielt also ihre Legitimität *nur* dadurch, dass sie *allen* (oder zumindest dem größten Teil der) Mitglieder einer Gesellschaft höheren Wohlstand bringt als die Planwirtschaft und dadurch demokratiefördernd wirkt:

> „Der *Tatbestand der sozialen Marktwirtschaft* ist vielmehr nur dann als voll erfüllt anzusehen, wenn entsprechend der wachsenden Produktivität zugleich *Preissenkungen* wirksam und damit *echte Reallohnsteigerungen* möglich werden" (Erhard 1957: 219).

2.5 Der Staat muss dem Markt Grenzen setzen

Wirtschaftliche Systeme, die nur einer kleinen Elite zugute kommen, sind aus demselben Grund abzulehnen. Aus diesem Grund sprachen sich die Ordoliberalen nicht nur gegen die zentrale Lenkungswirtschaft, sondern mindestens ebenso vehement gegen den Wirtschaftsliberalismus des 18. und 19. Jahrhunderts aus, der die Wirtschaft der Selbstregulierung des Marktes überlassen wollte und deshalb einen Nachtwächterstaat forderte (Erhard 1957: 9; Müller-Armack 1981: 167-77; 183-184; Müller-Armack 1988: 6-7; Starbatty 1982: 9; Zinn 1992: 31). Vielmehr müssen Gesellschaft und Staat dem Markt Grenzen setzen, wo dieser versagt:

> „Wir wissen zur Genüge, daß es töricht wäre, Markt, Wettbewerb und das Spiel von Angebot und Nachfrage für Einrichtungen zu halten, von denen wir auf allen Gebieten und unter allen Umständen das Beste erwarten können" (Röpke 1958: 193).
> „Mit anderen Worten: das Wirtschaftsleben spielt sich selbstverständlich nicht im moralischen Vakuum ab. Es ist vielmehr dauernd in Gefahr, die ethische Mittellage zu verlieren, wenn es nicht von starken moralischen Stützen getragen wird" (Röpke 1958: 168).

Soziale Probleme werden also nicht nur durch willkürliche Eingriffe, sondern auch durch systemwidrige Unterlassungen (*Laissez-faire*) und wirtschaftspolitische Experimente von Seiten der Politik verursacht (Habermann 1994: 320-321; Zinn 1992: 32-33). Um einen ‚Dritten Weg' zwischen *Laissez-faire*-Kapitalismus und autoritärer staatlicher Verwaltungswirtschaft zu finden, muss das optimale Mischungsverhältnis aus Markt und Staat gefunden werden. Das Credo lautet also nicht ‚kein Staat', sondern ‚soviel Markt wie möglich, so viel Staat wie nötig' (Müller-Armack 1988: 17; Starbatty 1982: 9-10). Diese staatlichen Eingriffe betreffen v.a. folgende Bereiche:[3]

---

3   Die Ordoliberalen legten in ihrem Werk den Schwerpunkt auf den ersten beiden Aspekten, und
     die politischen Reformen der Nachkriegszeit zielten vornehmlich darauf ab, den Selbstzerstö-

1) *Der Staat setzt den Rahmen für marktwirtschaftlichen Wettbewerb*, z.B. über Eigentums-, Vertrags-, Gesellschafts-, Patentrecht usw. (Eucken 1960: 26).

2) *Sich selbst überlassene Märkte haben eine Tendenz zur Selbstzerstörung* und können sehr unterschiedliche, auch ineffiziente Marktformen hervorbringen. Die großen Gefahren und Sünden eines entfesselten Marktes sind Instabilität der Wirtschaft allgemein bzw. der Finanzmärkte (Eucken 1960: 54), Monopole, Oligopole, Kartelle (einschließlich wirtschaftlicher Großunternehmen), die Durchsetzung partikularistischer Eigeninteressen einzelner Gruppen wie etwa der Gewerkschaften oder der *Arbeitgeber* (Erhard 1957: 9; 141-146; 164-197; 222; Eucken 1960: 30-43; Erhard 1962: 112-117; 201-208; Böhm 1980: 213-324).

3) *Bestimmte gesellschaftlich relevante Bereiche sind dem Marktprinzip nicht zugänglich*, z.B. der Umweltschutz. Hier sind staatliche Normensetzungen erforderlich, wie etwa die Festlegung von Höchstgrenzen und Abgaben. Ebenso wie etwa Durkheim (1992) und andere frühe Soziologen betonen die Ordoliberalen die nichtkontraktuellen Grundlagen des Vertrags, d.h. dass Marktwirtschaft auf Vorleistungen der Gesellschaft zurückgreifen muss, um funktionieren zu können (Röpke 1958: 169-170).

4) *Manche Lebensbereiche liegen jenseits von Angebot und Nachfrage*, wie etwa Ausbildung, Bildung, Freizeit und Familie (Eucken 1960: 319-320). Der Markt allein wäre mit ihnen überfordert und bringt ineffiziente Ergebnisse, weshalb der Staat aus ethischen Gesichtspunkten eingreifen muss, z.B. durch Familienpolitik, Arbeitsmarktpolitik und Berufsbildung (Röpke 1958: 183-184).

5) *Der Markt kann unsoziale Ergebnisse hervorbringen* (z.B. eine zu hohe Einkommensungleichheit), die gesellschaftlich ausgeglichen werden müssen, wobei diese Eingriffe marktkonform sein sollen (Lange 1988: 139; Starbatty 1982: 18-19). Hierzu gehören neben der Sozialpolitik auch Mittelstands-, Wettbewerbs-, aktive Konjunktur-, Kredit-, Geld- und Preis-, Struktur-, Bau- und Wohnungs-, Außenhandels- sowie regionale Entwicklungspolitik (Müller-Armack 1988: 15-16; Zinn 1992: 32-33; 45-47). Das Volumen der Einkommensumverteilung hat dabei *zwei* Grenzen: Die Obergrenze ist ein Umverteilungsvolumen, das so groß ist, dass es leistungshemmend wirkt, weil sowohl für die Beitragszahler, als auch für die Leistungsempfänger die Leistungsanreize schwinden. Gleichzeitig existiert aber auch eine Untergrenze für

---

rungstendenzen Grenzen zu setzen, was u.a. die Währungsreform und der Gründung der Bundesbank (1948/1958), die Reform der Bankenaufsicht (Gesetz über das Kreditwesen 1961), das Gesetz gegen Wettbewerbsbeschränkungen (1957) und das Gesetz zur Förderung der Stabilität und des Wachstums der Wirtschaft (1967) zur Folge hatte. Der Schwerpunkt in diesem Aufsatz liegt aber auf dem Verhältnis von Wirtschaft, Arbeitsmarkt und Sozialstaat, also den drei letzten Aspekten. Ich werde im Folgenden diskutieren, wie sich die Ordoliberalen dieses Verhältnis vorstellten.

das Umverteilungsvolumen: Sind die Sozialleistungen zu gering, wächst die Opposition gegen die Marktwirtschaft und destabilisiert nicht nur die Wirtschaft, sondern auch das politische System (Erhard 1957: 11-12; Erhard 1962: 302-309; Lange 1988: 139).

2.6 Der ‚Ordo' – Ganzheitliches Denken in Wirtschaftsstilen

Die Theoretiker der sozialen Marktwirtschaft betonten, dass verschiedene Wirtschaftsprozesse, also z.b. gesamtwirtschaftliche Entwicklung und Arbeitsmarkt, eng miteinander verwoben sind:

> „Es besteht die vollständige *Interdependenz* aller wirtschaftlichen Erscheinungen, aller Bewertungen, aller Handlungen" (Eucken 1960: 7).

Je komplexer eine Gesellschaft, desto komplexer das Ganze (Eucken 1960: 1-9), d.h. die Ordoliberalen argumentieren – ähnlich wie etwa Simmel (1901/1996) oder Elias (1970/2000) –, dass sich im Laufe der Modernisierung die Interdependenzketten immer mehr verlängern und damit die Verflochtenheit verschiedener wirtschaftlicher (und sozialer) Phänomene zunimmt. Ähnlich wie die Vertreter der ‚Varieties of Capitalism'-Debatte (Kocka 2006) sahen die Ordoliberalen Volkswirtschaften folglich als komplexe, aufeinander abgestimmte Systeme, die in eine Gesamtordnung eingebettet und eng mit dieser verwoben sind. Diese setzt sich wiederum aus verschiedenen staatlichen, wirtschaftlichen, gesellschaftlichen, kulturellen, technischen und rechtlichen Gebieten zusammen:

> „In einem geordneten staatlichen Leben stehen aber die Lebens- und Kulturbereiche, wie Wirtschaft, Bildung, Verwaltung, Elternhaus und Kirche, nicht beziehungslos nebeneinander, sondern ihre Verflochtenheit untereinander und die gegenseitige Befruchtung zu höherer Leistung, die dem Einzelnen und der Gesamtheit zugute kommen, werden überall sichtbar" (Erhard 1962: 354).

Da sich verschiedene Gesellschaften und historischen Epochen voneinander unterscheiden, gibt es nicht die ideale Marktwirtschaft, die für alle Gesellschaften gleich ist. Vielmehr ist die Gestaltung der Gesamtordnung durch einen bestimmten Stilgedanken – den ‚Ordo' – geprägt, der eine Gesellschaft und eine Epoche unverwechselbar macht und (innerhalb derselben Gesellschaft) von vorhergegangen Epochen mitbestimmt ist (Eucken 1960; Behlke 1961: 52; Starbatty 1982: 12-15; Müller-Armack 1981: 180-189; Müller-Armack 1988: 7). Daraus folgt zweierlei:
Erstens taucht bereits der Gedanke der Pfadabhängigkeit auf (Borchert 1998; Mósesdóttir 2000; Pfau-Effinger 2001; 2004; Crouch/Farrell 2002; Thelen 2002),

insofern dass Wirtschaftsordnungen nicht beliebig gestaltet werden können, sondern frühere Entwicklungen mit berücksichtigt werden müssen. Folglich kann es keine Standardrezepte zur Lösung sozialer Probleme geben. Die soziale Marktwirtschaft ist vielmehr ein offenes Konzept, dass an sich verändernde gesellschaftliche Umstände angepasst und weiterentwickelt werden muss (Müller-Armack 1981: 168-170; 182-183; Müller-Armack 1988).

Zweitens reicht es nicht aus, jeden wirtschaftlichen und sozialen Bereich gesondert zu optimieren. Um etwa Arbeitslosigkeit zu bekämpfen, genügt es nicht, die Arbeitslosenversicherung zu reformieren. Vielmehr müssen die Gesamtordnung und die Auswirkungen eines Teilbereichs auf die anderen berücksichtigt werden. Beispielsweise greifen Rechtsprechung (insbesondere das Eigentumsrecht), industrielle Beziehungen, soziale Sicherungssysteme, Ausbildungswesen usw. ineinander. Veränderungen in einem dieser Bereiche beeinflussen alle anderen, auch den Arbeitsmarkt. Wer den Blick für das Ganze verliert, beeinträchtigt möglicherweise durch scheinbar harmlose Änderungen die gesamte Wirtschaft (Eucken 1960: 9; Habermann 1994: 319; Zinn 1992: 42-43).

Auch Wirtschafts- und Sozialpolitik sind unweigerlich miteinander verwoben, und die beste Sozialpolitik ist für die Ordoliberalen eine erfolgreiche Wirtschaftspolitik (Eucken 1960: 313-315). Erst hohe Produktivität auf dem Markt schafft die Mittel zur staatlichen Sozialpolitik. Gleichzeitig sind jedoch soziale Gerechtigkeit und soziale Solidarität Teil menschlicher Verantwortung. Deshalb sollen das Markt- und das Sozialprinzip grundsätzlich gleichrangig sein und optimal aufeinander abgestimmt werden. Keines darf dem anderen übergeordnet sein (Müller-Armack 1981: 150-151; Müller-Armack 1988: 11-13; Starbatty 1982: 9-10):

> „An sozialpolitischen Einzelmaßnahmen hat es nicht gefehlt (…). Im Laufe der Zeit hat es sich jedoch gezeigt, daß mit Regelungen, die aus punktuellem Denken hervorgegangen sind, soziale Fragen nicht zureichend gelöst werden können (…). Hier Löhne erhöhen, dort Unfälle in Betrieben verhindern, oder Wohlfahrtseinrichtungen schaffen usw., ist zwar wichtig, aber es genügt nicht. Diese punktuelle Behandlung des Problems muß zurücktreten. Aber nicht, weil das Anliegen der Sozialpolitik nebensächlich geworden wäre. Im Gegenteil. Weil es so vordringlich ist, muß es für das gesamte Denken über die Wirtschaftsordnung mitbestimmend sein" (Eucken 1960: 312-313).

Zusammenfassend ist für die deutsche Variante des Neoliberalismus ein ganzheitliches Denken zentral, das insbesondere betont, dass Wirtschaft, Arbeitsmarkt (-politik) und Sozialpolitik eng miteinander verwoben sein sollten. Alle (wirtschafts-)politischen Reformen müssen die Auswirkungen auf das Gesamtsystem beachten. Leitgebend für alle Reformen sollten aber nicht die Erfordernisse der Wirtschaft, sondern die Bedürfnisse der Gesellschaft sein. Insbesondere dem

Kampf für (existenzsichernde und sichere) Arbeitsplätze und gegen Arbeitslosigkeit kommt in modernen Gesellschaften eine zentrale Bedeutung zu.

3 Die Umsetzung des Leitbilds der sozialen Marktwirtschaft in das politische Institutionengefüge der Nachkriegszeit

Wie eingangs dieses Beitrags erwähnt, entsprechen Theorien weder der politischen noch der Alltagspraxis. Das Konzept der sozialen Marktwirtschaft und mit ihm die Ideale von Ganzheitlichkeit, Freiheit und Sicherheit waren und sind für Deutschland allerdings zentral, da westdeutsche Politiker – allen voran Ludwig Erhard – sie nach 1945 als Leitbild heranzogen, um das (west-)deutsche Institutionengefüge zu reformieren bzw. neu zu gestalten (Zinn 1992: 63-66; Hegelich/Meyer 2008).[4] Sie schufen dabei das Institutionengefüge nicht neu, sondern gestalteten das, was sie vorfanden, um. Beispielsweise verfügte der deutsche Sozialstaat 1945 bereits über eine Jahrhunderte alte Tradition: Er hatte sich im 19. Jahrhundert beschleunigt entwickelt; seine Wurzeln reichen zurück bis ins Mittelalter (Ritter 1989; Alber 1987). Auch die Industrialisierung und mit ihr die Entwicklung moderner Arbeitsmärkte, die Sphärentrennung (Baur/Hofmeister 2008), das deutsche Systems der Qualitätsarbeit und das Finanzwesen verfügten bereits über eine lange Tradition (Vitols 2006). Bestimmte politische Maßnahmen waren durch die Erfahrungen des Nationalsozialismus in Verruf geraten, wie etwa eine aktive Familienpolitik. Andere normativen Standards waren den Zeitgenossen so selbstverständlich, dass sie sie nicht hinterfragten, so etwa die Geschlechterbeziehungen, die damals noch mit großer Selbstverständlichkeit als hierarchisch gedacht wurden. Die von den Ordoliberalen auf dieser Basis neu- und umgestalteten institutionellen Arrangements haben zum großen Teil bis heute Bestand und weisen folgende Kennzeichen auf:

– *Die soziale Marktwirtschaft als Rahmen deutscher Wirtschafts- und Sozialpolitik:* Die Wirtschaft der Bundesrepublik ist marktwirtschaftlich organisiert und orientiert sich am Leitbild des Neoliberalismus. In der Praxis war

---

4   Weitere wichtige Rahmenbedingungen des deutschen Wohlfahrtsstaats sind das grundgesetzlich verankerte Sozial- und Rechtsstaatprinzip sowie der Föderalismus. Außerdem hatten die Kirchen, insbesondere die katholische Soziallehre, einen wesentlichen Einfluss auf die Entwicklung des Nachkriegswohlfahrtsstaates. Schließlich darf der Einfluss der Besatzungsmächte, allen voran der USA, auf die deutsche Nachkriegspolitik nicht unterschätzt werden. So untermauerte die amerikanische Besatzungsmacht die Ideologie der bürgerlichen Kleinfamilie als Gegenentwurf zum Kommunismus durch Propaganda (Lennox 2005), und auch die Wirtschaft wurde stärker am amerikanischen Modell ausgerichtet (Berghahn 2006; Quack 2006; Nolan 2006).

Deutschland damit während der gesamten Nachkriegszeit deutlich neoliberaler geprägt als etwa die USA und Großbritannien (Prasad 2006). Gemäß dem Ideal der Wirtschaftsstile weist das deutsche Modell spezifische Züge auf. So ist der ‚kooperative Kapitalismus' (Clark 1980; Soskice 1999a; 1999b; Streeck 1997) bzw. ‚rheinische Kapitalismus' (Albert 1992; Windolf 2003) im Gegensatz zum angelsächsischen Kapitalismus der ‚kurzfristigen Zeit' ein Kapitalismus der ‚langfristigen Zeit' (Sennett 1998). Weitere Kennzeichen des ‚Modell Deutschlands' sind die Orientierung an der Produktion von Gütern (statt Dienstleistungen), hochwertige Qualitätsproduktion und das darauf abgestimmte (duale) Ausbildungssystem, ein bankbasiertes Finanzsystem mit starker Verflechtung zwischen Industrie und Finanzwesen sowie konsensorientierter industrielle Beziehungen mit Flächentarifvertrag und Mitbestimmung (Vitols 2006; Kocka 2006).

– *Koppelung von Wirtschafts- und Sozialpolitik:* Der Staat gestaltet im Nachkriegsdeutschland die Wirtschafts-, Gesellschafts- und Sozialordnung bewusst durch Gesetzgebung, laufende Kontrolle und Regulierung. Dem Markt wird dabei prinzipiell die führende Rolle zugesprochen, während der Staat eine unterstützende Nebenrolle erhält (Kocka 2006; Ginsburg 1992: 69-72).

– *Abhängigkeit der Familie vom Arbeitsmarkt:* Wohlstand wird in Deutschland seit der Industrialisierung vornehmlich über ein Erwerbseinkommen erworben. (Bezahlte Berufs-)Arbeit ist also Basis für die Fähigkeit von Eltern, ihre Kinder finanziell zu versorgen. Damit wirkt die gesamtwirtschaftliche Entwicklung auf die Fähigkeit Einzelner zurück, eine Familie zu gründen und langfristig zu ernähren. Der Wegfall des Familieneinkommens durch Arbeitslosigkeit, Krankheit, Invalidität oder Tod des Familienernährers kann den Ruin der gesamten Familie bedeuten und ist einer der Hauptarmutsfaktoren (Jacobs 2000).

– *Koppelung von Arbeitsmarkt und Sozialstaat:* Das soziale Sicherungssystem wurde nicht grundlegend neustrukturiert, sondern zunächst aus der Weimarer Zeit in seiner alten Gliederung übernommen (Unfallversicherung (1881); Krankenversicherung (1881); Rentenversicherung (1889/1957); Arbeitslosenversicherung (1927)) (Zinn 1992: 112-119; Oeter 1994; Schulte 2000). Die Bismarck'schen Sozialversicherungen hatten u. a. auch das Ziel, die *Familie* des Arbeitnehmers vor den schlimmsten Folgen des Verlusts seiner Arbeitskraft zu schützen (Ritter 1989; Esping-Andersen 1990; Lottes 1993). Ansprüche auf Sozialleistungen werden vorrangig über Sozialversicherungsbeiträge erworben, sind also an abhängige Beschäftigung auf dem Arbeitsmarkt gekoppelt, und die Versicherungssysteme zielen auf Statuserhalt ab (Bonß/Ludwig-Mayerhofer 2000). Nachteile im Einkommen führen also automatisch zu Nachteilen im Wohlfahrtsstaat (Ginsburg 1992: 69-72).

Deutschland ist damit der Prototyp des konservativen Wohlfahrtsstaats (Esping-Andersen 1990; Hofmeister et al. 2006; Hofäcker 2006).

–   *Abhängigkeit des Arbeitsmarkts von der Familie:* Die Gesamtwirtschaft ist gemäß dem Prinzip der sozialen Marktwirtschaft aber nicht nur die Basis für die Finanzierung des Sozialstaats, umgekehrt greifen Arbeitgeber auf eine ganze Reihe von Leistungen zurück, die gesellschaftlich erbracht werden und der (Re)Produktion von Arbeitskraft dienen, z.b. Ausbildung des Personals; Pflege- und Hausarbeit (Müller-Armack 1981; Grosser u.a. 1988; Zinn 1992). Diese sozialen Dienstleistungen können über den Markt selbst vermittelt werden (z.b. kann die Kinderbetreuung von einem Kindermädchen übernommen werden), sie können vom Staat bereitgestellt werden (z.b. über einen öffentlichen Kindergarten), oder sie können von Personen im sozialem Nahraum erbracht werden (z.B. einem Familienmitglied). Welche dieser Lösungen zu bevorzugen ist, ist eine normative Frage.[5] Allerdings legt jede Gesellschaft über den regulativen und institutionellen Rahmen spezifische Lösungen nahe (Baur 2001: 136-145). Der deutsche Sozialstaat orientiert sich am Subsidiaritätsprinzip (Chamberlayne 1992: 304-305; Hockerts 1981: 327; Ginsburg 1992: 68), d.h. so viele soziale Leistungen wie möglich (insbesondere Pflege-, Erziehungs- und Hausarbeit) sollen innerhalb der Familie erbracht werden. Dies entlastet den Staat von der Verpflichtung, selbst Leistungen wie qualitativ hochwertige Kinderbetreuungsangebote oder Ganztagsschulen bereitzustellen.

–   *Abhängigkeit des Sozialstaats von Wirtschafts- und Bevölkerungswachstum:* Die Sozialversicherungssysteme werden über das Umlageverfahren finanziert. Der Sozialstaat hängt damit eng sowohl mit Wirtschaft, als auch mit der Geburtenentwicklung (und damit der Familie) zusammen: Im ‚Generationenvertrag' war angedacht, dass Wirtschaft und Bevölkerung stetig wachsen: Eine Mehrheit von jüngeren, leistungsfähigeren Arbeitskräften sollte eine Minderheit von Älteren finanzieren. Solange die Wirtschaft wächst, können Wohlstandsgewinne umverteilt werden.

---

5   Das Besondere an sozialen Dienstleistungen ist, dass sie begrenzt rationalisierbar sind. So benötigt ein Kind immer gleich viel Aufmerksamkeit und verursacht damit in etwa gleich viel Kosten, egal wer es betreut. Allerdings werden diese Kosten in unterschiedlichen Arrangements von unterschiedlichen Personenkreisen getragen, also im Fall staatlicher Lösungen von der Gemeinschaft, im Fall von Markt- und Familienlösungen von den Eltern (Baur 2001: 127-152).

Grafik 2: Arbeitsmarkt, Sozialstaat und Familie im Konzept der sozialen Marktwirtschaft in den 1950ern und 1960ern

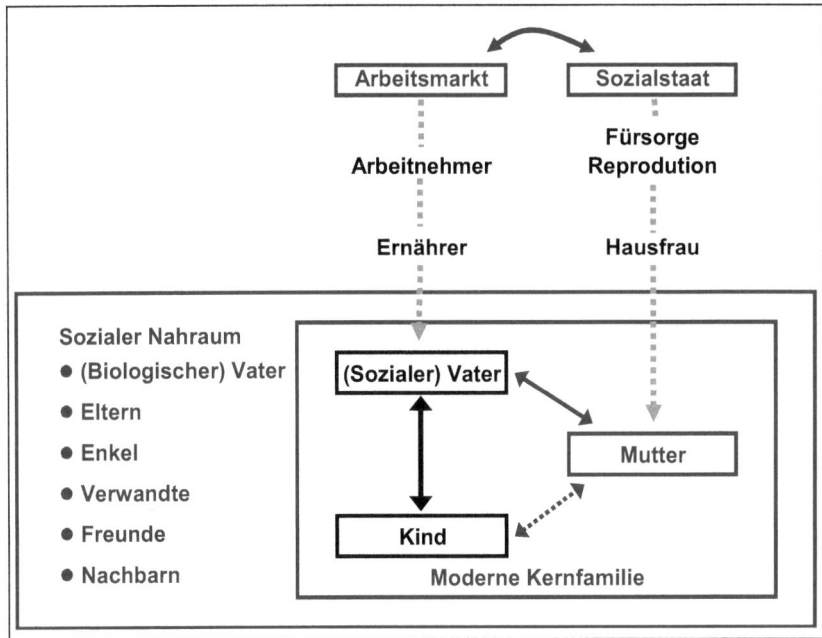

Quelle: Baur 2007: 84

- *Geschlechterarrangements*: Die Theoretiker der sozialen Marktwirtschaft orientierten sich am Ideal der bürgerlichen Kleinfamilie, die aus der Triade Vater – Mutter – Kind besteht (Niehuss 1999; Lennox 2005; Plötz 2006). Wirtschaft, Arbeitsmarkt und Sozialstaat sind damit nicht geschlechtsblind. Vielmehr basieren sie auf dem Ernährer-Hausfrau-Modell (Ostner 1995; Pfau-Effinger 1999), d.h. der Arbeitsmarkt geht davon aus, dass der typische Arbeitnehmer ein Vollzeit berufstätiger Familienvater (d.h. Mann) ist (Grafik 2). Einerseits soll sein Einkommen damit hoch genug sein, um eine Familie zu ernähren (Kolbe 2002). Andererseits kann der Mann sich voll auf die Arbeit konzentrieren (sowohl emotional, als auch hinsichtlich der Arbeitszeiten), denn der Sozialstaat geht von einer nicht erwerbstätigen Hausfrau und Mutter aus, die sich voll auf Pflege- und Erziehungsarbeit konzentriert und ihrem Mann den Rücken frei hält, z.B. seine Kleidung kauft, vor einer Geschäftsreise seinen Koffer packt oder repräsentative Abendessen für Geschäftsfreunde organisiert (Baur 2001: 141-142).

Zusammenfassend sahen die Vordenker der sozialen Marktwirtschaft zur Zeit des Um- und Wiederaufbaus Wirtschaft, Arbeitsmarkt, Sozialstaat, familiäre Beziehungen und (zumindest implizit) Geschlechterbeziehungen als miteinander verwoben und versuchten, diese Institutionen als Ganzes zu gestalten (Müller-Armack 1981; Grosser u.a. (Hg.) 1988; Zinn 1992). Dieses Modell war in sich stimmig, wurde in den 1950ern und 1960ern nicht nur von der Politik, sondern auch von der Mehrheit der Bevölkerung getragen und entsprach bis in die 1970er oder 1980er sowohl den Anforderungen der Wirtschaft (Kocka 2006),[6] als auch der alltäglichen Praxis der Mehrheit der Bevölkerung.[7]

Die zahlreichen wechselseitigen Bezüge und Abhängigkeiten verdeutlichen aber auch die Fragilität dieses Systems: Stagnieren oder schrumpfen etwa Wirtschaft oder Bevölkerung, steigt die Arbeitslosigkeit oder verändern sich die Geschlechterbeziehungen in der alltäglichen Lebensführung, gerät das System ins Wanken. Bei Veränderungen in einem dieser Bereiche muss das Gesamtsystem angepasst werden. Genau deshalb war soziale Marktwirtschaft ja auch (wie in Abschnitt 2 erläutert) als offenes, ständig anzupassendes Konzept gedacht.

Weiterhin bringt diese spezifische Gesamtordnung (zumindest der Idee nach) dem Einzelnen ein Maximum an wirtschaftlicher und individueller Freiheit sowie eine größtmögliche Chance auf persönliche Selbstentfaltung. Gleichzeitig erwachsen dem Individuum aber zwei Pflichten gegenüber der Gesellschaft: zu arbeiten sowie Kinder zu bekommen und großzuziehen. Ohne diese Vorleistungen können Wirtschaft und Sozialstaat nicht funktionieren. Da Kinder i.d.R. von Paaren in Familien groß gezogen werden, hat der Einzelne damit zwei Bezugssysteme, deren Anforderungen er miteinander in Einklang bringen muss: den Arbeitsmarkt und die Familie. Dies war in der unmittelbaren Nachkriegszeit zumindest für die Mittelschichten kein Problem, da das Ernährer-Hausfrau-Modell als gesellschaftliche

---

6   Es sei ausdrücklich darauf hingewiesen, dass die politische Umsetzung des Leitbildes der sozialen Marktwirtschaft nicht vollständig gelang. So war etwa im deutschen Rentenversicherungssystem bereits ein ‚Geburtsfehler' angelegt: Entgegen dem Rat der damaligen Experten wurden nur Rentner, nicht aber Kinder unterstützt, was Kinder zu einem Kostenfaktor machte (Schreiber 1954, Oeter 1994). Dennoch wurde in der unmittelbaren Nachkriegszeit – wesentlich stärker als heute – die Gesamtordnung geachtet, was sich allein schon darin ausdrückt, dass überhaupt über die Nebenfolgen der Rentenreform auf die Geburtenraten diskutiert wurde.

7   Dies gilt allerdings nur für eine Mehrheit in der Mittelschicht. Viele Deutsche konnten (oder wollten) etwa der Norm des Ernährer-Hausfrau-Modells nicht entsprechen. Im Gegenteil: Fast eine ganze Generation Frauen waren zumindest zeitweise allein erziehende Mütter, fast eine Generation Kinder wuchs vaterlos auf, weil die Männer entweder gefallen waren, erst nach langer Kriegsgefangenschaft zurückkehrten oder traumatisiert waren (Schulz u.a. 2005; Jeffords 1998; Radebold 2006; Plötz 2006). Dennoch entsprach das Ernährer-Hausfrau-Modell in den ersten Nachkriegsjahrzehnten stärker der sozialen Alltagspraxis als je zuvor oder danach (Niehuss 1999, Beck-Gernsheim 1980). Auch heute noch ist das Ernährer-Hausfrau-Modell ein ausgesprochenes Mittelschicht-Phänomen, da sich die meisten Arbeiterhaushalte eine solche Form familialer Arbeitsteilung gar nicht leisten können (Behnke 1997).

Normalität galt und mögliche Zeitkonflikte mittels der geschlechtsspezifischen innerfamilialen Arbeitsteilung gelöst wurden.

4 Verlust des ganzheitlichen Denkens seit den 1970ern

Dass das deutsche Institutionengefüge in den ersten Nachkriegsjahrzehnten in sich stimmig war, ermöglichte sowohl der Politik, als auch der wissenschaftlichen Forschung, sich auf einzelne gesellschaftliche Teilbereiche zu konzentrieren und diese damit noch stärker zu optimieren. Dies drückt sich darin aus, dass sich nicht nur Wirtschafts- und Sozialwissenschaften mehr und mehr getrennt entwickelten, sondern auch in innerdisziplinärer Spezialisierung. So verlaufen etwa in der Soziologie wirtschafts-, industrie-, arbeitsmarkt-, familien-, geschlechter-, bildungssoziologische und sozialpolitische Debatten weitgehend getrennt voneinander ab (Hegelich/Meyer 2008). Auch Politiker, Arbeitgeber und Gewerkschaften entwickelten spätestens seit den 1970ern Arbeitsmarkt und Sozialstaat getrennt weiter, und die verschiedenen politischen Institutionen werden heute weitgehend getrennt betrachtet. So wurden etwa in den vergangenen Jahren Krankenversicherung, Arbeitslosenversicherung und Rentenversicherung weitgehend unabhängig voneinander reformiert. Dieser Verlust des ganzheitlichen Denkens gilt auch für den Neoliberalismus selbst: Fordern Neoliberale heute ‚ganzheitliches Denken‘, meinen sie i.d.R., dass etwa Wirtschafts- und Arbeitsmarktpolitik zusammengedacht werden müssen. Die Wechselbeziehungen etwa zwischen Familie und Wirtschaft werden dagegen meist ausgeblendet.

Die Erfolge dieser Spezialisierung sollen nicht geleugnet werden. Insbesondere existiert heute über diese einzelnen Bereiche detailliertes Fachwissen in einer Differenziertheit und Tiefe, die ohne die Spezialisierung nicht möglich gewesen wäre. Problematisch ist allerdings, dass über diese Spezialisierung das ganzheitliche Denken und mit ihm das Gespür für Wechselwirkungen zwischen Wirtschaft, Arbeitsmarkt, Sozialpolitik und Alltagsleben sowie zwischen verschiedenen sozialpolitischen Institutionen weitgehend verloren gegangen ist. Gleichzeitig wird hierdurch die Normativität der sozialen Marktwirtschaft verschleiert.

Besonders problematisch ist, dass die aktuelle Forschung und politischen Reformen weitgehend von Individuen ausgeht und ignoriert, dass die meisten Deutschen nach wie vor den größten Teil ihres erwachsenen Lebens in einer stabilen, heterosexuellen und arbeitsteiligen (!) Partnerschaft verbringen. Gleichzeitig wird damit die in verschiedenen politischen Institutionen angelegte Geschlechterkonstruktion verschleiert und ignoriert: Wird in der Wirtschafts- und Arbeitsmarktpolitik von „Arbeitnehmern" gesprochen, sind fast immer Männer gemeint. Wird in

Bildungs- und Familienpolitik von „Eltern" bzw. „Familien" gesprochen, sind fast immer Frauen gemeint. Besonders fatal ist dies insbesondere, da sich Wirtschaft, Institutionen und Gesellschaft (spätestens) seit den 1970ern erheblich gewandelt haben. Dies hat zweierlei Folgen: Erstens sind auf der institutionellen Ebene verschiedene sozialpolitische Bereiche untereinander in Widerspruch geraten. Zweitens sind – ebenfalls auf der institutionellen Ebene – Arbeitsmarkt und Sozialstaat zunehmend miteinander in Widerspruch geraten. Drittens hat sich die deutsche Gesellschaft erheblich gewandelt, so dass die Institutionen mit der alltäglichen Lebenspraxis vieler Deutschen in Widerspruch stehen. Im Folgenden werde ich diese Entwicklungen und die aus ihnen erwachsenen Widersprüche skizzieren.

4.1 Sozialstaat

Wie oben erläutert, sind im Nachkriegsdeutschland Tarifpolitik und Sozialstaat Bindeglieder zwischen Sozialstruktur und Arbeitsmarkt. Parallel dazu werden im privaten Bereich Basisleistungen für wirtschaftliches Handeln erbracht, so etwa die Erziehung und Ausbildung von Kindern (die später dem Arbeitsmarkt zur Verfügung stehen sollen) oder die Regeneration der Arbeitskraft von Arbeitnehmern insbesondere über durch Hausarbeit erbrachte Leistungen. Erwerbs- und Reproduktionsleistungen werden in Partnerschaften oft arbeitsteilig erbracht. Denkt man diese Bereiche zusammen, so werden konträre Logiken, Anforderungen und Probleme flexibler Arbeitsmärkte offensichtlich:

Kinder sind aus Sicht von Teilen der deutschen Sozialversicherungssystems insofern nicht Privatsache, als dass die Finanzierung einiger Sicherungssysteme (wie etwa die Rentenversicherung) von der nächsten Generation getragen werden müssen, d.h. die staatliche Sozialordnung stützt sich auf eine hohe Geburtenrate.

Innerhalb des deutschen Sozialstaates ruhen Kinderbetreuung und Bildungssystem auch heute noch auf dem Subsidiaritätsprinzip, d.h. die Politik geht davon aus, dass Mütter (also: Frauen) Fürsorge- und Erziehungsaufgaben (wie Kleinkindpflege, Hausarbeit, Hausaufgabenbetreuung) übernehmen und hierfür zu Hause bleiben. Der Staat stellt also kaum Kindergärten und Ganztagsschulen bereit, woran auch die neueren Reformvorschläge nichts ändern werden. Unter dem Kostenargument wird immer wieder gefordert, dass Frauen sich selbst um diese Erziehungsaufgaben kümmern sollen.

Gleichzeitig wurden seit Anfang der 1990er die Sozialversicherungssysteme nach und nach vom Familien- auf das Individualprinzip umgestellt. Jüngstes Beispiel sind die Hartz IV-Reformen: Während das alte Arbeitslosengeld auf Statuserhalt abzielte und unbegrenzt weiter bezahlt wurde, Mittelschicht-Familien folglich auch bei Arbeitslosigkeit des Ernährers ihre Existenz sicherte, behandelt das Arbeitslosengeld II jeden Bedürftigen einzeln und (unabhängig von der sozialen Herkunft) gleich (Jann/Schmid 2004), d.h. gerade Mittelschicht-Familien, die das Hausfrau-Ernährer-Modell gelebt haben, droht hierdurch der soziale Absturz.

Bereits innerhalb der Sozialversicherungssysteme ist demnach ein Widerspruch angelegt: Sinnvoll wäre es, entweder Fürsorge- und Erziehungsaufgaben als wichtige Vorleistung für die Gesellschaft und als Familienaufgabe zu sehen (d.h. *alle* Leistungen *aller* sozialer Sicherungssysteme auf Familien zu beziehen) oder jede Person individuell zu behandeln (wodurch es Privatsache würde, ob man Kinder bekommt oder nicht, und Frauen bzw. Eltern könnten nicht mehr sozial verpflichtet werden, Kinder zu bekommen). Verschiedene Sicherungssysteme nach unterschiedlichen Prinzipien zu gestalten, ist dagegen widersinnig und widerspricht dem Konzept der sozialen Marktwirtschaft. Noch offensichtlicher werden diese Widersprüche, wenn man die Arbeitsmarktentwicklung hinzunimmt.

4.2 Arbeitsmarkt

Aus Sicht des modernen Arbeitsmarktes erscheint jedes Individuum als Einzelkämpfer. Gleichzeitig liefert der Arbeitsmarkt die wirtschaftliche Grundlage der meisten Paare. Ignoriert wird in aktuellen Debatten meist, dass gemäß der im deutschen Institutionengefüge eingegossenen Ideologie des männlichen Ernährers *Männer* als Hauptstreiter gesehen werden.

Da in den 1950ern und 1960ern in Deutschland das Ernährer-Hausfrau-Modell als Norm galt, konnten sich Arbeitnehmer (also Männer) stärker als in anderen Ländern auf den Beruf konzentrieren (was wohl mit einer der Gründe für die im internationalen Vergleich sehr hohe Arbeitsproduktivität der Deutschen ist). Gerade in den klassischen Bereichen des deutschen Modells, wie etwa dem Ingenieurswesen, werden von Männern lange Arbeitszeiten und eine starke Berufsorientierung erwartet. Eine Hausfrau zu haben, ist in diesen Berufen geradezu ein Symbol für die Karriereorientierung und bestimmt maßgeblich den beruflichen Erfolg (Könekamp 2006).

Deutsche Männer haben dies insofern verinnerlicht, als dass sie Berufstätigkeit als zentrales Moment von Männlichkeit betrachten und es als ihre soziale Aufgabe ansehen, für das Familieneinkommen zu sorgen (Baur/Luedtke 2008). Gleichzeitig werden Reproduktionsarbeit und Kindererziehung in den Verantwortungsbereich der Frau verwiesen. Ist etwa ein Kind krank, wird wie selbstverständlich erwartet wird, dass die *Mutter* zu Hause bleibt. Wollen Väter diese Aufgabe übernehmen, haben sie, obwohl dies ihnen mittlerweile rechtlich zusteht, von Arbeitgeber und Kollegen mit Sanktionen zu rechnen (Kassner 2008).[8]

Spätestens seit Beginn der 1990er kann aber der Arbeitsmarkt nicht mehr die lebenslange Ernährerfähigkeit des Mannes garantieren (Brose u.a. 2005; Struck 2006; Blossfeld 2006). Stichworte sind steigende Arbeitslosigkeit,[9] abnehmende Beschäftigungssicherheit (Auflösung des Normalarbeitsverhältnisses, befristete Verträge, Generation Praktikum) und Reallohnsenkungen bei höheren Ausgaben vor allem für die jüngere Generation (z.b. durch Berufsunfähigkeitsversicherung, zusätzliche private Altersvorsorge, Preiserhöhungen seit der Euro-Umstellung). Hinzu kommen die Reformen der Sozialversicherungssysteme und die zunehmende Instabilität von Partnerschaften.

Um die finanzielle Versorgung von Kindern zu sichern und um sich selbst vor den Folgen des Scheiterns der Partnerschaft zu schützen, ist es deshalb für Frauen (gerade wenn sie Kinder möchten) rational, (bezahlt) zu arbeiten. Entsprechend lässt sich seit den 1970ern – entgegen dem Ideal des Ernährer-Hausfrau-Modells – eine steigende Erwerbsbeteiligung von Frauen beobachten (Baur 2001).

Wenn aber auch Frauen arbeiten, haben sie weniger Zeit für die Reproduktionsarbeit. Diese muss teilweise vom Mann getragen werden, was wiederum bedeutet, dass mit der verstärkten Beteiligung der Frauen am Arbeitsmarkt die Arbeitszeiten von Männern sinken müssten. Das Gegenteil ist der Fall: Der Arbeitsmarkt ist blind gegenüber den Vorleistungen, die im partnerschaftlich-familiären Bereich für ihn erbracht werden, und greift immer stärker auf den ganzen Menschen zu (Mühling u.a. 2006: 47). Immer längere und flexiblere Arbeitszeiten sowie höhere berufliche Mobilität (Pendeln, Umzüge, Dienstreisen) erschweren nicht nur die Alltagsorganisation innerhalb der Familie, sie lassen auch traditionelle Unterstützungsnetzwerke (z.b. Großeltern) zusammenbrechen.

Erschwerend kommt hinzu, dass in Deutschland im Vergleich zu anderen Ländern die (staatliche) Betreuungsinfrastruktur für Klein- und Schulkinder hinsichtlich der Betreuungsqualität (wie etwa die PISA-Ergebnisse verdeutlichen), der Verfügbarkeit (etwa der Zahl von Kindergartenplätzen) und der Öffnungszeiten (häufig nur Mo – Fr 8.00 – 12.00 Uhr, selten auch 14.00 – 18.00 Uhr) schlecht ausgebaut ist: El-

---

8   Kassner (2008) verdeutlicht, dass die Chance, ein alternatives Familienmodell zu leben, nicht nur von den persönlichen Wünschen, sondern wesentlich vom sozialen Umfeld mit beeinflusst wird, namentlich dem Arbeitgeber und den Kollegen.

9   In der Zeit der ‚Vollbeschäftigung' in den 1960ern standen dem Arbeitsmarkt extrem wenige Personen zur Verfügung. Im Gegensatz zu einem weitläufigen Missverständnis ist die Ursache der steigernden Arbeitslosigkeit nicht, dass Arbeitsplätze verloren gegangen wären, sondern dass nicht so viele Arbeitsplätze neu geschaffen werden konnten, wie seitdem Menschen auf den Arbeitsmarkt drängten (Baur 2001). So ist die Arbeitslosigkeit in Ostdeutschland v.a. deshalb höher, weil sich dort Frauen arbeitslos melden statt – wie im Westen – Hausfrau zu werden (Geißler 2002: 270-276; Statistisches Bundesamt (Hg.) 2004: 97-102, 107-120, 213-214).

tern müssen relativ mehr Zeit und Energie in die Kinderbetreuung investieren, was den vom Arbeitsmarkt oft geforderten 50- bis 60-Stunden-Wochen bei 24/7-Erreichbarkeit zuwiderläuft. Auf eine private Kinderversorgung zurückzugreifen, würde bei den meisten Arbeitnehmern am Einkommen scheitern. Arbeitsmarkt und Sozialstaat senden demnach widersprüchliche Signale, indem die eine Institution die Doppelverdienerehe, die andere die Ernährer-Hausfrauen-Ehe fordert, so dass selbst Paaren, die ihre Elternschaft in traditionaler Rollenaufteilung leben wollen, die Alltagsgestaltung von Elternschaft zunehmend erschwert wird. Bei Männern schlägt sich das Fortwähren der starken Ernährernorm bis heute empirisch darin nieder, dass die überwiegende Mehrheit nach Ende der Ausbildung bis zum Eintritt ins Rentenalter Vollzeit erwerbstätig ist und ihr Lebenslauf eine typische Sequenzialität aufweist: Sie schließen *erst* ihre Ausbildung ab, suchen *dann* eine unbefristete Vollzeitstelle, *dann* eine Lebenszeitpartnerin (bzw. formalisieren ihre Beziehung zur Wunschpartnerin durch Heirat) und werden *frühestens dann* Vater (Helfferich u.a. 2005; Helfferich/Kruse 2006; Kühn 2005; Kurz 2005; Schmitt 2005; Tölke 2005). Auch wenn sie Väter werden, arbeitet nur jeweils einer von zwanzig Teilzeit bzw. nimmt die Elternzeit in Anspruch (Döge 2006: 8).

4.3 Wandel der alltäglichen Lebensführung und Lebensvorstellungen

Wie sehr das ganzheitliche Denken der Nachkriegsjahre verloren gegangen und das deutsche Institutionengefüge aus dem Lot geraten ist, wird deutlich, wenn man die Ebene der individuellen Lebensgestaltung betrachtet. Dort lassen sich eine Reihe von Veränderungen ausmachen, die auf die Vorstellungen und Ausgestaltung von familiärer Arbeitsteilung im Alltag rückwirken: Bis Mitte der 1960er waren Kinder sehr eng mit Sexualität verknüpft. Mit der Erfindung der Pille konnte eine Frau erstmals wählen, ob sie Kinder haben wollte; spätestens mit dem massiven Gebrauch von Kondomen wurde Verhütung auch Männersache. Die bessere Planbarkeit des Reproduktionsverhaltens bedeute, dass

- nicht mehr das ‚Können' (die Fruchtbarkeit an sich), sondern das ‚Wollen' (der Kinderwunsch) zentrale Voraussetzung für Elternschaft wurden;
- sich nun auch für Männer die Kinderfrage stellt;
- Kinder in Konflikt mit anderen Zielen treten (können), die ein Paar verfolgt, etwa Selbstverwirklichung, Zweisamkeit, viel Freizeit oder ein hoher Lebensstandard.

Dass (fast) nur noch die Paare Kinder bekommen, die sie auch wollen, reduziert die Geburtenraten (und bringt damit die deutschen Sozialversicherungssysteme ins Wanken, die ein Bevölkerungs*wachstum* voraussetzen), bedeutet aber auch, dass heute die meisten Kinder Wunschkinder sind. Parallel hierzu stiegen die normativen Anforderungen an gute Eltern- bzw. Mutterschaft, die u.a. ein gestiegenes zeitliches und emotionales Engagement der Eltern für ihre Kinder implizieren (Pasquale 2002; Mühling u.a. 2006: 45), insbesondere da die künftigen (Bildungs-)Chancen eines Kindes sehr stark davon abhängen, wie sehr das Kind von den Eltern gefördert wurde. Förderung wiederum kostet Zeit. Berufliche Flexibilität und lange Arbeitszeiten beider Partner erschweren gleichzeitig, Kinder mit ihrem eigenen Zeitrhythmus in den Tagesablauf zu integrieren. Durch häufige (beruflich bedingte) Umzüge brechen Verwandtschafts- und Nachbarschaftsnetzwerke weg, die unterstützend bei der Kindererziehung helfen könnten, und die ,jungen Alten' sind weniger als ihre Elterngeneration bereit, die Enkel mit zu erziehen.

Partnerschaften selbst werden außerdem immer instabiler (Mühling u.a. 2006: 25-26; 137). Eine gescheiterte Partnerschaft bedeutet bei Paaren, die vorher das Ernährer-Hausfrau-Modell praktiziert haben, eine erhebliche zeitliche Zusatzbelastung für die Mutter und eine erhebliche finanzielle Belastung für den Vater (durch Unterhaltszahlungen), so dass es häufig nicht zu einer zweiten Familiengründung kommt. Der Anreiz ist also sehr stark, erst Kinder zu bekommen, wenn ein Paar sich sicher sein kann, dass die Partnerschaft für die nächsten 25 Jahre (also bis die Kinder sicher einen eigenen Beruf haben) stabil ist und das Paar den Kindern genügend Zeit bieten kann, um sie aktiv zu erziehen.

Eine wesentliche Folge der Studenten-, Frauen- und Friedensbewegung war schließlich ein umfassender Wertewandel, in dessen Zuge u.a. die Selbstentfaltung des Einzelnen, eine größere berufliche Chancengleichheit für Frauen, aber auch eine stärkere Beteiligung von Männern an der Haus- und Erziehungsarbeit gefordert wurden (Mühling u.a. 2006: 137). Gesprochen wird von ,aktiven' ,engagierten' oder ,neuen Vätern' oder sogar von Rollentausch (berufstätige Frau mit Hausmann). Ingesamt ist eine Pluralisierung der Lebensformen und -vorstellungen zu beobachten. So zeigt Keddi (2003), dass es zwar nach wie vor (auch junge) Deutsche gibt, die dem *Ideal der Ernährer-Hausfrau-Ehe* anhängen. Daneben lassen sich aber sechs andere Lebensthemen identifizieren:

– *die Berufsorientierung* (beide Partner wollen Karriere machen; Kinder sind sekundär und – sollten sie kommen – Frauensache);

– *die Doppelorientierung* (beide Partner wollen sich Berufs- und Erziehungsarbeit teilen);

- *der eigene Weg* (jeder sollte sich selbst entfalten, wobei Selbstentfaltung Kinderlosigkeit bedeuten kann, aber umgekehrt auch über Kinder stattfinden kann);
- *der gemeinsame Weg* (ein Partner richtet sein Leben komplett nach den Wünschen des Partners aus);
- *die Aufrechterhaltung des Status quo* (Veränderung wird vermieden, und hierzu gehören auch Kinder);
- *die Suche nach Orientierung* (die betreffende Person weiß nicht, was sie will, bekommt aber wahrscheinlich auch keine Kinder).

Je nach Lebensvorstellung können Erwerbsarbeit und Kinder also Unterschiedliches bedeuten, und derselbe institutionelle Rahmen wirkt teils unterstützend, teils hemmend auf eine Erwerbstätigkeit bzw. Familiengründung. Das erste Problem besteht darin, einen geeigneten Partner (mit denselben Lebensvorstellungen) zu finden, aber „Frauen oder Männer, bei denen Kinder nicht zum Lebensthema passen, bekommen auch nicht dem Partner oder der Partnerin zuliebe ein Kind." (Keddi 2003: 222). Schließlich ist es durchaus denkbar, dass ein Paar lieber keine Kinder bekommt, als die Elternrolle nicht gemäß den eigenen Vorstellungen ausüben zu können, und zwar gerade weil ihnen Kinder so wichtig sind.

Das Hausfrau-Ernährer-Modell, von dem der Sozialstaat ausgeht, ist heute allenfalls eine gewünschte Lebensform unter vielen. Die meisten Paare wünschen sich heute eine stärkere Gleichverteilung der Berufs-, Haus- und Erziehungsarbeit. Zudem ist das Institutionengefüge selbst in den vergangenen drei Jahrzehnten aus dem Ruder geraten, da einem Verharren des Sozialstaats auf dem Familienprinzip ein zunehmend am Individualprinzip orientierter Arbeitsmarkt gegenübersteht, so dass sich v.a. junge Paare in der Zange zwischen beruflichen Flexibilitäts- und familiären Solidaritätsanforderungen wiederfinden.

5 Zurück zur Ganzheitlichkeit: Orientierung an der Lebenswelt der Menschen

Wie die bisherige Diskussion gezeigt hat, fordert das Konzept der sozialen Marktwirtschaft ein ganzheitliches Denken und ein Institutionengefüge, das nicht nur in sich stimmig ist, sondern sich vor allem an den Lebensvorstellungen und der Alltagspraxis der Menschen orientiert. Diese Institutionen waren in den 1950ern und 1960ern aufeinander abgestimmt, gerieten aber spätestens in den 1990ern aus dem Lot.

Hieraus folgt für die *wissenschaftliche Forschung*, dass – *zusätzlich* zu spezialisierter Forschung in den Teildisziplinen – wieder die Interdependenzen zwischen Gesellschaft, Sozialstaat, Arbeitsmarkt und Wirtschaft in den Blick genommen werden müssen.

Für die *Politik* folgt, dass – statt eines Flickwerks von sich Einzelreformen in Teilbereichen der Sozialversicherungssysteme und des Arbeitsmarktes, die die systemimmanenten Widersprüche nur noch verschärfen – der Blick wieder der Gesamtordnung gelten muss. Bei der Gestaltung dieser Gesamtordnung sollten außerwirtschaftliche Bereiche vorrangig sein, und die Wirtschaft muss auch auf andere Lebensbereiche Rücksicht nehmen:

> „Der arbeitende Mensch gehört gleichzeitig verschiedenen Bereichen an. Er lebt im Haushalt, er arbeitet im Betrieb, und er bietet seine Arbeitskraft auf dem Arbeitsmarkt an. Jeder dieser Bereiche hat seine Eigengesetzlichkeit. Haushalte und Betriebe sind etwas anderes als Märkte (…). Ausschlaggebend dafür, ob ein Mensch sich in einer Ordnung wohlfühlen kann, sind die privaten Verhältnisse, in denen er lebt. (…) Die Ordnung wird nur der bejahen, der über ein Mindestmaß an häuslicher Geborgenheit und über die äußeren Voraussetzungen für ein gesundes Familienleben verfügt" (Eucken 1960: 319).

Mit anderen Worten: Menschen sollen nicht gezwungen werden, sich an den Markt anzupassen, sondern der Markt soll so gestaltet werden, dass er zu den Menschen passt. Dies gilt umso mehr in Demokratien.[10] Es ist demnach nicht nur in einer Demokratie geboten, sondern auch im Sinne der sozialen Marktwirtschaft, die Bedürfnisse der Menschen ernst zu nehmen. Diese stecken den Rahmen ab, in dem Reformen stattfinden können.

Dieser Text kann keine Lösung für diese Fragen und Probleme bieten. Dennoch soll im Folgenden der Versuch unternommen werden, einige dieser Bedürfnisse aufzuzeigen. Insbesondere soll drei Fragen nachgegangen werden: Wie bewerten die Deutschen den Arbeitsmarkt und ihre Chancen auf dem Arbeitsmarkt? Wie wichtig sind den Deutschen Partnerschaft und Kinder? Wie bewerten sie die Sozialversicherungssysteme (insbesondere die Arbeitslosenversicherung) angesichts dieses Rahmens?

Illustriert wird dies am Beispiel ausgewählter Umfrageergebnisse, namentlich einer Studie zur Bewertung der Hartz-Reformen (2005) und einer Studie zu Männlichkeitsbildern der Deutschen (2006).

---

10   Abgesehen davon ist es auch gar nicht möglich, in komplexen modernen Gesellschaften Menschen zu etwas zu zwingen, was sie nicht wollen. Wenn Institutionen nicht den Bedürfnissen und Wünschen von Menschen entsprechen, passen sie i.d.R. nicht ihre Wünsche den Institutionen an, sondern entwickeln Ausweichstrategien. So konstatiert Keddi (2003, 145): „Unterschiedliche Gelegenheitsstrukturen (...) schlagen sich wider Erwarten nicht direkt in die Lebensthemen nieder", d.h. Leute ändern bei strukturellen Zwängen (die etwa das Ernährer-Hausfrau-Modell nahelegen) nicht ihre Lebensvorstellungen und Träume (alternative Familienmodelle), sondern versuchen den Strukturen auszuweichen, indem sie z.B. auf Kinder verzichten.

5.1 Erwerbsorientierung

In beiden Studien wurden repräsentative Stichproben aus vier Bundesländern mit sehr unterschiedlichen politischen Traditionen und sehr unterschiedlicher Arbeitsmarktsituation gezogen: Nordrhein-Westfalen repräsentiert den Nordwesten Deutschlands mit einer für Deutschland durchschnittlichen Wirtschafts- und Arbeitsmarktentwicklung; Baden-Württemberg repräsentiert den wohlhabenden Südwesten, Sachsen-Anhalt den stark von Arbeitslosigkeit betroffenen Osten und Bremen die Stadtstaaten.

Tabelle 1: Arbeitsethos (Anteil der Befragten, die der Aussage voll zustimmen)

	Bundesland				Gesamte Stichprobe	N
	Baden-Württemberg	Bremen	Nordrhein-Westfalen	Sachsen-Anhalt		
Wer arbeitet, finanziert die sozialen Sicherungssysteme mit.	82%	76%	86%	81%	81%	685
Am Arbeitsplatz kann man sein Wissen und Können gut einsetzen.	64%	60%	65%	78%	67%	681
Arbeit ist eine Pflicht, die jeder der Gesellschaft gegenüber erbringen muss	60%	57%	62%	73%	64%	686
Es macht Spaß zu arbeiten.	47%	50%	62%	65%	56%	687
Ein Beruf ist nur ein Mittel, um Geld zu verdienen – nicht mehr.	10%	16%	11%	19%	14%	689

Datenbasis: CATI-Umfrage „Hartz IV im Spiegel der Bevölkerungsmeinung", Untersuchungszeitraum: 7. bis 22. März 2005; Zufallsstichprobe nach dem Gabler-Häder-Design; zur genaueren Beschreibung des methodischen Vorgehens siehe Baur 2006.
Frageformulierung: Menschen arbeiten aus den unterschiedlichsten Gründen. Ich nenne Ihnen nun eine Reihe von Aussagen hierzu. Wie ist Ihre Meinung hierzu? Stimmen Sie voll zu, stimmen Sie eher zu, stimmen Sie eher nicht zu oder stimmen Sie überhaupt nicht zu?

In allen Regionen sehen die Befragten deutlich den Zusammenhang zwischen Erwerbsarbeit und Sozialversicherungssystemen: Wie Tabelle 1 illustriert, stimmen vier von fünf Befragten voll zu, dass wer arbeitet, die sozialen Sicherungssysteme mitfinanziert. Im Westen stimmen sechs von zehn, im Osten sogar sieben von zehn Befragten voll zu, dass Arbeit eine Pflicht sei, die jeder der Gesellschaft gegenüber erbringen muss. Die meisten Befragten glauben auch, dass man am Arbeitsplatz sein Wissen und Können gut einsetzen kann und es Spaß macht zu arbeiten. Dagegen sieht nur eine Minderheit den Beruf als reines Mittel, um Geld zu verdienen. Insgesamt hat Erwerbsarbeit in Deutschland einen sehr hohen

Wert. Insbesondere deutsche Männer haben einen sehr hohen Arbeitsethos (Baur/Luedtke 2008). Die Orientierung an marktwirtschaftlichen Prinzipien wird auch daran deutlich, dass Arbeitnehmer durchaus bereit sind, Entlassungen und Lohnkürzungen hinzunehmen, wenn dies für das Unternehmen erforderlich ist und diese Maßnahmen als nach innerorganisatorischen Gesichtspunkten als gerecht empfunden werden (Struck u.a. 2006).

Tabelle 2: Subjektive Betroffenheit von Arbeitslosigkeit

	Bundesland				Gesamte Stichprobe	*N*
	Baden-Württemberg	Bremen	Nordrhein-Westfalen	Sachsen-Anhalt		
Anteil der Befragten, die Angst haben, dass sie oder ihr Partner arbeitslos werden	23%	25%	19%	21%	22%	*432*
Anteil der Befragten, die der Ansicht sind, dass es für sie bzw. ihren Partner im Fall von Arbeitslosigkeit ...						*497*
... leicht ...	25%	31%	29%	16%	25%	
... schwer ...	55%	49%	41%	52%	49%	
... praktisch unmöglich ...	21%	20%	30%	31%	26%	
... wäre, einen neuen Arbeitsplatz zu finden bzw. einen neuen Betrieb aufzubauen						

Datenbasis: CATI-Umfrage „Hartz IV im Spiegel der Bevölkerungsmeinung", Untersuchungszeitraum: 7. bis 22. März 2005; Zufallsstichprobe nach dem Gabler-Häder-Design; zur genaueren Beschreibung des methodischen Vorgehens siehe Baur 2006.

Die starke Orientierung am Markt und der Erwerbsarbeit führt zu Angst, von dieser ausgeschlossen zu werden: Wie Tabelle 2 verdeutlicht, hat ein beträchtlicher Teil der erwerbstätigen Befragten bzw. Befragten mit einem erwerbstätigen Partner Angst, dass sie oder ihr Partner arbeitslos werden. Dabei korrespondiert die faktische Arbeitsmarktlage nicht direkt mit der Angst vor Arbeitslosigkeit: Im Osten ist die Wahrscheinlichkeit, arbeitslos zu werden und zu bleiben am größten, im Südwesten am niedrigsten. Die Angst vor Arbeitslosigkeit ist aber gerade in Baden-Württemberg am größten. Dass mehr als 80% der Sachsen-Anhalter es für schwer oder praktisch unmöglich halten, einen neuen Arbeitsplatz zu finden, ist zwar angesichts der Lage im Osten durchaus realistisch, aber auch die westdeutschen Befragten teilen diese Ängste, auch wenn ihre Arbeitsmarktchancen deutlich besser sind.

Tabelle 3: Einstellung gegenüber Arbeitslosen (Anteil der Befragten, die der Aussage zustimmen)

	Bundesland				Gesamte Stichprobe	N
	Baden-Württemberg	Bremen	Nordrhein-Westfalen	Sachsen-Anhalt		
Arbeitslose haben es schwer, ihren Lebensstandard zu halten.	79%	72%	75%	84%	78%	*683*
Viele Arbeitslose würden gerne arbeiten, finden aber keine Stelle.	50%	56%	49%	73%	58%	*680*
Viele Arbeitslose missbrauchen den Sozialstaat.	32%	27%	29%	32%	30%	*666*
Wenn man sich nur genug bemüht, findet man immer eine Stelle.	25%	19%	26%	20%	23%	*679*
Durch Arbeitslosigkeit verliert man seine Freunde und Bekannten.	18%	12%	16%	19%	16%	*667*

Datenbasis: CATI-Umfrage „Hartz IV im Spiegel der Bevölkerungsmeinung", Untersuchungszeitraum: 7. bis 22. März 2005; Zufallsstichprobe nach dem Gabler-Häder-Design; zur genaueren Beschreibung des methodischen Vorgehens siehe Baur 2006.
Frageformulierung: Ich nenne Ihnen nun eine Reihe von Aussagen über Arbeitslose. Bitte sagen Sie mir Ihre Meinung dazu. Stimmen Sie voll zu, stimmen Sie eher zu, stimmen Sie eher nicht zu, oder stimmen Sie überhaupt nicht zu?

Arbeitslosigkeit wird dabei durchaus als Bedrohung für die gesamte soziale Existenz gesehen. Wie Tabelle 3 verdeutlicht, glaubt – je nach Bundesland – nur jeder vierte bis fünfte Befragte, dass man immer eine Stelle findet, wenn man sich nur genug bemüht. Die überwiegende Mehrheit der Befragten ist der Ansicht, dass Arbeitslose es schwer haben, ihren Lebensstandard zu halten. Drei von vier Ostdeutschen und etwa jeder zweite Westdeutsche sind außerdem der Ansicht, dass viele Arbeitslose gerne arbeiten würden, aber keine Stelle finden. Nur jeder Dritte findet dagegen, dass viele Arbeitslosen den Sozialstaat missbrauchen.

Die von den Theoretikern der sozialen Marktwirtschaft betonte Bedeutung von Erwerbsarbeit und des Kampfes gegen Arbeitslosigkeit erscheint damit auch heute noch als zentral. Der Sozialstaat soll, wie oben erläutert, gemäß dem Ordoliberalismus vor den Unwägbarkeiten des Lebens bewahren und Ängste nehmen. Wie sehr gelingt es nun aus Sicht der deutschen Bevölkerung dem heutigen Sozialstaat, diese Lebensrisiken abzufedern?

5.2 Sozialstaatsorientierung

Wie Tabelle 4 illustriert, sehen sich die Befragten durchschnittlich gegen verschiedene Notlagen nur befriedigend bis ausreichend durch die Sozialversicherungssysteme und private Vorsorge abgesichert. Relativ am besten schneidet dabei die Gesundheitsvorsorge, am schlechtesten die Absicherung gegen Arbeitslosigkeit ab. Jeder dritte Erwerbstätige bzw. Befragte mit einem erwerbstätigen Partner findet die Absicherung im Falle von Arbeitslosigkeit sogar mangelhaft oder ungenügend.

Tabelle 4: Zufriedenheit mit der Absicherung gegen Notlagen (Durchschnittsnote bei Schulnoten von 1 (Sehr gut) bis 6 (Ungenügend))

Zufriedenheit mit …	Bundesland				Gesamte Stichprobe	N
	Baden-Württemberg	Bremen	Nordrhein-Westfalen	Sachsen-Anhalt		
… Absicherung bei Krankheit	2,5	2,8	2,6	2,8	2,7	*662*
… Absicherung für das Alter	3,2	3,5	3,1	3,3	3,3	*663*
… mit dem deutschem Bildungssystem	3,5	3,7	3,6	3,7	3,6	*654*
… Absicherung bei eigener Arbeitslosigkeit oder Arbeitslosigkeit des Partners	3,6	3,8	3,7	3,8	3,8	*467*

Datenbasis: CATI-Umfrage „Hartz IV im Spiegel der Bevölkerungsmeinung", Untersuchungszeitraum: 7. bis 22. März 2005; Zufallsstichprobe nach dem Gabler-Häder-Design; zur genaueren Beschreibung des methodischen Vorgehens siehe Baur 2006.
Frageformulierung: Die Sozialversicherung und entsprechende private Vorsorgeformen sollen die Menschen in verschiedenen Notlagen und im Alter finanziell absichern. Wie gut fühlen Sie sich persönlich in den folgenden Lebenssituationen abgesichert? Drücken Sie dies bitte in Schulnoten aus. 1 bedeutet „sehr gut", 2 „gut", 3 „befriedigend", 4 „ausreichend", 5 „mangelhaft" und 6 „ungenügend".

Entsprechend wünscht sich jeder Dritte – in Sachsen-Anhalt sogar jeder Zweite – eine Steigerung der Ausgaben für die Unterstützung der Arbeitslosen (Tabelle 6). Mehr als jeder Zweite wünscht sich zumindest, dass die Regierung für die Unterstützung von Arbeitslosen genauso viel ausgeben solle wie vor den Hartz-Reformen. Für eine Ausgabensenkung plädiert dagegen nur einer von zehn.

Wie Tabelle 6 verdeutlicht, sind die Wünsche bezüglich der Arbeitslosenversicherung im Vergleich zu den anderen Sozialversicherungssystemen noch relativ verhalten. Für die anderen Bereiche sozialer Sicherung wünscht sich ein höherer Anteil der Befragten eine Ausgabensteigerung: Etwa vier von zehn wollen eine

Ausgabensteigerung für Renten und Pensionen, sechs von zehn im Gesundheits-
wesen und fast neun von zehn im Bildungssystem.

Tabelle 5: Gewünschte Ausgabenentwicklung der Arbeitslosenversicherung

Die Regierung sollte für die Unterstützung von Arbeitslosen ...	Bundesland				Gesamte Stichprobe
	Baden-Württemberg	Bremen	Nordrhein-Westfalen	Sachsen-Anhalt	
... mehr ausgeben wie bisher.	31%	41%	28%	48%	37%
... genauso viel ausgeben wie bisher.	59%	50%	61%	45%	54%
... weniger ausgeben wie bisher.	10%	9%	11%	7%	9%
N	*156*	*142*	*166*	*174*	*638*

Datenbasis: CATI-Umfrage „Hartz IV im Spiegel der Bevölkerungsmeinung", Untersuchungszeitraum:
7. bis 22. März 2005; Zufallsstichprobe nach dem Gabler-Häder-Design; zur genaueren Beschreibung
des methodischen Vorgehens siehe Baur 2006.
Frageformulierung: Sollte die Regierung für die Unterstützung von Arbeitslosen mehr ausgeben, genauso viel ausgeben oder weniger ausgeben wie bisher?

Tabelle 6: Wunsch nach Ausgabensteigerung in verschiedenen Bereichen sozialer
Sicherung

Die Regierung sollte die Ausgaben ... steigern.	Bundesland				Gesamte Stichprobe	*N*
	Baden-Württemberg	Bremen	Nordrhein-Westfalen	Sachsen-Anhalt		
... im Bildungssystem ...	87%	89%	85%	86%	87%	*663*
... im Gesundheitsweisen ...	57%	60%	47%	62%	57%	*647*
... für Renten und Pensionen ...	42%	43%	33%	44%	41%	*646*
... zur Unterstützung von Arbeitslosen ...	31%	41%	28%	48%	37%	*638*

Datenbasis: CATI-Umfrage „Hartz IV im Spiegel der Bevölkerungsmeinung", Untersuchungszeitraum:
7. bis 22. März 2005; Zufallsstichprobe nach dem Gabler-Häder-Design; n = 693, davon 166 Befragte
aus Nordrhein-Westfalen, 154 aus Baden-Württemberg, 180 aus Sachsen-Anhalt und 192 aus Bremen;
zur genaueren Beschreibung des methodischen Vorgehens siehe Baur 2006.
Frageformulierung: Sollte die Regierung für ... ... mehr ausgeben, genauso viel ausgeben oder weniger
ausgeben wie bisher?

Insgesamt ergibt sich hieraus das Bild, dass die Absicherung gegen Notlagen von einem großen Teil der deutschen Bevölkerung als deutlich unbefriedigend empfunden wird, was dem Postulat der sozialen Marktwirtschaft nach der Gleichzeitigkeit von Freiheit und Sicherheit widerspricht.

5.3 Familienorientierung

Wie oben erläutert wurde, erfordern das Modell der sozialen Marktwirtschaft und der deutsche Sozialstaat nicht nur eine hohe Erwerbsorientierung, sondern auch hohe Geburtenraten. Kinder sind damit nicht nur Privatsache. Insofern ist es nicht verwunderlich, dass in den vergangenen Jahren in öffentlichen Debatten immer wieder die geringen Geburtenraten, v.a. bei Akademikerinnen, beklagt wurden. Oft wird behauptet, dass jungen Deutschen infolge des Wertewandels Karriere, Freizeit, Wohlstand und Selbstverwirklichung wichtiger sei als Kinder (Burkart 2006). Implizit wird ihnen damit der Vorwurf gemacht, sich egoistisch der sozialen Verantwortung zu entziehen. Dass dies nicht der Fall ist, zeigen zahlreiche Studien: Die überwiegende Mehrheit der Deutschen möchte Kinder haben, Männer und Frauen gleichermaßen (Erler u.a. 1988; Klomann/Nyssen 1994; Schmitt 2005; Eckhard/Klein 2006; Baur 2007). Ebenso hoch im Kurs stehen Partnerschaft und Erwerbsarbeit (Vaskovics/Mühling 2003). Warum ist dann seit den 1960ern ein demographischer Wandel zu konstatieren? Warum setzen die Deutschen ihren Kinderwunsch so selten in die Tat um?

Tabelle 7: Kinder versus Karriere

	Kinder wichtiger	Beides gleich wichtig	Beruf wichtiger	Gesamt	N
Männer	28%	61%	12%	100%	*352*
Frauen	38%	55%	7%	100%	*334*
Alle Befragten	33%	58%	10%	100%	*686*

Datenbasis: CATI-Umfrage „Das Bild des Mannes in der Gesellschaft", Untersuchungszeitraum: 22. März bis 16. Mai 2006; Einwohnermeldeamtstichprobe; zur genaueren Beschreibung des methodischen Vorgehens siehe Otte/Baur 2008.
Frageformulierung: Ist es Ihnen wichtiger, Kinder zu bekommen oder beruflich erfolgreich zu sein oder ist Ihnen beides gleich wichtig?

Eine mögliche Erklärung ist der oben erläuterte institutionell verankerte Zielkonflikt zwischen Arbeitsmarkt und Sozialstaat. Die schlechte Vereinbarkeit von Beruf und Familie insbesondere für Frauen ist zwar ebenso gut belegt (Grunow 2006; Grunow et al. 2006; Mühling u.a. 2006; Blossfeld 2006) wie die Tatsache, dass sich Kinder negativ auf die Partnerschaftsqualität auswirken (Fthenakis u.a. 2002), die wenigsten Paare sind sich aber dessen bewusst, bevor sie Kinder bekommen. Vor allem Männern sind die negativen Konsequenzen von Kindern für andere Lebensbereiche wesentlich stärker bewusst als Frauen (Helfferich u.a. 2005): Da Kinder (v.a. im deutschen Sozialmodell) sehr viel Zeit und Aufmerksamkeit kosten, können sie sich einerseits negativ auf die Leistungsfähigkeit und den beruflichen Aufstieg ihres Vaters oder ihrer Mutter auswirken – es kann sogar fast unmöglich sein, Kinder zu haben und gleichzeitig zu arbeiten. Andererseits gehen Kinder zu Lasten von Freizeit und können die Partnerschaft belasten.

Wie Tabelle 7 illustriert, bedeutet dies aber nicht, dass die Deutschen die Karriere vor Kinder setzen: Neun von zehn Deutschen sind Kinder gleich wichtig oder wichtiger als der Beruf, wenn sie sich entscheiden müssten. Bei Frauen liegt der Anteil derjenigen, die sich im Zweifelsfall für Kinder entscheiden würden, sogar bei 38%. Der Beruf ist nicht Wert an sich, sondern vornehmlich soziale Aufgabe und Mittel zum Zweck (der Förderung der Familie bzw. sozialen Gemeinschaft) (Baur 2007; Baur/Luedtke 2008).

Tabelle 8: Kinder versus Partner

Männertyp	Partner wichtiger	Beides gleich wichtig	Kinder wichtiger	Gesamt	*N*
Männer	27%	73%	1%	100%	*354*
Frauen	19%	80%	1%	100%	*335*
Alle Befragten	23%	76%	1%	100%	*689*

Datenbasis: CATI-Umfrage „Das Bild des Mannes in der Gesellschaft", Untersuchungszeitraum: 22. März bis 16. Mai 2006; Einwohnermeldeamtstichprobe; zur genaueren Beschreibung des methodischen Vorgehens siehe Otte/Baur 2008.
Frageformulierung: Ist es Ihnen wichtiger, eine glückliche Ehe bzw. Partnerschaft zu führen oder Kinder zu bekommen oder ist Ihnen beides gleich wichtig?

Dagegen würde sich praktisch kein Deutscher für Kinder gegen eine gute Beziehung entscheiden (Tabelle 8). Die meisten Deutschen streben die Norm der Kleinfamilie – also einer erfüllten Partnerschaft mit Kindern – an. Sie glauben, dass Kinder ihren Eltern Kraft für den Beruf geben und die Partner einander näher bringen. Allerdings sehen Frauen und Kinderlose Kinder stärker als Belastung als Männer. Während nur jeder vierte Vater in einer vollständigen Familie Konflikte zwischen Kindern und Beruf bzw. Partnerschaft sieht, ist es bei den Kinderlosen jeder Dritte (Baur 2007).

Dass vor allem für Männer Kinder nicht ohne Partner denkbar sind, drückt sich auch darin aus, dass für eine starke Teilgruppe von Männern der Kinderwunsch überhaupt erst im Kontext einer konkreten Partnerschaft entsteht (Schlottner 1998; Lippe 2005; Eckhard/Klein 2006). Die hohe Bedeutung, die der Partnerschaft zugeschrieben wird, relativiert auch die hohe Bedeutung, die Erwerbsarbeit für Männer hat. Anders als Frauen glaubt die Mehrheit der Männer, dass beruflicher Erfolg sie besonders attraktiv für Frauen macht (Baur 2007; Baur/Hofmeister 2008). Vor allem Männer in der mittleren Karrierephase betonen, dass Aspekte, die ihre Ernährerfähigkeit für eine konkrete Frau beinträchtigen – z.b. Arbeitslosigkeit oder Kinder mit einer Frau – ihre Attraktivität beeinträchtigen (Baur 2007). Berufliche Entwicklung ist damit zentral für männliche Familienplanung (Helfferich u.a. 2005; Schmitt 2005; Kühn 2005; Kurz 2005), was sich in der oben erwähnten Sequenzialität männlicher Lebensläufe (Ausbildung – Berufseinmündung – Partnersuche – Kinder) ebenso ausdrückt, wie darin, dass Männer unter schwierigen ökonomischen Bedingungen, etwa Arbeitslosigkeit, Teilzeitarbeit oder Selbständigkeit, Heirat und Vaterschaft verschieben (Tölke 2005; Kühn 2005; Kurz 2005). Dies bedeutet aber nicht im Unkehrschluss, dass beruflich erfolgreiche Männer eher Vater werden (Tölke 2005), sondern vielmehr, dass (nicht nur, aber vor allem) bei Männern Arbeitsmarktentwicklung und Familienplanung nicht getrennt betrachtet werden können. Damit stellt sich das Problem der Vereinbarkeit von Familie und Beruf nicht nur für Frauen, sondern auch für Männer. Dies ist insofern fatal, weil Männer im Durchschnitt eine nur um zwei oder drei Jahre jüngere Partnerin haben. Dies wiederum bedeutet, dass es nicht nur bei kinderlosen Frauen, sondern auch bei kinderlosen Männern ab Mitte 30 sehr wahrscheinlich wird, dass sie dauerhaft kinderlos bleiben (Tölke 2005; Schmitt 2005).

Eine mögliche Ursache ist die spezifische Art, wie Männer Familienplanung betreiben: Ein Typus von Männern sucht erst eine unbefristete Vollzeitstelle, dann eine geeignete Partnerin und überlässt dann (ganz traditionell) der Partnerin die Familienplanung (Helfferich/Kruse 2006), d.h. wenn die Partnerin keine Kinder möchte oder die Kinder nicht mit ihren beruflichen Wünschen in Einklang bringen kann, werden in der Beziehung auch keine Kinder geboren. Der andere Typus verhandelt mit seiner Partnerin immer wieder neu, ob Kinder gerade in die (berufliche) Lebensplanung beider Partner passen (Helfferich/Kruse 2006). In beiden Fällen beeinflusst damit die Frage, ob die Frau berufstätig sein will oder soll, auch die männliche Familienplanung.

Hinzu kommt, dass sich nicht nur Frauen erwerbstätig sein wollen, sondern Männer auch verstärkt aktive Väter sein wollen: Sie wollen nicht nur Familienernährer sein und sich an der Hausarbeit beteiligen, sondern auch für ihre Kinder sorgen, sie erziehen und emotional unterstützen (Baur 2007). Damit sind die Ansprüche an die Vaterrolle ebenso gestiegen wie an die Mutterrolle, und diese Rolle zeitlich auszufüllen, ist angesichts der in Deutschland gegebenen institutionellen Rahmenbedingungen faktisch kaum möglich. Zudem kann Vaterschaft in Konflikt mit anderen Lebensbereichen treten, insbesondere einer erfüllten Partnerschaft.

Den meisten Männern ist eine gute Partnerschaft im Zweifelsfall wichtiger als Kinder, was impliziert, dass Frauenprobleme über die Ebene der persönlichen Beziehung auch Männerprobleme sind.

Diese doppelte Überforderung scheint sich auf zweierlei Weise niederzuschlagen: Trotz des Wunsches nach aktiver Vaterschaft und obwohl die familienpolitischen Reformen der letzten Jahre verstärkt darauf abzielen, Männer zu ermutigen, sich stärker an der Kindererziehung zu beteiligen (Bothfeld 2005; Kolbe 2002; 2006), führt selbst bei Paaren, die vorher eine relativ egalitäre Rollenverteilung aufwiesen, die Geburt des ersten Kindes zu einer Retraditionalisierung der Rollenverteilung (Erler u.a. 1988; Künzler 1994; Künzler u.a. 2001; Fthenakis u.a. 2002; Pinl 2004; Grunow 2007; Schulz/Blossfeld 2006). Zweitens bleiben viele Paare trotz Kinderwunsch kinderlos, d.h. auch hier schlägt sich Wollen nicht in Handeln um. Möglicherweise lösen sie den Widerspruch zwischen persönlichen Wünschen und institutionell Möglichem einerseits und zwischen Anforderungen des Arbeitsmarktes und des Sozialstaates andererseits durch die einzige Möglichkeit sozialen Handelns, die ihnen bleibt: das Nichts-Tun.

6   Entfremdung der Politik von den Lebensvorstellungen der Bürger

Die hier gezeigten exemplarischen Analysen verdeutlichen, dass die Deutschen mehrheitlich arbeiten wollen und bereit sind, für den Beruf Opfer auf sich zu nehmen. Gleichzeitig orientieren sie sich am Ideal der Kleinfamilie, wollen eine erfüllte Partnerschaft und Kinder. Dies gilt allerdings nur für eine Mehrheit – es gibt durchaus Menschen, die weniger karriereorientiert sind oder sich ein Leben ohne Kinder vorstellen können. Komplett pluralisiert haben sich dagegen die Vorstellungen von geschlechtsspezifischer Arbeitsteilung. Nur noch eine Minderheit der jungen Deutschen will das Ernährer-Hausfrau-Modell leben. Viele junge Frauen wollen heute ihr Leben lang arbeiten, viele junge Männer wollen aktive Väter sein.

Damit schlagen aber die gezeigten institutionellen Widersprüche – die Forderung nach dem Ernährer-Hausfrau-Modell im Bereich der Kindererziehung, die Forderung nach individualisierter Lebensgestaltung auf dem Arbeitsmarkt und im Bereich der meisten anderen Sozialversicherungssysteme, insbesondere der Arbeitslosenversicherung – voll zu Buche (Blossfeld 2006): Auf der Ebene der Alltagspraxis stellen sie junge Menschen vor schier unlösbare Aufgaben, insbesondere wenn deren Arbeitsplätze flexibilisiert und unsicher sind.

Da soziale Marktwirtschaft von Anfang an als offenes Konzept gedacht war, müsste sie dringend an die veränderten gesellschaftlichen Verhältnisse angepasst werden. Statt die Gesamtordnung zu gestalten, haben politische Maßnahmen der vergangenen Jahre jedoch lediglich einzelne Politikfelder reformiert, ohne auf die Gesamtordnung zu achten, so dass diese Zielkonflikte noch verschärft wurden. Insbesondere der Wandel der Geschlechterbeziehungen wurde bei fast allen Reformen ignoriert: Mit ‚Arbeitnehmern' sind nach wie vor implizit meist ‚Männer', mit ‚Eltern' ‚Frauen' gemeint. Wirtschafts- und Arbeitsmarktpolitik orientieren sich folglich nach wie vor an Männern, Familienpolitik an Frauen.

Tabelle 9: Zufriedenheit mit den verschiedenen Vorschlägen zur Arbeitsmarktpolitik im Jahr 2004/2005

Zufriedenheit mit Vorschlägen verschiedener Parteien	Bundesland				Gesamte Stichprobe
	Baden-Württemberg	Bremen	Nordrhein-Westfalen	Sachsen-Anhalt	
Uninformierter/Unentschlossener	10%	8%	10%	12%	10%
Unzufrieden mit allen Vorschlägen	56%	59%	49%	64%	57%
für linke Arbeitsmarktpolitik/ (damalige) Regierung	12%	17%	19%	8%	14%
für konservativ-liberale Arbeitsmarktpolitik	14%	12%	18%	13%	14%
Zufrieden mit allen Vorschlägen	8%	3%	4%	4%	5%
N	*164*	*150*	*177*	*184*	*675*

Datenbasis: CATI-Umfrage „Hartz IV im Spiegel der Bevölkerungsmeinung", Untersuchungszeitraum: 7. bis 22. März 2005; Zufallsstichprobe nach dem Gabler-Häder-Design; zur genaueren Beschreibung des methodischen Vorgehens siehe Baur 2006.
Frageformulierung: Verschiedene politische Gruppierungen befürworten unterschiedliche arbeitsmarktpolitische Maßnahmen. Sagen Sie mir bitte für jede der folgenden Gruppierungen, wie zufrieden Sie mit ihrer Arbeitsmarktpolitik sind. Sind Sie sehr zufrieden, eher zufrieden, eher unzufrieden, sehr unzufrieden, oder kennen Sie die Arbeitsmarktpolitik dieser Gruppierung nicht? Wie zufrieden sind Sie mit der Arbeitsmarktpolitik (a) der Bundesregierung? (b) Ihrer Landesregierung? (c) der SPD? (d) der CDU/CSU? (e) der PDS? (f) von Bündnis 90/die Grünen? (g) der FDP? (a, c, e und f wurden zu „linker Arbeitsmarktpolitik", d und g zu „konservativ-liberaler Arbeitsmarktpolitik" verdichtet, b wurde je nach Regierungspartei der entsprechenden Kategorie zugeordnet.)

Wenn diese Maßnahmen nicht wirken, wird der Bevölkerung oft ‚Reformverweigerung', ‚Inflexibilität' oder eine ‚Soziale Hängematten-Mentalität' unterstellt. Dass das Gegenteil der Fall ist, zeigen die Umfrageergebnisse. Vielmehr scheint die Ursache darin zu liegen, dass die Reformen bzw. Reformvorschläge an der Lebensrealität der meisten Bürger vorbeizielen. Wie sehr sich die Politik von der Alltagswirklichkeit entfernt hat, zeigt ein Blick auf die Beurteilung der Arbeitsmarktpolitik (Tabelle 9): Im Frühjahr 2005 waren sechs von zehn Deutschen unzufrieden mit der Arbeitsmarktpolitik *aller* Parteien. Weitere 10% kannten die vorge-schlagenen Maßnahmen nicht oder konnten sich nicht entscheiden.

Dass Freiheit und Sicherheit keine Gegensätze sein müssen, zeigt sich auch darin, dass es vielen Ländern durchaus gelingt, im globalen Innovationswettbe-werb mitzuhalten und ihrer Bevölkerung leistungsfähige soziale Sicherungsnetze bereitzustellen. Statt pauschal für oder gegen den Sozialstaat zu wettern, scheint es wichtiger zu sein, die richtige Balance zwischen Risikobereitschaft und sozia-ler Sicherheit zu finden (Heidenreich 2004). Derzeit scheint aber – zumindest aus Sicht der deutschen Bevölkerung – der von den Theoretikern der sozialen Markt-wirtschaft geforderte Schutz vor einem kompletten sozialen Absturz in Armut und die Absicherung von unverschuldeten Notlagen ungenügend. Dabei sind diese Basissicherheiten – auch das betonten die Ordoliberalen – erforderlich, damit Menschen überhaupt Eigeninitiative zeigen können und bereit sind, wirtschaftliche Risiken einzugehen. Ein sinnvoll gestalteter Sozialstaat hemmt aus Perspektive der sozialen Marktwirtschaft nicht wirtschaftliche Entwicklung, sondern fördert Leistungsbereitschaft, Eigeninitiative und Wettbewerb.

Literatur

Alber, Jens (1987): Vom Armenhaus zum Wohlfahrtsstaat. Frankfurt a.M./New York.

Albert, Michel (1992): Kapitalismus contra Kapitalismus. Frankfurt a.M.

Arthur, Brian W. (1988): Self Reinforcing Mechanisms in Economics. In: Anderson, P. (Hg.) (1988): The Economy as an Evolving Complex System. Reading.

Baur, Nina (2001): Soziologische und ökonomische Theorien der Erwerbsarbeit. Frankfurt a.M.

Baur, Nina (2006): Ausfallgründe bei zufallsgenerierten Telefonstichproben am Beispiel des Gabler-Häder-Designs. In: Faulbaum, Frank/Wolf, Christof (Hg.) (2006): Stichproben-qualität in Bevölkerungsstichproben. Bonn: 159-184.

Baur, Nina (2007): Der perfekte Vater. Männer im Konflikt zwischen eigenen Vorstellungen und institutionellem Rahmen. In: Freiburger Geschlecherstudien, 21: 79-113.

Baur, Nina/Hofmeister, Heather (2008): Some like them hot. In: Journal of Men's Studies 18 (3). (*im Erscheinen*)

Baur, Nina/Luedtke, Jens (2008): Männlichkeit und Erwerbsarbeit bei westdeutschen Män-nern. In: ibides (Hg.) (2008): Die soziale Konstruktion von Männlichkeit. Hegemonia-le und marginalisierte Männlichkeiten in Deutschland. Opladen/Farmington Hills: 76-99.

Beck-Gernsheim, Elisabeth (1980): Das halbierte Leben. Frankfurt a.M.

Behlke, Reinhard (1961): Der Neoliberalismus und die Gestaltung der Wirtschaftsverfas-sung in der Bundesrepublik Deutschland. Berlin.

Behnke, Cornelia (1997): „Frauen sind wie andere Planeten". Das Geschlechterverhältnis aus männlicher Sicht. Frankfurt a.M./ New York.

Berghahn, Volker (2006): Das „deutsche Kapitalismus-Modell" in Geschichte und Geschichtswissenschaft. In: Berghahn, Volker R./Vitols, Sigurt (Hg.) (2006): Gibt es einen deutschen Kapitalismus? Tradition und globale Perspektiven der sozialen Marktwirtschaft. Frankfurt a.m./New York: 25-43.

Blossfeld, Hans-Peter (2006): Globalisierung, wachsende Unsicherheit und die Veränderung der Chancen der jungen Generation. In: Arbeit. 15 (3): 151-166.

Böhm, Franz (1980): Freiheit und Ordnung in der Marktwirtschaft. Baden-Baden.

Bonß, Wolfgang/Ludwig-Mayerhofer, Wolfgang (2000): Arbeitsmarkt. In: Allmendinger, Jutta/Ludwig-Mayerhofer, Wolfgang (Hg.) (2000): Soziologie des Sozialstaats. Weinheim/München: 109-144.

Borchert, Jens (1998): Ausgetretene Pfade? In: Lessenich, Stephan/Ostner, Ilona (Hg.) (1998): Welten des Wohlfahrtskapitalismus. Frankfurt a.m./New York: 137-176.

Bothfeld, Silke (2005): Vom Erziehungsurlaub zur Elternzeit. Frankfurt a.m./New York.

Briggs, Asa (1961): The Welfare State in Historical Perspective. In: European Journal of Social Policy 2: 221-258.

Brose, Hanns-Georg/Diewald, Martin/Goedicke, Anne (2005): Arbeiten und Haushalten. Wechselwirkungen zwischen betrieblichen Beschäftigungspolitiken und privater Lebensführung. In: Struck, Olaf/Köhler, Christoph (Hg.) (2005): Beschäftigungsstabilität im Wandel? Empirische Befunde und theoretische Erklärungen für West- und Ostdeutschland. München/Mering: 287-310.

Burkart, Günter (2006): Zaudernde Männer, zweifelnde Frauen, zögernde Paare. In: Berger, Peter A./Kahlert, Heike (Hg.) (2006): Der demographische Wandel. Frankfurt a.m./New York: 111-136.

Butterwegge, Christoph (1998): Wohlfahrtsstaat am Ende? In: Butterwegge, Christoph/Hickel, Rudolf/Ptak, Ralf (Hg.) (1998): Sozialstaat und neoliberale Hegemonie. Berlin: 61-97.

Chamberlayne, Prue (1992): Income Maintenance and Institutional Forms: A Comparison of France, West Germany, Italy and Britain 1945-90. In: Policy and Politics 2 (4): 299-318.

Clark, Robert (1980): The Four Stages of Capitalism. In: Harvard Law Review 94: 561-582.

Crouch, Colin/Henry Farrell (2002): Breaking the Path of Institutional Development? EUI Working Paper, 2002/4. Badia Fiesolana.

Crouch, Colin/Wolfgang Streeck (Hg.) (2000): Political Economy of Modern Capitalism. London.

Döge, Peter (2006): Männer als aktive Väter. Berlin: IAIZ.

Durkheim, Emile (1992): Über soziale Arbeitsteilung. Studie über die Organisation höherer Gesellschaften. Frankfurt a.m.

Eckhard, Jan/Klein, Thomas (2006): Männer, Kinderwunsch und generatives Verhalten. Wiesbaden.

Eichhorst, Werner/Sesselmeier, Werner (2006): Die Akzeptanz von Arbeitsmarktreformen am Beispiel von Hartz IV. Bonn.

Elias, Norbert (1970/2000): Was ist Soziologie? Weinheim/München.

Erhard, Ludwig (1957): Wohlstand für alle. Düsseldorf.

Erhard, Ludwig (1962): Deutsche Wirtschaftspolitik. Der Weg der Sozialen Marktwirtschaft. Düsseldorf/Wien/Frankfurt a.m.

Erhard, Ludwig (1973): Demokratie heißt Freiheit, Recht und Ordnung. In: Erhard, Ludwig/Brüß, Kurt/Hagemeyer, Bernhard (Hg.) (1973): Grenzen der Demokratie? Probleme und Konsequenzen der Demokratisierung von Politik, Wirtschaft und Gesellschaft. Düsseldorf/Wien: 15-40.

Erler, Gisela/Jaeckel, Monika/Pettinger, Rudolf/Sass, Jürgen (1988): Kind? Beruf? Oder Beides? Brigitte Untersuchung 88. Hamburg/München.

Esping-Andersen, Gøsta (1990): The Three Worlds of Welfare Capitalism. Cambridge/Oxford.

Eucken, Walter (1960): Grundsätze der Wirtschaftspolitik. Tübingen/Zürich.

Fthenakis, Wassilios E./Kalicki, Bernhard/Peitz, Gabriele (2002): Paare werden Eltern. Opladen.

Geißler, Rainer (2002): Die Sozialstruktur Deutschlands. Wiesbaden.

Ginsburg, Norman (1992): Divisions of Welfare. London.

Grosser, Dieter (1988): Wurden die makroökonomischen Ziele erreicht? In: Grosser, Dieter/Lange, Thomas/Müller-Armack, Andreas/Neuss, Beate (Hg.) (1988): Soziale Marktwirtschaft. Geschichte – Konzept – Leistung. Stuttgart: 74-121.

Grosser, Dieter/Lange, Thomas/Müller-Armack, Andreas/Neuss, Beate (Hg.) (1988): Soziale Marktwirtschaft. Geschichte – Konzept – Leistung. Stuttgart.

Grunow, Daniela (2006): Convergence, Persistence and Diversity in Male and Female Careers. Opladen/Farmington Hills.

Grunow, Daniela (2007): Wandel der Geschlechterrollen und Väterhandeln im Alltag. In: Mühling, Tanja/Rost, Harald (Hg.) (2007): Väter im Blickpunkt. Perspektiven der Familienforschung. Opladen/Farmington Hills: 49-76.

Grunow, Daniela/Heather Hofmeister/Sandra Buchholz (2006): Late 20th Century Persistence and Decline of the Female Homemaker in Germany and the United States. In: International Sociology 21(1): 101-132.

Habermann, Gerd (1994): Der Wohlfahrtsstaat. Frankfurt a.M./Berlin.

Hegelich, Simon/Meyer, Hendrik (2008): Konflikt, Verhandlung, Sozialer Friede: Das deutsche Wohlfahrtssystem. In: Schubert, Klaus/Hegelich, Simon/Bazant, Ursula (Hg.) (2008): Europäische Wohlfahrtssysteme. Ein Handbuch. Wiesbaden: 127-148.

Heidenreich, Martin (2004): Innovation und soziale Sicherheit im internationalen Vergleich. In: Soziale Welt 55 (2): 125-144.

Heidenreich, Martin/Bischoff, Gabriele (2006): Die offene Methode der Koordinierung. In: Heidenreich, Martin (Hg.) (2006): Die Europäisierung sozialer Ungleichheit. Frankfurt a.M./New York: 227-312.

Helfferich, Cornelia/Klindworth, Heike/Krumm, Silvia/Walter, Wolfgang (2005): Familienentwicklung und Transformation von Männlichkeit. In: Hank, Karsten/Tölke, Angelika (Hg.) (2005): Männer – das „vernachlässigte" Geschlecht in der Familienforschung. Sonderheft 4 der Zeitschrift für Familienforschung. Wiesbaden: 71-97.

Helfferich, Cornelia/Jan Kruse (2006): Familienplanungskonzepte von Männern im Geschlechterfokus. In: Freiburger FrauenStudien 18: 121-144.

Hockerts, Hans Günther (1981): German Post-War Social Policies against the Background of the Beveridge Plan. In: Mommsen, Wolfgang J./Mock, Wolfgang (Hg.) (1981): The Emergence of the Welfare State in Britain and Germany 1850-1950. London: 315-339.

Hofäcker, Dirk (2006): Women's employment in Times of Globalization. In: Hofmeister, Heather/Blossfeld, Hans-Peter (Hg.) (2006): Globalization, Uncertainty and Women's Careers. Cheltenham/Northampton: 32-58.

Hofmeister, Heather/Blossfeld, Hans-Peter/Mills, Melinda (2006): Globalization, Uncertainty and Women's Mid-Career Life-Courses. In: Blossfeld, Hans-Peter (Hg.) (2006): Globalization, Uncertainty and Women's Careers. Cheltenham/Northampton: 3-31.

Jacobs, Herbert (2000): Armut. In: Allmendinger, Jutta/Ludwig-Mayerhofer, Wolfgang (Hg.) (2000): Soziologie des Sozialstaats. Weinheim/München: 237-268.

Jann, Werner/Günther Schmid (Hg.) (2004): Eins zu Eins? Berlin.

Jeffords, Susan. (1998): The „Remasculinization" of Germany in the late 1950s: Discussion. In: Signs 24 (1): 163-169.

Kassner, Karsten (2008): Männlichkeitskonstruktionen von neuen Vätern. In: Baur, Nina/Luedtke, Jens (Hg.) (2008): Die soziale Konstruktion von Männlichkeit. Hegemoniale und marginalisierte Männlichkeiten in Deutschland. Opladen/Farmington Hills: 125-157.

Keddi, Barbara (2003): Projekt Liebe. Opladen.

Klomann, Annette/Nyssen, Friedhelm (1994): Der Kinderwunsch. Frankfurt a. M.

Kocka, Jürgen (2006): Einleitung. In: Berghahn, Volker R./Vitols, Sigurt (Hg.) (2006): Gibt es einen deutschen Kapitalismus? Tradition und globale Perspektiven der sozialen Marktwirtschaft. Frankfurt a.m./New York: 9-24.

Kolbe, Wiebke (2002): Elternschaft im Wohlfahrtsstaat. Frankfurt a. M./New York.

Könekamp, Bärbel (2006): Die Lebensführung – ein zentraler Faktor der Anerkennung von Leistung und Qualifikation in akademischen Berufen. Dargestellt am Beispiel der Berufsfelder Chemie und Ingenieurwissenschaften. In: Zeitschrift für Frauenforschung und Geschlechterstudien 24 (4): 43-54.

Kühn, Thomas (2005): Die Bedeutung der Familiengründung für die Biografiegestaltung junger Männer. In: Hank, Karsten/Tölke, Angelika (Hg.) (2005): Männer – das „vernachlässigte" Geschlecht in der Familienforschung. Sonderheft 4 der Zeitschrift für Familienforschung. Wiesbaden: 127-151.

Künzler, Jan (1994): Familiale Arbeitsteilung. Bielefeld.

Künzler, Jan/Walter, Wolfgang/Reichart, Elisabeth/Pfister, Gerd (2001): Gender Division of Labour in Unified Germany. Le Tilburg.

Kurz, Karin (2005): Die Familiengründung von Männern im Partnerschaftskontext. In: Hank, Karsten/Tölke, Angelika (Hg.) (2005): Männer – das „vernachlässigte" Geschlecht in der Familienforschung. Sonderheft 4 der Zeitschrift für Familienforschung. Wiesbaden: 178-197.

Lahusen, Christian (2006): Die öffentlichen Debatten zur Arbeitslosigkeit zwischen nationaler Disparität und europäischer Uniformität. In: Heidenreich, Martin (Hg.) (2006): Die Europäisierung sozialer Ungleichheit. Frankfurt a.m./New York: 313-339.

Lange, Thomas (1988): Sozialpolitik. In: Grosser, Dieter/Lange, Thomas/Müller-Armack, Andreas/Neuss, Beate (Hg.) (1988): Soziale Marktwirtschaft. Geschichte – Konzept – Leistung. Stuttgart: 137-181.

Lehmbruch, Gerhard (2001): The institutional embedding of market economies. In: Streeck, Wolfgang/Yamamura, Kozo (Hg.) (2001): The origins of nonliberal capitalism. Ithaca.

Lennox, Sara (2005): Warum gingen die Trümmerfrauen zurück an den Herd? In: Freiburger FrauenStudien 16: 57-74.

Lippe, Holger von der (2005): Dimensionen und Determinanten des Kinderwunsches von Männern in Ostdeutschland in den 1990er Jahren. In: Tölke, Angelika (Hg.) (2005): Männer – das „vernachlässigte" Geschlecht in der Familienforschung. Sonderheft 4 der Zeitschrift für Familienforschung. Wiesbaden: 44-70.

Lottes, Günther (Hg.) (1993): Soziale Sicherheit in Europa. Heidelberg/Regensburg.

Mósesdóttir, Lilja (2000): Pathways Towards the Dual Breadwinner Model. In: International Review of Sociology 10 (3): 189-205.

Mühling, Tanja/Rost, Harald/Rupp, Marina/Schulz, Florian (2006): Kontinuität trotz Wandel. Weinheim/München.

Müller-Armack, Alfred (1981): Genealogie der Sozialen Marktwirtschaft. Bern/Stuttgart.

Müller-Armack, Andreas (1988): Das Konzept der Sozialen Marktwirtschaft. In: Grosser, Dieter/Lange, Thomas/Müller-Armack, Andreas/Neuss, Beate (Hg.) (1988): Soziale Marktwirtschaft. Stuttgart: 1-34.

Niehuss, Merith (1999): Die Hausfrau. In: Frevert, Ute/Haupt, Heinz-Gerhard (Hg.) (1999): Der Mensch des 20. Jahrhunderts. Frankfurt a.M./New York: 45-65.

Nolan, Mary (2006): „Varieties of Capitalism" und Versionen der Amerikanisierung. In: Berghahn, Volker R./Vitols, Sigurt (Hg.) (2006): Gibt es einen deutschen Kapitalismus? Tradition und globale Perspektiven der sozialen Marktwirtschaft. Frankfurt a.M./New York: 96-112.

Oeter, Ferdinand (1994): Was wir damals wollten. In: Wiegand, Bernd (Hg.) (1994): Sozialstaat am Ende? Wiesbaden: 23-32.

Ostner, Ilona (1995): Arm ohne Ehemann? In: APuZ B36-37/1995: 3-12.

Otte, Gunnar/Baur, Nina (2008): Urbanism as a Way of Life? Räumliche Variationen der Lebensführung in Deutschland. In: Zeitschrift für Soziologie 37 (2): 93-116.

Pasquale, Judith (2002): Die Arbeit der Mütter. Weinheim/München.

Pfau-Effinger, Birgit (1999): Welfare Regimes and the Gender Division of Labour. In: Christiansen, Jens et al. (Hg.) (1999): Working Europe. Aldershot: 69-96.

Pfau-Effinger, Birgit (2001): Wandel wohlfahrtsstaatlicher Geschlechterpolitiken im soziokulturellen Kontext. In: Heintz, Bettina (Hg.) (2001): Geschlechtersoziologie. Opladen: 487-511.

Pfau-Effinger, Birgit (2004): Socio-historical Paths of the Male Breadwinner Model. In: The British Journal of Sociology 55 (3): 377-399.

Pinl, Claudia (2004): Wo bleibt die Zeit? In: APuZ B31-32/2004: 19-25.

Plötz, Kirsten (2006): „Heimkehrer", die „natürliche Ordnung" und „vollständige Familien". In: Mechthild, Bereswill u.a. (Hg.) (2006): Vaterschaft im Wandel. Weinheim/ München: 57-74.

Prasad, Monica (2006): The Politics of Free Markets. Chicago.

Quack, Sigrid (2006): Die transnationalen Ursprünge des „deutschen Kapitalismus". In: Berghahn, Volker R./Vitols, Sigurt (Hg.) (2006): Gibt es einen deutschen Kapitalismus? Tradition und globale Perspektiven der sozialen Marktwirtschaft. Frankfurt a.M./New York: 63-87.

Radebold, Hartmut (2006): Die Väter der Kriegskinder. In: Lehmkuhl, Ulrike (Hg.) (2006): Instanzen im Schatten. Göttingen: 137-153.

Ritter, Gerhard A. (1989): Der Sozialstaat. München.

Röpke, Wilhelm (1958): Jenseits von Angebot und Nachfrage. Erlenbach-Zürich/Stuttgart: Eugen Rentsch

Schlottner, Iniga (1998): Untersuchungen zum männlichen Kinderwunsch. Frankfurt a.m.

Schmitt, Christian (2005): Kinderlosigkeit bei Männern. In: Hank, Karsten/Tölke, Angelika (Hg.) (2005): Männer – das „vernachlässigte" Geschlecht in der Familienforschung. Sonderheft 4 der Zeitschrift für Familienforschung. Wiesbaden: 18-43.

Schreiber, Wilfrid (1954): Gedanken zu einem „Sozialen Konzept" der katholischen Unternehmer. Nachgedruckt in: ibidem (1984): Die Botschaft des sozialen Friedens. Köln: 39-60.

Schulte, Bernd (2000): Das deutsche System der sozialen Sicherheit: Ein Überblick. In: Allmendinger, Jutta/Ludwig-Mayerhofer, Wolfgang (Hg.) (2000): Soziologie des Sozialstaats. Weinheim/München: 15-38.

Schulz, Florian/Hans-Peter Blossfeld (2006): Wie verändert sich die häusliche Arbeitsteilung im Eheverlauf? In: KZfSS 58 (1): 23-49.

Schulz, Hermann/Radebold, Hartmut/Reulecke, Jürgen (Hg.) (2005): Söhne ohne Väter. Bonn.

Sennett, Richard (1998): Der flexible Mensch. Die Kultur des neuen Kapitalismus. Hamburg.

Simmel, Georg (1901/1996): Philosophie des Geldes. Frankfurt a.M.

Soskice, David (1999a): Divergent Production Regimes. Coordinates and Uncoordiated Market Economies in the 1980s and 1990s. In: Kirschelt, Herbert et al. (Hg.) (1999): Continuity and Change in Contemporary Capitalism. Cambridge: 271-289.

Soskice, David (1999b): Globalisierung und institutionelle Divergenz. Die USA und Deutschland im Vergleich. In: Geschichte und Gesellschaft 25: 201-225.

Starbatty, Joachim (1982): Alfred Müller-Armacks Beitrag zur Theorie und Politik der Sozialen Marktwirtschaft. In: Ludwig-Erhard-Stiftung e.V. Bonn (Hg.) (1982): Soziale Marktwirtschaft im vierten Jahrzehnt und ihre Bewährung. Stuttgart: 7-28.

Statistisches Bundesamt (Hg.) (2004): Datenreport 2004. Bonn.

Streeck, Wolfgang (1997): German Capitalism. Does it Exist? Can it Survive? In: Crouch, Colin/Streeck, Wolfgang (Hg.) (1997): Political Economy of Modern Capitalism. Mapping Convergence & Diversity. London: 33-54.

Struck, Olaf (2006): Flexibilität und Sicherheit. Empirische Befunde, theoretische Konzepte und institutionelle Gestaltung von Beschäftigungsstabilität. Wiesbaden.

Struck, Olaf/Stephan, Gesine/Köhler, Christoph/Krause, Alexandra/Pfeifer, Christian/Sohr, Tatjana (2006): Arbeit und Gerechtigkeit. Entlassungen und Lohnkürzungen im Urteil der Bevölkerung. Wiesbaden.

Thelen, Kathleen (2002): The Explanatory Power of Historical Institutionalism. In: Mayntz, Renate (Hg.) (2002): Akteure – Mechanismen – Modelle. Frankfurt a.M.

Tölke, Angelika (2005): Die Bedeutung der Herkunftsfamilie, Berufsbiografie und Partnerschaften für den Übergang zur Ehe und Elternschaft. In: Hank, Karsten/Tölke, Angelika (Hg.) (2005): Männer – das „vernachlässigte" Geschlecht in der Familienforschung. Sonderheft 4 der Zeitschrift für Familienforschung. Wiesbaden: 98-126.

Vaskovics, Laszlo A./Mühling, Tanja (2003): Wertschätzung der Aufgaben und Leistungen von Familien und Bewertung familienpolitischer Maßnahmen. Bamberg: 12-25.

Vitols, Sigurt (2006): Das „deutsche Modell in der politischen Ökonomie. In: Berghahn, Volker R./Vitols, Sigurt (Hg.) (2006): Gibt es einen deutschen Kapitalismus? Tradition und globale Perspektiven der sozialen Marktwirtschaft. Frankfurt a.m./New York: 44-62.

Williams, Fiona (1989): Social Policy. Cambridge.

Windolf, Paul (2003): Die Zukunft des Rheinischen Kapitalismus. In: Allmendinger, Jutta/Hinz, Thomas (Hg.) (2003): Organisationssoziologie. Sonderheft 42/2002 der KZfSS. Wiesbaden: 414-442.

Zinn, Karl Georg (1992): Soziale Marktwirtschaft. Mannheim.

Systembruch oder Pfadabhängigkeit? Das Beispiel Kombilohn

Stefanie Börner

1 Einleitung

Allein im vergangenen Jahr hat die Große Koalition fünf verschiedene Lohnzu-schussmodelle auf den Weg gebracht: Im Mai 2007 ist die Initiative50plus in Kraft getreten, im Oktober schlossen sich ein Qualifizierungskombi für Jugend-liche sowie eine Beschäftigungskombi für schwer Vermittelbare an und seit An-fang 2008 existiert der Kommunal-Kombi. Zuletzt war die Einführung eines Er-werbstätigenzuschusses für Geringverdiener im Gespräch.

Dieses diffuse Angebot an neuen arbeitsmarktpolitischen Instrumenten – und es sind längst nicht alle – verdeutlicht die Mechanismen an der Schnittstelle von Arbeitsmarkt und Wohlfahrtsstaat. Bestimmte Muster von Wohlfahrt erzeu-gen demnach bestimmte Muster von Arbeit und Arbeitslosigkeit, die ihrerseits wieder auf die Ausgestaltung der Sozialpolitik zurückwirken. Verändern sich al-so beispielsweise die gesellschaftlichen Ansprüche und Anforderungen an Lohn-arbeit, wirkt sich dies direkt auf verschiedene Politikbereiche aus. Andererseits haben politische Reformen Implikationen für Handlungsspielräume, indem sie Anreize setzen oder individuelle Freiräume schaffen. Der Kombilohn – legiti-miert durch die ungleiche Verteilung von Arbeitslosigkeit auf verschiedene Per-sonengruppen[1] und das Phänomen der *working poor* – wird hier als Inbegriff die-ser Schnittstellenproblematik betrachtet. Dabei zielt er nicht nur als sozial- und arbeitsmarktpolitische Maßnahme auf die Verringerung von Arbeitslosigkeit und sozialer Ungleichheit, sondern hat gewissermaßen als systeminternes Instrument auch die Funktion, die Anreizstruktur des Systems sozialer Sicherung zu verbes-sern. Kombilöhne stellen also den Versuch dar, den veränderten Rahmenbedin-gungen und neuen Risiken an der Schnittstelle von Arbeitsmarkt und dem Sys-tem sozialer Sicherung zu begegnen; zugleich drückt sich in der geradezu inflati-onären Unterbreitung und Einführung neuer Modelle eine unbestimmte und scheinbar richtungslose Reformentschlossenheit aus. Wie verhalten sich diese

---

[1] Diese ist von Land zu Land unterschiedlich ausgeprägt. In Deutschland werden vor allem Ge-ringqualifizierte (darunter 18,0% Erwerbslose), Langzeitarbeitslose (4,9%) sowie ältere er-werbsfähige Personen (11,3%) als Problemgruppen wahrgenommen (OECD 2005).

neuen Instrumente zum gesamten wohlfahrtsstaatlichen System und wie wirken sie sich langfristig auf dessen Entwicklung aus?

Schauen wir uns also zunächst einmal an, wie es zu dieser offensichtlichen Flut an Kombilohnmodellen gekommen ist. Die nicht enden wollende Diskussion über die Einführung von Lohnergänzungsleistungen, die von der Großen Koalition als Teil der Gesamtstrategie Niedriglohnsektor begriffen wird, verdeutlicht zweierlei: Zum einen ist die Debatte ungenau, da nicht zwischen den Adressaten der Leistung unterschieden wird. Der Begriff Kombilohn wird also auf Kosten zweier strukturell unterschiedlicher Instrumente (arbeitnehmerseitige Lohnergänzungsleistung und arbeitgeberseitiger Lohnkostenzuschuss) unscharf verwendet. Zweitens wird zudem häufig vergessen, dass in Deutschland auch vorher schon Kombilohnmodelle zum Einsatz gekommen sind.

Um erstens das definitorische Problem zu lösen, werden im Folgenden unter Kombilöhnen lediglich „staatliche Transfers an Beschäftigte, die an die Aufnahme oder die Ausübung einer abhängigen Erwerbstätigkeit gekoppelt sind", verstanden (Kaltenborn/Pilz 2002: 3). Darunter fallen folglich Lohnergänzungsleistungen an Arbeitnehmer sowie individuelle Beiträge zu den Arbeitnehmerbeiträgen der Sozialversicherung, nicht aber arbeitgeberseitige Lohnkostenzuschüsse. Dieser Ausschluss ergibt sich auch aus dem Ziel von Kombilöhnen, Personen mit erschwertem Zugang zum Arbeitsmarkt und einem geringen Verdienstpotenzial einen Weg aus dem Sozialtransferbezug zu ermöglichen und zur Ausübung einer Beschäftigung auch im Niedriglohnsektor zu motivieren. Somit ist ein bereits erwähntes Hauptziel von Maßnahmen, die Erwerbseinkommen mit arbeitnehmerseitigen staatlichen Lohnzuschüssen kombinieren, die Anreizstruktur der Sozialleistungssysteme zu verbessern (Brücker/Konle-Seidl 2006). Lohnkostenzuschüssen hingegen liegt eine andere Problemdefinition zugrunde; sie wollen den Arbeitsmarkt nachfrageseitig regulieren, indem sie einerseits die geringere Produktivität spezifischer Personengruppen ausgleichen und langfristig deren Qualifizierungsdefizit schließen oder indem andererseits durch Lohnkostensenkungen Anreize für Arbeitgeber gesetzt werden, neue Stellen zur Verfügung zu stellen oder offene Stellen auch mit geringer qualifizierten Personen zu besetzen. Sie versuchen also eine Situation herbeizuführen, von der Lohnergänzungsleistungen an Arbeitnehmer implizit als gegeben ausgehen, nämlich das Vorhandensein von ausreichend offenen Arbeitsplätzen.

Um nun zweitens Ordnung in das hiesige „Kombilohn-Wirrwarr" – so die arbeitsmarktpolitische Sprecherin der Grünen Brigitte Pothmer[2] – zu bringen, wird Abschnitt 3 dieses Beitrages ein institutionalistisches Phasenmodell einfüh-

---

2   Zitat aus einer Bundestagsrede vom 6.7.2007: http://www.pothmer.de/cms/themen/dok/190/190237.sozialer_arbeitsmarktfoerderung_jugendi.html

ren, anhand dessen deutlich wird, wie Kombilöhne nach und nach ins wohlfahrtsstaatliche System inkorporiert worden sind. Zuvor gilt es jedoch noch die These zu vertiefen, dass es sich beim Kombilohn um ein für das deutsche System sozialer Sicherung systemfremdes Instrument handelt, dessen institutionelle Etablierung in Deutschland im Kontext der Zusammenlegung von Arbeitslosen- und Sozialhilfe zu betrachten ist (Abschnitt 2). Davon ausgehend werde ich im Anschluss daran die institutionelle Ebene verlassen, um im letzten Teil des Aufsatzes auf transnationale Bindungswirkungen als weitere mögliche Ursache für die paradoxe Einführung systemfremder Maßnahmen aufmerksam zu machen.

2   Der Kombilohn als systemfremde Maßnahme

Mit der Zusammenlegung von Arbeitslosenhilfe und Sozialhilfe zu einer Grundsicherung für Arbeitslose wurde hierzulande der Weg für Lohnergänzungsleistungen, die ursprünglich als systemfremd eingestuft werden können, bereitet.

Systemfremd, was heißt das? In unserem konkreten Fall bedeutet es, dass die Einführung eines Kombilohns institutioneller Veränderungen bedarf, die das herkömmliche Verhältnis von Arbeit und Einkommen sowie von Arbeitsmarkt und sozialem Sicherungssystem in einer Gesellschaft in Frage stellen und möglicherweise langfristig verändern. Dieses bisherige Verhältnis ist im deutschen Wohlfahrtsstaat institutionell durch das Normalarbeitsverhältnis[3] einerseits (Mückenberger 1985) und Lohnarbeitszentriertheit andererseits (Vobruba 1990) geprägt; beides dient dazu, Komplementarität statt Konkurrenz zwischen dem Arbeitsmarkt und dem System sozialer Sicherung zu garantieren. Komplementarität bedeutet in diesem Zusammenhang aber nicht nur sich gegenseitig ergänzend, sondern auch sich wechselseitig ausschließend, d.h. also der Bezug eines Erwerbseinkommens schließt den Bezug (eines Großteils der) Sozialtransfereinkommen und *vice versa* aus: das so genannte Gleichzeitigkeitsverbot. Damit die beiden Einkommensarten nun „nicht als frei wählbare Alternative" betrachtet werden, ist der Sozialtransferbezug schließlich an drei lohnarbeitszentrierte Prinzipien geknüpft: Anwartschaft, Äquivalenz und Arbeitsbereitschaft (Vobruba 1990: 28f.). Nur wer Lohnarbeit leistest, erwirbt demnach Ansprüche auf soziale Leistungen, deren Höhe sich nach der vorherigen Lohnhöhe bzw. nach der Höhe der entrichteten Beiträge richtet. Erwerbsfähige Bezieher von Sozialtransfers müssen schließlich über die dritte Bedingung ihre Bereitschaft zur Wiederaufnahme von Lohnarbeit signalisieren. Kurz, Sozialtransferbezug und hier insbe-

---

3   Unter dem Normalarbeitsverhältnis wird eine mindestens existenzsichernd entlohnte und stabile, abhängige Vollzeittätigkeit verstanden, deren Rahmenbedingungen arbeits- und sozialrechtlich geregelt sind (u.a. Mückenberger 1985, Vobruba 1990).

sondere der Bezug von Leistungen der Sozialversicherungen sind rund um
Lohnarbeit organisiert und der Einzelne wird dadurch auf Lohnarbeit hin zent-
riert.
    Zwei Bedingungen liegen dieser voraussetzungsvollen gesellschaftspoliti-
schen Konstruktion von Sozialpolitik zugrunde: Erstens muss ausreichend Arbeit
für alle, die erwerbstätig sein wollen, verfügbar sein, um die Ansprüche auf Sozialversicherungsleistungen über abhängige Erwerbsarbeit akkumulieren zu können und zweitens müssen die Erwerbseinkommen aufgrund des Gleichzeitigkeitsverbots existenzsichernd sein. Beides ist derzeit nicht der Fall. So deutet
zum einen der massenhafte Anstieg von Arbeitslosigkeit, zum anderen die stark
zunehmenden, vom Normalarbeitsverhältnis abweichenden abhängigen Beschäftigungsformen auf eine Erosion dieser Rahmenbedingungen einer lohnarbeitszentrierten Soziapolitik hin. Von 39,7 Millionen Erwerbstätigen im Jahr 2007
waren 26,9 Millionen sozialversicherungspflichtig beschäftigt (67,7%), 6,9 Millionen geringfügig entlohnt beschäftigt (17,4%) und über 20% in Teilzeitarbeit
tätig (SVR 2007). Problematisch an dieser Entwicklung ist nicht die Ausbreitung
derartiger Beschäftigungsformen an sich, sondern dass sie die vom System sozialer Sicherungen vorausgesetzte Stabilität und Kontinuität vermissen lassen.
    Die Arbeitslosenzahlen verzeichneten in den letzten 30 Jahren einen massi-
ven Anstieg und erreichten schließlich 2005 ihren vorläufigen Höhepunkt als sie
kurzzeitig auf über fünf Millionen anstiegen; derzeit liegen sie bei 3,8 Millionen
(9,0%). Diese Zahlen laufen allerdings Gefahr, die komplexe Ursachenstruktur
von Arbeitslosigkeit zu unterschätzen. Denn parallel dazu ist auch die Zahl der
Erwerbstätigen stetig angestiegen und erreichte 2007 39,7 Millionen[4] – „das
höchste Erwerbstätigenniveau seit der deutschen Vereinigung" (ebd.: 311) –,
was darauf schließen lässt, dass neben technologie-induzierter Arbeitslosigkeit
vor allem auch das zunehmende Angebot an Arbeitskraft als Ursache für Arbeitslosigkeit ins Gewicht fällt (Vobruba 1990; weitere Ursachen SVR 2006b:
149-178).
    Eine von vielen Antworten auf diesen Problemdruck stellen Kombilöhne
dar. Aber im Unterschied zu den die deutsche Sozialausgabenstruktur dominie-
renden Lohnersatzleistungen geht es bei Lohnergänzungsleistungen immer darum, Niedrigeinkommen aufzustocken, um gering bezahlte Tätigkeiten attraktiver
und Arbeit lohnender zu gestalten. Eine solche Niedriglohnpolitik ist im lebensstandardsichernden Sozialversicherungsprinzip des deutschen Wohlfahrtsstaates
nicht vorgesehen. Die Verteilung der Lohnersatzleistungen erfolgt hier über die
drei genannten lohnarbeitszentrierten Vorbehalte. Doch der Kombilohn ist weder

---

4   Zum Vergleich: im Jahr 1970 waren es 26,6 und 1990 37,3 Millionen (SVR (1972): Jahresgut-
     achten 1971/72, Wiesbaden; SVR (1992): Jahresgutachten 1991/92, Wiesbaden).

eine Versicherungsleistung, die über zuvor erworbene Ansprüche geregelt wird, noch handelt es sich um eine subsidiäre Grundsicherung, die neben dem Institutionengefüge der Sozialversicherungen all jene abfängt, die keiner geregelten Arbeit nachgehen oder deren Ansprüche nicht ausreichen, den Lebensunterhalt zu bestreiten. Stattdessen *koppelt* der Kombilohn geringe Erwerbseinkommen an Sozialtransfers, um so existenzsichernde Haushaltseinkommen zu gewährleisten. Auch lässt er das dritte Gestaltungsprinzip – Bereitschaft zur Arbeit – obsolet erscheinen. Besonders deutlich wird dies im englischen Sprachgebrauch: *in-work benefit*. Die traditionell kompensatorische Logik der Lohnersatzleistungen verändert sich also im Zuge aktueller Probleme wie der Erosion des Normalarbeitsverhältnisses und dem damit einhergehenden Verlust existenzsichernder Einkommen zugunsten einer Gleichzeitigkeit von Erwerbs- und Transfereinkommen. Nicht nur, dass dadurch das bisherige Gleichzeitigkeitsverbot nach und nach aufgehoben wird, vielmehr stellt diese neue Logik das gesamte institutionelle sozialpolitische Gefüge in Frage. Statt Exklusivität ermöglichen Lohnergänzungsleistungen nun die Parallelität von Arbeitsmarkt und sozialer Sicherung. Als direkte Reaktion auf die veränderten Rahmenbedingungen stellen sie also den Versuch dar, das Bedingungsverhältnis zwischen Arbeitsmarkt und Sozialpolitik neu zu organisieren, um so besser auf den aktuellen Problemdruck reagieren zu können.

Anders ausgedrückt: Im Unterschied zu den meisten anderen Reformbemühungen dreht der Kombilohn nicht an einer der zahlreichen Schräubchen, die die drei lohnarbeitszentrierten Vorbehalte zur Verfügung stellen wie beispielsweise die Beitragshöhe, Anrechnungsmodalitäten, der Begriff zumutbare Arbeit, strengere Überprüfung der Arbeitsbereitschaft oder der Einsatz von Sanktionen, um nur einige typische Angriffspunkte für inkrementelle Reformen zu nennen. Dass Lohnergänzungsleistungen in Form von Kombilöhnen sich hier nicht einordnen lassen, deutet folglich darauf hin, dass es sich um ein systemfremdes Instrument handelt, das leicht mit so bedeutungsschwangeren Begriffen wie Systembruch oder Paradigmenwechsel in Verbindung gebracht wird. Sie führen nicht bloß zu graduellen Modifikationen der vorhandenen sozialpolitischen Regelungen, sondern verändern Teile der diesen Regelungen zugrunde liegenden Prinzipien und Logiken. Indem Kombilöhne so langfristig betrachtet möglicherweise nachhaltig das Verhältnis von Arbeit und Einkommen und damit die Erwerbsgesellschaft verändern, bergen sie Potential für gesellschaftlichen Wandel und für einen Weg, mit vergleichsweise hoher Erwerbslosigkeit oder geringen Einkommen umzugehen, ohne gleich das Ende der Arbeitsgesellschaft heraufzubeschwören. Wie jede andere Reform auch beeinflussen sie individuelle Handlungschancen, deren positive oder negative Bewertung wohl unter anderem davon abhängen wird, ob sie

als aktiv genutzte Handlungsspielräume umgesetzt oder als Strukturzwang wahrgenommen werden.
   Ein weiteres Indiz für die Systemfremdheit des Kombilohns im deutschen
Wohlfahrtsstaat liefert der Blick ins Ausland. Klassische Kombilohnmodelle wie
die englische und us-amerikanische Steuergutschrift *Working Tax Credit* und
Earned Income Tax Credit (Kaltenborn/Pilz 2002; Ochel 2002; Schelkle 2002)
sind Bestandteil von Sicherungssystemen mit vergleichsweise geringen Grundsi-
cherungsniveaus. Das deutet auf folgenden Zusammenhang hing: Mit steigenden
Unterstützungsleistungen sinkt der Beschäftigungseffekt von Kombilöhnen, da
sich attraktive Transferentzugsraten als außerordentlich kostspielig erweisen
(SVR 2006a). Der Erfolg von Lohnergänzungsleistungen hängt also von einer
sinnvollen Einbettung in die jeweilige sozial- und arbeitsmarktpolitische Umwelt
aber auch ins weitere Steuer- und Transfersystem ab.

3   Phasenweise Integration von Kombilohnelementen

Wenn es sich beim Kombilohn um eine systemfremde Maßnahme handelt, wie
erklärt sich dann die Einführung gleich mehrerer Kombilohnelemente ins deutsche System sozialer Sicherungen? Dieser Abschnitt knüpft an die institutionalistische Erklärungsperspektive des vorherigen Kapitels an und wird im folgenden
Absatz durch einen weiteren, externen Erklärungsfaktor ergänzt.
   Seit dem Ende der Kohl-Ära zeichnet sich eine neue Richtung in der Arbeitsmarktpolitik ab. Sie ist vor allem geprägt durch aktive und aktivierende
Maßnahmen, bei denen das Normalarbeitsverhältnis zunehmend an Bedeutung
verliert. Als Bestandteil und als Folge dieses Prozesses ist eine Implementierung
des Kombilohns zu beobachten, die sich in drei Schritten vollzieht.

3.1   Weichenstellung am Ende der Kohl-Ära

Das Arbeitsförderungsreformgesetz von 1997 markiert eine arbeitsmarktpolitische Trendwende. Zum einen wird darin Abstand von der Strategie der Arbeits-
angebotsreduktion genommen, dadurch dass die Altersgrenze für den verlängerten Bezug von Arbeitslosengeld wieder heraufgesetzt wird, um so die Inanspruchnahme der Frühverrentung zu senken. Dieser Weg der Frühverrentung
wurde von Esping-Andersen (1996) als die dem deutschen Wohlfahrtsstaat dominante pfadabhängige Problemlösungsstrategie herausgestellt. Zum anderen
wird die Aktivierung der Arbeitslosen restriktiver gehandhabt, indem nicht nur
Transferbezieher unter Androhung von Sanktionen zur aktiven Arbeitssuche

verpflichtet werden, sondern auch der Begriff zumutbare Arbeit neu definiert wird. Demnach gelten nun auch qualifikationsfremde Tätigkeiten, deren Entlohnung unterhalb des vorherigen Lohnniveaus liegen als zumutbar (Bleses/Seeleib-Kaiser 2004). Diese Veränderungen geben Lohnarbeit ungeachtet ihrer Qualität den Vorrang vor der dauerhaften Kompensation von Arbeitslosigkeit durch Lohnersatzleistungen (Arbeitslosengeld und -hilfe). Insgesamt ist also eine Ausweitung des Arbeitsrechts zu beobachten, die den Weg für geringe Erwerbseinkommen ebnet und die Entstehung und Aufnahme atypischer Beschäftigung fördert.

3.2 Probephase 1998 - 2003

Die zweite Phase unter der Rot-Grünen-Regierung ist durch unzählige Modellprojekte sowie durch intensive regionale Selbsthilfe gekennzeichnet. Dank rechtlicher Freiräume wurden regionale Handlungsspielräume flexibel definiert und erweitert. Das ermöglichte den Kommunen bei der Umsetzung ihrer jeweiligen Modelle spezifische Eigenschaften der örtlichen Arbeitsmarktstrukturen zu berücksichtigen. § 18 Abs. 5 des früheren Bundessozialhilfegesetzes ermöglichte den Kommunen die Erprobung von Kombilohnmodellen, die Sozialhilfeempfängern bei Aufnahme einer abhängigen oder selbstständigen Tätigkeit einen zeitlich befristeten Zuschuss gewähren:

> „Der Träger der Sozialhilfe soll Hilfeempfänger zur Überwindung von Hilfebedürftigkeit bei der Eingliederung in den allgemeinen Arbeitsmarkt fördern. Zu diesem Zweck kann dem Hilfeempfänger bei Aufnahme einer sozialversicherungspflichtigen oder selbstständigen Erwerbstätigkeit ein Zuschuss bis zur Höhe des Regelsatzes für einen Haushaltsvorstand und bis zur Dauer von 12 Monaten gewährt werden. Von den Maßgaben des Satzes 2 kann befristet abgewichen werden, soweit es zur Erprobung von Maßnahmen oder im Einzelfall zur Eingliederung in den allgemeinen Arbeitsmarkt gerechtfertigt ist; die Erprobung von Maßnahen ist unter Beteiligung des Landes auszuwerten." (§ 18 Abs. 5 BSHG)

Der Paragraph erlaubte den kommunalen Sozialämtern für ein Jahr die Gewährung von Arbeitnehmerzuschüssen, die Exprimentierklausel (Satz 3) gestattete darüber hinaus ein Handeln über die gesetzlichen Maßgaben hinaus. Mit der Zusammenlegung von Arbeitslosen- und Sozialhilfe ist das Bundessozialhilfegesetz zum 1. Januar 2005 außer Kraft getreten.

Das wohl bekannteste Modellprojekt ist das Mainzer Modell, nicht zuletzt weil es 2002 bundesweit zum Einsatz kam (Kaltenborn 2001). Fast allen Programmen ist gemein, dass ihre Erfolgsbilanzen eher negativ ausfielen. So sorgte

ein hoher bürokratischer Aufwand und niedrige Fallzahlen vielerorts für Enttäu-
schung. Nichtsdestotrotz spielt regionale Selbsthilfe weiterhin eine große Rolle
in der Arbeitsmarktpolitik und viele ausgelaufene Projekte wurden durch reguläre Instrumente abgelöst. Als vorbildlich kann hier der ‚Kombilohn NRW' gelten,
ein landesweiter Ansatz, der die Einführung von Kombilohnmodellen in den
Gemeinden Nordrhein-Westfalens unterstützt und koordiniert. Der kürzlich eingeführte Kommunal-Kombi ist im Kontext dieser ambitionierten regionalen Bemühungen kritisch zu sehen, da er diese vielerorts wahrscheinlich eher verdrängen als sinnvoll ergänzen wird. So wird laut Max-Volker Dähne, Chef der Regi-
onaldirektion Sachsen-Anhalt-Thüringen der Bundesagentur für Arbeit, das Ar-
beitsmarktprojekt ‚Bürgerarbeit' in Sachsen-Anhalt und Thüringen aufgrund des
angekündigten Kommunal-Kombilohns und der noch ungeklärten Finanzierung
zwischen Bund, Ländern und Gemeinde nicht ausgeweitet.[5]

3.3 Reformphase

In der bis heute anhaltenden dritten und letzten Phase kommt es nun erstmals
bundesweit zum Einsatz von Kombilohnmodellen. Hier ist vor allem das am 1.
Januar 2005 in Kraft getretene Vierte Gesetz für moderne Dienstleistungen am
Arbeitsmarkt von Bedeutung. Es regelt nicht nur die verbesserten Hinzuverdienstmöglichkeiten bei Arbeitslosengeld II-Bezug[6], sondern auch das weniger
bekannte Einstiegsgeld. Letzteres stellt eine Kann-Leistung für Langzeitarbeitslose dar, die in Form von befristeten Lohnzuschüssen für maximal zwei Jahre
gewährleistet wird (Bundesministerium der Justiz 2003). Zusätzlich bietet die
Initiative50plus seit Mai 2007 Personen ab 50 Jahren die Möglichkeit, Einkommensverluste mit bis zu 50% der Differenz zum vorherigen Gehalt auszugleichen
(BMAS 2006). Dieser Kombilohn für Ältere verlängert und modifiziert die Ent-
geltsicherung (Hartz I). Schließlich sollen auch die Mini- und Midijobs aus dem
zweiten Hartz-Gesetz Erwähnung finden, obgleich ihr Status als Kombilohn umstritten ist (SVR 2006a). Sie gewähren abgemilderte und sukzessive abnehmende
Sozialversicherungspflicht, die klar zur Aufnahme geringfügig bezahlter Beschäftigung anregen will (Bundesministerium der Justiz 2002).

---

5   http://www.mz-web.de/servlet/ContentServer?pagename=ksta/page&atype=ksArtikel&aid=
     1185891006312&openMenu=987490165154&calledPageId=987490165154&listid=99434272
     0546
6   Seit Oktober 2005 gelten folgende Regelungen: nach einem Freibetrag von 100,- Euro sind
     vom Bruttoeinkommen von bis zu 800,- Euro 20% anrechnungsfrei und zusätzlich 10% vom
     Einkommen zwischen 800,- Euro und 1200,- Euro (bzw. 1500,- Euro mit Kind).

Am 1. Januar 2008 ist der vom ehemaligen Minister für Arbeit und Soziales Franz Müntefering vorgeschlagene Kommunal-Kombi in Kraft getreten. In Regionen mit einer Arbeitslosigkeit von 15% und mehr fördert er die Entstehung von zusätzlichen Arbeitsplätzen für Bezieher von Arbeitslosengeld II (Alg II), die mindestens schon zwei Jahre gefördert werden (BMAS 2007). Obgleich die Bezeichnung darauf schließen ließe, handelt es sich bei dem Instrument also nicht um einen Kombilohn im Sinne der hier verwendeten Definition, da sich die Leistung an den Arbeitgeber statt an den Arbeitnehmer richtet (ebd.).

Zusammenfassend können folgende Merkmale dieser Entwicklung herausgestellt werden:

1. Die einzelnen Instrumente sind in ihrer Ausgestaltung größtenteils zielgruppenspezifisch, d.h. der Kreis der Leistungsbezieher wird mehr oder weniger eng definiert (Langzeitarbeitslose, über 50-jährige). Dies deutet darauf hin, dass zum einen, indem Problemgruppen gezielt angesprochen werden, die Legitimation sowie Effektivität der Instrumente erhöht werden soll (*targeting*) und zum anderen durch diese Eingrenzung in der Reichweite auch Kosten eingespart werden sollen.

2. Außer bei Mini- und Midijobs und den Hinzuverdienstmöglichkeiten zu Alg II handelt es sich durchweg um befristete Lohnergänzungsleistungen, deren Bezug nach maximal zwei bis drei Jahren ausläuft. Auch hier liegt die Vermutung nahe, dass dadurch Kosten begrenzt werden sollen und dass diese Übergangszeit als ausreichend für die vollständige Reintegration in den ersten Arbeitsmarkt angesehen wird.

3. Strukturell fällt auf, dass parallel zu den bundesweiten Regelungen die kommunale Selbsthilfe weiterhin eine wichtige Rolle spielt, was zum einen natürlich auf das föderale Mehrebenensystem zurückzuführen ist. Zum anderen fällt es den Gemeinden und Städten auf lokaler Ebene offensichtlich leichter, lokale Netzwerke und Kontakte zu Unternehmen zu aktivieren und zu nutzen. Hieran könnten sich Überlegungen zu einer Intensivierung rechtlicher Handlungsspielräume knüpfen, die es erlauben würden, Fördergelder aus Bund, Land und EU auf regionaler Ebene individuell und flexibel einzusetzen.

Diese Charakteristika stehen im Kontrast zu den erwähnten flächendeckenden und unbefristeten Geringverdienerzulagen im angloamerikanischen Raum. Die Tendenz hin zu einer Vielzahl ausdifferenzierter Instrumente scheint also die Scheu vor einem bundesweiten Kombilohn „aus einem Guss" auszudrücken, da es sich ja, wie gezeigt wurde, um eine systemfremde Leistung handelt. Um also die Kosten – und damit sind nicht nur die finanziellen, sondern vor allem auch die politischen Kosten von Wandel – und eventuelle Schäden durch Mitnahmeeffekte zu begrenzen, verlagern sich die Bemühungen auf eine deutliche Zielgruppenorientierung sowie Befristung der Bezugsdauer. Zudem erhöht sich dadurch die Legitimation des jeweiligen Instruments, denn mit der Implementierung von arbeitsmarktpolitischen Instrumenten geht stets die Angst vor hinlänglich bekannten Mitnahme- und Verdrängungseffekten einher, so dass es politisch leichter fällt, Maßnahmen für genau definierte, möglichst enge und als problematisch wahrgenommene Zielgruppen durchzusetzen. Befristung und Zielgruppenzentrierung, die zu einer weitgehenden Fragmentierung des Instruments führen, sind folglich die Implikationen für die Einführung einer systemfremden Maßnahme im konkreten Fall des Kombilohns. Nach dieser Logik ließe sich auch erklären, warum der Ende letzten Jahres anberaumte Erwerbstätigenzuschuss nach dem aktuellen Stand der Dinge keine Umsetzung finden wird (Bohsem 2008). Als flächendeckender und unbefristeter Kombilohn entspräche er zwar einem bundesweiten einheitlichen Kombilohnmodell, scheint sich aber nicht ohne weiteres ins soziale Sicherungssystem integrieren zu lassen. Lediglich die Erhöhung des auf die Gruppe der Geringverdiener mit Kindern abzielenden Kinderzuschlags wird derzeit weiterdiskutiert.

Die drei Phasen verdeutlichen, wie der parallele Bezug beider Einkommensarten nach und nach in die Sozialgesetzgebung integriert wurde. Mit der Überführung von der Arbeitslosenhilfe in eine vollständig bedarfsabhängige Pauschalleistung mit Kombilohnelementen wird schließlich eine neue Kategorie konstituiert, die den Kombilohn faktisch bundesweit etabliert. Dies soll im Folgenden kurz erläutert werden.

Im Unterschied zu den früheren Regelungen ist das Nebeneinander von Erwerbs- und Transfereinkommen bei Alg II nun erstmals intendiert (SVR 2006a). Die Höhe der Arbeitslosenhilfe hingegen war noch deutlich an das vorherige Arbeitsentgelt gekoppelt und besaß somit Entgeltersatzfunktion. Die Sozialhilfe wiederum als reine das Sozialversicherungssystem ergänzende, bedarfsorientierte Grundsicherung war dementsprechend auch nicht entlang der drei lohnarbeitszentrierten Vorbehalten organisiert und ihre Zielgruppe war nicht eigentlich die Gruppe der Arbeitslosen, sondern Bedürftige. Somit griff das Prinzip der Verpflichtung zur Arbeit nur bei den erwerbsfähigen Sozialhilfeempfängern, die etwa die Hälfte aller Bezieher von Sozialhilfe ausmachten (Nickel 2004). Mit ihrer Zusammenlegung hat man also zunächst eine rein auf Arbeit hin orientierte Leistung geschaffen sowie die neue Gruppe der Aufstocker. So dient das Alg II heute als Anknüpfungspunkt für die meisten Kombilohnmodelle, weil es nicht mehr lebensstandardsichernd oder ans Normalarbeitsverhältnis geknüpft ist. Dadurch konnten Kombilohnelemente, die zuvor durch das Gleichzeitigkeitsverbot ausgeschlossen waren, in das deutsche System sozialer Sicherung integriert werden, ohne dass der Eindruck von Systembruch entstanden wäre. Denn neben der Einführung einer Grundsicherung für Langzeitarbeitslose sind die als systemspezifisch herausgestellten Merkmale Lohnarbeitszentriertheit und Lebensstandardsicherung doch gleichsam konstant geblieben (Kemmerling/Bruttel 2005).

Obgleich das Nebeneinander von Erwerbs- und Transfereinkommen durch den zunehmenden Einsatz von Lohnergänzungsleistungen derzeit an Bedeutung gewinnt, kommt ihnen längst nicht der Stellenwert ihrer angloamerikanischen Pendants in Bezug auf das gesamte Steuer- und Transfersystem zu. Während die flächendeckenden Kombilöhne in den USA und Großbritannien auch sozial- und familienpolitischen Zwecken dient, ist der Kombilohn in Deutschland ein arbeitsmarktpolitisches Instrument unter vielen und kann als solches aber auch nur eine geringere Wirkung erzielen. Davon zeugen zahlreiche Berichte, die die geringe Inanspruchnahme des Instruments beklagen (Dietz u.a. 2006; Kaltenborn 2003). Diese sei sowohl auf die unübersichtliche Vielzahl arbeitsmarktpolitischer Maßnahmen als auch auf die Ausgestaltung dieser selbst zurückzuführen. So steigen laut Dietz u.a. (2006) die Chancen auf eine breite Inanspruchnahme mit der Länge der Förderdauer sowie der Höhe des Förderbeitrags und der Transparenz und Verständlichkeit der Förderung. Demnach setzen die aktuellen Förderinstrumente eher schwache Anreize.

Ich habe herausgestellt, dass die Lohnarbeitszentriertheit als Integrationsmechanismus an der Schnittstelle von Arbeitsmarkt und Wohlfahrtsstaat ein Nebeneinander von Erwerbseinkommen und Sozialtransfer ausschließt. Dies äußert sich im so genannten Gleichzeitigkeitsverbot. Dennoch werden Kombilöhne gegenwärtig sowohl befristet als auch unbefristet zur Bekämpfung von Arbeitslosigkeit eingesetzt und schaffen damit ein neues, das Gleichzeitigkeitsverbot ergänzendes Muster. Das steht im Kontext verschiedener Akzentverschiebungen in der Arbeitsmarkt- und Sozialpolitik, im Rahmen derer die Bedeutung des Gleichzeitigkeitsverbots von Erwerbs- und Sozialtransfer als sozialpolitisches Gestaltungsprinzip immer mehr in den Hintergrund tritt. So verlor nicht nur die Strategie der Reduktion des Arbeitsangebots an Bedeutung, sondern auch die traditionell dominante *passive* Kompensation von Arbeitslosigkeit (OECD 2005).

4 Der Kombilohn als Beispiel für transnationale Konvergenz?

Wohlfahrtsstaatstheoretisch ausgedrückt beschreiben die bisherigen Ausführungen nichts weiter als den schmalen Grad zwischen Pfadabhängigkeit und transnationaler Konvergenz. Ob die beschriebene Arbeitsmarkt- und Sozialpolitik nun eher als auf Pfadabhängigkeit hindeutende inkrementelle Reform oder doch schon als richtungweisender Paradigmenwechsel zu bezeichnen ist, soll und kann hier nicht entschieden werden.[7] Was andere als unüberbrückbare Forschungspositionen betrachten, sehe ich hier als kreatives Spannungsfeld. Denn ist der Kombilohn nicht trotz oder gerade aufgrund seiner Systemfremdheit ein Bindeglied für die zunehmende Diskrepanz zwischen dem schrumpfenden Normalarbeitsverhältnis auf der einen Seite und einer anhaltend lohnarbeitszentrierten Sozialpolitik auf der anderen Seite und damit ein geeignetes Instrument für die Gestaltung von infolge von Strukturveränderungen auftretenden Widersprüchen?

Dieser Beitrag erklärt die seltsam unentschlossene Flut verschiedenster Kombilohnvarianten in Deutschland durch die Systemfremdheit des Instruments. Paradox bleibt dennoch, dass der Kombilohn trotz negativer Erfolgsbilanzen der evaluierten Modellprojekte (etwa Czommer/Weinkopf 2002) offensichtlich nach wie vor als Allheilmittel gilt. Eine Erklärung dafür mag neben dem Problemdruck der allgemeine, einen externen Reformdruck erzeugende Trend hin zum Kombilohn sein. So führten etwa Frankreich, Österreich und die drei Beneluxstaaten[8] scheinbar nach dem Vorbild Großbritanniens einerseits und gemäß der Politikempfehlungen internationaler und transnationaler Organisationen andererseits einen Kombilohn ein.

Sowohl die Jobstrategie der Organisation für wirtschaftliche Zusammenarbeit und Entwicklung (OECD) als auch die Europäische Beschäftigungsstrategie regen seit vielen Jahren wiederholt die Verbesserung der Anreizstruktur zur Arbeitsaufnahme an. Die OECD empfiehlt erstmals 1994 die Bereitstellung von Lohnergänzungsleistungen unter der Bedingung, eine Arbeit aufzunehmen (OECD 2005: 126). So rät sie zur Förderung spezieller, am Arbeitsmarkt unterrepräsentierter Gruppen, die außerdem häufig ein niedriges Einkommen erzielen:

"For groups with an insecure employment status to return to employment, it must *pay* for them to work. Part of the problem lies in the fact that the market wage available to these groups is sometimes too low compared with welfare benefits to encourage labour supply. This explains why many poorer households often move between work and welfare without always managing to escape the poverty trap (OECD

---

7   Die interessante und schwer zu beantwortende Frage, ob und wie Politikwandel zu messen ist, kann an dieser Stelle schon aus methodologischen Gründen nicht beantwortet werden. Den Versuch einer Systematisierung unternahm Hall, Peter A. (1993): Policy Paradigms, Social Learning and the State. The Case of Economic Policy Making in Britain, in: Comparative Politics, April 1993: 275-296. Hall unterscheidet zwischen Veränderungen erster, zweiter und dritter Ordnung.

8   Frankreich führte 2000 eine unbefristete Beschäftigungsprämie (prime pour l'emploi) ein, Österreich hat seit 2006 einen Kombilohn. Belgien, die Niederlande und Luxemburg haben befristete Lohnergänzungsleistungen.

2001a, Chapter 2). So for governments, one problem is how best to make work pay by modifying taxes, benefits and minimum wages." (OECD 2003: 114)

In neueren Veröffentlichungen empfiehlt die Organisation, die Kombilöhne mit anderen arbeitsmarktpolitischen Maßnahmen zu wirksamen, integrativen Instrumenten zu verbinden (OECD 2005: 162). Häufig wird auf Großbritannien als Best-practice-Beispiel verwiesen, das 1999 einen die Kombilohnstrategie flankierenden gesetzlichen Mindestlohn einführte.

Die Gewährung von Lohnergänzungsleistungen wird auch in den vom Rat der Europäischen Union veröffentlichten „Leitlinien für beschäftigungspolitische Maßnahmen" vom 22. Juli 2003 als eine Strategie genannt, um das übergeordnete Ziel „Arbeit lohnend machen und entsprechende Anreize schaffen" zu erreichen. Die Richtlinien weisen auf den Zusammenhang zwischen dem sozialen Leistungssystem eines Landes und der Motivation zur Arbeitsaufnahme hin und empfehlen neben moderaten Sozialleistungen Maßnahmen einzuführen, mit Hilfe derer Armutsfallen beseitigt werden können.

„Die Mitgliedstaaten werden ihre finanziellen Anreizmechanismen neu gestalten, um Arbeit attraktiver zu machen und Frauen und Männer zu ermutigen, Arbeit zu suchen, eine Arbeit aufzunehmen und im Arbeitsleben zu verbleiben. In diesem Zusammenhang sollten die Mitgliedstaaten geeignete Strategien entwickeln, um den Anteil der erwerbstätigen Armen zu reduzieren. Sie werden Steuer- und Sozialleistungssysteme und deren Wechselwirkungen überprüfen und gegebenenfalls ändern, um Arbeitslosigkeits-, Armuts- und Nichterwerbstätigkeitsfallen zu beseitigen und die Arbeitsbeteiligung von Frauen, gering qualifizierten Arbeitskräften, älteren Arbeitskräften, Menschen mit Behinderungen und arbeitsmarktfernen Gruppen zu fördern." (Rat der Europäischen Union 2003: 8)

Auch in den neueren beschäftigungspolitischen Leitlinien für 2005 bis 2008 wird daran festgehalten, die Hemmnisse und Anreize der Steuer- und Sozialleistungssysteme zu überprüfen, so „Leitlinie 19: Integrative Arbeitsmärkte schaffen, Arbeit attraktiver und für Arbeitsuchende – auch für benachteiligte Menschen – und Nichterwerbstätige lohnend machen" (Rat der Europäischen Union 2005: 5).

Solche Empfehlungen sind ein Beispiel dafür, wie direkt oder indirekt Konvergenzdruck auf die Mitgliedstaaten ausgeübt wird. So bezieht sich die deutsche Regierung in der Agenda 2010 (BMAS 2002: 341ff.) klar auf die beschäftigungspolitischen Leitlinien der EU und auch die Nationalen Reformprogramme (BMWT 2006; BMWT 2007) belegen den Einfluss der Beschäftigungsziele auf die eingeschlagene Niedriglohnpolitik im allgemeinen sowie auf den Einsatz von Kombilohninstrumenten im besonderen. Derartige „supranationale Bindungswirkungen" (Tegtmeier 2007: 7) wirken sich also tatsächlich auf das arbeitsmarktpolitische Handeln einzelner Länder aus, wobei das Ausmaß der Effekte je nach länderspezifischem Problemdruck und weiteren internen Faktoren variiert (vgl. hierzu in diesem Band Buchkremer/Zirra).

Leider vergessen diese voraussetzungsvollen Wortmeldungen häufig zu erwähnen, dass Maßnahmen, die in einem Land erfolgreich waren, nicht zwingend auch in anderen Ländern zum gewünschten Effekt führen. Oder anders ausgedrückt: Instrumente, egal welchen Ziels, sind nicht aus sich heraus erfolgreich, sondern ihr Erfolg ist abhängig von zahlreichen länderspezifischen Faktoren. Dabei sind nationale Varianzen hinsichtlich der Wirksamkeit vor allem auf die jeweiligen Auswirkungen des Problemdrucks, das unterschiedliche Politikerbe an etablierten Strukturen und Programmen sowie die institutionelle Ausgestaltung des jeweiligen wohlfahrtsstaatlichen Arrangements zurückzuführen (Lütz 2004: 25f.). Meine Ausführungen verdeutlichen das am Beispiel Deutschlands. Im Unterschied zu Ländern mit vergleichsweise großer Lohnschere und überwiegend grundsichernden sozialpolitischen Elementen ist der Kombilohn im lohnarbeitszentrierten deutschen Wohlfahrtsstaat systemfremd. Das äußert sich bei der Umsetzung der empfohlenen Instrumente in ihrer spezifischen Ausgestaltung und vor allem in den daraus resultierenden Effekten.

5   Schlussbemerkungen

Der Beitrag liefert eine institutionalistische Erklärung dafür, wie ein der herkömmlichen wohlfahrtsstaatlichen Logik widersprechendes Instrument Schritt für Schritt schließlich doch in das sozialpolitische Arrangement integriert werden konnte und was das für Folgen für die Ausgestaltung dieses Instruments selbst impliziert. Dabei wurde zunächst die These der Systemfremdheit von Kombilöhnen in Form von arbeitnehmerseitigen Lohnergänzungsleistungen mit der Logik des Instruments selbst einerseits und den Integrationsmechanismen an der Schnittstelle von Arbeitsmarkt und sozialem Sicherungssystem in Deutschland andererseits erhärtet. Für die spezifische Ausgestaltung der einzelnen Kombilohnvarianten wurden verschiedene Tendenzen herausgestellt, die im Widerspruch zu den Bemühungen der Regierung stehen, „die bestehenden Maßnahmen zur Lohnergänzung […] zu bündeln und in einem erfolgreichen Förderansatz zusammenzufassen." (Koalitionsvertrag[9] 2005: 32). Diese Tendenzen scheinen aber nicht nur die Besonderheiten der Einführung systemfremder Maßnahmen widerzuspiegeln, sondern auch den jeweiligen länderspezifischen Problemdruck sowie die jeweiligen Programme und Logiken.

---

9   http://koalitionsvertrag.spd.de/servlet/PB/show/1645854/111105_Koalitionsvertrag.pdf

Was bedeuten diese institutionellen Veränderungen nun aber langfristig für das herkömmliche Verhältnis von Arbeit und Einkommen bzw. von Arbeitsmarkt und dem System sozialer Sicherung? Das Ergebnis scheint zunächst äußerst ambivalent. Denn einerseits deuten sowohl die Erosionserscheinungen der Rahmenbedingungen einer lohnarbeitszentrierten Soziapolitik als auch die daraus resultierenden arbeitsmarkt- und sozialpolitischen Reformbemühungen auf einen Systembruch hin. Auf der anderen Seite scheint seine institutionelle Logik wenig berührt, da – wie an den drei dargestellten Phasen deutlich wurde – Kombilöhne über die Schaffung einer neuen, nicht-lohnarbeitszentrierten Kategorie (Arbeitslosengeld II) quasi durch die Hintertür eingeschleust wurden und parallel zum vorherrschenden einkommensgebundenen, lebensstandardsichernden Sozialversicherungssystem bestehen. Ohne normative Wertung ist eine Entscheidung, ob es sich um Pfadabhängigkeit oder um einen radikalen Paradigmenwechsel handelt, daher kaum zu treffen. *Zunächst* sind Lohnergänzungsleistungen Ausdruck einer bedingt pfadabhängigen Antwort auf die widersprüchliche Auseinanderentwicklung von Teilsystemen, da sie zwar einerseits von der bisherigen wohlfahrtsstaatlichen Logik abweichen, aber andererseits durch sie ein Systembruch insgesamt vermieden wurde.

Wenn der Kombilohn also eine Reaktion auf neue Funktionserfordernisse infolge der Erosion der sozioökonomischen Fundamente einer lohnarbeitszentrierten Sozialpolitik ist, so ist das damit einhergehende, eingangs beschriebene langsame Aufweichen des Gleichzeitigkeitsverbots und anderer Logiken in Teilen des ansonsten stabilen Gesamtsystems nicht per se zu verteufeln. Doch – so ließe sich vorsichtig formulieren – „the break in the principle system design may open up new paths for future reforms that could go far beyond the labour market and relate to other fields of the welfare state, too." (Kemmerling/Bruttel 2005: 19) Denn in dem Maße, in dem mit dem Nebeneinander von Arbeits- und Transfereinkommen durch Kombilöhne auf Strukturveränderungen reagiert wurde, wird die Maßnahme ihrerseits wiederum strukturelle Modifikationen herbeiführen und neue Erfordernisse produzieren, die nicht immer erwünscht sind. Wie wirken sich Kombilöhne langfristig auf die Entwicklung des Niedriglohnsektors und das Ausmaß atypischer Beschäftigungsformen aus? Was sind seine Konsequenzen auf der individuellen Ebene; gelingt es in einem beitragsfinanzierten Sozialversicherungssystem, den Risiken der Adressaten dieser Politik dauerhaft zu begegnen? Und was bedeutet dies gesamtgesellschaftlich für das Verhältnis von Lohnarbeit und sozialer Sicherung?

Diese Fragen machen deutlich, dass es nicht darum geht, starr an Prinzipien oder Strukturelementen festzuhalten, sondern bei Reformbemühungen die langfristigen Folgen für das sozialstaatliche Arrangement mitzudenken. In diesem Sinne können Kombilöhne als vorübergehender Scheideweg verstanden werden, an dem sich die Frage nach der zukünftigen Richtung erneut stellt. Sich derart „großen" Fragen zu öffnen, ist aber schon Teil der Herausforderung und bedeutet im Einzelnen, neue und vor allem systemfremde Maßnahmen in das gegebene Steuer- und Transfersystem sinnvoll einzupassen, Handlungsimplikationen auf der Akteursebene zu berücksichtigen sowie sich übergeordnete und langfristige Ziele bewusst zu machen.

Literatur

Bleses, Peter/Seeleib-Kaiser, Martin (2004): The Dual Transformation of the German Welfare State. Basingstoke.

BMAS (2002): Bundesministerium für Arbeit und Sozialordnung, Moderne Dienstleistungen am Arbeitsmarkt – Bericht der Kommission. Berlin.

BMAS (2006): Bundesministerium für Arbeit und Soziales, Initiative 50plus: Eckpunkte zur Erhöhung der Beschäftigungsfähigkeit und der Beschäftigungschancen älterer Menschen in Deutschland. Berlin.

BMAS (2007): Bundesprogramm zur Förderung von zusätzlichen Arbeitsplätzen, die in Regionen mit besonders hoher und verfestigter Langzeitarbeitslosigkeit durch Kommunen geschaffen werden (Bundesprogramm Kommunal-Kombi). Berlin.

BMWT (2006): Bundesminister für Wirtschaft und Technologie, Nationales Reformprogramm 2005 - 2008. Umsetzungs- und Fortschrittsbericht 2006. Berlin.

BMWT (2007): Nationales Reformprogramm 2005 - 2008. Umsetzungs- und Fortschrittsbericht 2007. Berlin.

Bohsem, Guido (2008): Wer wenig verdient, bekommt mehr. In: Süddeutsche Zeitung 64 (33): 23.

Brücker, Herbert/Konle-Seidl, Regina (2006): Kombilöhne im internationalen Vergleich. Nicht jede Therapie schlägt überall an. IAB Kurzbericht Nr. 10/2006, Nürnberg.

Bundesministerium der Justiz (2002): Zweites Gesetz für moderne Dienstleistungen am Arbeitsmarkt vom 23. Dezember 2002. Köln.

Bundesministerium der Justiz (2003): Viertes Gesetz für moderne Dienstleistungen am Arbeitsmarkt vom 24. Dezember 2003. Köln.

Czommer, Lars/Weinkopf, Claudia (2002): Modellprojekte zur Erprobung des § 18 Absatz 5 BSHG in Nordrhein-Westfalen. In: Dann, Sabine u.a. (Hg.): Kombi-Einkommen – Ein Weg aus der Sozialhilfe? Baden-Baden: 87-105.

Dietz, Martin/Koch, Susanne/Walwei, Ulrich (2006): Kombilohn. Ein Ansatz mit Haken und Ösen. IAB Kurzbericht Nr. 10/2006, Nürnberg.

Esping-Andersen, Gøsta (1996): Welfare States without Work: The Impass of Labour Shedding and Familialism in Continental European Social Policy. In: Esping-Andersen, Gøsta (Hg.): Welfare States in Transition – National Adaptions in Global Economics. London: 66-87.

Hall, Peter A. (1993): Policy Paradigms, Social Learning and the State. The Case of Economic Policy Making in Britain. In: Comparative Politics 25 (3): 275-296.

Kaltenborn, Bruno (2001): Kombilöhne in Deutschland – Eine systematische Übersicht. IAB-Werkstattbericht 14/2001, Nürnberg.

Kaltenborn, Bruno/Pilz, Lars (2002): Kombilöhne im internationalen Vergleich. Eine Expertise im Auftrag der Friedrich-Ebert-Stiftung. IAB-Werkstattbericht 10/2002, Nürnberg.

Kaltenborn, Bruno (2003): Kombilöhne: Stand und Perspektiven. In: Vierteljahreshefte zur Wirtschaftsforschung 72: 124-132.

Kemmerling, Achim/Bruttel, Oliver (2005): New Politics in German Labour Market Policy? The Implications of the Recent Hartz Reforms for the German Welfare State. WZB Discussion Paper SP 2005-101, Berlin.

Lütz, Susanne (2004): Der Wohlfahrtsstaat im Umbruch – Neue Herausforderungen, wissenschaftliche Kontroversen und Umbauprozesse. In: Lütz, Susanne/Czada, Roland (Hg.): Wohlfahrtsstaat – Transformation und Perspektiven. Wiesbaden: 11-35.

Mückenberger, Ulrich (1985): Die Krise des Normalarbeitsverhältnisses. In: Zeitschrift für Sozialreform 31 (7 und 8): 415-434, 457-475.

Nickel, Thomas (2004): Hartz IV – Arbeitslosengeld II: Anspruchsberechtigte Personen Ende 2003. In: Statistisches Monatsheft Baden-Württemberg 12/2004: 23-26.

Ochel, Wolfgang (2002): Finanzielle Arbeitsanreize – Konzeptionen und Ergebnisse in Großbritannien, Irland und Kanada. In: Dann, Sabine u.a. (Hg.): Kombi-Einkommen – Ein Weg aus der Sozialhilfe? Baden-Baden.

OECD (2003): Employment Outlook: Towards More and Better Jobs. Paris.

OECD (2005): Employment Outlook. Paris.

Rat der Europäischen Union (2003): Beschluss des Rates vom 22. Juli 2003 über die Leitlinien für beschäftigungspolitische Maßnahmen der Mitgliedsstaaten (2003/578/EG). Amtsblatt der Europäischen Union, L 197, 5. August 2003.

Rat der Europäischen Union (2005): Entscheidung des Rates vom 12. Juli 2005 über Leitlinien für beschäftigungspolitische Maßnahmen der Mitgliedsstaaten (2005/600/EG). Amtsblatt der Europäischen Union, L 205/21, 6. August 2005.

Schelkle, Waltraud (2002): „Making Work Pay": Ziele und Wirkungen finanzieller Arbeitsanreize in den USA. In: Dann, Sabine u.a. (Hg.): Kombi-Einkommen – Ein Weg aus der Sozialhilfe? Baden-Baden.

SVR (2006a): Sachverständigenrat zur Begutachtung der gesamtwirtschaftlichen Entwicklung, Arbeitslosengeld II reformieren: Ein zielgerichtetes Kombilohnmodell. Expertise im Auftrag des Bundesministeriums für Wirtschaft und Technologie. Wiesbaden.

SVR (2006b): Die Chance nutzen – Reformen mutig voranbringen. Jahresgutachten 2005/06. Wiesbaden.

SVR (2007): Das Erreichte nicht verspielen. Jahresgutachten 2007/08. Wiesbaden.

Tegtmeier, Werner (2007): Arbeitsmarktpolitik – Anspruch und Wirklichkeit von Arbeitsmarktreformen. ZeS-Arbeitspapier Nr. 5/2007, Bremen.

Vobruba, Georg (1990): Lohnarbeitszentrierte Sozialpolitik in der Krise der Lohnarbeit. In: Vobruba, Georg (Hg.): Strukturwandel der Sozialpolitik. Lohnarbeitszentrierte Sozialpolitik und soziale Grundsicherung. Frankfurt a.M.: 11-80.

Vobruba, Georg (1997): Autonomiegewinne. Sozialstaatsdynamik, Moralfreiheit, Transnationalisierung. Wien.

Hartz-Reformen: Viel Bewegung – neue Probleme – wenig Fortschritt

Annelie Buntenbach

1 Einleitung

Drei Jahre sind inzwischen vergangen, seit mit dem Hartz-IV-System ein völlig neues Grundsicherungssystem eingeführt wurde. Hartz IV, die letzte Stufe der so genannten Hartz-Reformen, sollte die deutsche Arbeitswelt grundlegend verändern. Entgegen aller politischen Versprechungen steht Hartz IV heute allerdings weniger für Aufbruch denn als Synonym für Verunsicherung – und dies nicht nur bei Arbeitslosen, sondern auch bei den meisten Arbeitnehmerinnen und Arbeitnehmer. Der an sich positive Grundgedanke der Arbeitsmarkt-reformen, die Vermittlung zu verbessern, ist schnell verblasst angesichts der Realität, die vor allem durch Leistungskürzungen sowie den Druck auf Arbeitslose und Beschäftigte geprägt ist. Fakt ist, dass der Arbeitsmarkt mit Hartz IV ein neues Gesicht bekommen hat: Jobs statt Arbeitsplätze – so lässt sich die Prekarisierung durch den Boom bei Leiharbeit, (Schein)Selbständigkeit, Mini- und Ein-Euro-Jobs zusammenfassen. Ein zweifelhafter Erfolg also. Dass wir heute mehr denn je über „gute Arbeit" und Mindestlöhne diskutieren, hat nicht zuletzt damit zu tun, dass der Arbeitsmarkt mit Hartz IV in Un-Ordnung geraten ist. Der Druck auf die Löhne hat extrem zugenommen. Armut trotz Arbeit ist inzwischen ein Massenphänomen. Mittlerweile hat sich der Wind etwas gedreht. Radikalreformer sind vorerst aus dem Spiel. Der politische Mainstream setzt inzwischen darauf, dass Hartz IV überarbeitet werden muss. In welchem Grad, wird sich zeigen. Es wird darauf ankommen, den Menschen die Verunsicherung zu nehmen. Und dies wird durch Schönheitsreparaturen allein nicht zu schaffen sein.

Die Hartz-Kommission hatte einen bunten Strauß von Maßnahmen und Veränderungen vorgeschlagen. Die Vorschläge sollten ursprünglich darauf abzielen, die Vermittlung sowie die Zusammenarbeit von Arbeitsagenturen und Kommunen zu verbessern. Zugleich sollte der Arbeitsmarkt insgesamt flexibler und Arbeitslose stärker in die Verantwortung genommen werden. Fakt ist, dass der Druck auf Arbeitslose mit den Hartz-Gesetzen deutlich erhöht und die Zumutbarkeit selbst gegenüber der vormaligen Sozialhilfe noch verschärft wurde.

Der soziale Flurschaden dieser Politik ist nicht zu übersehen. Die Hoffnungen und Versprechungen dieses neuen Systems haben sich bisher jedenfalls nicht erfüllt. Die Nebenwirkungen haben sich auf das gesamte Arbeitssystem ausgewirkt. Vormalige Sozialhilfeempfänger zählen eher zu den Gewinnern, während arbeitsmarktnahe Personengruppen (frühere Alhi-Empfänger) eher zu den Verlierern zählen. Über die Arbeitslosen hinaus strahlt Hartz IV aber auch auf jene aus, die noch einen Job haben und hat zur sozialen Verunsicherung breiter Arbeitnehmergruppen geführt. Die Angst vor der Hartz-IV-Rutsche in Armut ist in vielen Betrieben spürbar und wohl auch politisch gewollt.

Der nachfolgende Beitrag diskutiert die wichtigsten Elemente der Hartz-Reformen.

2 Private können es besser?

Die Lobbyisten von Leiharbeitsfirmen und privaten Vermittlern sowie Unternehmensberatern haben die Hartz-Kommission stark beeinflusst. Auch nach dem Regierungsauftrag sollte der Wettbewerb in der Arbeitsvermittlung verstärkt werden. Die hohen Erwartungen an die kommerziellen Arbeitsvermittler haben sich jedoch nicht erfüllt. Vor allem ging es darum, die Gelder der Versicherten für die Geschäfte von privaten Unternehmen leichter zugänglich zu machen. Insbesondere der Vermittlungsgutschein, der zunächst mit 2.500 Euro ausgestattet war, sollte einen Schub für die privaten Vermittler bringen. Doch nicht einmal jeder zehnte ausgegebene Gutschein wurde eingelöst und die Arbeitsverhältnisse, in die vermittelt wurde, sind in hohem Maße instabil. Das Institut für Arbeitsmarkt- und Berufsforschung der Bundesagentur für Arbeit (IAB) hat schon im April 2005 dem Vermittlungsgutschein nur eine geringe Wirkung am Arbeitsmarkt, aber eine hohe Missbrauchsanfälligkeit attestiert. Vor allem sei zweifelhaft, ob die aufgewendeten Kosten in einem für die Bundesagentur für Arbeit (BA) vernünftigen Verhältnis zum Nutzen stehen. Auch der Bundesrechnungshof hat sich wiederholt mit dem Vermittlungsgutschein befasst. Er kommt in seinem Bericht von August 2006 zu dem Ergebnis: „Das Vermittlungsgutscheinverfahren hat keine wesentliche Entlastung auf dem Arbeitsmarkt bewirkt" (Bundesrechnungshof 2006). Der Bundesrechnungshof weist vor allem aber auch darauf hin, dass besondere Fallkonstruktionen bei der Vermittlung zu Mitnahmeeffekten führen und überwiegend keine dauerhafte Beschäftigung erreicht wird. Auch im Folgebericht vom Dezember 2006 kommt der Bundesrechnungshof zu ähnlichen Erkenntnissen. So deuteten die Zahlen darauf hin, „...dass mit dem Vermittlungs-

gutschein eher der Zugang in instabile Beschäftigungsverhältnisse eröffnet wird"
(ebd.).
Aktuelle Zahlen der Bundesagentur für Arbeit belegen die Analyse des
Rechnungshofes. Auch zwischenzeitig vorgenommene Reformen am Gutscheinverfahren konnten die wesentlichen Schwächen nicht beseitigen. Die Nachhaltigkeit der über den Gutschein vermittelten Arbeitsverhältnisse ist weiter signifikant rückläufig. Von den insgesamt nach neuem Recht (ab Januar 2005) einge-
lösten 149.600 Vermittlungsgutscheinen wurde nur für 38% die zweite Rate fällig. Die zweite Rate wird dann fällig, wenn die Beschäftigung mindestens sechs
Monate bestanden hat. Ein Jahr zuvor waren es noch 43% gewesen, innerhalb
eines Jahres immerhin ein Rückgang um 5%-Punkte.

Abbildung 1: Auszahlung von Vermittlungsgutscheinen Januar 2005 bis September 2007 (Deutschland insgesamt)

nach sechswöchiger Beschäftigung:	149 584
davon für ALG-II-Empfänger:	67 315
Restzahlung nach sechsmonatiger Beschäftigung:	57 591= 38,5%
davon für ALG-III-Empfänger:	18 731= 27,8%

Quelle: Bundesagentur für Arbeit

Das bedeutet, es wurden von der BA und den ARGEn in mehr als 60% der Fälle
1.000,- Euro aufgewendet, um eine Beschäftigungsdauer von weniger als 6 Monaten zu erreichen. Ein Vergleich zwischen ALG-I-Empfängern und ALG-II-
Empfängern zeigt, dass die Stabilität der Beschäftigung bei ALG-II-Empfängern
noch einmal deutlich unter dem Durchschnitt liegt. Bei den ALG-II-Empfängern
wurde nach sechs Monaten nur in 27,8% der Fälle die zweite Rate fällig.
Auch die so genannten Personal-Service-Agenturen (PSA) konnten die
hohen Erwartungen nicht rechtfertigen. Den PSA wurde von der Hartz-
Kommission eine zentrale Bedeutung zugesprochen. Vor allem die ausnahmslose
Konzentration auf Private und die Vergabe der Agenturen über Ausschreibungen
haben die Idee schnell kaputt gemacht. Bei dieser Konstruktion waren
Abgrenzungen zur kommerziellen Leiharbeit nur schwer zu ziehen. Inzwischen
sind PSA zur Restgröße verkommen. Die Agenturen sind nicht mehr verpflichtet
eine PSA vorzuhalten, wie dies anfangs noch gesetzlich vorgeschrieben war. Im
Jahre 2007 wurden nur noch 9.700 Personen gefördert, dies ist gegenüber dem
Vorjahr noch einmal ein Rückgang um 40%. Auch die Ergebnisse der
Evaluierung sind negativ. Eine Analyse für die Jahre 2003 und 2004 ergab sogar,
dass die PSA die Eingliederung in den Arbeitsmarkt gegenüber einer
Vergleichsgruppe verzögert und es gibt keine Hinweise darauf, dass die

Arbeitsverhältnisse stabiler sind als bei Vermittelten, die nicht durch eine PSA gelaufen sind. Von den Fachvermittlern wurde vor allem das ungünstige Kosten-Nutzen-Verhältnis kritisiert (Deutscher Bundestag, Drucksache 16/3982: 99).

3   Minijob, Ich-AG und Leiharbeit als Brücke in den Arbeitsmarkt?

Die ungezielte Förderung der *Mini-Jobs* hat die geringfügig entlohnte Beschäftigung auf fast sieben Millionen anschwellen lassen. Die Reform ab Frühjahr 2003 hat diese Entwicklung erheblich begünstigt. Doch die Wirkung am Arbeitsmarkt ist zweifelhaft. In einigen Bereichen gibt es deutliche Hinweise darauf, dass die Minijobs reguläre Beschäftigung verdrängen. Vor allem das ursprüngliche Ziel der Hartz-Kommission, dass die Minijobs eine Brücke in reguläre Beschäftigung sein sollen, konnte durch die Begleitforschung nicht nachgewiesen werden. „Allerdings geben Befragungsergebnisse Hinweise darauf, dass mit dieser Beschäftigungsform für Arbeitslose keine Brücke in sozialversicherungspflichtige Beschäftigung entstanden ist (ebd.: 156). Zusätzlich haben diese oftmals prekären Jobs die Finanzierungsbasis der Sozialsysteme geschwächt. Berechnungen des DGB haben ergeben, dass die Mini-Jobs zu Steuer- und Beitragsausfällen von fast vier Mrd. Euro jährlich führen. Eine Erfolgsgeschichte sieht anders aus.

Auch die Ausweitung der Leiharbeit ist eher ein Scheinerfolg. Zwar ist die Zahl der Leiharbeiter auf deutlich über 600 000 gestiegen, den Beweis, dass es sich um zusätzliche Stellen handelt, bleiben allerdings alle Studien schuldig. Auch hier gibt es deutliche Hinweise darauf, dass Stellen ersetzt werden. Schlecht bezahlte Leiharbeiter verdrängen besser bezahlte Facharbeiter und Stammbeschäftigte. Auch der so genannte Klebeeffekt, nach dem Leiharbeiter durch den Verleih einen festen Job im Entleihbetrieb erhalten sollen, ist bisher nur sehr gering. Eine Studie der Hans-Böckler-Stiftung kommt zu dem Ergebnis, dass nur 12 Prozent der ausgeliehenen Arbeitskräfte in ihrem Einsatzbetrieb später sozialversicherungspflichtig übernommen werden (Promberger 2006). Das ist weit weniger als von der Branche behauptet und sicher kein Argument dafür, dass die Leiharbeitsfirmen bei den Arbeitsagenturen inzwischen als Premiumkunden behandelt werden.

Die Förderung von Selbständigkeit durch die so genannte Ich-AG war vergleichsweise erfolgreich, wenn auch endgültige Zahlen noch nicht vorliegen. Dennoch wurde dieses Instrument inzwischen geändert, so dass im letzten Jahr die Zahl der Förderfälle deutlich zurückging. Im Jahre 2007 wurden nur noch 150.000 Existenzgründer gefördert, dies ist ein Rückgang gegenüber dem Vorjahr um 30%. Erst nach einer Wartezeit von fünf Jahren kann wirklich beurteilt werden, wie stabil die Gründungen sind. Dennoch spricht einiges dafür, dass die Ergebnisse besser sind als von vielen befürchtet.

Keines der drei genannten Instrumente konnte sich als tragfähige Brücke in den Arbeitsmarkt erweisen, alle drei haben aber dazu beigetragen, die Unsicherheit am Arbeitsmarkt zu erhöhen. Vor allem für junge Menschen oder nach einer Phase der Arbeitslosigkeit bleibt für viele nur eine prekäre Beschäftigung, die auch nicht in eine anschließende reguläre Beschäftigung übergeht.

4   Keine Betreuung aus einer Hand

Mit Hartz IV ist ein Zwei-Klassen-System in der Arbeitsförderung entstanden. Entgegen den Empfehlungen der Hartz-Kommission wurde die Betreuung der Arbeitslosen nicht aus einer Hand organisiert, sondern es wurden zwei Systeme geschaffen, so dass nach Ende des ALG-I-Bezugs eine neue Schnittstelle entstanden ist. Die Schnittstellen und Doppelstrukturen sind mittlerweile sogar vielgestaltiger und betreffen deutlich mehr Arbeitsuchende als vor der Zusammenlegung. Vor der Reform gab es lediglich 270.000 Arbeitslosengeld- und -hilfeempfänger, die aufstockend Sozialhilfe erhielten, deren Ansprüche in zwei getrennten Systemen bearbeitet wurden. Heute ist das Betreuungs- und Verwaltungssystem noch komplizierter und fragmentierter als vorher.

Die Aufteilung in zwei Systeme ist laut der von der Bundesregierung in Auftrag gegebenen Hartz-Evaluation „eine der größten Achillesfersen der deutschen Arbeitsmarktpolitik" (Deutscher Bundestag, Drucksache 16/3982: 159).

Die Zuordnung von Arbeitslosen zu den beiden Systemen orientiert sich nicht an den arbeitsmarktpolitischen Notwendigkeiten des Einzelfalls, sondern entscheidet sich am finanziellen Anspruch des Arbeitslosen auf die Versicherungsleistung Arbeitslosengeld nach dem SGB III oder auf die Fürsorgeleistung Arbeitslosengeld II nach dem SGB II. Auch die Dauer der Arbeitslosigkeit ist nicht entscheidend. Nur knapp die Hälfte (47%) der SGB-II-Arbeitslosen ist länger als ein Jahr arbeitslos.

Die Betreuung und Vermittlung von SGB-III-Arbeitslosen über die Arbeitslosenversicherung (BA) und der SGB-II-Arbeitslosen im Hartz-IV-System über ARGEn, Optionskommunen oder getrennte Trägerschaft von BA und Kommune macht Doppelstrukturen und zusätzlichen Verwaltungsaufwand zwangsläufig. Die beiden Systeme Versicherung und Fürsorge sind dabei nicht konsequent voneinander angetrennt. Vielmehr muss die beitragsfinanzierte Arbeitslosenversicherung im Bereich Ausbildung und Ersteingliederung von behinderten Menschen auch Aufgaben des steuerfinanzierten Hartz-IV-Systems übernehmen. Außerdem belastet der Bund mit dem Aussteuerungsbetrag und neuerdings dem Eingliederungsbetrag (5 Mrd. Euro) die Beitragszahler.

5   Hartz IV löst die Probleme nicht

Vom Rückgang der Arbeitslosigkeit profitieren in erster Linie Kurzzeit-arbeitslose, während der Aufschwung am Arbeitsmarkt an den Hartz-IV-Empfängern weitgehend vorbei geht. Die verbesserte Vermittlung und Betreuung von Arbeitslosen konzentriert sich auf die Arbeitslosenversicherung (SGB-III-Rechtskreis) mit vorwiegend Kurzzeitarbeitslosen. Das Gros der Arbeitslosigkeit verlagert sich noch weiter in das Hartz-IV-System (SGB-II-Rechtskreis).

Die Zahl der Arbeitslosen ging im Durchschnitt des Jahres 2007 um 710.000 Personen zurück, davon entfallen 410.000 auf den SGB-III-Rechtskreis und 300.000 auf das SGB II, obwohl im SGB-III-Rechtskreis nur noch rund ein Drittel aller Arbeitslosen betreut werden. Prozentual ist die Arbeitslosigkeit im SGB-III-Rechtskreis im Vorjahresvergleich um fast 25% gesunken, im SGB-II-Rechtskreis hingegen um weniger als die Hälfte (-11 %).

Abbildung 2: Verteilung der Arbeitslosigkeit im Jahre 2007 auf die Rechtskreise und Vergleich zum Vorjahr

Arbeitslose	insgesamt	West	Ost	Relative Verände-rung gegenüber 2006 insgesamt	West	Ost
gesamt	3,776	2,486	1,291	- 15,8	- 17,3	- 12,8
davon im SGB III	1,253	0,861	0,392	- 24,7	- 25,7	- 22,3
davon im SGB II	2,523	1,625	0,898	- 10,7	- 12,1	- 8,9

Quelle: Berechnungen nach Angaben der BA

Das Hartz-IV-System ist aber nicht nur für die Arbeitsuchenden zuständig, sondern auch für deren Angehörige in der sog. Bedarfsgemeinschaft. Während die Zahl der Arbeitslosen zurückgeht, ist die Gesamtzahl der Hartz-IV-Empfänger hingegen bis zum Sommer 2007 nicht zurückgegangen. Im August lebten in den Bedarfsgemeinschaften der Hartz-IV-Haushalte insgesamt 7,2 Mio. Bedürftige (ALG II und Sozialgeld), davon 5,3 Mio. Erwerbsfähige mit ALG II-Anspruch.

Ein Jahr zuvor waren es erst 7 Mio. Hartz-IV-Empfänger, davon 5,2 Mio. mit ALG II. Gestartet ist Hartz IV im Januar 2005 mit „nur" 4,1 Mio. ALG-II-

Empfängern. Von den 7,2 Mio. Fürsorgeempfängern sind nur 2,5 Mio. arbeitslos. Jedes sechste Kind unter 15 Jahren lebt von Hartz IV – in Regionen mit hoher Arbeitslosigkeit sogar jedes dritte Kind. 645.000 Alleinerziehende waren im Juli 2007 auf Hartz IV angewiesen.

Ein Grund dafür ist auch, dass die Zahl derjenigen, die von ihrem Einkommen nicht leben können, deutlich zunimmt. Inzwischen sind 1,2 Mio. Geringverdiener – davon rund eine halbe Million Vollzeitkräfte – auf „aufstockende Leistungen" angewiesen. Die Tendenz ist stark steigend. Im Oktober 2006 waren „nur" 440.000 Aufstocker in Vollzeiterwerbstätigkeit.

Der von Peter Hartz geäußerte Wunsch, dass das neue System für alle Arbeitsuchenden zu einer schnellen Brücke in Beschäftigung werden würde, ist bisher noch nicht eingetreten. Im Gegenteil: Die Arbeitslosigkeit im Hartz-IV-System verfestigt sich.

6   Die Abgänge aus Arbeitslosigkeit gerade im SGB II sind oft Scheinerfolge

Es wird viel Bewegung erzeugt, aber ohne nachhaltigen Erfolg. Im Jahre 2007 beendeten 4,0 Mio. der „SGB-II-Kunden" ihre Arbeitslosigkeit (ohne Optionskommunen). Davon aber nur 33% (1,35 Mio.) durch eine Erwerbstätigkeit. Von diesen sind allerdings mehr als die Hälfte in Arbeitsgelegenheiten eingetreten. D.h. von allen Abgängen haben nur 650 000 (16%) eine reguläre Arbeit gefunden.

Die aktuelle Abgangsstatistik der BA belegt ebenfalls, dass die Integration in Arbeit oder Ausbildung nicht der dominante Abgangsgrund ist. Abgänge in Nichterwerbstätigkeit oder ungeklärter Verbleib sind für ein hohes Maß der Abgänge ursächlich. Neben den Abgängen in Arbeit gehen weitere 16% (650.000) in Ausbildung oder Qualifizierung, aber immerhin 1,4 Mio. (35%) in „sonstige Nichterwerbstätigkeit". Zu letzterem zählen Abmeldungen wegen Meldeversäumnissen, unbekannter Verbleib oder Sonderregelungen wie die 58er-Regelung.

Von den Abgängen in Arbeit sind viele nur kurzlebig. Eine nachhaltige Integration in Erwerbstätigkeit wird zur Ausnahme. 23% aller Zugänge in das Fürsorgesystem hatten in den letzten drei Monaten bereits einmal Leistungen nach SGB II bezogen (Angaben für 2006); betrachtet man die letzen 12 Monate, sind es sogar 42%. Die Bundesagentur für Arbeit geht selbst davon aus, dass 50% aller Vermittlungen in Arbeit nach spätestens 12 Monaten wieder ins Hartz-IV-System zurückgekehrt sind. Wahrscheinlich sind es mehr.

Berücksichtigt werden muss dabei auch, dass innerhalb eines Jahres häufig mehrere Wechsel stattfinden: in Arbeit – in Arbeitslosigkeit – wieder in Arbeit, und dies häufig in Verbindung mit Leiharbeit.

7   Deregulierung verstärkt die Unsicherheit am Arbeitsmarkt

Gerade die Langzeitarbeitslosen leiden massiv unter der Deregulierung des Arbeitsmarktes. Wenn sie überhaupt Arbeit finden, dann nur kurzfristig und häufig unterbezahlt. Sie sind die flexible Masse des Arbeitsmarktes, die durch *hire and fire* mal gebraucht, mal wieder entlassen wird. Hinzu kommen soziale Verwerfungen und die Defizite beispielsweise der Bildungspolitik. Die Politik hat viel dazu beigetragen, das Verarmungsrisiko zu verstärken, und sie tut wenig, um diesen Trend zu bremsen.

Die Entwicklung zur prekären Beschäftigung ist kein automatischer Prozess, sondern politisch gewollt. So sind mit dem Ersten bis Vierten Gesetz für moderne Dienstleistungen am Arbeitsmarkt (Hartz I bis IV)

- die Deregulierung der Zeitarbeit vollständig umgesetzt worden,
- die nicht existenzsichernden Mini-Jobs auf 400 Euro-Basis erweitert, weiter entbürokratisiert und als Brücke in den Arbeitsmarkt angepriesen worden,
- über die „Ich-AG" die „Solo-Selbständigkeit" finanziell gefördert worden. Auch wenn inzwischen die Ich-AG-Förderung umgestellt wurde, hält der Trend zur Gründung von Alleinselbständigen an,
- mit dem Ein-Euro-Jobber eine neue Qualität von Beschäftigung außerhalb des Sozialversicherungssystems geschaffen worden,
- die bereits zuvor existierende erleichterte Befristung von Arbeitsverhältnissen auch ohne Sachgrund wurde für Ältere ausgeweitet.

Zum Teil ging die Zunahme von prekären Arbeitsverhältnissen zulasten der regulären Beschäftigung. So ist die stark steigende Beschäftigung, die von der Politik immer wieder als Beleg für den Erfolg der Reformen gefeiert wird, auch dem Ausbau der Leiharbeit und der Minijobs zu verdanken. Die Arbeitswelt wird zunehmend „prekär".

Löhne unter fünf Euro pro Stunde sind keine Seltenheit mehr. Rund 2,5 Millionen Vollzeitbeschäftigte arbeiten in Deutschland zu Löhnen, bei denen sie weniger als 50% des Durchschnittlohns verdienen. Dies kann man zur Recht als Armutslöhne bezeichnen. Vor allem Frauen sind von dieser Entwicklung betroffen. Vielfach muss der Lohn durch Leistungen der Grundsicherung aufgestockt werden.

Die Verunsicherung, auch unter den regulär Beschäftigten, nimmt zu. In einer Befragung des wissenschaftlichen Instituts der Bundesagentur für Arbeit haben 40% der Beschäftigten angegeben, dass in den letzten Jahren in ihrem unmittelbaren Arbeitsumfeld vermehrt freie Mitarbeiter, Aushilfen, Praktikanten und Leiharbeitnehmer eingesetzt wurden.

So arbeiteten Mitte 2007 rund 650.000 Menschen als Leiharbeiter. Das sind doppelt so viele wie noch im Jahr 2003. 12% der Leiharbeiter erhalten ein so niedriges Gehalt, dass sie ergänzend Arbeitslosengeld II beziehen müssen.

Die Zahl der Selbständigen hat zugenommen. Aber inzwischen sind 50% aller Selbständigen – und damit über zwei Mio. Personen – so genannte Solo-Selbständige. Wenn dies freiwillig gewählt wurde, ist nichts dagegen einzuwenden. Aber häufig arbeiten die Menschen als Selbständige, weil sie keinen anderen Ausweg sehen oder weil sie von ihrem Arbeitgeber unter Druck gesetzt wurden. Der Weg zur Scheinselbständigkeit ist dann nicht weit.

Fast 2,5 Mio. Menschen sind befristet beschäftigt. Häufig wechselt bei ihnen Arbeitslosigkeit und Beschäftigung. Das Arbeitsplatzrisiko ist hoch.

Rasant angestiegen ist auch die Zahl der Minijobber. 6,9 Mio. Personen sind geringfügig beschäftigt, davon 4,9Mio. ausschließlich in Minijobs. Damit kommt auf fast jeden fünften sozialversicherungspflichtig Beschäftigten ein Minijobber oder eine Minijobberin. Die geringfügige Beschäftigung dominiert im Dienstleistungssektor. In einzelnen Branchen sind 50% der Beschäftigen Minijobber/innen. In diesen Branchen sind die Beschäftigten überdurchschnittlich auf Hartz IV verwiesen.

Die große Mehrheit der Minijobber sind Frauen. Die Konsequenzen sind: Keine eigenständige Existenzsicherung und eigene soziale Sicherung, Verlust der beruflichen Qualifikation und Abhängigkeit, von einem Partner oder dem Staat. Und das nicht erst im Falle von Arbeitslosigkeit, Pflege oder Rente.

Vor allem junge Menschen sind von dieser Entwicklung negativ berührt. Beim Einstieg in den Arbeitsmarkt wird ihnen besonders viel zugemutet. Junge Menschen werden häufig als Praktikanten oder Scheinpraktikanten beschäftigt, selbst dann, wenn berufliche Abschlüsse vorliegen.

Für viele ist prekäre Beschäftigung ein Dauerzustand. Manchen gelingt nach einiger Zeit der Übergang in sozialversicherungspflichtige Beschäftigung. Diejenigen, die dauerhaft prekär arbeiten, leben in ständiger Angst vor Arbeitslosigkeit. Beschäftigung und Arbeitslosigkeit wechseln häufig. Die Betroffenen können häufig keine feste Zeit- und Lebensplanung vornehmen, da sie immer auf Abruf bereit stehen müssen. Die Beschäftigten stehen unter einem enormen Druck, sich ständig bewähren zu müssen. Sie müssen sich immer wieder auf eine veränderte Arbeitsumgebung einstellen und fühlen sich häufig als Arbeitnehmerinnen und Arbeitnehmer zweiter Klasse.

Nicht unberücksichtigt bleiben darf, dass über die prekär Beschäftigten auf die übrige Belegschaft ein Disziplinierungseffekt ausgeht, der den Beschäftigten ständig vor Augen führt: „Du bist ersetzbar". Für die Arbeitgeber ist dieser Disziplinierungseffekt ein willkommener Nebeneffekt. Er macht die Belegschaften gefügig und verhindert Solidarisierungen im Betrieb. Betriebliche Interessenvertretung wird erschwert, die gewerkschaftlichen Durchsetzungsmöglichkeiten werden gemindert.

In der öffentlichen Diskussion wird immer wieder behauptet, auch von den Arbeitnehmerinnen und Arbeitnehmern würde eine größere Flexibilität in den Arbeitsverhältnissen gewünscht. So könnte persönliche Freiheit mit den Interessen der Unternehmen in Einklang gebracht werden. In der Realität ist es aber vielmehr so, dass diese persönliche Freiheit nur für einen sehr kleinen Teil der Beschäftigten gegeben ist. Häufig ist diese Gruppe gut ausgebildet, und verfügt auch bei unsteter Beschäftigung über ein hohes Einkommen. Für die Masse der Beschäftigten ist diese Freiheit jedoch eine Utopie. Tatsächlich ist es die Freiheit des Arbeitgebers, die Arbeitnehmer kommen und gehen zu lassen, wie sie gerade gebraucht werden. Geringste Kosten bei größtem Einsatz und Verlagerung des wirtschaftlichen Risikos auf die Arbeitnehmer ist das Motto.

Dass durch die Flexibilisierung wirklich zusätzliche Beschäftigung entstanden ist, darf bezweifelt werden. So kommt zum Beispiel das Institut für Makroökonomie zu dem Ergebnis, dass „der Aufschwung zwar den Arbeitsmarkt erreicht hat, aber an Stelle der Beschäftigtenzahl steigt bisher hauptsächlich die Zahl der geleisteten Arbeitsstunden. Neue Stellen wurden bisher nicht in dem Ausmaß wie im vorgegangenen Zyklus geschaffen. Vielmehr steht die vermehrte Flexibilisierung der Arbeitszeit in Konkurrenz zu Neueinstellungen." (IMK Report, Nr. 20, Juni 2007).

Das Sozialprodukt legte seit 2005 sieben Prozent zu. Und dieses Wachstum schaffte Beschäftigung. Es entstanden fast 700.000 neue Jobs, darunter 247.000 Ein-Euro-Jobs. Aussagekraft gewinnen diese Zahlen aber nur im Zyklenvergleich. Dann allerdings fällt die Bilanz mager aus. In der letzten Aufschwungphase – von 1998 bis 2000 – wuchs die Wirtschaft mit gleicher Kraft. Die Beschäftigung stieg jedoch doppelt so stark. Damals schufen die Firmen, trotz eines angeblich verkrusteten Arbeitsmarktes, überbordender Bürokratie und drückender Steuer- und Abgabenlast mehr als 1,4 Mio. Arbeitsplätze. Auch bei den sozialversicherungspflichtigen Jobs schneidet die letzte Aufschwungsphase um 150.000 Arbeitsplätze besser ab. Lediglich bei den Arbeitsstunden liegt der aktuelle Konjunkturfrühling vorne. So können Teilzeit- und geringfügig Beschäftigte jetzt mehr arbeiten. Im Mix mit flexiblen Arbeitszeitmodellen führt dies zwar zu mehr Arbeit, aber nicht zu mehr Jobs. Gut und billig für die Unternehmen, schlecht für die Arbeitslosen. Kurzum: Der vermeintliche „Agenda-2010-Aufschwung" ist im Zyklenvergleich beschäftigungsarm.

8   Flexicurity keine Wunderwaffe

In der Diskussion um die Hartz-Gesetze betont die EU-Kommission das Leitmotiv der „Flexicurity", der Verbindung von hoher sozialer Sicherheit bei gleichzeitig großer Flexibilität insbesondere für Arbeitgeber. Auch wenn bestehende Arbeitsplätze (angeblich) nicht zu halten sind, soll das Beschäftigungs- und Sozialsystem die Betroffenen auffangen und schnell zu einer anderen Beschäftigung verhelfen. Die Arbeitnehmerinnen und Arbeitnehmer sind jedoch bereits enorm flexibel – teils gezwungenermaßen – und nehmen zum Teil hohe Risiken in Kauf. Dennoch will die EU mit ihrer Diskussion in erster Linie die Flexibilisierung weiter vorantreiben. Dies wird verbunden mit der vagen Aussicht, gleichzeitig die soziale Sicherheit zu erhöhen. Diese Diskussion ist gefährlich, vor allem weil für die Sozialen Sicherungssysteme die Mitgliedstaaten weitgehend allein verantwortlich sind. Und in diesem Punkt herrscht überwiegend die Meinung vor, dass man sich von Brüssel nichts vorschreiben lassen will.

In Wirklichkeit geht es um die Minderung von Arbeitgeberrisiken, die einseitig auf die Beschäftigen, den Staat und die sozialen Sicherungssysteme verlagert werden sollen. Damit droht die Gefahr, dass der Kündigungsschutz weiter abgebaut wird, noch mehr Leiharbeit zugelassen und die Bindungswirkung von Tarifverträgen weiter aufgeweicht wird.

Vor allem können Erfahrungen in anderen Ländern nicht unmittelbar auf Deutschland übertragen werden. Wenn z.B. positiv über das Konzept Flexicurity in Dänemark gesprochen wird, muss hinzugefügt werden, dass dieses Konzept nur deswegen funktioniert, weil Dänemark eine im Vergleich sehr hohe Steuerquote hat, die in Deutschland kaum realisierbar wäre. Darüber hinaus greift der Staat in Dänemark insgesamt deutlich stärker regulierend in den Arbeitsmarkt ein als in Deutschland. Die Tarifbindung ist höher, auch die Beschäftigungsquote im staatlichen Sektor ist größer als in Deutschland. Nur der Kündigungsschutz ist insgesamt niedriger. In der Diskussion wird aber häufig der Eindruck erweckt, als wenn Dänemark einen weitgehend liberalisierten Arbeitsmarkt hätte, dies ist mitnichten der Fall.

Die Menschen sind misstrauisch geworden. Kein Land der EU hat in den letzten Jahren die soziale Sicherung in dem Maße reduziert wie Deutschland. Es ist nicht erkennbar, dass die Politik diesen Weg umkehren möchte. Am Ende der Diskussion stehen schnell noch mehr Flexibilität für Arbeitgeber bei weniger Sicherheit für Arbeitnehmer, das darf es nicht geben.

9   Was ist zu tun?

Bisher hat die Politik noch keine ausreichenden Konsequenzen aus den Studien gezogen. Es bleibt zu wünschen, dass jetzt nach dem Urteil des Bundesverfassungsgerichts, das für die Organisation der Arbeitsgemeinschaften im Hartz-IV-Regime Änderungen erzwingt, auch die anderen Fehler und Schwächen der Hartz-Reformen zumindest zum Teil beseitigt werden. Im Bundestag und in der Bundesregierung herrscht nach wie vor die Meinung vor, dass die „Gesetze gut seien, es bedürfe nur einer besseren Umsetzung, sprich Optimierung der Verwaltung, an der man aber arbeite."

Auch in Zukunft muss die Arbeitsmarktpolitik in der Verantwortung des Bundes bleiben. Die Kommunalisierung der Verantwortung für die Folgen der Arbeitslosigkeit würde die strukturellen Verwerfungen in Deutschland weiter beschleunigen. Auch müssen bundesweit gleiche Standards bei der Gesetzesanwendung erreicht werden. Wie dies im Einzelnen erreicht werden kann, muss die Diskussion in den nächsten Monaten zeigen. Die Beseitigung der „Achillesferse", nämlich die Aufhebung der Trennung der Arbeitslosen in zwei Regelkreise, wird aber vermutlich durch die bevorstehenden Änderungen nicht erreicht. Dennoch sollten Mindeststandards erreicht werden, die die Ergebnisse verbessern und dem Entstehen von Langzeitarbeitslosigkeit in höherem Maße vorbeugen, als das jetzige System es vermag.

Die Arbeitsmarktpolitik kann neben einer aktiven Wirtschafts- und Finanzpolitik den Aufbau von Beschäftigung unterstützen, aber sie kann nicht selbst Arbeitsplätze im allgemeinen Arbeitsmarkt schaffen. Notwendig wäre einerseits, den Druck auf Arbeitslose, jede Stelle anzunehmen, zu reduzieren und andererseits zu versuchen, die Qualifikation der Langzeitarbeitslosen zu erhöhen, um ihnen so den Zugang zu besser bezahlter Arbeit zu ermöglichen. Darüber hinaus kann der Staat durch öffentlich geförderte Beschäftigung für Menschen mit geringen Chancen am Arbeitsmarkt positiv eingreifen.

9.1   Förderung der SGB-II-Arbeitslosen verbessern.

Nach wie vor gilt in der Arbeitsmarktförderung der Grundsatz schnell und billig. Diese Politik ist zu kurzatmig. Nur wenn auch in Weiterbildung und Qualifizierung investiert wird, lassen sich Strukturverbesserungen am Arbeitsmark erreichen. Insbesondere qualifizierte Berufsabschlüsse werden so gut wie gar nicht mehr genehmigt. Der Rückgang der Förderung der beruflichen Weiterbildung um rund zwei Drittel gegenüber 2001 hat zur Verschärfung des Fachkräftemangels beigetragen. Die Kritik von Gewerkschaften und Bildungsträgern hat erst in jüngerer Vergangenheit zu einem vorsichtigen Umsteuern in der Arbeitsmarktpolitik in Richtung eines (Wieder-)Ausbaus der Weiterbildungsförderung geführt.

Obwohl der Förderbedarf bei SGB-II-Arbeitslosen unstreitig höher ist als bei SGB-III-Kunden, ist ihre Chance auf eine qualifizierte Fördermaßnahme immer noch relativ schlechter. Die Weiterbildungsmaßnahmen wurden im Vorjahresvergleich zwar hochgefahren, reichen aber noch lange nicht aus. Nach wie vor ist jeder fünfte SGB-II-Arbeitslose ohne Schulabschluss. Von den Empfängern von Arbeitslosengeld traten genau so viele eine Weiterbildung an als von den Empfängern von Arbeitslosengeld I, obwohl die Zahl der Arbeitslosen im SGB-II- System mehr als doppelt so hoch ist wie im SGB-III-System.

Nach Einschätzung des DGB wird das Bildungspotential bei den Arbeitslosen im SGB II nicht einmal ansatzweise ausgeschöpft. In beiden Rechtskreisen muss es verbindliche Zielquoten für Qualifizierung geben, z.B. den Anteil ungelernter Arbeitsloser an der Weiterbildung in den nächsten zwei Jahren zu verdoppeln. Der DGB schlägt darüber hinaus vor, auch für Erwachsene ein BAföG-System einzuführen, das vor allem dem Nachholen von Schul- und Berufsabschlüssen dienen soll.

9.2 Öffentlich geförderte Beschäftigung sinnvoll ausbauen.

Außer durch Weiterbildung kann der Druck auch durch die Einrichtung von öffentlich geförderter Beschäftigung gemindert werden. Aber öffentlich geförderte Beschäftigung muss mehr sein als Ein-Euro-Jobs. Erschwerend kommt hinzu, dass die sozialintegrativen Leistungen, die überwiegend durch die Kommunen erbracht werden sollen, ebenfalls nur mangelhaft vorgehalten werden. Nach unserer Schätzung sind die regionalen Kapazitäten für die Schuldnerberatung oder Sucht- und Drogenberatung nur in 30 bis 40% der Fälle als gut oder sehr gut zu bezeichnen. Auch an Kinderbetreuung mangelt es vielfach. Hier sind in erster Linie die Kommunen aufgefordert, mehr zu tun und einen aktiven Beitrag zur nachhaltigen Integration zu leisten.

Mit öffentlich geförderter Beschäftigung sollen vor allem diejenigen Gruppen der Arbeitslosen erreicht werden, deren Chancen auch bei einer Besserung des Arbeitsmarktes schlecht sind bzw. die in Regionen wohnen, in denen eine ohnehin hohe Arbeitslosigkeit die Chancen vor allem von Älteren und geringer Qualifizierten mindert. Die Bundesagentur für Arbeit geht davon aus, dass etwa 400.000 Personen auch bei umfassender Hilfe und einer weiterhin positiven Entwicklung am Arbeitsmarkt nicht integrationsfähig sind. Einige Forscher sprechen sogar von bis zu 600.000 Personen. Der zweite Arbeitsmarkt ist einerseits sozialpolitisch motiviert, kann aber auch strukturpolitisch begründet werden.

Wenn der Staat in den Arbeitsmarkt eingreift, gibt es durchaus Risiken. Vor allem darf öffentlich geförderte Beschäftigung nicht als Ersatz für regionale Arbeitsplätze im öffentlichen Sektor missbraucht werden. Dies wird leider nicht immer sauber geprüft. Ein erheblicher Teil der Beschäftigung ist in kommunalen Einrichtungen, Schulen, Wohnungsbau, Alten- und Krankenpflege, Grünanlagen, öffentliche Ordnung und Sicherheit. Mit öffentlich geförderter Beschäftigung wird teilweise der hohe Arbeitsplatzabbau im öffentlichen Dienst kompensiert. Dies ist zweifellos eine Fehlentwicklung.

Doch der Steuerung über eine Präzisierung der gesetzlichen Regelung sind sicherlich Grenzen gesetzt. Der Gesetzgeber hat die Merkmale „Zusätzlichkeit" und „öffentliches Interesse" bewusst offen formuliert, weil dies auch von örtlichen Gegebenheiten abhängig gemacht werden muss. Um eine Verdrängung von ungeförderter Arbeit zu vermeiden, sollte deswegen regional ein Konsens über die Einsatzfelder und die Größenordnung der öffentlich geförderten Beschäftigung hergestellt werden. Dazu bedarf es allerdings Gremien, die in der Lage sind, die Maßnahmen in Verbindung mit dem örtlichen Arbeitsmarkt auch tatsächlich zu beurteilen.

So empfehlen wir generell von Arbeitgebern und Arbeitnehmervertretern besetzten Beiräten die Kontrolle über die Vergabe von öffentlich geförderter Beschäftigung zu ermöglichen. Bei der Vergabe von ABM-Stellen wurden hiermit gute Erfahrungen gemacht. Nach Abstimmung von Gewerkschaften und Arbeitgebern konnten in Streitfällen in der Regel befriedigende Lösungen gefunden werden.

Aus Sicht des DGB ist es allerdings erforderlich, die Qualität der Maßnahmen zu steigern.

– So sollte der Zuweisung eine umfassende Beratung im Rahmen der Eingliederungsvereinbarung vorausgehen. Dabei sollte auf die Berufsausbildung und auf die Stärken und Schwächen des Arbeitsuchenden Rücksicht genommen werden.

– Die Vereinbarung sollte im gegenseitigen Einvernehmen erfolgen, d.h. Zwang sollte im Regelfall ausgeschlossen sein.

– Alle Maßnahmen sollten Qualifizierungselemente enthalten, damit die Chancen auf Eingliederung in den ersten Arbeitsmarkt erhöht werden.

– Insbesondere in Regionen mit hoher Arbeitslosigkeit muss eine längerfristige Beschäftigung angestrebt werden. Dies gilt insbesondere dann, wenn die Beschäftigungschancen der Arbeitnehmerinnen und Arbeitnehmer ohnehin als gering eingeschätzt werden.

- In allen Zweigen der Sozialversicherung sollte in der Regel Versicherungsschutz bestehen. Dabei muss der Lohn so bemessen sein, dass eine Unabhängigkeit von Hartz IV eintritt und Lohndumping bzw. ausbeuterisch niedrige Löhne vermieden werden.
- Für Jugendliche ist das Instrument ‚Öffentlich geförderte Beschäftigung' im Regelfall ungeeignet, wenn noch keine abgeschlossene Berufsausbildung vorliegt. Das Erzielen des Ausbildungsabschlusses muss absoluten Vorrang haben. Eine kurzfristige Beschäftigung kann allenfalls ein Baustein auf dem Weg zur Ausbildung sein.
- Bei der Einrichtung der Beschäftigung darf nicht nur das Interesse des Trägers im Vordergrund stehen, sondern die Interessen von Beschäftigten und Trägern müssen gleichrangig abgewogen werden.

9.3 Die Rahmenbedingungen am Arbeitsmarkt verbessern

Darüber hinaus müssen auch die Rahmenbedingungen am Arbeitsmarkt verbessert werden. Der Kündigungsschutz darf nicht weiter durchlöchert werden, und wir brauchen eine höhere Bindungswirkung von Tarifverträgen. Die Ansätze des Bundesarbeitsministeriums, das Entsendegesetz auf deutlich mehr Branchen auszuweiten, sind ein richtiger Schritt, der zu begrüßen ist.

Wir benötigen auch in Deutschland, wie in 20 anderen europäischen Staaten, einen gesetzlichen Mindestlohn für die Branchen, die nicht durch Tarifverträge bzw. das Entsendegesetz erreicht werden. Dieser Mindestlohn muss zumindest vor der schlimmsten Ausbeutung schützen und den Missbrauch von Hartz IV als Lohn-Einsparsystem für Arbeitgeber beenden. Der DGB hat 7,50 Euro als Einstieg vorgeschlagen.

In der Leiharbeit muss das Prinzip „Gleicher Lohn mit den Beschäftigten im Einsatzbetrieb" wirkungsvoll durchgesetzt werden.

Die Subventionierung der Minijobs durch den Verzicht auf Sozialversicherungsbeiträge ist arbeitsmarktpolitisch nicht mehr zu rechtfertigen. Stattdessen sollten nur noch dann Subventionen gezahlt werden, wenn die Beschäftigung dauerhaft existenzsichernd und sozial abgesichert ist.

Selbständige müssen in die soziale Sicherung einbezogen werden. Hierzu empfiehlt der DGB die Einführung der Bürgerversicherung. An der sozialen Sicherung müssen sich auch die Auftraggeber beteiligen, um Wettbewerbsnachteile gegenüber sozialversicherungspflichtiger Beschäftigung zu mindern.

Hartz IV muss vor Armut schützen, insbesondere Kinder müssen besser gefördert werden. Die Festsetzung der Sätze geht von unrealistischen Annahmen aus, was sich vor allem bei den Kindern zeigt. Die Preissteigerung seit 2005, aber auch Mehrausgaben durch die Gesundheitsreform sind durch die Mini-Anhebung zum 1. Juli nicht annähernd berücksichtigt.

Der DGB schlägt vor, eine unabhängige Wissenschaftlerkommission mit der Erarbeitung einer transparenten, an der Einkommens- und Verbrauchsstichprobe orientierten Regelsatzbemessung zu beauftragen. Auf dieser Grundlage entscheidet der Gesetzgeber über die Regelsätze. Kurzfristig sollte im bestehenden System die Preissteigerung bei regelsatzrelevanten Gütern seit 2005 berücksichtigt werden. Außerdem sollte für Schulkinder eine jährliche Beihilfe für Schulsachen in Höhe von mindestens 50 Euro gewährt werden.

Für Familien mit mehreren Kindern reicht das aber nicht aus. Viele Niedrigverdiener mit Kindern benötigen nur deshalb ALG II, weil Kindergeld und Wohngeld nicht bedarfsdeckend im Sinne des SGB II sind. Zur Entlastung des gesamten Hartz-IV-Systems macht deshalb eine Erhöhung des so genannten Kinderzuschlags und des Wohngelds für Familien mit mindestens einem Erwerbseinkommen Sinn, um diese unabhängig von Hartz IV zu stellen.

Literatur

Bundesrechnungshof (2006): Mitteilung an die Bundesagentur für Arbeit über die Prüfung des Vermittlungsgutscheinverfahrens nach § 421g, vom 10.08.2006.
Deutscher Bundestag, Drucksache 16/3982: 99.
IMK Report, Nr. 20, Juni 2007 (2007): Viel Lärm um nichts? Arbeitsmarktreformen zeigen im Aufschwung bisher kaum Wirkung. Düsseldorf.
Promberger, Markus (2006): Leiharbeit im Betrieb. Strukturen, Kontexte und Handhabung einer atypischen Arbeitsform (Abschlussbericht für die Hans-Böckler-Stiftung) Düsseldorf.

Teil III
Sozialpolitische Wege in Europa

Mehr als Flexicurity. Lehren aus der dänischen Arbeitsmarktpolitik

Claudia Bogedan

1 Einleitung

Bekanntlich gelang es in Dänemark im Laufe der 1990er Jahre, die Arbeitslosigkeit drastisch zu reduzieren und eine dauerhafte positive Wirtschaftsentwicklung zu stimulieren. Für viele gilt daher das dänische „Beschäftigungswunder" (Schwartz 2001; Madsen/Pedersen 2003) als vorbildhaft. Unter dem Schlagwort „Flexicurity" avancierte Dänemark folglich zum Erfolgsmodell *einerseits* wegen seiner eindrucksvollen Reduktion der Arbeitslosigkeit und *andererseits* wegen einer Politik, welche die scheinbar widersprüchlichen Bedarfe moderner Arbeitsmärkte – Flexibilität und Sicherheit – vereinte. Tatsächlich bieten die dänischen Erfahrungen wichtige Hinweise für die gleichzeitige Zielerreichung von Effizienz und Gleichheit sowie Flexibilität und Sicherheit (Egger/Sengenberger 2003). Dabei kommt es weniger auf einzelne Reformmaßnahmen an als auf das Zusammenspiel geeigneter Anreizstrukturen[1].

Mit Bezugnahme auf die dänischen Erfahrungen herrschte jedoch in der deutschen Arbeitsmarktpolitik eher ein „Rosinenpicken" vor, bei dem einzelne Reformmaßnahmen oder einzelne Elemente des dänischen Arrangements herausgegriffen oder als Referenz für Reformvorschläge herangezogen wurden: sei es der weniger strikte Kündigungsschutz, die größere Lohngleichheit, die Job-Rotation oder die Pflicht zur Aktivierung. Der folgende Beitrag zeigt, dass Flexicurity in Dänemark nur als Teil des „Dänischen Modells" (Due/Madsen 1994) verstanden werden und im Zusammenspiel komplementärer Institutionen seine Wirkung entfalten kann. Im Gegensatz zu der von der EU geforderten Strategie und bewussten Ausrichtung der Politik an den Flexicurity-Prinzipien mit dem Ziel der Modernisierung der Arbeitsmärkte, um „mehr und bessere Jobs" zu schaffen (Europäische Kommission 2007), umschreibt der Flexicurity Begriff in Dänemark eine gewachsene Struktur. Denn einer hohen Flexibilität im Arbeitsmarkt (häufige Stellenwechsel, Auf- und Abbau von Arbeitsplätzen) steht ein

---

1   Die Untersuchung basiert unter anderem auf Interviews, die die Autorin 2004 und 2005 mit Experten und Expertinnen aus Politik, Verbänden und Wissenschaft in Dänemark geführt hat. Dank gilt außerdem Dr. Marion Linke-Sonderegger für die kritische Durchsicht und hilfreichen Anregungen einer früheren Fassung dieses Beitrages.

ausgebauter Sozialstaat mit universellen und generösen Leistungen gegenüber. Die dänische Arbeitsmarktpolitik der vergangenen 10 - 15 Jahre war daher nicht geprägt vom Ziel, mehr und bessere Jobs durch „Flexibilität und Sicherheit" (Europäische Kommission 2007) zu schaffen. Stattdessen sollte über die Einführung einer aktivierenden Arbeitsmarktpolitik die Beschäftigungsfähigkeit der Arbeitslosen verbessert und der Druck, eine reguläre Beschäftigung anzunehmen, erhöht werden. Gleichzeitig wurden großzügige Freistellungsmöglichkeiten für Beschäftigte eingeführt, um so das Arbeitsangebot zu steuern. Die Balance zwischen Flexibilität und Sicherheit wurde um eine dritte Achse erweitert zum „Goldenen Dreieck" (Abb. 1).

Abbildung 1: Das Goldene Dreieck (nach Arbejdsministeriet 1999)

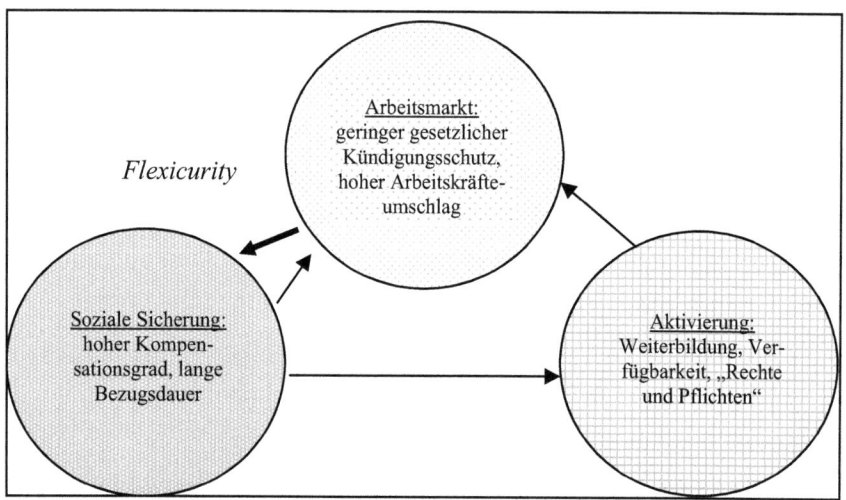

Mit der Figur des Goldenen Dreiecks wird deutlich, dass Flexicurity und die Arbeitsmarktreformen in Dänemark untrennbar verbunden sind mit der institutionellen Ordnung des dänischen Wohlfahrtsstaates. Um den „Erfolg"[2] der dänischen Arbeitsmarktpolitik zu verstehen, reicht es daher nicht aus, allein die dänische Reformpolitik zu untersuchen, sondern es kommt auch auf das komplexe Wechselspiel zwischen den Politikbereichen an, wie es die Pfeile des Goldenen

---

2   Die Frage, woran sich eine erfolgreiche Arbeitsmarktpolitik bemisst, kann an dieser Stelle nicht angemessen diskutiert werden. Die geringe Arbeitslosenquote zusammen mit den positiven ökonomischen Indikatoren sollen daher als Indizien in dieser verkürzten Sichtweise genügen (ausführlicher Campbell/Hall 2006).

Dreiecks symbolisieren. Der von Peter A. Hall und David Soskice (2001) vertretene Ansatz der „Varieties of Capitalism" (VoC) zeigt, dass dieses Zusammenspiel unterschiedlicher Institutionen Einfluss auf die Leistungsfähigkeit kapitalistischer Gesellschaften nimmt. Demnach ist eine Volkswirtschaft umso leistungsfähiger, desto komplementärer ihre Institutionen sind.

> „The implication is that the institutions of a nation's political economy are inextricably bound up with its history in two respects. On the one hand, they are created by actions, statutory or otherwise, that establish formal institutions and their operating procedures. On the other, repeated historical experience builds up a set of common expectations that allows the actors to coordinate effectively with each other" (Hall/Soskice 2001: 13).

Der Beitrag zeigt, dass die institutionelle Gestalt der Wirtschafts-, Arbeitsmarkt- und Sozialpolitik, die sich in Dänemark in den zwei Jahrzehnten nach dem zweiten Weltkrieg herausgebildet hat, eine gute Voraussetzung bildet, um unter den veränderten Bedingungen einer Dienstleistungs- und Wissensgesellschaft[3] Beschäftigung zu ermöglichen und eine soziale Spaltung zu verhindern.

Der Beitrag gliedert sich in Anlehnung an das Goldene Dreieck zunächst in drei Abschnitte, die das dänische Beispiel analysieren. *Abschnitt 2* beschreibt die Wesensmerkmale des dänischen Wohlfahrtsstaates und der Systeme sozialer Sicherung. Dabei wird deutlich, dass das Wechselspiel von Staat und Sozialpartnern, d.h. den Dachverbänden von Gewerkschaften und Arbeitgeberverbänden, zentral zum Verständnis dänischer Arbeitsmarktpolitik ist und sich entsprechend in den Strukturen widerspiegelt. Daher werden in *Abschnitt 3* diese Sozialpartnerschaft und andere Besonderheiten des dänischen Arbeitsmarktes dargestellt. *Abschnitt 4* skizziert wichtige Reformen in der Arbeitsmarktpolitik, die das dänische Beschäftigungswunder zwar nicht produziert, aber immerhin unterstützt haben. „The social-democratic coalition government, which came into power in 1993, has certainly produced a 'miracle' as unemployment has diminished while inflation rate remains low. The unemployment rate has dropped from 12.7 percent in January 1994 to 7.9 percent in April 1997 (seasonally adjusted), and the inflation rate is about 2 percent." (Torfing 1999:6).

In den abschließenden beiden Abschnitten wird diskutiert, inwiefern die dänischen Erfahrungen Vorbild für die deutsche Arbeitsmarktpolitik sein können. Hinsichtlich der Übertragbarkeit einzelner Reformen so genannter *good practices* auf andere Länder herrscht in den Sozialwissenschaften bislang wenig Einigkeit (Bandelow 2003). Grundsätzlich muss aber die Übertragbarkeit von Re-

---

3   Diese veränderten Bedingungen werden unter anderem von Iversen und Wren (1998) im „Trilemma der Dienstleistungsökonomie" zusammengefasst.

formmodellen angesichts unterschiedlicher Kontextbedingungen als eher schwierig eingeschätzt werden (Schmid 2003). Die jeweiligen nationalen Sozialstaatsarrangements und die damit verbundene politisch-ökonomischen Institutionen bedingen und beschränken Reformen und Reformmöglichkeiten. Ausgehend davon werden in *Abschnitt 5* wesentliche Unterschiede zu Deutschland benannt. Dänemark und Deutschland stehen nicht nur für unterschiedliche Wohlfahrtsstaatstraditionen, sondern unterscheiden sich auch hinsichtlich ihrer wirtschaftlichen Struktur und den entsprechenden Institutionen. Eine Übertragbarkeit „eins zu eins" ist daher weder zielführend noch erfolgversprechend. Das Flexicurity-Konzept muss deshalb jeweils national herunter gebrochen und umgesetzt werden. Welche Lehren dazu aus dem dänischen Fall zu ziehen sind, soll abschließend diskutiert werden (*Abschnitt 6*).

2 Soziale Sicherung

Im europäischen Kontext bezeichnet Flexicurity mit den Worten der Kommission eine „[...] integrierte Strategie zur gleichzeitigen Stärkung von Flexibilität und Sicherheit auf dem Arbeitsmarkt." (Europäische Kommission 2007: 10). Ziel ist demnach die Stärkung der Wettbewerbsfähigkeit angesichts sich verändernder wirtschaftlicher Strukturen. Dazu sollen die Arbeitsmärkte weiter dereguliert und für die Arbeitnehmenden Einkommens- und Beschäftigungssicherung ermöglicht werden. Verbindliche Zielwerte wurden von der Kommission nicht festgelegt, denn den spezifischen Umständen in den jeweiligen Mitgliedsländern soll Rechnung getragen werden. Es bleibt z.b. offen, was unter „angemessener Sicherheit" (Europäische Kommission 2007: 7) zu verstehen ist. Bedenklich ist auch, dass in Deutschland die Flexibilisierung des Arbeitsmarktes neue Sicherungslücken hat entstehen lassen (Keller/Seifert 2008). Denn die sozialen Sicherungssysteme der kontinentalen Länder sind stärker als die universalistischen Systeme in Skandinavien an eine vollzeitige, kontinuierliche und lebenslange Erwerbsarbeit geknüpft.

Die *soziale Sicherung* für Arbeitslose in Dänemark ist Teil des als generös und universell charakterisierten Wohlfahrtsstaates, der gemäß der Klassifikation von Gøsta Esping-Andersen (1990) dem sozialdemokratischen Wohlfahrtsstaatsregime zugeordnet wird (Bogedan 2005). Dieses Regime ist gekennzeichnet durch universelle, steuerfinanzierte Sozialleistungen und einen ausgebauten hochwertigen Dienstleistungssektor zur Bildung, Betreuung und Pflege. Der Leistungszugang beruht in der Regel auf der Staatsbürgerschaft bzw. der Wohnsitznahme in Dänemark (Kvist 1999). Durch den Ausbau öffentlicher Dienstleistungen im Bereich der Kinderbetreuung und Altenpflege werden familiäre

Aufgaben vergemeinschaftet und damit die Vorraussetzung für eine hohe Erwerbsbeteiligung von Frauen geschaffen. Gleichzeitig eröffnet dieser öffentliche Dienstleistungssektor Arbeitsplätze vor allem für Frauen.

2.1 Arbeitslosenversicherung

Die dänische Arbeitslosenversicherung gehört zu den wenigen nach dem Ghent-Modell organisierten Systemen. Diese sind staatliche bezuschusste Unterstützungskassen der Gewerkschaften, d.h. es handelt sich um freiwillige Systeme. Vor den Reformen existierten 37 unterschiedliche Arbeitslosenversicherungen (*a-kasser*), deren Strukturierung eng an die Branchenzugehörigkeit und an die betreffenden Gewerkschaften angelehnt ist. Die Zahl der Versicherungen sinkt stetig seit dem zweiten Weltkrieg. Die 2001 gesetzlich beschlossene Öffnung der Versicherungen für alle Beschäftigten hat diesen Trend verstärkt. Sie schwächt die Branchenanbindung und folglich auch die Anbindung an die jeweiligen Gewerkschaften. Immerhin sind fast drei Viertel aller Erwerbspersonen Mitglied in einer solchen freiwilligen Arbeitslosenversicherung (Arbejdsdirektoratet 2007). Wer nicht Mitglied einer Arbeitslosenversicherung ist, hat Anspruch auf Sozialhilfe (*kontanthjælp*). Die Sozialleistungen werden von der Kommune bezahlt. In Analogie zu den Reformen beim Arbeitslosengeld wurde auch hier der Leistungszugang zunehmend an Bedingungen geknüpft. Die Analyse der Reformen (Abschnitt 4) konzentriert sich jedoch auf die Reformen in der Arbeitslosenversicherung.

Ein Gesetz über die Arbeitslosenversicherung gibt es in Dänemark bereits seit 100 Jahren (1907). Es regelt die Bedingung für die staatliche Anerkennung einer Arbeitslosenversicherung, ihre Finanzierung sowie die Leistungsansprüche und Anspruchsvoraussetzungen. Bis 1994 geschahen Änderungen des Gesetzes jedoch nur in Abstimmung mit den Sozialpartnern. Die Mitglieder haben Anspruch auf 90% des vorherigen Verdienstes. Diese werden allerdings wegen des niedrigen Maximalbetrages nur von Niedrigverdienern erreicht.[4] Der Maximalbetrag war 2006 um die 480,- Euro pro Woche und wird jährlich automatisch an das durchschnittliche Lohnwachstum angepasst. Die Anspruchsberechtigung ist an drei Bedingungen geknüpft: Es muss eine Mindest-Mitgliedschaftsdauer von einem Jahr vorliegen, der Arbeitslose muss sich als arbeitssuchend registrieren und damit dem Arbeitsmarkt zur Verfügung stehen. Außerdem müssen 52 Wochen[5] Beschäftigung innerhalb der letzten drei Jahre nachgewiesen werden.

---

4   Schon wer drei Viertel eines durchschnittlichen Industriearbeiters verdient erhält 79% Lohnersatz des vorherigen Verdienstes für eine maximale Bezugsdauer von 4 Jahren (Hansen 2003).

5   Vor den Reformen waren es 26 Wochen.

Die Finanzierung speist sich aus Mitgliedsbeiträgen der Versicherten und zum größten Teil aus Staatszuschüssen. Damit ist sichergestellt, dass die Mitgliedsbeiträge nicht abhängig von der konjunkturellen Lage und der Höhe der Arbeitslosigkeit sind. Das Finanzierungsrisiko liegt damit beim Staat. Insgesamt trägt dieser mehr als 70% der Ausgaben (Madsen 2007). Die Mitgliedsbeiträge setzen sich zusammen aus einem Fixbetrag, der für alle Versicherungen gleich ist, einem obligatorischen Aufschlag für die zusätzliche Altersvorsorge[6] und einem Beitrag zu den Verwaltungskosten, der von den Kassen selbst festgelegt wird. Im Ergebnis variieren daher die Mitgliedsbeiträge von Versicherung zu Versicherung aber nicht mit der Einkommenshöhe.

Wie mithilfe des Goldenen Dreiecks gezeigt, hat die dänische Arbeitsmarktpolitik eine passive und eine aktive Seite, wobei die generösen passiven Leistungen gleichfalls ein flexibles Verhalten im Arbeitsmarkt strukturell ermöglichen.

3   Arbeitsmarkt

Um zukünftig Beschäftigung zu sichern, seien flexiblere Arbeitsmärkte nötig, so fordert es unter anderem die Europäische Kommission (2007). Denn die veränderten Wirtschafts- und Produktionsbedingungen führen zu einem Rückgang der Beschäftigung im industriellen Sektor. Neue Arbeitsplätze müssen in einem durch geringere Produktivität gekennzeichneten Dienstleistungssektor geschaffen werden. Dänemark konnte bislang aufgrund seines großen öffentlichen Dienstleistungssektors (Heintze 2007) diesen Wandel gut bewältigen. Auch wenn die zwei Jahrzehnte nach der ersten Ölkrise geprägt waren von ökonomischen Krisen, wachsender Arbeitslosigkeit und politischem Steuerungsverlust (Nannestad/Green-Pedersen 2000), konnte seit Mitte der 1990er Jahre eine neue Stabilität erreicht werden. Dabei wurde der umfassende öffentliche Sektor und die hohe Sozialstaatsquote erhalten (siehe Abschnitt 5.1). Gleichzeitig verfolgten die Regierungen das Ziel der Überschusshaushalte, um die Staatsverschuldung abzubauen. Der dänische Pfad unterscheidet sich somit von der herkömmlichen Annahme, dass ein Beschäftigungswachstum nur zulasten einer steigenden Lohnungleichheit oder einer wachsenden Staatsverschuldung zu realisieren ist (Iversen/Wren 1998). Statt einer Politik der Deregulierung haben die sozialdemokratischen Regierungen in der zweiten Hälfte der 1990er Jahre eine keynesianisch inspirierte Wirtschaftspolitik verknüpft mit einer Aktivierungsstrategie, die sich die Arbeitsmarktflexibilität zu nutze machte.

---

6   Neben der dänischen universellen Volksrente existiert eine Zusatzrente (ATP), die entsprechend der Dauer der Erwerbstätigkeit zusätzlich gezahlt wird.

3.1 Flexibilität

Flexibilität ist Kennzeichen kleiner, offener Volkswirtschaften, die nach Peter Katzenstein (1985) spezifische Strategien zum Umgang mit ihrer außenwirtschaftlichen Verletzbarkeit entwickelt haben. Die außenwirtschaftliche Verwundbarkeit kleiner Länder wird nämlich nicht durch Protektionismus beantwortet, sondern „[t]he strategy of small European states is flexible, reactive, and incremental" (Katzenstein 1985: 79).

Flexibilität im Arbeitsmarkt hat viele Gesichter und reicht von der Dauer der Arbeitszeit, der Anpassungsfähigkeit von Qualifikationen und Arbeitsprofilen bis zur Frage sozialrechtlicher Absicherung. In Dänemark hat der Sozialstaat aufgrund der universellen Ausrichtung kein spezifisches Arbeitsmodell unterstützt. Vielmehr wurde, wie auch bei der Arbeitslosenversicherung, die Regulierung des Arbeitsmarktes weitestgehend den Sozialpartnern überlassen. Zahlreiche Regelungen zum sozialen Schutz, vor allem auch des Kündigungsschutzes, werden über Tarifverträge geregelt.

Die Abwesenheit eines gesetzlichen Kündigungsschutzes prägte lange Zeit die internationale Wahrnehmung des dänischen Flexicurity-Typs. Entgegen dieser verkürzten Sicht eines abwesenden Kündigungsschutzes, ergibt sich aus den Tarifverträgen jedoch die Notwendigkeit einer sachlichen Begründung der Kündigung. Außerdem verlängern sich die Kündigungsfristen entsprechend der Anciennität. Jenseits der Frage des Kündigungsschutzes existiert eine hohe externe numerische Flexibilität im dänischen Arbeitsmarkt. Nach Ablauf eines Jahres wechseln mehr als ein Viertel aller Beschäftigten ihren Arbeitsplatz (Madsen 2007). Und nicht nur die Beschäftigten verhalten sich mobil, sondern auch die Fluktuation bei den Arbeitsplätzen ist hoch. Fast jeder vierte Arbeitsplatz wurde im Laufe eines Jahres abgebaut oder neu geschaffen (Arbejderbevægelsens Erhvervsråd 2004). Dies steht nicht im Widerspruch zu einem hohen Organisationsgrad und einem korporativen Miteinander von Sozialpartnern und Staat.

3.2 Tripartismus

Diese enge Zusammenarbeit zwischen den Tarifpartnern und der Regierung "[...] constitutes part of a broader, welfare-state orientated, institutionalised political system, referred to in toto as the Danish Model." (Due/Madsen et al 1994: 12). Die dreigliedrige Kooperation zwischen Arbeitgebern, Gewerkschaften und Staat hat eine lange Tradition und geht zurück auf ein Abkommen von 1889 (septemberforliget). Damit erkannten sich Gewerkschaften und Arbeitgeberverbände gegenseitig als Verhandlungspartner an und vereinbarten die wechselseitige Einhaltung der Verhandlungsergebnisse. Seither haben die Verbände ihren Einfluss sukzessive ausgebaut. Insbesondere nach dem zweiten Weltkrieg wurden die Verbände zunehmend in den Prozess der politischen Entscheidungsfindung einbezogen und waren in der Phase der Implementation in unterschiedlichen Organen repräsentiert. Die Stärke der Gewerkschaften liegt im hohen Organisationsgrad: um die 80% der Erwerbsbevölkerung sind Mitglied in einer Gewerkschaft (Ebbinghaus/Visser 2000, Schnabel/Wagner 2005). Häufig wird dies auf das Ghent-System der Arbeitslosenversicherung zurückgeführt, da Mitgliedschaften in der Arbeitslosenversicherung häufig mit Gewerkschaftsmitgliedschaft einhergehen (Madsen 2007).

Die Dachverbände der Gewerkschaften und Arbeitgeber haben enge Kontakte zu den parlamentarischen Parteien und treten gegenüber den Fachministerien politikberatend auf. Sie sind in der Regel in den Kommissionen vertreten, die regelmäßig zur Vorbereitung größerer Gesetzesvorhaben einberufen werden. Eine solche Kommission war auch maßgeblich an der Ausarbeitung der Vorschläge zu den Arbeitsmarktreformen von 1994 beteiligt (Udredningsudvalget Sekretariatet 1992). "The three dominant actors approached negotiations with a common desire to participate in a reform, a common understanding of the need for reform but with quite different opportunity fields for what would be an acceptable reform." (Schmidt-Hansen/Kaspersen 2004: 22).

4 Aktivierung

Die Bekämpfung der Arbeitslosigkeit stand am Ausgangspunkt der Reformen Anfang der 1990er Jahre, denn die seit Ende der 1970er Jahre anhaltend hohe Arbeitslosigkeit verursachte große Probleme für die Wirtschafts- und Sozialpolitik. Dazu wurden neben den arbeitsmarktpolitischen Reformen, eine expansive Fiskalpolitik sowie bildungs- und familienpolitische Maßnahmen ergriffen.

Auch wenn bis in die 1980er Jahre die Arbeitsmarktpolitik überwiegend passiv ausgerichtet war (Torfing 1999), hatten die 1994 eingeführten Maßnahmen Vorläufer. Nach der ersten Ölpreiskrise und dem daraus resultierenden Anstieg in der Arbeitslosigkeit[7] versuchte man auch über eine Politik der Reduktion des Arbeitsangebots, wie dem 1979 eingeführten Frühverrentungsprogramm, die Arbeitslosigkeit zu reduzieren. In den 1980er Jahren wurden die bestehenden Arbeitsbeschaffungsmaßnahmen um Weiterbildungsangebote erweitert und die Verfügbarkeitsregeln wurden verschärft. Gleichzeitig bestand die Möglichkeit,

---

7   Von 1970 bis 1990 ist die Anzahl der Arbeitslosen in Dänemark um das zehnfache gestiegen.

sich über die Teilnahme an solchen Maßnahmen für den Bezug von Arbeitslosengeld zu qualifizieren. Da diese Arbeitsbeschaffungsmaßnahmen als Erwerbstätigkeit angerechnet wurden, wurde somit faktisch der „unbegrenzte"[8] Bezug von Arbeitslosengeld ermöglicht. „However, the main motivation was to prevent the long-termed unemployed from dropping out of the unemployment insurance system due to the rule that all benefit claimants must have at least 26 weeks of labour within the last 3 years." (Torfing 1999: 13).

Der Auftrag an die im Dezember 1991 von der damals amtierenden konservativen Regierung eingesetzte Kommission lautete, sich mit der Frage der Verbesserung dieses „Arbeitsangebotsprogramms" auseinanderzusetzen. Das strukturelle Problem der Arbeitslosigkeit, das Missverhältnis von benötigten und nachgefragten Qualifikationen der Arbeitskräfte, konnte mit der bisherigen Form der Arbeitsmarktpolitik nämlich nicht beigelegt werden. Die technologischen Veränderungen offenbarten eine zunehmende Diskrepanz zwischen den am Arbeitsmarkt benötigten Qualifikationen und den vorhandenen Qualifikationen. Diese Mismatch-Probleme wurden besonders für Ungelernte und Niedrigqualifizierte zur Marginalisierungsfalle. Zudem wurden Weiterbildungsangebote zu spät im Verlauf der Arbeitslosigkeit angeboten (Udredningsudvalget Sekretariatet 1992). Die Umsteuerung in der Arbeitsmarktpolitik wurde möglich, da die Gewerkschaften den Vorrang von Weiterbildung gegenüber der vormals stärker passiven Form der sozialen Sicherung unterstützen. Die Einigung der Sozialpartner in der Kommission sicherte ihnen den Einfluss auf die Politikergebnisse und die weitere Einbindung in der Formulierung und Implementation der Entscheidungen. Die Kommission legte im Juni 1992 ihren Abschlussbericht vor. Ein Hauptaugenmerk der Kommission lag auf der Verbindung zwischen Arbeitsmarkt und Bildungspolitik sowie einer besseren Nutzung der Mittel, die für die aktive Arbeitsmarktpolitik ausgegeben wurden (Udredningsudvalget Sekretariatet 1992). Dieser Kommissionsvorschlag war Basis der zu Beginn des Jahres 1994 eingeführten Reformmaßnahmen.

4.1 Rechte und Pflichten: Die Reformen 1994 – 2000

Unter dem Motto „Rechte und Pflichten" wurde eine Reihe von neuen Regelungen für die versicherten Arbeitslosen eingeführt. Die Ausbildungs- und Jobangebotsordnung wurde verändert, so dass der Bezug von Arbeitslosenunterstützung auf sieben Jahre reduziert wurde. Durch die Teilnahme an Aktivierungsmaßnahmen wurde zudem nicht mehr wie früher der Anspruch auf Leistungsbezug er-

---

8 Formal waren maximal 9 ½ Jahre Leistungsbezug möglich, was in der Praxis jedoch nicht strikt kontrolliert wurde.

neuert. Die maximale Bezugsdauer wurde (1994) auf sieben, dann (1996) auf fünf und zuletzt (1999) auf vier Jahre verkürzt. Die Bedingungen für den Leistungsbezug wurden deutlich verschärft. Arbeitslose mussten nun an Aktivierungsmaßnahmen teilnehmen, da sonst ihr Leistungsanspruch verfiel. Sie haben jedoch das Recht, die Maßnahmen im Rahmen eines individuellen Handlungsplans (*IHP*) selbst mitzubestimmen.

Im Zentrum der Arbeitsmarktreform stand das so genannte Jobrotationsmodell, welches sowohl eine Verknappung des Arbeitsangebotes und eine stärkere Anbindung der Arbeitslosen an den Arbeitsmarkt bewirken als auch die Möglichkeit der Qualifizierung für Beschäftigte eröffnen sollte. Drei in ihrer universalen Form neue Möglichkeiten der Beurlaubung wurden zum 1.1.1994 eingeführt: die Freistellung für Weiterbildung und für Kinderbetreuung sowie die Möglichkeit eines Sabbatjahres. Die frei werdenden Stellen sollten dann mit staatlich bezahlten Langzeitarbeitslosen wiederbesetzt werden.

Mit dem Rückgang der Arbeitslosigkeit und der wachsenden Wirtschaft wuchs gegen Ende der 1990er Jahre die Sorge vor einer Arbeitskräfteknappheit. Die Freistellungsangebote wurden daraufhin zum Teil (Sabbatical) ganz zurück genommen und zum Teil begrenzt (Bildung). Die zuvor zur Reduktion des Arbeitsangebotes eingesetzten Frühpensionierungsregelungen wurden eingeschränkt. Der Fokus auf die strukturellen Probleme des Arbeitsmarktes wurde trotz der erfolgreichen Reduktion der Arbeitslosigkeit beibehalten.

4.2 Mehr in Arbeit: Arbeitsmarktpolitik seit 2001

Die ab 2001 regierende liberal-konservative Koalition folgte dem neuen Aktivierungspfad. Allerdings setzte die Regierung unter Anders Fogh Rasmussen mit dem Programm „Mehr in Arbeit⁹" neue Maßnahmen um, die vor allem den Anreiz zur Aufnahme einer Erwerbstätigkeit steigern sollten. Setzten die sozialdemokratischen Regierungen vor allem auf eine Bekämpfung der Strukturprobleme über Bildung und Weiterbildung, forciert die Regierung Fogh Rasmussen eine „work first"-Strategie (Linke-Sonderegger 2007).

Dazu wurden erstens die Leistungen der Arbeitslosenversicherung weiter gekürzt. Auch wenn der nominale Lohnersatz nicht gesenkt wurde, wurden die Leistungen der jüngeren Arbeitslosen (bis 25 Jahre) eingeschränkt. Außerdem wurden zweitens die Bedingungen für den Leistungsbezug verschärft. Verstöße sollten zukünftig von den Behörden stärker geahndet werden. So kann nun zukünftig bereits bei der ersten Ablehnung eines Angebots eine Sperrung des Leis-

---

9   „Flere i arbejde" (Beskæftigelsesministeriet 2002).

tungsbezugs verhängt werden. Und drittens wurde der Kontakt zu den Arbeitslosen intensiviert. Dazu sollte wenigstens alle drei Monate ein Gespräch zwischen Arbeitsvermittlung und Arbeitslosen stattfinden und dieser Kontaktverlauf stärker den individuellen Bedürfnissen angepasst werden. Der Arbeitsvermittlung kam nun ein neues Gewicht zu, was durch eine Öffnung hin zu nicht-staatlichen Akteuren betont wurde (Bredgaard/Larsen 2007). Oblag zuvor die Vermittlung der versicherten Arbeitslosen der staatlichen Arbeitsvermittlung (*AF*) und die der Nicht-Versicherten den Kommunen, so konnten nun auch private, anerkannte Arbeitsvermittlungen ihre Leistungen anbieten, die von den Kommunen auf Erfolgsbasis bezahlt werden. Der veränderte Stellenwert der Vermittlung wurde durch die Einrichtung einer Arbeits- und Informationsdatenbank für alle Arbeitslosen untermauert.

Des Weiteren wurde eine stärkere Harmonisierung von Arbeitslosengeld und Sozialhilfe verfolgt. Als erster Schritt wurden dazu beide Leistungen unter der Verantwortung des neu eingerichteten Beschäftigungsministeriums zusammengeführt. Außerdem wurde mit der 2007 durchgeführten Kommunalreform ein einsträngiges System implementiert, bei dem beide Leistungen zwar nach wie vor separat behandelt wurden, aber bei den Kommunen unter einem Dach zusammengeführt werden sollen (Bredgaard/Larsen/Madsen 2005).

Dies bedeutet eine Einschränkung des Einflusses der Arbeitslosenversicherung. Verstärkt wird dies über die Einführung der Wahlfreiheit. Jede/r Bürger/in kann nun branchenunabhängig eine beliebige Arbeitslosenversicherung wählen. Damit wurde das enge Band zu den Gewerkschaften gelockert (Madsen 2007). Insgesamt wurde auch die Einbindung der Sozialpartner in den Prozess der Politikgestaltung zurück gedrängt. Die jüngsten beiden großen Kommissionen, die Strukturkommission (2002-2004) und die Wohlfahrtskommission (2003-2005), arbeiteten ohne formale Einbindung der Sozialpartner.

5   Vorbild für Deutschland?

In der Tendenz können die Veränderungen in der dänischen Arbeitsmarktpolitik wie folgt zusammengefasst werden: Die Bezugsdauer wurde um mehr als die Hälfte verkürzt, die Bedingungen für den Leistungsbezug wurden verschärft, die Teilung zwischen Arbeitslosengeld und Sozialhilfe wurde sowohl auf der organisatorischen Ebene als auch im Leistungsbezug zurückgeführt, das Wettbewerbsprinzip wurde implementiert und ein größeres Gewicht auf die Vermittlung und Beratung gelegt. So ähnlich ließen sich ebenfalls die Arbeitsmarktreformen in Deutschland zusammenfassen. Die Ergebnisse könnten jedoch grundverschiedener nicht sein: niedrige Arbeitslosigkeit und hohe soziale Gleichheit in Dänemark, nur langsam schrumpfende Arbeitslosigkeit und wachsende Ungleichheit in Deutschland. Dabei hatte die rot-grüne Bundesregierung bei der Implementierung der Reformen mit dem Slogan „Fördern und Fordern" bewusst Bezug genommen auf die dänischen Reformen. Die unterschiedlichen Ausgangs- und Rahmenbedingungen haben jedoch zu den gegensätzlichen Ergebnissen geführt.

Im Folgenden sollen daher in einem ersten Schritt die relevanten Unterschiede in der institutionellen Gestalt der sozialen Sicherungssysteme und der Struktur des Arbeitsmarktes skizziert werden. Zweitens soll die Wirtschaftspolitik analysiert werden, welche die Reformen begleitete. Hier offenbaren sich deutliche Unterschiede in den Politikstrategien. Diese institutionellen und strategischen Unterschiede bedingen die divergierenden Ergebnisse der Arbeitsmarktreformen in Dänemark und in Deutschland.

5.1 Arbeitsmarkt- und Sozialpolitik im Vergleich

Anders als in Dänemark basiert der *deutsche* Sozialstaat auf dem bismarckschen Sozialversicherungsprinzip. Demnach wird der Risikoausgleich zwischen beitragszahlenden Mitgliedern in den einzelnen Sozialversicherungen organisiert. Die umverteilende Wirkung ist geringer als in Dänemark aufgrund des Äquivalenzprinzips, d.h. Leistungen werden proportional zur Beitragszahlung gewährt. In Westdeutschland förderte der Sozialstaat zudem das männliche Familienernährer-Modell. Die Frauenerwerbstätigkeit blieb daher deutlich hinter der dänischen zurück. Ein Ausbau öffentlicher, sozialer Dienstleistungen im Bereich der Pflege und Betreuung findet in Westdeutschland erst seit Mitte der 1990er Jahre statt. In Ostdeutschland wurde dagegen vielfach am in der DDR praktizierten Zwei-Verdiener-Modell festgehalten. In Dänemark hat bereits seit den späten 1960er Jahren der Ausbau des öffentlichen Beschäftigungssektors eine wachsende Frauenerwerbstätigkeit ermöglicht. Die heutige Erwerbsquote der Frauen in Deutschland beträgt laut OECD (2008) 61,5%. Dieser Wert war in Dänemark bereits Anfang der 1980er Jahre überschritten. In Dänemark gibt es die beste Betreuungsquote der unter 3-Jährigen in Europa und die Frauenerwerbsquote in Dänemark ist die höchste im Vergleich zu anderen EU-Ländern. Die Zielwerte der Europäischen Beschäftigungsstrategie sind in Dänemark bereits erfüllt.

Dänemark und Deutschland haben beide eine ausgeprägte Sozialstaatstätigkeit. Die Sozialstaatsquote ist in beiden Ländern mit um die 27% des BIP hoch. Unterschiede ergeben sich jedoch bei der Art der Ausgaben. Dänemark investiert mehr in Bildung und Gesundheit, d.h. in die dienstleistungslastigen Sozialstaatsaktivitäten (Heintze 2007). Insgesamt liegt die dänische Staatsquote mit 55,1% vom BIP im Jahr 2004 über der deutschen (47,1%). Staatliche Aktivität macht in

Dänemark also mehr als die Hälfte der wirtschaftlichen Gesamtleistung aus. Der Arbeitsplatzzuwachs hat daher in Dänemark nicht nur im privaten Sektor stattgefunden, sondern auch im öffentlichen Beschäftigungsbereich (u.a. bei den sozialen Dienstleistungen, Heintze 2007). In Deutschland dagegen wurde der öffentliche Dienst um fast ein Drittel zurückgebaut (Statistisches Bundesamt 2007).

Tabelle 1: Sozialstaatskonzepte im Vergleich

	Deutschland	*Dänemark*
dominante institutionelle Gestalt der Systeme Sozialer Sicherung	versicherungsbasiert, beitragsfinanziert, gebunden an Arbeitsmarktteilhabe (Arbeitnehmer, basiert auf der kontinuierlichen Vollzeit-Erwerbstätigkeit), Leistungen sind einkommensabhängig.	umfassend, Staatsbürgerschaft, Leistungen sind pauschal, aber in der Regel ergänzt mit einkommensabhängigen Supplementen, steuerfinanziert
zugrunde liegende Leitbilder und Paradigmen	Selbstorganisation (viele Akteure: Sozialpartner, Kirchen, Wohlfahrtsverbände), generös und statuskonservierend (Äquivalenzprinzip), Subsidiaritätsprinzip (Familie), männliches Familienernährer-Modell	Staat, Universalismus, Generosität, Gleichheit (Umverteilung), Zwei-Verdiener-Modell
Arbeitsmarkt	Industriell geprägt, mittlere Frauenerwerbsquote im EU-Vergleich, hohe Arbeitslosigkeit	starker Dienstleistungssektor und hohe öffentliche Beschäftigung, höchste Frauenerwerbsquote in der EU, niedrige Arbeitslosigkeit, hohe externe numerisch Flexibilität

Quelle: eigene Zusammenstellung

5.2 Makroökonomische Strategie in Dänemark und Deutschland

Die oben skizzierten Arbeitsmarktreformen in *Dänemark* wurden begleitet von einer keynesianisch inspirierten Wirtschaftspolitik. Dazu wurden gleichzeitig die Investitionen erhöht und die Fiskalpolitik gelockert. Zeitgleich zu den Arbeitsmarktreformen trat eine Steuerreform in Kraft, die Lohneinkommen geringer besteuert und zusätzliche „Öko-Steuern" einführte (Nannestad/Green-Pedersen 2000). Ziel war es, die verfügbaren Einkommen zu erhöhen. Aus diesem Grund wurden ebenfalls Kredite für Wohneigentum begünstigt. Die inländische Nachfrage ist einer der Motoren des dänischen Wachstums. Auf diese Weise können seit 1997 im Haushalt Überschüsse erzielt werden und die Arbeitslosigkeit sank.

Außerdem muss bedacht werden, dass neben diesen Maßnahmen das dänischen Beschäftigungswunder von einer zeitliche Koinzidenz mit einer sich erholenden Weltwirtschaft Ende der 1990er Jahre profitierte. Der allgemeine Wirtschaftsaufschwung auf den Weltmärkten trug ferner dazu bei, dass zusätzlich zur Stimulation der Binnennachfrage über die fiskalpolitischen Aktivitäten auch der Export verbessert werden konnte, was bereits 1994 zu einem Wachstum des Bruttoinlandproduktes von 3,5% führte (Madsen 2007).

In *Deutschland* stellt der Rückbau der Staatsverschuldung ein zentrales Ziel der Politik dar. Anders als in Dänemark wurden dazu vor allem die Ausgaben begrenzt. Bereits im Jahr 1989 – also unmittelbar vor der Wiedervereinigung – war die Sozialleistungsquote mit 30,7% auf den Stand von 1974 zurückgeführt worden (Schmidt 1998). Auch in der Phase weltwirtschaftlicher Erholung Ende der 1990er Jahre und in dem darauf folgenden Abschwung sanken die öffentlichen Investitionen und schwächten die Wachstumsperspektiven. Im Gegensatz zur dänischen Politik wurden Steuersenkungen überwiegend für Unternehmen realisiert. Deutschland folgte einer angebotsorientierten Wirtschaftspolitik. Die Realeinkommen der privaten Haushalte blieben hinter der wirtschaftlichen Entwicklung zurück und sanken sogar. Diese Schwächung des privaten Konsums wirkt sich nachteilig auf die Binnennachfrage aus.

Tabelle 2: Politisch-ökonomische Kennzahlen in Dänemark und Deutschland

	DEUTSCHLAND	DÄNEMARK
Abgabenquote	Steuern und Abgaben sind etwas weniger als ein Drittel des BIP, mehrheitlich wird die soziale Sicherung über Sozialbeiträge finanziert	Steuern und Abgaben machen fast 50% des BIP aus, mehrheitlich wird die soziale Sicherung über Steuern finanziert
Arbeitslosenquote	9,8% (2006)	3,9% (2006),
BIP-Wachstum	2,9% (2006)	3,5% (2006)
Haushaltspolitik	kontinuierliche Haushaltsdefizite, in 2007 erstmals ausgeglichener Haushalt seit 2000	kontinuierliche Haushaltsüberschüsse (4,4% in 2007)
Inflation	seit 2003 steigend, 2,3% in 2007	seit 2000 im Schnitt 2% Inflation (1,7% in 2007)
Soziale Gleichheit	Gini-Koeffizient: 27,7	Gini-Koeffizient: 22,5
Staatsverschuldung	Bruttoschuldenstand 2007: 65% des BIP	Bruttoschuldenstand 2007: 26% des BIP

Quellen: Danmarks Statistik 2006, Eurostat 2008, OECD 2008

Die Abhängigkeit Deutschlands vom Außenhandel wächst (Hein/Menz/Truger 2006). Gleichzeitig wurden die deutschen Arbeitsmarktreformen zwar nicht von ihren „Designern" (Hartz-Kommission), aber doch von Politik und Öffentlichkeit auch als Sparmaßnahme betrachtet. Während hier folglich die beobachteten Mehrausgaben zu einer erneuten Debatte über weitere Kürzungen des Arbeitslosengeldes geführt haben, haben die Dänen den kurzfristigen Anstieg der arbeitsmarkpolitischen Ausgaben mit der Hoffnung auf die langfristigen Effekte billigend in Kauf genommen. Die wenigen Beispiele zeigen, dass die Arbeitsmarktreformen in Dänemark wirtschafts- und sozialpolitisch anders eingebunden waren als die vergleichbaren Reformen in Deutschland.

6   Fazit

Das Geheimnis des dänischen Erfolges liegt somit in der Mischung aus arbeitsmarkt-, wirtschafts- und fiskalpolitischen Maßnahmen, die gemeinsam eingesetzt wurden, um die Konjunktur anzukurbeln und somit neue Beschäftigung zu schaffen. Die komplementären Beziehungen zwischen Arbeitsmarkt, Sozialpolitik und Ökonomie wurden daher mit Reformen in allen diesen Bereichen unterstützt, so dass Spannungen zwischen den Bereichen verhindert werden konnten und ein neuer Gleichgewichtszustand, der sich an den im Goldenen Dreieck symbolisierten Merkmalen des dänischen Arbeitsmarktes orientierte, etabliert wurde. „Hence, if non-Nordic policy makers may want to change policies towards more Scandinavian style of policies they may enter troubled water." (Kvist 2000). Dennoch lassen sich vom dänischen Fall zwei zentrale Erkenntnisse für die bundesdeutsche Reformdebatte ableiten.

6.1 Sicherheit, Gleichheit und Wachstum sind kein Widerspruch

Mit der anhaltenden Krise der Sozialstaaten nach dem Ölpreisschock geriet zunehmend der Wohlfahrtsstaat selbst in Misskredit und wurde zur Ursache für Ineffizienz und Fehlanreize. Statt effizientes Wirtschaften zu ermöglichen, würden die Wohlfahrtsstaaten zum einen über die Systeme Sozialer Sicherung Arbeitsmarktrigiditäten verstärken, da es an Anreizen zur Arbeitsaufnahme mangele und die Abhängigkeit von Sozialleistungen ge- bzw. verstärkt würde. Zum anderen führe der Wohlfahrtsstaat zu einer Überlastung seiner eigenen Kapazitäten, da die Finanzierung zunehmend schwieriger würde, da die Ausgaben vor allem für Soziale Sicherung schneller stiegen als die Einnahmen.

Für die dänischen Erfahrungen wird daher gerne das Bild der Hummel benutzt (Nannestad/Green-Pedersen 2000; Madsen 2006), die gemäß den Gesetzen der Aerodynamik und Schwerkraft nicht fliegen können dürfte. Proklamierte der amtierende Ministerpräsident Anders Fogh Rasmussen 1993 in einer politischen

Streitschrift „*Fra socialstat til minimalstat*" noch den Rückbau des Wohlfahrtsstaates, so hat seine Regierung in den vergangenen Jahren vor allem in den Bereich der Pflege und Gesundheitsversorgung investiert. Gleichheit und Sicherheit
können daher auch als Vorraussetzungen einer prosperierenden Wirtschaft und
flexibler Arbeitsmärkte interpretiert werden. In Deutschland müsste daher dem
Trend einer wachsende Lohnungleichheit sowie der steigenden Verunsicherung
weiter Teile der Bevölkerung staatliche Maßnahmen entgegen gestellt werden
(Dörre 2007).

6.2 Ein starker Staat ist kein Standortnachteil

Die lange Zeit mit der Debatte um die Sozialstaatsreformen verknüpfte Idealisie-
rung eines schlanken Staates wird vom dänischen Beispiel widerlegt. Eine umfassende Staatstätigkeit ist demnach kein Hindernis für eine prosperierende Wirtschaft. Vielmehr begünstigte der ausgebaute öffentliche Sektor eine Hochlohn-
strategie in der Dienstleistungsökonomie ohne auf ein Beschäftigungswachstum
verzichten zu müssen. Dabei erweisen sich gerade die staatlichen Dienstleis-
tungsangebote im Bildungsbereich im doppelten Sinne als Wettbewerbsvorteil
(Esping-Andersen 2005; Heintze 2007). Denn einerseits werden so gut entlohnte
Arbeitplätze geschaffen und andererseits wird bereits früh eine Kultur des Lernens etabliert.

Die dänischen Erfahrungen können daher zum Ausgangspunkt einer grundsätzlichen Neuorientierung der deutschen Wirtschafts-, Arbeitsmarkt- und Sozialpolitik genutzt werden. Eine hohe Sozialstaatsquote, Beschäftigungswachstum
und soziale Gleichheit sind auch unter den veränderten ökonomischen Bedingungen möglich. Entscheidend ist dabei weniger, welche sozial- oder arbeitsmarktpolitischen Einzelmaßnahmen ergriffen werden, sondern ob es in Deutschland gelingt, Gestaltungsspielräume des Staates zurück zu erobern.

Literatur

Arbejderbevægelsens Erhvervsråd (2004): Jobomsætning på arbejdsmarkedet, Kopen-
hagen: Arbejderbevægelsens Erhvervsråd.
Arbejdsdirektoratet (2007): (Hg.) Arbejdsløshedsforsikringsloven 1907-2007, Kopen-
hagen: Arbejdsdirektoratet.
Arbejdsministeriet (1999): Arbejdsmarkedsreformerne – ét statusbillede, Kopenhagen:
Arbejdsministeriet.

Bandelow, Nils C. (2003): Lerntheoretische Ansätze in der Policy-Forschung. In: Maier, Matthias L./Hurrelmann, Achim/Nullmeier, Frank/Pritzlaff, Tanja/Wiesner, Achim (Hg.) Politik als Lernprozess? Wissenszentrierte Ansätze in der Politikanalyse. Opladen: 98-121.

Beskæftigelsesministeriet (2002): Handlingsplan for Flere i arbejde, Kopenhagen: Beskæftigelsesministeriet.

Bogedan, Claudia (2005): Readjusting the Social Democratic Welfare State in Denmark 1973-2003. (Tran-State Working Paper Nr. 32/2005, Universität Bremen - SfB 597) Bremen.

Bredgaard, Thomas/Larsen, Flemming (2007): Implementing Public Employment Policy: What happens when Non-Public Agencies takes over? International Journal of Sociology and Social Policy 27 (7/8): 287-301.

Bredgaard, Thomas/Larsen, Flemming/Madsen, Per Kongshøj (2005): The flexible Danish labour market - A review, Aalborg: CARMA research papers 2005:01.

Campbell, John L./Hall, John A. (2006): Introduction: The State of Denmark, In: Campbell, John L./Hall, John A./Pedersen, Ove K. (Ed.) National Identity and the Varieties of Capitalism. The Danish Experience. Montreal: 1-50.

Danmarks Statistik (2006): Statistik Årbog 2006, Kopenhagen.

Dörre, Klaus (2007): Leben und Arbeiten in der heutigen Gesellschaft. Unsichere Arbeitsgesellschaft- wo kann, wo soll politische Steuerung ansetzen? In: WisoDiskurs. Expertisen und Dokumentationen zur Wirtschafts- und Sozialpolitik, Band 2, Friedrich-Ebert Stiftung: 5-13.

Due, Jesper/Madsen, Jørgen Steen et al. (1994): The Survival of the Danish Model. A historical sociological analysis of the Danish system of collective bargaining. Kopenhagen.

Ebbinghaus, Bernhard/Visser, Jelle (2000): Trade Unions in Western Europe since 1945, London.

Egger, Philippe/Sengenberger, Werner et al. (2003): Decent Work in Denmark: Employment, social efficiency and economic security. International Labour Office. Genf.

Esping Andersen, Gøsta (1990): The Three Worlds of Welfare Regime. Princeton.

Esping-Andersen, Gøsta (2005): Education and Equal-Life-Chances: Investing in Children. In: Kangas, Olli/Palme, Joakim (Hg.) Social Policy and Economic Development in the Nordic Countries. Houndsmill: 147-163.

Europäische Kommission (2007): Gemeinsame Grundsätze für den Flexicurity-Ansatz herausarbeiten: Mehr und bessere Arbeitsplätze durch Flexibilität und Sicherheit. Europäische Kommission. Luxemburg.

Eurostat Datenbank, http://epp.eurostat.ec.europa.eu (letzter Zugriff 15.06.2008).

Hall, Peter A./Soskice, David, (2001): An Introduction to Varieties of Capitalism. In: Hall, Peter A./Soskice, David (Hg.) Varieties of Capitalism. The Institutional Foundations of Comparative Advantages. Oxford: 1-71.

Hansen, Hans (2003): Time Series of APW-Calculations: Module for Denmark 1994-2001. In: The Danish National Institute of Social Research 06. Kopenhagen:33.

Hein, Eckhard/Menz, Jan-Oliver/Truger, Achim (2006): Warum bleibt Deutschland hinter Schweden und dem Vereinigten Königreich zurück? Makroökonomische Politik erklärt den Unterschied. (IMK-Report Nr. 15/2006, Institut für Makroökonomie und Konjunkturforschung) Düsseldorf.

Heintze, Cornelia (2007): Bildung und Gesundheit als öffentliche Güter im wohlfahrtsstaatlichen Kontext – ein Vergleich zwischen Deutschland und skandinavischen Ländern hinsichtlich Finanzierung, Wohlfahrtsergebnissen und Beschäftigungsrelevanz. Studie im Auftrag der Hans-Böckler-Stiftung, Leipzig.

Iversen, Torben/Wren, Anne (1998): Equality, Employment, and Budgetary Restraint. The Trilemma of the Service Economy. In: World Politics 50: 507-546.

Katzenstein, Peter J. (1985): Small States in World Markets - Industrial Policy in Europe. Ithaca.

Keller, Berndt/Seifert, Hartmut (2008): Flexicurity: Ein europäisches Konzept und seine nationale Umsetzung, Expertise für die Friedrich-Ebert-Stiftung, Bonn.

Kvist, Jon (1999): Welfare Reform in the Nordic countries in the 1990s: Using Fuzzy-set Theory to Assess Conformity to Ideal Types. In: European Social Policy 9 (3): 231-252.

Kvist, Jon (2000): Activating Welfare States. Scandinavian Experiences in the 1990s. (Working Paper 7:2000, The Danish National Institute of Social Research Kopenhagen) Kopenhagen.

Linke-Sonderegger, Marion (2007): Aktivierung als neue Herausforderung an staatliches Handelns. Zum Wandel der dänischen Arbeitsmarktpolitik 1990-2005, Universität Bremen (unveröffentlichte Dissertationsschrift).

Madsen, Per Kongshøj (2006): How Can It Possibly Fly? The Paradox of a Dynamic Labour Market in a Scandinavian Welfare State. In: Campbell, John L./Hall, John A./Pedersen, Ove K. (Ed.) National Identity and the Varieties of Capitalism. The Danish Experience. Montreal: 321-355.

Madsen, Per Kongshøj (2007): Dänemark -Arbeitsmarktinstitutionen und Beschäftigungsergebnisse. In: Bundesministerium für Wirtschaft und Technologie (Hg.) Wachstumsaspekte der Arbeitsmarktpolitik. Von den Nachbarn lernen. Berlin: 59-88.

Madsen, Per Kongshøj/Pedersen, Lisbeth (2003): I Miraklernes Værksted. In: Madsen, Per Kongshøj/Pedersen, Lisbeth (Ed.): Drivkræfter bag Arbejdsmarkedspolitikken, Socialforskningsinstituttet. Kopenhagen: 12-25.

Nannestad, Peter/Green-Pedersen, Christoffer (2000): Keeping the Bumblebee Flying: Economic Policy in the Welfare State of Denmark 1973-99. Århus.

OECD (2007): Babies and Bosses: Reconciling Work and Family Life. Paris.

OECD (2008): Country statistical profiles. Paris.

Schmid, Josef (2003): Wirtschafts- und Sozialpolitik: Lernen- und Nicht-Lernen von den Nachbarn. In: Aus Politik und Zeitgeschichte B 18-19: 32-38.

Schmidt, Manfred G. (1998): Sozialpolitik in Deutschland. Historische Entwicklungen und internationaler Vergleich. Opladen.

Schmidt-Hansen, Ulrich/Kapersen, Lars Bo (2004): Consensus and Conflict: The Preliminary Results from Studies of the Political Decision-Making Process within Employment, Pension and Integration Politics in Denmark. Smallcons Project. The Danish Contribution to WP 3. March 2004.

Schnabel, Claus/Wagner, Joachim (2005): Determinants of Union Membership in 18 EU Countries: Evidence from Micro Data, 2002/03. (IZA Discussion paper, Forschungsinstitut zur Zukunft der Arbeit) Bonn.

Schwartz, Herman M. (2001): The Danish "Miracle". Luck, Pluck, or Change. In: Comparative Political Studies 34 (2): 131-155.

Statistisches Bundesamt (2007): Personal des öffentlichen Dienstes 2006, Wiesbaden.

Torfing, Jacob (1999): Workfare with welfare: Recent Reforms of the Danish Welfare State. In: Journal of European Social Policy 9 (1): 5-28.

Udredningsudvalget Sekretariatet (1992): Rapport fra Udredninsudvalget om arbejdsmarkedets strukturproblemer. Kopenhagen.

Die Europäisierung nationaler Arbeitsmarktreformen. Die Auswirkungen der Europäischen Beschäftigungsstrategie in Deutschland, Frankreich und Italien

Sascha Zirra und Jenny Preunkert

1 Einleitung

Die Mitgliedstaaten der Europäischen Union (EU) stehen derzeit vor großen beschäftigungspolitischen Herausforderungen. Angesichts eines Wandels der Erwerbs- und Bevölkerungsstrukturen, einer zunehmend wissensbasierten Produktionsordnung und sich verändernder Erwerbsbiographien sind die bisherigen Beschäftigungspolitiken immer weniger geeignet, Beschäftigung zu sichern, Arbeitslosigkeit zu verhindern und die Menschen vor sozialen Risiken zu schützen (Schmid 2002; Scharpf/Schmidt 2000). Besonders betroffen von diesen exogenen wie endogenen Herausforderungen sind die Staaten des kontinentalen und südlichen Europas (Sapir 2005; Hassel 2001). Hier wurde Arbeitslosigkeit in der Vergangenheit überwiegend mit passiven Arbeitsmarktpolitiken bekämpft, die den statistisch gesehen weniger produktiven Arbeitskräften einen Ausstieg aus dem Arbeitsmarkt erleichtern sollten (Trampusch 2005), und der Sozialstaat konzentrierte sich auf die Absicherung der meist männlichen, gut qualifizierten Arbeitskräfte (Pfau-Effinger 1996). In der Folge waren Frauen, ältere Arbeitnehmer, Geringqualifizierte und Jugendliche oft von einer gleichberechtigten Teilhabe am Arbeitsmarkt ausgeschlossen (Regini 1998). Dies führte zu einer Konzentration der Sozialkosten auf immer weniger Schultern (Ebbinghaus 2005: 18) und gilt daher als ökonomisch ineffizient, sozialpolitisch kaum noch finanzierbar und wird gesellschaftspolitisch immer weniger akzeptiert (Leibfried 2000). Es erscheint notwendig, auf diese Herausforderungen mit neuen beschäftigungspolitischen Konzepten zu reagieren. Allerdings zeigten sich gerade diese Staaten lange Zeit als besonders reformresistent (Kitschelt/Streeck 2003: 28). Es stellt sich daher die Frage nach der Anpassungsfähigkeit dieser historisch gewachsenen institutionellen Arrangements.[1]

---

1   Wir danken Martin Heidenreich, Jelle Visser, Jørgen Goul Andersen und zwei anonymen Gutachtern für ihre hilfreichen Kommentare zu früheren Versionen dieses Beitrags sowie Günter Bechtle und Marianna Colacicco für die Unterstützung bei den italienischen Interviews. Unser

Zur Stärkung der nationalen Reformbemühungen wurde im Jahr 1997 von den Staats-und Regierungschefs der Europäischen Union (EU) die Europäische Beschäftigungsstrategie (EBS) ins Leben gerufen. Mithilfe von weichen Steuerungsmechanismen, wie Benchmarking, freiwilliger Selbstverpflichtung und nationaler Kontextualisierung gemeinsam vereinbarter Leitlinien soll die Modernisierung der nationalen Beschäftigungsordnungen vorangetrieben werden (Arrowsmith et al. 2004). *Das vorrangige Ziel der EBS ist es, gleiche Chancen für alle sozialen Gruppen auf dem Arbeitsmarkt zu schaffen.* Die soziale Segmentation soll dabei mithilfe eines Flexicurity-Ansatzes aufgehoben werden, der einen flexiblen Arbeitsmarkt mit sozialer Sicherheit für alle Bürger verbindet (Wilthagen 2007). Damit stellt die EBS in zweifacher Hinsicht eine Chance für die kontinental- und südeuropäischen Staaten dar. Erstens kann sie dazu beitragen, dass sie von den Reformerfahrungen anderer, erfolgreicher Staaten lernen, zum anderen bietet der Flexicurity-Ansatz ein orientierendes Leitbild für die anstehenden Reformen. Unklar ist jedoch, welchen Beitrag die EBS zur Modernisierung der Beschäftigungsordnungen in diesen lange Zeit reformresistenten Ländern leisten konnte. Im Folgenden soll daher untersucht werden, inwieweit die kontinental- bzw. südeuropäischen Staaten Deutschland, Frankreich und Italien das Konzept der Flexicurity bei ihren Reformen in den Jahren 2000 bis 2005 aufgriffen und mit welchen Mechanismen die EBS hierzu beitragen konnte. *Es soll dabei die Hypothese überprüft werden, dass das Flexicurity-Modell eine wichtige Orientierungsmarke für die nationalen Reformprozesse bot und die Instrumente der EBS eine zusätzliche Ressource für die Akteure in den nationalen Reformprozessen darstellte.* Die Mittel, mit denen ein inklusiver Arbeitsmarkt erreicht werden soll – weniger Kündigungsschutz, eine bessere soziale Absicherung und aktivierende Arbeitsmarktpolitiken – werden daher von den nationalen Akteuren selektiv interpretiert und auf Basis der bestehenden institutionellen Ordnung angeeignet. *Im Ergebnis stellen die Reformen die arbeitsmarktbezogenen In- und Exklusionsmechanismen und damit die soziale Segmentation des Arbeitsmarkts kaum infrage.* Die EBS trägt daher eher zu einer inkrementellen Modernisierung der Beschäftigungsordnung als zu einem radikalen Pfadwechsel bei.

Im Folgenden sollen die EBS und das Flexicurity-Konzept als Chancen für eine moderne Beschäftigungspolitik diskutiert werden (2). Im Anschluss sollen Überlegungen angestellt werden, wie der Beitrag der EBS zu nationalem institutionellem Wandel konzeptionell erfasst werden kann (3). Daraufhin sollen die Arbeitsmarktreformen in Deutschland, Frankreich und Italien auf Parallelen zu

spezieller Dank gilt den 50 Interviewpartnern in der Europäischen Kommission, bei europäischen und nationalen Sozialpartnern sowie auf Bundes, Landes- und Gemeindeebene in Deutschland, Frankreich und Italien; und der DFG, für die Unterstützung des Forschungsprojekts von Mai 2005-Oktober 2007.

dem Prinzip der Flexicurity untersucht werden (4). Abschließend werden drei Mechanismen herausgearbeitet, mit denen die EBS zu den nationalen Reformen beitragen konnte (5).

2 Die Europäische Beschäftigungsstrategie und Flexicurity

Im Jahr 1997 beschlossen die Staats- und Regierungschefs der Europäischen Union angesichts gemeinsamer beschäftigungspolitischer Herausforderungen die nationalen Arbeitsmarkt- und Beschäftigungspolitiken zu koordinieren (Fischer/ Tholoniat 2006; Goetschy 1999). Das Verfahren der EBS beruht auf einem zyklischen und iterativen Prozess des Erstellens von Leitlinien, gegenseitiger Evaluation und Benchmarking (Radaelli 2003; Zeitlin 2005a). Die Umsetzung der gemeinsam vereinbarten Leitlinien und der auf europäischer Ebene gemachten Erfahrungen hängt daher von den Mitgliedstaaten ab (Heidenreich/Bischoff 2008). Innerhalb der EBS entwickelte sich seit dem Jahr 1997 zunehmend eine gemeinsame Vorstellung von einer modernen, europäischen Beschäftigungspolitik, die in den Jahren 1998 und 1999 noch einen geringen Stellenwert einnahm (Rat 1997; 2000). Die Tagung des Europäischen Rates in Lissabon im Frühjahr 2000 stellt daher einen bemerkenswerten Schritt dar. Die EBS wird hier in das Leitbild eines aktiven, wachstums- und innovationsbasierten Europäischen Sozialmodells eingebettet (Europäischer Rat 2000). Eine verstärkte Investition in Aus- und Weiterbildung, sowie eine aktive und präventive Arbeitsmarktpolitik soll zu einer modernen Beschäftigungspolitik in einer wissensbasierten Gesellschaft beitragen. *Das übergreifende Ziel der Beschäftigungsstrategie stellt seitdem die gleichberechtigte Teilhabe aller gesellschaftlichen Gruppen am Arbeitsmarkt dar.* Als zentrales Mittel, um einen inklusiven, gleichberechtigten Arbeitsmarkt zu erreichen, wird das Konzept der *Flexicurity* verstanden (Bekker 2007; Vobruba 2006). *Dieses Modell einer modernen Beschäftigungsordnung verbindet einen geringen Kündigungsschutz mit einem hohen Niveau der sozialen Absicherung der Übergänge zwischen Beschäftigungsverhältnissen* (Wilthagen 1998; Schmid 2002). Flankiert wird dies durch umfangreiche Maßnahmen der aktiven und aktivierenden Arbeitsmarktpolitik mit zielgerichteter Qualifizierung und Weiterbildung Arbeitssuchender sowie lebensbegleitendem Lernen (Madsen 2002). Im Zentrum dieser Politiken stehen die Problemgruppen auf dem Arbeitsmarkt (Wilthagen/Tros 2004: 169). Ein besonderes Augenmerk muss daher gerade in den kontinental- und südeuropäischen Staaten auf die individuelle Qualifizierung und Arbeitsvermittlung, den Abbau der Barrieren zwischen atypisch und regulär Beschäftigten sowie die Vermeidung von Armut trotz Arbeit gelegt werden (Keller/Seifert 2005; Schmid 2002).

In den letzten Jahren wurden in zahlreichen Mitgliedstaaten der EU umfangreiche arbeitsmarktpolitische Reformen verwirklicht. Die Rolle der EBS sowie die Mechanismen der nationalen Aneignung dieser Verfahren sind dabei
bisher nur unzureichend erforscht. Jüngste Untersuchungen stellen zwar fest,
dass EBS-gestützte Reformen im Sinne von ,Flexicurity' in den meisten Ländern
(West-) Europas beobachtet werden können (López-Santana 2006; Annesley
2007), sich aber weiterhin verschiedene Aktivierungsregime (Serrano Pascual/
Magnusson 2007; Barbier/Ludwig-Mayerhofer 2004), europäische Sozialmodelle (Sapir 2005) oder Flexicurity-Praktiken (Wilthagen 2007) unterscheiden lassen.

Zusammenfassend kann festgehalten werden, dass die EBS einen offenen
Koordinierungsprozess darstellt, der stark auf die Selbstverantwortung der Mitgliedstaaten zur Modernisierung ihrer Beschäftigungsordnungen setzt. In einem
jährlichen Zyklus sollen die Mitgliedstaaten auf der Basis gemeinsam vereinbarter Leitlinien ihre Beschäftigungspolitiken überprüfen und im Lichte dieser Zielvereinbarungen reformieren. Eine Analyse der Wirkungen der EBS muss daher
bei den nationalen Aushandlungsprozessen in der Arbeitsmarkt- und Beschäftigungspolitik ansetzen und alle betroffenen Akteure mit in die Betrachtung einbe-
ziehen. *Das Ziel der EBS ist es, mithilfe des Flexicurity-Ansatzes eine gleichberechtigte Teilhabe am Arbeitsmarkt für alle sozialen Gruppen zu erreichen. Nationale Politiken sollen dabei alle Faktoren aufheben, die zu einer geschlechts-,
alters- und bildungsspezifischen sowie territorialen Segmentation des Arbeitsmarkts beitragen.* Im Fokus der weiteren Analyse sollen daher beispielhaft die
Reformen des Kündigungsschutzes (*Flexibilisierung*), der Vermeidung von Armut trotz Arbeit (*Sicherheit*) und die an die Individuen gerichteten, fördernden
Arbeitsmarktpolitiken (*Aktivierung*) untersucht werden. Der Erfolg der EBS
kann sich dabei nicht alleine auf die nationale Aneignung des Flexicurity-
Konzepts stützen, sondern muss sich nicht zuletzt an der Überwindung der sozialen Segmentation des Arbeitsmarkts messen lassen, die insbesondere in den kon-
tinental- und südeuropäischen Staaten stark ausgeprägt ist.

3   Der Einfluss exogener Prozesse auf institutionellen Wandel

Die nationalen Beschäftigungsordnungen in Westeuropa sind das Ergebnis historisch gewachsener, gesellschaftlicher Kooperations- und Konfliktregulierungs-
muster (Streeck/Thelen 2005). Ihre Leistung besteht in der Institutionalisierung
eines Sets von Spielregeln, d.h. Interpretations-, Verhaltens- und Beziehungs-
muster, die diese Austauschprozesse zwischen den involvierten Akteuren und
Organisationen vermitteln und vorstrukturieren (Jepperson 1991). In der Analyse

der EBS gelang es bisher kaum, die Konsequenzen dieser nationalen Ordnungen für transnationale Lernprozesse zu konzeptionalisieren (Heidereich/Bischoff 2008). Transnationales Lernen wurde in der Regel als individuelles Lernen von Regierungsvertretern oder bestenfalls als organisationales Lernen von Regierungen konzipiert (Jacobsson/Vifell 2007; Hemerijck/Visser 2003). Statt des Lernens von Regierungen alleine, sollte hingegen verstärkt die Rolle der EBS in den oft schwierigen nationalen Aushandlungsprozessen untersucht werden (Ferrera et al. 2000: 23). Um sowohl die Strukturen und Beharrungsmomente einer institutionellen Ordnung als auch ihre Wandlungsmöglichkeiten untersuchen zu können, schlagen wir vor, das Konzept der institutionellen Felder als Komplementärbegriff zu institutioneller Ordnung einzuführen. *Unter einem institutionellen Feld verstehen wir die Arena einer sozialen Praxis, in der eine benennbare Gruppe kollektiver Akteure auf Basis eines anerkannten Sets an Regeln interagiert und damit die Beschäftigungsordnung in nicht-identischer Weise reproduziert* (DiMaggio/Powell 1991; Fligstein 2001). Durch den Aufbau stabiler gegenseitiger Erwartungen, strukturiert ein Feld die Interaktionen zwischen den beteiligten Akteuren (Heidenreich/Bischoff 2008) und schließt diese Interaktionen gegen ihre Umwelt (Friedberg 1995; Fligstein/Stone Sweet 2002) ab. Die Beschäftigungsordnung bildet demzufolge den Bezugsrahmen, welcher die soziale Praxis im Feld der Beschäftigungspolitik vorstrukturiert. Dieser Ansatz ermöglicht es, die Beschäftigungsordnungen als institutionalisierte, dabei jederzeit provisorische und veränderbare Kompromisse zwischen konfligierenden Interessen zu definieren (Heidenreich 2004: 208). Diesem Konzept entsprechend können die Ziele und Leitlinien der EBS nicht unmittelbar auf die nationalen Reformen wirken. Vielmehr stellen die Leitbilder und Instrumente der EBS eine zusätzliche Ressource in der nationalen Praxis dar (Giddens 1984). Diese Ressourcen werden von den Akteuren angeeignet und auf Basis der bestehenden institutionellen Ordnung und ihrer eigenen Präferenzen interpretiert. Dies verweist auf die Frage der Reichweite institutionellen Wandels. Inwieweit gelingt es infolge der Reformen, die exklusiven Beschäftigungsordnungen tatsächlich zu verändern? Werden infolge der Arbeitsmarktreformen die institutionellen Prinzipien infrage gestellt oder gelingt es, die ‚fremden' Institutionen widerspruchsfrei in das bestehende Institutionengefüge zu inkorporieren (Streeck/Thelen 2005)? Stellen gewandelte Ziele der Arbeitsmarktpolitik und umfangreiche Reformen der arbeitsmarktpolitischen Maßnahmen bereits einen revolutionären Wandel in der Beschäftigungsordnung dar, oder werden infolge der nationalen Aneignung und Interpretation die Prinzipien der In- und Exklusion weitgehend reproduziert?

Methodologisch stößt die Suche nach Bezügen transnationaler Lernprozesse und nationalen Reformen an enge Grenzen (Zeitlin 2005b; Barbier 2004). Ein unmittelbarer Kausalzusammenhang der EBS mit nationalen Reformen kann schon aufgrund der theoretischen Überlegungen kaum erwartet werden. Es sollen daher im Folgenden in Anlehnung an Coleman (1987) zunächst auf einer Makro-Ebene die nationalen Reformen und deren Ergebnisse auf Parallelen zu den Zielen der EBS untersucht werden. In einem nächsten Schritt soll eine akteurszentrierte Analyse der nationalen Aushandlungsprozesse, auf Basis nicht-standardisierter Interviews dazu beitragen, die Mechanismen herauszuarbeiten, mit denen die EBS zu den nationalen Reformen beitragen konnte (Gerring 2004).

Zusammenfassend kann festgehalten werden, dass die EBS nicht unmittelbar die nationale Beschäftigungspolitik beeinflussen kann. Vielmehr müssen nationale Akteure im institutionellen Feld der Beschäftigungspolitik sich die Ressourcen, welche die EBS bereit stellt, aktiv aneignen. In diesem Prozess der Aneignung werden die Instrumente und Leitbilder der EBS auf Grundlage der bestehenden Institutionen interpretiert. *Es wird daher vermutet, dass die EBS dazu geeignet ist, eine pfadabhängige Modernisierung der nationalen Ordnungen zu unterstützen, die Grundprinzipien der In- und Exklusion aus dem Arbeitsmarkt dabei allerdings nicht überwunden werden können.*

4   Die Arbeitsmarktreformen in Deutschland, Frankreich und Italien in den Jahren 2000-2005

In den Jahren 2001 bis 2004 erlebten insbesondere Italien und Deutschland umfangreiche Reformprojekte am Arbeitsmarkt und auch in Frankreich gab es eine Vielzahl von Reformen (Barbier et al. 2006). Diese zeitliche Koinzidenz, so die Hypothese, wird begleitet von deutlichen inhaltlichen Parallelen zur EBS. Allerdings wird erwartet, dass diese Anleihen infolge der nationalen Aneignung sehr unterschiedlich ausfallen. Um diese Parallelen und Unterschiede zunächst auf einer Makro-Ebene zu überprüfen sollen im Folgenden die Arbeitsmarktreformen in Deutschland, Frankreich und Italien anhand der drei Eckpunkten des Flexicurity-Prinzips – Aktivierung, Flexibilität des Arbeitsmarkts und soziale Sicherheit (Madsen 2002) – dargestellt werden. Dabei wird deutlich, dass die Reformen in Deutschland auf eine Reduzierung von Langzeitarbeitslosigkeit anhand eines präventiven Aktivierungsansatzes zielen (1); die Reformen in Frankreich vor allem darauf gerichtet sind, die finanzielle Sicherheit der prekär Beschäftigten zu verbessern (2); und der Fokus der italienischen Reformen auf einer Flexibilisierung an den Rändern des Arbeitsmarkts liegt (3). Gleichzeitig soll sollen die Auswirkungen dieser Reformen auf die In- und Exklusionsprinzipien in der jeweiligen Beschäftigungsordnung untersucht werden. Hieraus geht hervor, dass in allen drei untersuchten Ländern die bestehende Arbeitsmarktsegmentation reproduziert wurde. Die Reformen trugen somit kaum zu einer gleicheren Verteilung der Arbeitsmarktchancen bei.

4.1 Deutschland

Lange wurde ein umfassender Wandel der deutschen Beschäftigungsordnung kaum für möglich gehalten. Demnach war Deutschland „ingrained over-commitment to old institutions and historical entitlements" (Kitschelt/Streeck 2003: 28). So galt anfangs die im Jahr 2002 eingesetzte Hartz-Kommission lediglich als kurzfristige Reaktion auf einen Vermittlungsskandal in der damaligen Bundesanstalt für Arbeit (BA). Heute können die ‚Gesetze zur Modernisierung der Dienstleistungen am Arbeitsmarkt' (Hartz-Gesetze) dagegen als die ambitionierteste Reform im Nachkriegsdeutschland gelten (Konle-Seidl 2007; Kemmerling/Bruttel 2006: 90). Im Folgenden wird gezeigt, dass die Hartz-Gesetze Ausdruck eines gewandelten Verständnisses von Arbeitsmarktpolitik sind: Stand früher die Schaffung von Arbeitsplätzen und deren Sicherung im Mittelpunkt der Anstrengungen, gelten heute die Sicherung der Beschäftigungsfähigkeit, die Erhöhung der Erwerbsbeteiligung und die gleichberechtigte Teilhabe aller Gruppen als Ziel arbeitsmarktpolitischer Maßnahmen. Gleichzeitig gelingt es oft nur unzureichend, dieses gewandelte Leitbild in funktionsfähige arbeitsmarktpolitische Institutionen umzusetzen. Dies kann auf zwei Ursachen zurückgeführt werden: erstens erreicht dieser Wandel bisher nicht alle Akteure der Arbeitsmarktpolitik in gleichem Maße, zweitens behindern institutionelle Komplementaritäten der Beschäftigungsordnung (etwa zur familialen und beruflichen Ordnung) die Wirkungsweise einzelner Maßnahmen (Zirra/Buchkremer 2007). Während davon ausgegangen werden kann, dass das Bundesministerium diesen Wandel trägt, sind weite Teile der politischen Ebene der Gewerkschaften, der Länder und insbesondere die kommunalen Spitzenverbände dazu nicht bereit. Dies erzwang politische Kompromisse, die der Stoßrichtung der Hartz-Reformen entgegen laufen (Schmid 2006). Zudem fehlen in Deutschland die institutionellen Voraussetzungen für einzelne Maßnahmen, „etwa überbetriebliche Weiterbildungseinrichtungen für Jobrotation oder Kinderbetreuungseinrichtungen" (Keller/Seifert 2002: 96).

Aktivierung. In den Reformen zeigen sich deutliche Parallelen zu dem Prinzip der Flexicurity. In Deutschland spielte dabei der Eckpfeiler der Aktivierung, und somit die Erhöhung des Arbeitskräfteangebots, die größte Rolle (Deeke u.a. 2005). Dies spiegelt sich insbesondere in der bedeutenden Rolle der Organisationsreformen der BA ebenso wie in zahlreichen Maßnahmen, die eine Arbeitsaufnahme für Geringverdiener lohnend machen sollten. Zudem erfolgte der

umfassende Umbau der Arbeitslosenunterstützung (Hartz IV) nicht etwa im Hinblick auf eine neue Form der sozialen Sicherung, sondern als Maßnahme zur Aktivierung bisher kaum aktivierbarer Bevölkerungsgruppen (Konle-Seidl 2007;
Lohse 2005).

Flexibilität und Sicherheit. Die beiden zentralen Eckpfeiler der Flexicurity:
ein flexibler Arbeitsmarkt und eine Absicherung diskontinuierlicher Erwerbskarrieren wurden in Deutschland dagegen kaum thematisiert. Die damalige konservative Opposition forderte zwar im Wahlkampf 2005 einen deutlichen Abbau
des Kündigungsschutzes, gab diesen Plan jedoch nach dem Wahlergebnis, das
als Absage an umfassende neo-klassische Wirtschaftspolitik gedeutet wurde,
bald auf. Dieser Widerstand gegen eine generelle Absenkung des Kündigungsschutzes ist insbesondere auf vehementen Widerstand der Gewerkschaften zurückzuführen. Somit ist der deutsche Arbeitsmarkt auf zwei Kompensationsme-
chanismen angewiesen: Eine relativ gut funktionierende interne Flexibilität (Kel-
ler/Seifert 2005) in den Unternehmen und in zunehmendem Maße verschiedene
Formen atypischer Beschäftigung (Seifert 2003). Die Flexibilität von Unternehmen wird daher in Deutschland neben relativ flexiblen Arbeitszeitmodellen vor allem von drei Beschäftigungsformen sichergestellt: eine große Zahl befristeter Beschäftigungsverhältnisse, weitgehend versicherungsbefreite Mini-Jobs
und in zunehmenden Maße Zeitarbeitsverträge. Letztere verbinden die Logik so-
zialversicherter Beschäftigungsverhältnisse mit externer Flexibilität der Unternehmen und stellen somit eine systemimmanente Form der ‚Flexicurity' dar
(Seifert 2003). Diese drei Beschäftigungsformen wurden mit den Hartz-Reformen deutlich ausgeweitet (etwa Jahn/Walwei 2005). Damit war die Hoffnung
verbunden, dass diese Beschäftigungsverhältnisse als Brücke in reguläre Beschäftigung fungieren (Keller/Seifert 2002: 101).

Reformergebnisse. Letztendlich wurde eine Vielzahl dieser Reformen durch
politische Kompromisse konterkariert oder scheiterte an unzureichenden Voraussetzungen in anderen institutionellen Sphären (BMAS 2006). So konnte insbesondere der ‚one-stop-shop' für Langzeitarbeitslose aufgrund des Widerstands
der konservativ geführten Bundesländer und der Kommunen nicht durchgesetzt
werden (Schmid 2006). Entgegen dem Ziel, die soziale Absicherung und die Arbeitsvermittlung zu integrieren ist die institutionelle Kluft zwischen Kurz- und
Langzeitarbeitslosen größer als zuvor (Konle-Seidl 2007: 33). Zwar wuchs die
Anzahl geringfügiger Beschäftigungsverhältnisse stark an, die erwünschte Brücke in reguläre Arbeit stellen sie jedoch kaum dar (BMAS 2006). Im Gegenteil,
es zeigt sich eher eine Verfestigung von Armutsfallen und eine Substitution von
vormals regulären Beschäftigungsverhältnissen (Hohendanner 2007: 23, Bofinger u.a. 2006). Ähnliches gilt für die Beschäftigung in Zeitarbeitsfirmen (Bur-
da/Kvasnicka 2006). Zudem sind diese Beschäftigungsverhältnisse meist durch

deutlich schlechtere zeitliche und finanzielle Arbeitsbedingungen zu vergleichbaren Tätigkeiten regulär Beschäftigter im gleichen Betrieb gekennzeichnet. Des Weiteren scheinen die teilweise erfolgreichen Instrumente wie Bildungsgutscheine eine starke soziale Selektionswirkung zu haben, d.h. qualifizierte Facharbeiter profitieren überproportional von diesen Maßnahmen, während für Geringqualifizierte sogar eher eine längere Arbeitslosigkeit mit Qualifi-
zierungsmaßnahmen verbunden ist (Schneider u.a. 2006). Die bildungsspezifische Segmentation des Arbeitsmarkts wird damit in der Arbeitsvermittlung reproduziert und diese spezifischen institutionellen Arrangements verfestigen die
Segmentation auf dem Arbeitsmarkt weiter.

Zusammenfassend kann festgehalten werden, dass die Ziele der Arbeitsmarktreformen in Deutschland deutliche Parallelen zu den Zielen der EBS und
dem Flexicurity-Prinzip aufweisen. Im Mittelpunkt stand dabei der Eckpfeiler
der Aktivierung aller Erwerbsfähigen für die Teilhabe am Arbeitsmarkt. Im Fokus standen dabei vor allem Langzeitarbeitslose. Allerdings müssen atypische
Beschäftigungsverhältnisse in zunehmendem Maße die Flexibilität des Arbeitsmarktes sicherstellen. Die soziale Absicherung dieser diskontinuierlichen Erwerbskarrieren wurde bisher kaum diskutiert. Damit konnten die Hartz-Reformen die Segmentation des Arbeitsmarktes kaum reduzieren. Im Gegenteil: Viele
der reformierten Maßnahmen bringen vor allem Vorteile für die ohnehin privilegierte Gruppe der männlichen, qualifizierten Facharbeiter in Westdeutschland,
während insbesondere Geringqualifizierte nur in geringem Umfang von den
Verbesserungen profitieren können.

4.2 Frankreich

Im Gegensatz zu Deutschland und Italien gab es in Frankreich in den letzten Jahren nicht das eine, übergreifende arbeitsmarktpolitische Reformprojekt. Allerdings ergibt eine Vielzahl von einzelnen Reformschritten ein vergleichbares Bild
(Barbier et al. 2006). Mit diesen Reformprojekten werden in Frankreich alle drei
Eckpunkte des Flexicurity-Prinzips angesprochen: Reformen der öffentlichen
Arbeitsverwaltung sollten die Aktivierung von Arbeitslosen verstärken. Zudem
gab es wiederholte Versuche die Arbeitsverträge flexibler zu gestalten. Im Zentrum standen aber Politiken, die für Geringqualifizierte eine ausreichende Entlohnung sichern sollten. Die Verweise auf das Flexicurity-Prinzip waren in unseren
französischen Interviews weit verbreitet. Allerdings zeigt sich darin eine Aneignung des Konzepts zu einer ,Flexicurité á la Française', die vor allem die Dimension der sozialen Sicherheit betont (Levy 2005: 104; Heidenreich/Bischoff
2008). Arbeit als wichtigste Komponente der sozialen Teilhabe soll in diesem

Modell einen ‚sozial gerechten' Lohn sicherstellen (Maruani/Reynaud 2004). Anstatt die individuelle Beschäftigungsfähigkeit zu fördern, übernimmt dabei der Staat die Verantwortung, bestimmte Gruppen auf Basis eines existenzsichernden Lohnes in den Arbeitsmarkt einzugliedern (Enjolras et al. 2000: 41).

Flexibilisierung. Auch in Frankreich gilt die starke Regulation des ersten Arbeitsmarkts als ein Haupthindernis für mehr Beschäftigung (Gazier 2000). Daher bemühte sich die französische Regierung wiederholt, die Arbeitsmarktgesetzgebung flexibler zu gestalten. Im Jahre 2005 wurde der sogenannte Contrat Nouvelle Embauche (CNE) ohne nennenswerten Widerstand eingeführt.[2] Das Ziel war es, den Arbeitsmarktzugang besonders für die unterprivilegierten und schlecht qualifizierten junge Menschen zu verbessern. Im Frühjahr 2006 sollte diese Form des Arbeitsvertrags mit dem Contrat Premier Embauche (CPE) auch auf Unternehmen mit mehr als 20 Mitarbeitern ausgedehnt werden. Hiermit sollte der Arbeitsmarkteintritt aller jungen Menschen erleichtert werden. Allerdings wurde diese Reform wegen eines heftigen öffentlichen Widerstandes wieder weitgehend zurückgenommen. Insbesondere die Studierenden befürchteten eine weitere Ausdehnung der von ‚Prekarität' gekennzeichneten Einstiegsphase in den Arbeitsmarkt. Den privilegierten, besser ausgebildeten Gruppen gelang es, die Bevölkerung gegen diese Reformen zu mobilisieren.

Aktivierung. Im Jahr 2000 einigten sich die Sozialpartner auf einen Katalog an Maßnahmen zur Reform der öffentlichen Arbeitsvermittlung. Mit dieser als plan d'aide au retour à l'emploi (PARE) von der Regierung umgesetzte Reform sollte ein Prinzip des ‚Förderns und Forderns' eingeführt werden. Die Arbeitgeber plädierten dabei auf ein verstärktes Sanktionsregime gegenüber Arbeitslosen. Dies wurde jedoch von der damaligen sozialistischen Regierung und von den Gewerkschaften zurückgewiesen. Im Jahr 2004 wurden diese Reformanstrengungen unter dem konservativen Arbeits- und Sozialminister Jean-Louis Borloo wieder aufgegriffen. Auch nach dieser erneuten Reform durch die konservative Regierung ist das Sanktionsregime und das Qualifizierungsangebot weitaus schwächer als in meisten anderen Ländern Europas (Barbier/Fargion 2004; Barbier 2005). Neben einer Erhöhung der Anzahl an Außenstellen der Öffentlichen Arbeitsverwaltung standen insbesondere eine Vielzahl von Maßnahmen zur finanziellen Förderung der Arbeitsaufnahme im Mittelpunkt der Reform (OECD 2005: 120f.).

Sicherheit. Als eine zentrale Herausforderung für den sozialen Zusammenhalt der Gesellschaft wird in Frankreich das wachsende Armutsrisiko trotz Arbeit gesehen. Viele Reformen der letzten Jahre zielten daher auf die bessere Entlohnung von geringqualifizierten Tätigkeiten und gleichzeitig die Schaffung von

---

2   Mit diesem Arbeitsvertrag kann die Probezeit für Arbeitnehmer in Firmen mit weniger als 20
     Mitarbeitern bis zu zwei Jahre betragen.

Anreizen für Empfänger des staatlichen Mindesteinkommens (*RMI – revenu minimum d'insertion*) Arbeit aufzunehmen.

> Heute spricht man viel über Prekarität. Aber das wahre Problem der Prekarität ist die Armut, die dahinter steht. Immer mehr Menschen leben trotz Arbeit in Armut. Der Mindestlohn gilt nur für eine Vollzeittätigkeit, wenn man 35 Stunden die Woche arbeitet. Aber heute haben wir Probleme mit Teilzeitarbeit, mit den Verträgen zur Neueinstellung, CPE, all diese Verträge führen dazu, dass die Menschen zunehmend in Armut leben müssen. (F8, Übersetzung aus dem Französischen, d. Verf.)

Um die Armutsfallen zu vermeiden, die mit atypischen Beschäftigungsverhältnissen einher gehen, wurden verschiedene Maßnahmen zu Eingliederung in den Arbeitsmarkt aufgelegt. Deren Schwerpunkt lag dabei nur in zweiter Linie auf der Eingliederung in den ersten Arbeitsmarkt. Vorrangiges Ziel war es, die Armut und Perspektivlosigkeit von benachteiligten Gruppen, wie Jugendliche, Migranten und Geringqualifizierte, zu verringern (vor allem in der Kombination dieser Risikofaktoren). Aktive Arbeitsmarktpolitiken, d.h. finanzielle Anreize für Arbeitgeber zur Einstellung von Problemgruppen, dienen in Frankreich vor allem als Maßnahme zur Sicherstellung des sozialen Zusammenhalts (Ughetto/Bouget 2002). Für lange Zeit waren diese Instrumente auf den öffentlichen und sozialen Sektor begrenzt. Der Großteil der Reformen der letzten Jahre zielte daher auf die Generalisierung dieser Eingliederungsbeihilfen. So weiteten die Raffarin-Reformen im Jahr 2003 diese Möglichkeiten auf den gesamten Arbeitsmarkt aus und als wichtigste Maßnahme der Borloo-Reformen im Jahr 2004 gewährt der Staat jedem öffentlichen und privaten Arbeitgeber, der einen Arbeitslosen anstellt, eine finanzielle Unterstützung in Höhe des *revenue minimum d'activité* (RMA)[3] (OECD 2005: 121).

Reformergebnisse. Kritiker befürchten, dass die staatliche Subvention von Arbeitsverhältnissen zu einem ungerechten Lohnwettbewerb und schließlich einer deutlichen Ausweitung dieses Beschäftigungssektors führt (Barbier/ Fargion 2004). So kann es als Erfolg und als Problem gesehen werden, dass die Zahl der in diesen Maßnahmen Beschäftigten stetig wächst. Allerdings scheitert Frankreich ebenso wie Italien daran, „to actually provide hard-to-place people (…) with effective transition from employment programmes to conventional market jobs" (Barbier/Fargion 2004: 449). Stattdessen entwickelt sich ein zweiter Arbeitsmarkt staatlich subventionierter Beschäftigungsverhältnisse. Es besteht dabei die Gefahr, dass diese „insertion jobs operating outside of the market economy can themselves become exclusion trajectories" (Enjolras et al. 2000:

---

3   Der Staat übernimmt diese Zahlungen für bis zu 18 Monaten. Der Arbeitgeber selbst muss dann lediglich die Differenz zum Mindestlohn von 3,50 Euro/Stunde übernehmen.

44). Viele dieser neuen Vertragsformen sind von instabilen Beschäftigungsverhältnissen gekennzeichnet. Die staatlichen Interventionen in den Arbeitsmarkt
haben in Frankreich daher paradoxe Folgen: Anstatt die marginalisierten Gruppen darauf vorzubereiten, sich auf dem ersten Arbeitsmarkt zu behaupten, produzieren die Aktivierungsmaßnahmen dauerhaft prekäre ‚Eingliederungskarrieren'.
Aufgrund geringer sozialer Absicherung sehen sich die betroffenen Arbeitnehmer dabei einem zunehmenden Armutsrisiko ausgesetzt. Die dauerhafte Abhängigkeit von staatlichen Leistungen produziert dabei neue, stabile soziale Ungleichheiten. Auch die Ablehnung des CPE hatte zur Folge, dass sich die bildungsspezifischen Unterschiede in der Arbeitsplatzsicherheit verschärfen. Folglich schafft der Staat, während er sich mit spezifischen Maßnahmen auf bestimmte Zielgruppen einstellt, eine neue Segmentation des Arbeitsmarktes entlang der bisherigen sozialen Grenzen.

Zusammenfassend kann festgehalten werden, dass es in Frankreich Veränderungen in allen drei Säulen der „Flexicurity" gab. Allerdings kam es zu keinen
radikalen Reformen der Beschäftigungsordnung. Vielmehr versuchte die Regierung ihr beschäftigungspolitisches Hauptziel, mehr junge Menschen in den Arbeitsmarkt zu integrieren, mit Hilfe von subventionierten Arbeitsplätzen zu erre-
chen. Allerdings darf bezweifelt werden, dass diese Maßnahmen den langfristigen Übergang der Problemgruppen in den regulären Arbeitsmarkt erleichtern. Es
besteht vielmehr in Frankreich die Gefahr dass diese Programme die soziale
Segmentation des Arbeitsmarktes in dauerhafte Normalarbeitsverhältnisse und
dauerhaft prekäre Erwerbskarrieren in einem staatlich subventionierten zweiten
Arbeitsmarkt reproduzieren.

4.3 Italien

Die Beschäftigungsordnung Italiens steht unter den drei untersuchten Ländern
vor den größten Herausforderungen. Der italienische Arbeitsmarkt ist gekennzeichnet durch eine starke geschlechts-, bildungs- und altersspezifische sowie
regionale Segmentierung (Biagi et al. 2002: 5), hat aber in den letzten Jahren
weitreichende Reformen erlebt, die zum Ziel hatten, dieser Segmentierung ent-
gegenzuwirken. Nach einigen erfolgreichen Vorläufern in den späten 1990er Jahren war das Biagi-Gesetz (Gesetz 30/2003 und 276/2003) der umfassendste Versuch, den italienischen Arbeitsmarkt zu reformieren. Diese Reformen wurden
von einem Weißbuch zur ‚Lage auf dem Arbeitsmarkt' aus dem Jahr 2001 vorbe-
reitet (Biagi et al. 2002). Hier entwerfen die Autoren ein eigenes Flexicurity-
Modell, das ohne Ausbau der *sozialen Sicherungssysteme* auf die Flexibilisierung der Beschäftigungsverhältnisse sowie investive und aktive Arbeitsmarktpo-

litiken setzt. Die Autoren schlugen dabei drei Reformbereiche vor: der Abbau des starken Kündigungsschutzes für reguläre Beschäftigungsverhältnisse, die Verbesserung der Qualität und Quantität der Arbeitsvermittlung und die Schaffung einer ‚angemeldeten Beschäftigung für alle' (Lamelas/Rodano 2005).

Flexibilisierung. Einer der Hauptbestandteile der Arbeitsmarktreformen sollte die Flexibilisierung des Arbeitsmarktes durch die Verringerung des Kündigungsschutzes für alle Arbeitnehmer sein. Dies scheiterte allerdings am vehementen Widerstand der Gewerkschaften (Graziano 2004). Diese kritisierten insbesondere die Selektivität des Flexicurity Konzeptes, das in dem Weißbuch entwickelt worden war. Ihnen fehlte darin eine Reform der sozialen Sicherung für alle Arbeitnehmer. Am Ende einigten sich die Regierung und zwei der drei großen Gewerkschaften auf einen ‚Pakt für Italien'. Demnach blieb der Kündigungsschutz der regulären Beschäftigungsverhältnisse gewahrt und die erwerbsabhängige Arbeitslosenunterstützung wurde deutlich erhöht. Nach dem Scheitern der generellen Reduktion des Kündigungsschutzes sollte eine Ausweitung flexibler, atypischer Beschäftigungsverhältnisse dazu beitragen, die Zahl der angemeldeten Beschäftigungsverhältnisse insbesondere von Frauen und Jugendlichen zu erhöhen (Lamelas/Rodano 2005). Eine zeitliche Befristung dieser Beschäftigungsverhältnisse sollte Anreize zur Überführung in reguläre Beschäftigungsverhältnisse setzen. Gleichzeitig wurde eine Vielzahl neuer Formen von Arbeitsverträgen ermöglicht und bestehende atypische Beschäftigungsformen reformiert.

Aktivierung. Als zentrale Herausforderungen für die öffentliche Arbeitsverwaltung (Public Employment Services - PES) wurde im Weißpapier aus dem Jahr 2001 eine Verbesserung der Qualität der Arbeitsvermittlung herausgearbeitet. Das darauf aufbauende Biagi-Gesetz ging dann weit über die seit 1997 erfolgten Reformen hinaus. Die Abschaffung des staatlichen Vermittlungsmonopols sollte nun ebenso vollendet werden, wie die Regionalisierung der Arbeitsmarktpolitik (Pirrone/Sestito 2006). Diese ‚Devolution' sollte dazu beitragen, die arbeitsmarktpolitischen Maßnahmen besser an den regionalen Bedarf anzupassen (Barbieri/Sestito 2005). Die Regionen sind nun für die Gesetzgebung, Organisation und Planung der PES und für die Arbeitsmarktpolitik insgesamt zuständig. Zusammen mit Provinzen übernahmen sie die regionalen Vermittlungsbüros des Ministeriums mitsamt 70 Prozent des Personalbestandes, wurden aber kaum mit den dazu notwendigen finanziellen Mitteln ausgestattet (Barbieri/Sestito 2005).

Reformergebnisse. Auf den ersten Blick scheint es, als hätte die Strategie atypische Beschäftigungsverhältnisse auszuweiten zumindest teilweise Erfolg. Trotz eines stagnierenden Bruttoinlandsprodukts stieg die Zahl der Beschäftigten, insbesondere von Frauen und Jugendlichen, von 2004 auf 2005 leicht an (CNEL 2006). Viele Beobachter führen dies auch auf die von weniger als zwei

Millionen im Jahr 2000 auf 3,3 Millionen im Jahr 2004 gestiegene Zahl atypischer Beschäftigungsverhältnisse und den Rückgang der Schwarzarbeit zurück (Paparella/Santi 2005, CNEL 2006). Die Arbeitsmarktreformen folgen damit dem traditionellen Entwicklungspfad südeuropäischer Länder.

> Particularly in southern European countries, changes of labour market policy consisted mainly of measures aimed at introducing 'flexibility at the margins', i.e. making the utilization of non-permanent contracts more loosely regulated while leaving the discipline of standard employment unchanged. (Ichino et al. 2004:1)

Ziel des Biagi-Gesetzes war es, mit diesen Arbeitsverhältnissen den Eintritt für benachteiligte Gruppen in den ersten Arbeitsmarkt zu erleichtern. Erste Untersuchungen, z.b. zu den Erfolgen von Zeitarbeitsverhältnissen, lassen daran jedoch Zweifel aufkommen: Ob Zeitarbeitsverträge eine ‚Falle oder ein Sprungbrett' für reguläre Beschäftigungsverhältnisse sind, ist demnach stark von dem Bildungsniveau, der Region und dem Wirtschaftssektor abhängig (Ichino et al. 2004). So lässt sich etwa ein positiver Vermittlungseffekt für Beschäftigte in Zeitarbeitsfirmen in der Toskana feststellen, nicht jedoch in Sizilien. Zusätzlich wächst der positive Vermittlungseffekt mit dem Bildungsniveau. Die Reformen verbesserten demnach die Arbeitsmarktposition der von vornherein besser ausgestatteten Arbeitnehmer, „while worsening the employment prospects of the weakest workers" (Ichino et al. 2004: 32). Das Ziel der Reformen, eine Brücke in reguläre Beschäftigung zu schaffen, konnte somit nur bedingt erfüllt werden. Angesichts fehlender sozialer Absicherung erscheint gerade in Italien die Verfestigung prekärer Erwerbskarrieren heikel. Eine zunehmende Zahl von Autoren verweist daher auf die sozialen Folgen für die betroffenen Arbeitnehmer (etwa Paparella/Santi 2005). Zudem wurde die PES regionalisiert, ohne dass die Aufgaben dieser neuen Agenturen zuvor näher bestimmt wurden. Eine Koordination der regionalen Arbeitsmarktpolitiken findet nicht statt. Nach dieser Regionalisierung waren nationale Programme zur Verbesserung der PES nicht mehr möglich. Die Verbesserung der Vermittlung musste von den Regionen selbst getragen werden. Die finanziellen und organisationalen Ressourcen auf regionaler Ebene sind in Italien allerdings höchst ungleich verteilt. Folglich konnten vor allem die wirtschaftlich starken Regionen im Norden des Landes von der Reform profitieren. Sie verstärkte daher eher die regionalen Disparitäten des Arbeitsmarktes innerhalb Italiens, anstatt sie zu verringern.

Zusammenfassend kann festgehalten werden, dass den Reformen in Italien ein eigenes ‚Flexicurity'-Verständnis zugrunde lag. Der Eckpunkt der sozialen Absicherung wurde in dieser Adaption ausgespart. Im Vordergrund sollte die Flexibilisierung des Arbeitsmarktes für alle Arbeitnehmer und eine Verbesserung der Arbeitsvermittlung stehen. Nachdem die umfassende Reform des Kündigungsschutzes am Widerstand der Gewerkschaften gescheitert war, erfolgte eine pfadverstärkende ‚Flexibilisierung an den Rändern des Arbeitsmarktes'. Zudem machte eine vollständige Regionalisierung der Arbeitsmarktpolitik eine nationale Reform zur Verbesserung der Arbeitsvermittlung unmöglich. In beiden Reformschwerpunkten konnte so die sozialstrukturelle Segmentation des Arbeitsmarkts kaum reduziert werden. Die damit einhergehende Verfestigung prekärer Erwerbskarrieren erscheint angesichts einer fehlenden sozialstaatlichen Absicherung für atypische Beschäftigte und diskontinuierlicher Erwerbskarrieren in Italien besonders heikel.

5 Die Praxis der EBS in Deutschland, Frankreich und Italien

Im vorigen Abschnitt wurde gezeigt, dass die Arbeitsmarktreformen in den Jahren 2000 bis 2005 in allen drei untersuchten Staaten erkennbar Parallelen zum Flexicurity-Prinzip aufweisen. Die Reformen weisen daher allerdings auch deutliche nationale Umdeutungen des Flexicurity-Prinzips auf. Während in Deutschland die Aktivierung aller Erwerbsfähigen und die Verbesserung der Arbeitsvermittlung im Mittelpunkt standen, setzte Frankreich vorwiegend auf eine Subventionierung von Arbeitsplätzen und Italien auf einen Ausbau flexibler Beschäftigungsformen. Dennoch konnte in allen drei Ländern die Segmentation zwischen regulären, gut abgesicherten Beschäftigungsverhältnissen vor allem für qualifizierte, männliche Arbeitnehmer mittleren Alters ohne Migrationshintergrund und flexiblen, tendenziell wenig abgesicherten Beschäftigungsverhältnissen für alle anderen Gruppen kaum überwunden werden. *Im Folgenden soll die Hypothese überprüft werden, dass die EBS von nationalen Akteuren genutzt wurde, um diese Reformen zu forcieren. Sie stellt demnach in den nationalen Aushandlungsarenen eine wichtige Ressource für Akteure bereit, die an einer Modernisierung der Arbeitsmarktpolitik interessiert sind.* Die Form und der Inhalt der nationalen Aneignung der EBS werden allerdings von bestehenden nationalen Institutionen geprägt (Buchkremer/Zirra 2008).

Es zeigt sich, dass in Deutschland ein programmatisch ausgerichtetes Arbeitsministerium die Leitlinien der EBS als unterstützende und legitimierende Ressource für Reformen nutzte (1). In Frankreich dienten vor allem die ‚guten Beispiele' aus anderen Ländern dazu, innerhalb des bestehenden Leitbildes der Beschäftigungsordnung, die Administration einzelner Maßnahmen zu verbessern (2). Für die italienischen Reformen waren zwei Ressourcen der EBS maßgeblich: Zum einen nutzten regierungsnahe Berater die strategischen Zielsetzungen der EBS, um die Notwendigkeiten einer Flexibilisierung des Arbeitsmarkts zu betonen. Zudem trug der ESF als finanzielle Ressource maßgeblich zur Reform der regionalen Arbeitsverwaltungen bei (3).

5.1 Deutschland

Der Einfluss der EBS auf die Hartz-Reformen in Deutschland wurde bereits mehrfach diskutiert. Die Autoren kamen dabei zu sehr unterschiedlichen Ergebnissen. Während einige von einem deutlichen Einfluss der EBS ausgehen (Heidenreich/Bischoff 2008; Schmid 2006), erkennen andere darin eine rein strategischen Nutzung in der nationalen Debatte (Büchs 2005: 227-255) oder gar nur eine rhetorische Adaption (Keller 1999). Hier soll davon ausgegangen werden, dass eine Nutzung der Leitlinien als argumentative Unterstützung im nationalen Feld einen Lerneffekt auf einzelne Akteure nicht ausschließt. Es wird gezeigt, dass der Leitbildwandel in Deutschland maßgeblich von einem Referat im Arbeitsministerium in das nationale Feld getragen wurde (Zirra/Buchkremer 2007). Beide großen arbeitsmarktpolitischen Reformvorhaben, das JobAQTIV-Gesetz im Jahr 2001 und der Bericht der Hartz Kommission aus dem Jahr 2002, machen unter Bezug auf einzelne Leitlinien der EBS konkrete Reformvorschläge. Die Leitlinien werden dabei als Inspirationsquelle für den eingeschlagenen Reformpfad angeführt.

Die Kommission ‚Moderne Dienstleistungen am Arbeitsmarkt' hat in ihrem Bericht Vorschläge entwickelt, die im Kontext dieser ausgewählten EU Leitlinien stehen und die geeignet sind, in die nächste Berichterstattung der Bundesregierung im Hinblick auf die schnelle und effiziente Operationalisierung einzugehen. (Kommission Moderne Dienstleistungen am Arbeitsmarkt 2002: 342)

Dies alleine kann allenfalls als Hinweis auf einen Beitrag der EBS gedeutet werden. Unsere Interviewpartner stimmen jedoch weitgehend darin überein, dass diese Reformen einem kognitiven Effekt der EBS auf die nationale Ministerialbürokratie zu verdanken sind (Heidenreich/Bischoff 2008; Büchs 2005: 179). Es lässt sich demnach auch aufgrund der europäischen Lernprozesse ein Wandel der Präferenzen im Arbeitsministerium von kurativen und passiven Maßnahmen hin zu präventiven und aktivierenden Maßnahmen feststellen. Der Vermittlungsskandal im Jahr 2002 öffnete dann ein ‚Gelegenheitsfenster' (Kingdon 1984), das von diesem zentralen Akteuren genutzt werden konnte, um eine Reformagenda auf Basis des Aktivierungsansatzes und der Beschäftigungsfähigkeit durchzusetzen (Schmid 2006; Zohlnhöfer/Ostheim 2005: 163).

Das hat z.b. nochmal bestimmte Prozesse innerhalb der Bundesagentur fokussiert (...) da haben wir gesagt: da hat man sich bei der EU darauf verständigt, den Weg müssen wir jetzt einschreiten. (D1)

Einer der zentralen Akteure des deutschen Felds der Arbeitsmarktpolitik ist die Arbeitsmarktabteilung des damaligen Bundesministeriums für Wirtschaft und Arbeit (BMWA). Bemerkenswert ist die enge Kopplung der nationalen Fachverantwortung mit der Mitgliedschaft in europäischen Gremien. Einerseits ist das Referat ‚Internationale Arbeitsmarktpolitik' zuständig für die Koordination des Nationalen Aktionsplans und somit zentraler Ansprechpartner für die Sozialpartner und anderer involvierter Akteure im Zuge der EBS, andererseits sowohl in den relevanten europäischen Gremien der EBS vertreten als auch national an allen Arbeitsmarktreformen beteiligt. Die Beamten in der deutschen Ministerialbürokratie verstehen sich dabei als aktive ‚Politikberater', die Reformvorschläge und Konzepte aktiv in das Feld einbringen. Allerdings wird immer wieder betont, dass dies nur dann gelingen kann, wenn bereits eine nationale Diskussion um Reformvorhaben lief (Zohlnhöfer/Ostheim 2005; Schmid 2006).

Also es gibt eine Reihe von Themen wo das als Verstärker genutzt wird, um zu zeigen, das wollen wir und das ist im Einklang mit der europäischen Beschäftigungsstrategie. (D2)

Die Leitlinien und Ziele der EBS wurden jedoch auf Grundlage der bestehenden nationalen Ordnung re-interpretiert. So war etwa die Übersetzung von Aktivierung und Beschäftigungsfähigkeit in das Prinzip des ‚Förderns und Forderns' stark von einem zuvor bestehenden deutschen Diskurs über die Pflichten von Empfängern staatlicher Leistungen geprägt (Ludwig-Mayerhofer 2005). Dennoch wäre der nationale Reformverlauf ohne die Einflüsse der EBS nicht zwangsläufig in diese Richtung gegangen. Die Reformen sind vielmehr das Ergebnis einer Verbindung nationaler Aushandlungen und transnationaler Lernprozesse. Die (auch infolge der EBS) an Veränderungen interessierten Akteure nutzen die Vorgaben der EBS, um ihre Position zu verstärken und zusätzlich zu legitimieren.

Zusammenfassend kann festgehalten werden, dass die EBS in Deutschland auf zwei Weisen zu einem Wandel beitragen konnte. Zum einen hatten sich infolge transnationaler Lernprozesse die Präferenzen der Experten in der Arbeitsmarktabteilung des BMWA verändert. Zum anderen nutzen diese Experten die Leitlinien der EBS, um den laufenden Reformen eine Richtung vorzugeben. In diesem Prozess wurden die Vorgaben der Leitlinien allerdings auf Basis der bestehenden institutionellen Ordnung interpretiert. So fand das Konzept der Aktivierung und Beschäftigungsfähigkeit vor allem über die zuvor bestehende Diskussion um die Pflichten von Empfängern staatlicher Leistungen Eingang in die Reformprozesse.

5.2 Frankreich

In Frankreich fällt die Analyse des Einflusses der EBS ungleich schwerer als in den anderen beiden Ländern. Denn die Leitlinien und die EBS können hier aufgrund des negativen Bildes der EU in der Bevölkerung nicht wie in Italien und Deutschland zur Legitimation von Reformvorhaben verwendet werden.

> In Frankreich mag man es nicht zuzugeben, dass das, was man tut mit Europa zu tun hat. (...) Daher fällt es etwas schwer, zu erkennen, was davon aus Brüssel kommt. (F4, Übersetzung aus dem Französischen d. Verf.)

Daher lässt sich in keiner Reformvorlage ein Bezug zwischen den Reformen und der EBS herstellen. Dies bedeutet allerdings nicht zwangsläufig, dass die EBS keinen Einfluss auf diese Reformen hatte. Die französische Administration nutzt vielmehr die EBS als Orientierungsmarke, ohne dies öffentlich zu betonen.

> Man lehnt sich an die EBS an und übersetzt das für Frankreich. Aber man sagt niemals, dass das CNE oder dem CPE für die Jugendlichen ein Rückgriff auf die beschäftigungspolitischen Leitlinien ist. (F11, Übers. aus dem Franz. d. Verf.)

Allerdings behindert diese Taktik einen grundlegenden Wandel in der nationalen Beschäftigungspolitik. Denn die Lernerfahrungen der EBS können nicht in das nationale Feld diffundieren. Zudem sind die administrativen Zuständigkeiten stark fragmentiert: Das SGAE (*Secrétariat Général des Affaires Européenne*) ist lediglich für die administrative Koordination zuständig. Das nationale Arbeitsministerium hat dagegen sowohl einen geringen Stellenwert in der EBS als auch nur einen geringe programmatischen Einfluss auf die nationale Politik. Dennoch profitiert vor allem das Arbeitsmarktministerium von der EBS. Dieser Akteur nutzt die Beispiele von ‚guten Praktiken' in anderen Ländern zur Gestaltung einzelner Arbeitsmarktprogramme. Die Ziele und Instrumente der EBS werden dabei widerspruchsfrei in die nationale Beschäftigungspolitik inkorporiert.

> Yes, we do many things and all what we're doing on employment policy is in line with the guidelines of the EES. (...) So what we're basically doing every day corresponds always to a field which is addressed in the strategy. (F1)

Die EBS trägt somit zu einem Lernen innerhalb der französischen Administration bei. Da ein Verweis auf die ‚EU' allerdings nicht als legitime Ressource im nationalen Reformdiskurs gilt, können diese Erfahrungen im nationalen Feld nicht offensiv kommuniziert werden. Dies begrenzt den Wandel auf Bereiche, die in der Gestaltungsmacht des Ministeriums liegen. Dies ist jedoch weitgehend beschränkt auf einzelne Programme zur Verbesserung der Arbeitsmarktintegration einzelner Gruppen.

Zusammenfassend lässt sich festhalten, dass insbesondere dem Austausch ‚guter Praktiken' in der französischen Beschäftigungspolitik eine bedeutende Rolle zukommt. In den nationalen Aushandlungsprozessen wird allerdings jeder Bezug auf die EU vermieden. Die politischen Entscheidungen der Beschäftigungspolitik sind demnach nur in geringem Umfang von der EBS geprägt. Verwaltungsintern werden jedoch eine Vielzahl arbeitsmarktpolitischer Maßnahmen erarbeitet, die von der EBS inspiriert sind.

5.3 Italien

In Italien nennt eine große Anzahl von Arbeiten die EU als Auslöser und Förderer der Arbeitsmarktreformen (Natali/Rhodes 2005; Treu 2001). Dabei werden vor allem zwei Zusammenhänge angesprochen: die enge europäische Einbindung einer politisch einflussreichen Gruppe von Arbeitsmarktexperten (Ferrera/Gualmini 2004; Ferrera/Sacchi 2005; Graziano 2004) sowie eine große Abhängigkeit der italienischen Arbeitsmarktpolitik von der Finanzierung durch den Europäischen Sozialfond (ESF) (Sestito 2002; Pirrone/Sestito 2006). Gleichzeitig übt die Europäische Kommission massive Kritik an den Reformen. Dieser Widerspruch verweist auf die spezifische Aneignung der EBS durch die nationalen Akteure. So nennt das Weißbuch zur Lage am Arbeitsmarkt aus dem Jahr 2001 ebenso wie viele andere Quellen die ‚europäische Herausforderung' durch die EBS, um die Notwendigkeit von Reformen zu rechtfertigen (Biagi et al. 2002). In Italien entstand so der Eindruck, dass ‚die EU' letztlich für die Arbeitsmarktreformen verantwortlich sei. Allerdings findet in den einzelnen Reformen kaum eine Auseinandersetzung mit den Anregungen der EBS statt. Vielmehr wurde die EBS hier von einer kleinen Gruppe akademischer Politikberater genutzt, um die Reformnotwendigkeiten zu betonen. Die Reformen folgten dagegen weitgehend nationalen Erwägungen, die einzelnen Leitlinien der EBS dienten dabei kaum als Orientierung. In der politischen Konstellation schien dabei vor allem ein Abbau der besonders starken Arbeitsmarktrigiditäten umsetzbar. Eine umfassende Flexibilisierung des regulären Arbeitsmarktes wurde allerdings von den Gewerkschaften verhindert. In der Folge verschärfte der Ausbau atypischer Arbeitsverhältnisse die soziale Segmentation des italienischen Arbeitsmarktes.

Hinzu kommt, dass der Staat nach der Regionalisierung der PES kaum mehr auf die Arbeitsmarktpolitik einwirken kann. Die Modernisierung der arbeitsmarktpolitischen Instrumente kann so nur auf regionaler Ebene erfolgen, wo kaum die dafür notwendigen Ressourcen vorhanden sind. Die Regionen als Träger der Arbeitsmarktpolitik sind daher auf die Gelder aus dem ESF angewiesen. Die öffentlichen Arbeitsagenturen werden ebenso aus diesen Mitteln finanziert, wie Maßnahmen zur Fort- und Weiterbildung. Ein Interviewpartner in der Europäischen Kommission bezeichnet den ESF daher als ‚Basis der Implementation der EBS' in Italien. Er gilt in Italien als der Königsweg, um die regionalen Arbeitsmarktpolitiken aktiv und präventiv zu gestalten (Ministero del Lavoro e delle Politiche Sociali 2001: 337).

> Die EBS wurde vor allem auf regionaler Ebene sehr ernst genommen, weil die Strukturfonds unsere nationalen Strategien umsetzen. Denn (...) die Leitlinien der EBS wurden durch den ESF auch Leitlinien für die regionalen Politiken. (I 3, Übersetzung aus dem Italienischen, d. Verf.)

Die lokalen und regionalen Arbeitsmarktpolitiken sind an den Erfordernissen der EBS ausgerichtet, weil sie grundlegen auf die Finanzquelle des ESF angewiesen sind (Graziano 2004: 21). Allerdings führt dies zu zwei nicht-intendierten Nebenfolgen. Erstens können die Regionen in Nord-Italien die Gelder besser einsetzen als die Regionen in Süd-Italien. Zweitens werden aufgrund der geringen Arbeitslosenunterstützung, gerade im Süden, wo Arbeitslosigkeit weit verbreitet und die finanziellen Mittel begrenzt sind, viele der Gelder zur Aufstockung der Lohnersatzleistungen eingesetzt.

> Most of the funds go to the regions that co-finance mostly training measures, but during the last years also the PES, some employment incentives, and some kind of other measures are co-financed by the ESF. (...) But because our unemployment benefits are really poor, in practice these training measures often work as unemployment benefit rather than really training the people. (I 1)

Die unterschiedlichen finanziellen und organisationalen Ressourcen in den Regionen führen dazu, dass der Norden weit mehr von der Modernisierung der Arbeitsvermittlung profitieren konnte als der Süden.

Zusammenfassend lässt sich festhalten, dass in Italien die EBS als zentrale Legitimationsquelle für die Biagi-Reformen gelten kann. Allerdings geht mit diesem Verweis eine sehr selektive Interpretation des Flexicurity-Prinzips durch den zentralen Akteur einher. Gleichzeitig beeinflusste der ESF als wichtige finanzielle Ressource stark die Ausrichtung der regionalen Arbeitsmarktpolitik. Davon konnten die Regionen in Abhängigkeit von ihren bestehenden finanziellen und organisationalen Ressourcen in unterschiedlichem Maße profitieren.

6 Fazit

In diesem Beitrag wurde der Frage nachgegangen, inwieweit die EBS in den Jahren 2000 bis 2005 zu den Arbeitsmarktreformen in Deutschland, Frankreich und Italien beitragen konnte. Es wurde gezeigt, dass die EBS in allen drei Ländern eine pfadabhängige Modernisierung der Beschäftigungsordnung unterstützt hat. Sie trug dazu bei, dass in den drei untersuchten Ländern lange verschleppte Reformen auf dem Arbeitsmarkt angegangen wurden. Die Instrumente und Leitbilder der EBS wurden dabei von nationalen Akteuren in den nationalen Aushandlungsprozessen als Ressource genutzt, um ein eigenes, zum Teil aufgrund der Einbindung in die europäischen Prozesse entstandenes, Veränderungsinteresse voranzutreiben. Das Leitbild der Flexicurity wurde dabei vor dem Hintergrund bestehender Institutionen und der eigenen Interessen interpretiert. Während innerhalb der EBS die Prinzipien der Flexicurity als Mittel zu mehr Chancengleichheit auf dem Arbeitsmarkt verstanden werden, wurden in den drei untersuchten Staaten einzelne Komponenten als Reformschwerpunkte herausgegriffen: Eine Verbesserung der Qualität der Arbeitsvermittlung in Deutschland, eine staatliche Unterstützung von gering entlohnten Beschäftigungsverhältnissen in Frankreich und ein Ausbau flexibler Beschäftigungsverhältnisse in Italien. Die soziale Segmentation des Arbeitsmarktes konnte mit diesen Reformen daher kaum reduziert werden.

In Deutschland konnte die EBS zu einem umfassenden Paradigmenwechsel in der Arbeitsmarktpolitik beitragen. Die mit den Hartz-Gesetzen vorgeschlagenen Arbeitsmarktpolitiken zielen auf eine Integration aller Erwerbsfähigen in den Arbeitsmarkt anstatt einer Exklusion der weniger produktiven Arbeitskräfte. Diese Reformen orientieren sich dabei vor allem an dem Flexicurity-Eckpunkt *Aktivierung und Beschäftigungsfähigkeit*. Die Reformen in den Bereichen der Flexibilisierung und dem Umbau der sozialen Sicherungssysteme gelang allerdings nur in geringem Maße. Zudem profitieren die qualifizierten Facharbeiter am stärksten von der Verbesserung der Arbeitsvermittlung. Hingegen hat sich die Lage der Geringqualifizierten kaum verändert. Die Reformen reproduzierten eher die bildungsspezifische Segmentation des Arbeitsmarkts. Dies wurde in der akteurszentrierten Analyse mit den spezifischen Aneignungsprozessen erklärt. *Für die Übertragung der EBS ins nationale Feld erwies sich die Rolle des Referats ,Internationale Arbeitsmarktpolitik' als ausschlaggebend.* Dieser zentrale

Akteur nutzte in einem ‚Gelegenheitsfenster' die Leitlinien der EBS als Orientie-
rungshilfe und zur Legitimation einzelner Reformen. Im nationalen Feld standen
diesem Akteur allerdings Widerstände aus den Bundesländern und von den Gewerkschaften gegenüber, so dass Kompromisse eingegangen werden mussten,
die der Ausrichtung der Reformen widersprachen.

In Frankreich gab es Veränderungen in allen drei Eckpunkten des Flexicurity-Prinzips. Der Schwerpunkt lag dabei auf der Arbeitsmarktinklusion von Jugendlichen und jugendlichen Migranten mithilfe von gruppenspezifischen Ein-
gliederungsverträgen. Diese sollten helfen, eine *finanziell prekäre Beschäftigungssituation anhand von staatlich subventionierten Löhnen zu vermeiden.* Im
französischen Feld konnte die EBS nicht zur Rechtfertigung von Reformen herangezogen werden. *Statt dessen nutze die Administration die ‚guten Praktiken'
aus anderen Ländern intern als Inspirationsquelle für spezifische Maßnahmen.*
Es besteht allerdings die Gefahr der zunehmenden Verfestigung von Erwerbsverläufen in diesen staatlich subventionierten Arbeitsverhältnissen. Die zielgrup-
penorientierte Förderung droht daher die sozialstrukturelle Segmentation des Arbeitsmarkts zu reproduzieren.

In Italien wurden vor allem die strategischen Ziele der EBS zur Erhöhung
der Beschäftigungsquote genutzt, um eine Flexibilisierung des Arbeitsmarkts zu
begründen. Aufgrund eines starken Widerstands der Gewerkschaften konnte der
Kündigungsschutz für regulär Beschäftigte jedoch nicht reduziert werden. Italien
schlug daher einen typischen Reformpfad südeuropäischer Länder ein. *Die Flexibilität des Arbeitsmarktes wird dabei über eine zunehmende Zahl atypischer
Beschäftigungsverhältnisse gewährleistet.* Dies wurde als Kompromiss der Interessen einer Gruppe regierungsnaher Politikberater und der Gewerkschaften erklärt. *Die EBS wurde dabei als Legitimationsquelle für einen umfassenden Re-
formbedarf genutzt, ohne die einzelnen Empfehlungen und Leitlinien in den Reformen weiter zu berücksichtigen.* Zudem trug der ESF zu einer verstärkten Ausrichtung der regionalen Arbeitsmarktpolitiken an den Zielen der EBS bei. Allerdings konnten die Regionen im Norden davon weit besser profitieren als diejenigen im Süden Italiens. Beides konnte nicht zu einer Reduzierung der sozial-
strukturellen Segmentation des Arbeitsmarkts beitragen. Aufgrund der fehlenden
sozialen Absicherung für atypische Beschäftigungsverhältnisse erscheint dies in
Italien als besonders heikel.

Literatur

Annesley, Claire (2007): Lisbon and social Europe: towards a European 'adult worker
    model' welfare system. In: Journal of European Social Policy 17(3): 195-205.

Arrowsmith, James/Sisson, Keith/Marginson, Paul (2004): What can 'Benchmarking' Offer the Open Method of Co-ordination? In: Journal of European Public Policy Special issue. "The Open Method of Co-ordination in the European Union" 11(2): 311-328.

Barbier, Jean-Claude (2004): Research on 'Open methods of coordination' and national social policies: what sociological theories and methods? Paper for the RC 19 international conference. Paris.

Barbier, Jean-Claude/Fargion, Valerie (2004): Continental Inconsistencies on the Path to Activation. Consequences for social citizenship in Italy and France. European Societies 6(4): 437-460.

Barbier, Jean-Claude/Ludwig-Mayerhofer, Wolfgang (2004): The many worlds of activation. European Societies 6(4): 423-436.

Barbier, Jean-Claude (2005): The European Employment Strategy, a Channel for Activating Social Protection? In: Zeitlin, Jonathan; Pochet, Philippe; Magnusson, Lars (Hg.): The Open Methode of Coordination in Action: The European Employment and Social Inclusion Strategies. Brüssel: 417-446.

Barbier, Jean-Claude/Sylla, Ndongo Samba/Edyoux, Anne (2006): Analyse comparative de l'activation de la protection sociale en France, Grande Bretagne, Allemagne et Danemark, dans le cadre des lignes directrices de la stratégie européenne pour l'emploi. Research report to the DARES, Ministère du travail.

Barbieri, Gianna/Pietro, Gennai/Sestito, Paolo (2005): Do Public Employment Services help people in finding a job? An evaluation of the Italian case. Paper presented at the 20th National Conference of Labour EconomicsNational Conference of Labour Economics. Rom.

Bekker, Sonja (2007): Flexibility and security in the adaptability pillar of the European Employment Strategy. Working Paper presented at the 5th International Research Conference on Social Security. Warsaw.

Biagi, Marco/Aringa, Carlo Dell'/Forlani, Natale/Reboanti, Paolo/Sacconi, Maurizio (2002): White Paper on the Labor Market in Italy. Proposal for an Active Society and Quality Employment. In: Blanpain, Roger (Hg.): White Paper on the Labor Market in Italy. The Quality of European Industrial Relations and Changing Industrial Relations. In Memoriam Marco Biagi (Bulletin of Comparative Labour Relations, 44): 1-117.

BMAS (2006): Die Wirksamkeit moderner Dienstleistungen am Arbeitsmarkt. Bericht 2006 des Bundesministeriums für Arbeit und Soziales zur Wirkung der Umsetzung der Vorschläge der Kommission Moderne Dienstleistungen am Arbeitsmarkt (ohne Grundsicherung für Arbeitsuchende). Berlin.

Bofinger, Peter/Dietz, Martin/Genders, Sascha/Walwei, Ulrich (2006): Vorrang für das reguläre Arbeitsverhältnis: Ein Konzept für Existenz sichernde Beschäftigung im Niedriglohnbereich. Gutachten für das Sächsische Ministerium für Wirtschaft und Arbeit. August 2006.

Buchkremer, Jenny/Zirra, Sascha (2008): The OMC and the Reflexive Modernization of National Employment and Welfare Regimes: The German, Italian and French Experiences. In: Heidenreich, Martin/Zeitlin, Jonathan (Hg.): Changing European Employment and Welfare. New Youk/Oxford. (*im Erscheinen*)

Büchs, Milena (2005): Dilemmas of post-regulatory European social policy co-ordination. The Dilemmas of Post-Regulatory European Social Policy Co-ordination: The European Employment Strategy in Germany and the United Kingdom. Dilemmas of post-regulatory European social policy. Berlin.

Burda, Michael C./Kvasnicka, Michael (2006): Zeitarbeit in Deutschland: Trends und Perspektiven. Perspektiven der Wirtschaftspolitik. Perspektiven der Wirtschaftspolitik 7(2): 195-225.

CNEL (2006): Consiglio Nazionale dell'Economia e del Lavoro. Rapporto sul mercato del lavoro 2005. Roma.

Coleman, James (1987): Microfoundations of Macrosocial Behavior. In: Alexander, Jeffrey C./Giesen, Bernhard/Münch, Richard/Smelser, Neil J. (Hg.): The Micro-Macro-Link. Berkeley: 153-173.

Deeke, Axel u.a. (2005): Jüngere Entwicklungen in der Arbeitsmarkt- und Beschäftigungspolitik – eine kommentierte Chronik. In: Allmendinger, Jutta/Eichhorst, Werner/Walwei, Ulrich (Hg.): IAB Handbuch Arbeitsmarkt. Analysen, Daten, Fakten. Frankfurt am Main: 69-106.

DiMaggio, Paul/Powell, Walter (1991): The Iron Cage Revisited: Institutional and Collective Rationality in Organizational Fields. In: Powell, Walter/DiMaggio, Paul (Hg.): The New Institutionalism in Organizational Analysis. Chicago, London: 63-82.

Ebbinghaus, Bernhard (2005): Can Path Dependence Explain Institutional Change? Two Approaches Applied to Welfare State Reform. (MPIfG Discussion Paper) Köln.

Enjolras, Bernard/Laville, Jean Louis/Fraisse, Laurent/Trickey, Heather (2000) : Between subsidiarity and social assistance – the French republican route to activation. In: Lødemel, Ivar/Trickey, Heather (Hg.): An offer you can't refuse. Workfare in international perspective. Bristol: 41-70.

Europäischer Rat (2000): Schlussfolgerungen des Vorsitzenden. Europäischer Rat in Lissabon 23-24 März. Herausgegeben von Europäischer Rat. Brüssel.

Ferrera, Maurizio/Hemerijck, Anton/Rhodes, Martin (2000): The Future of Social Europe. Recasting Work and Welfare in the New Economy. Oeiras.

Ferrera, Maurizio/Gualmini, Elisabetta (2004): Rescued by Europe? Social and Labour Market Reforms in Italy from Maastricht to Berlusconi. Amsterdam.

Ferrera, Maurizio/Sacchi, Stefano (2005): The Open Method of Co-ordination and National Institutional Capabilities. In: Zeitlin, Jonathan/Pochet, Philippe/Magnusson, Lars (Hg.): The Open Method of Coordination in Action: The European Employment and Social Inclusion Strategies. Brüssel: 137-172.

Fischer, Georg/ Tholoniat, Luc (2006): The European Employment Strategy in an enlarged EU. In: Zeitschrift für ArbeitsmarktForschung 39(1): 123-142.

Fligstein, Neil (2001): Social Skill and the Theory of Fields. In: Sociological Theory 19(2): 105-125.

Fligstein, Neil/Sweet, Alec Stone (2002): Constructing Polities and Markets: An Institutionalist Account of European Integration. In: American Journal of Sociology 107(5): 1206-1243.

Friedberg, Erhard (1995): Ordnung und Macht: Dynamiken organisierten Handelns. Wien.

Gazier, Bernard (2000): Employment Review France. Paper presented at the international labour market conference ,Ways and means of increasing employment'. 5. September 2000, Hannover.

Gerring, John (2004): What Is a Case Study and What Is It Good for? In: American Political Science Review 98(2): 341-354.

Giddens, Anthony (1984): The constitution of society, outline of the theory of structuration. Cambridge.

Goetschy, Janine (1999): The European Employment Strategy: Genesis and Development. In: European Journal of Industrial Relations 5(2): 117-137.

Graziano, Paolo (2004): Europeanisation and Italian unemployment policy in the '90s: more change than continuity? Working Paper presented at the Final COST A15 conference. Reforming Social Protection Systems in Europe: Co-ordination and Diversity. Nantes, France.

Hassel, Anke (2001): The governance of the employment-welfare relationship in Britain and Germany. In: Ebbinghaus, Bernhard/Manow, Peter (Hg.): Comparing Welfare Capitalism. Social Policy and Political Economy in Europe, Japan and the USA. London: 146-168.

Heidenreich, Martin (2004): Beschäftigungsordnungen zwischen Exklusion und Inklusion. Arbeitsmarktregulierende Institutionen im internationalen Vergleich. Zeitschrift für Soziologie 33(3): 206-227.

Heidenreich, Martin/Bischoff, Gabriele (2008): The Open Method of Coordination. A way to the Europeanization of social and employment policies? In: Journal of Common Market Studies 43(3): 497-532.

Hemerijck, Anton/Visser, Jelle (2003): Policy Learning in European Welfare States. Unveröffentlichtes Manuskript. Universities of Leyden and Amsterdam.

Hohendanner, Christian (2007): Verdrängen Ein-Euro-Jobs sozialversicherungspflichtige Beschäftigung in den Betrieben? IAB Discussion Paper 8/2007, Nürnberg.

Ichino, Andrea/Mealli, Fabrizia/Nannicini, Tommaso (2004): Temporary Work Agencies in Italy: A Springboard Towards Permanent Employment? Paper presented at the 19th Convegno Nazionale di Economia del Lavoro. Modena.

Jacobsson, Kerstin/Vifell, Åsa (2007): Deliberative Transnationalism? Analysing the Role of Committee Interaction in Soft Co-ordination. In: Linsenmann, Ingo/Meyer, Christoph O./Wessels, Wolfgang T. (Hg.): Economic Government of the EU. A Balance Sheet of New Modes of Policy Coordination. New York: 163-186.

Jahn, Elke J./Walwei, Ulrich (2005): Kündigungsschutz – nicht kleckern, sondern klotzen. IAB-Forum(1): 26-29.

Jepperson, Ronald (1991): Institutions, Institutional Effects, and Institutionalism. In: Powell, Walter/DiMaggio, Paul (Hg.): The New Institutionalism in Organizational Analysis. Chicago, London: 143-163.

Keller, Berndt (1999): Supranationale Regulierung von Arbeitsverhältnissen - Das Beispiel der EU. Oder: Der Fortschritt ist eine Schnecke und manchmal nicht einmal dies. In: Honegger, Claudia/Hradil, Stefan/Traxler, Franz (Hg.): Grenzenlose Gesellschaft? Verhandlungen des 29. Kongresses der Deutschen Gesellschaft für Soziologie. Opladen: 522-538.

Keller, Berndt/Seifert, Hartmut (2002): Flexicurity – Wie lassen sich Flexibilität und soziale Sicherheit vereinbaren? In: Mitteilungen aus der Arbeitsmarkt- und Berufsforschung 35(1): 90-106.

Keller, Berndt/Seifert, Hartmut (2005): Atypische Beschäftigungsverhältnisse und Flexicurity. In: Kronauer, Martin/Linne, Gudrun (Hg.): Flexicurity. Die Suche nach Sicherheit in der Flexibilität. Berlin: 127-147.

Kemmerling, Achim/Bruttel, Oliver (2006): New Politics in German Labour Market Policy? The Implications of the Recent Hartz Reforms for the German Welfare State.
West European Politics 29(1): 90-112.

Kingdon, John W. (1984): Agenda, Alternatives and Public Policies. New York.

Kitschelt, Herbert/Streeck, Wolfgang (2003): From Stability to Stagnation: Germany at
the Beginning of the Twenty-First Century. In: West European Politics 26(4): 1-34.

Kommission Moderne Dienstleistungen am Arbeitsmarkt (2002): Moderne Dienstleistungen am Arbeitsmarkt. Vorschläge der Kommission zum Abbau der Arbeitslosigkeit
und zur Umstrukturierung der Bundesanstalt für Arbeit.

Konle-Seidl, Regina (2007): One Stop Shop or More Shops? Institutional Changes in the
Delivery of Employment Services in Germany. Paper prepared for ESPAnet 2007
annual conference. "Social policy in Europe: Changing Paradigms in an enlarged
Europe?".

Lamelas, Maria/Rodano, Giorgio (2005): Regolazione e mercato del lavoro: Un appraisal
della ‚legge Biagi'. In: Politica Economica (1): 131-164.

Leibfried, Stephan (2000): Nationaler Wohlfahrtsstaat, Europäische Union und 'Globalisierung'. In: Allmendinger, Jutta/Ludwig-Mayerhofer, Wolfgang (Hg.): Soziologie
des Sozialstaats. Gesellschaftliche Grundlagen, historische Zusammenhänge und aktuelle Entwicklungstendenzen. Weinheim, München: 79-108.

Levy, Jonah D. (2005): Redeploying the State: Liberalization and Social Policy in France.
In: Streeck, Wolfgang; Thelen, Kathleen (Hg.): Beyond Continuity. Institutional
Change in Advanced Political Economies. Oxford: 103-127.

Lohse, Tim (2005): Hartz IV – The German "Word of the Year 2004" and the Country's
Hope to overcome its Problem of Unemployment. (Discussion Paper 311. Chair of
Public Finance, School of Economics and Management. University of Hannover)
Hannover.

López-Santana, Mariely (2006): The domestic implications of European soft law: framing
and transmitting change in employment policy. In: Journal of European Public Policy 13(4): 481-499.

Ludwig-Mayerhofer, Wolfgang (2005): Activating Germany. In: Bredgaard, Tho-
mas/Larsen, Fleming (Hg.): Employment Policy From Different Angles. Kopenhagen: 95-114.

Madsen, Per Kongshøj (2002): The Danish Model of "Flexicurity" – A Paradise with
some Snakes. European Foundation for the Improvement of Living and Working
Conditions Interactions between Labour Market and Social Protection. Brussels.
http://www.fr.eurofound.eu.int/working/madsen.pdf.

Maruani, Margaret/Reynaud, Emmanuèle (2004): Sociologie de l'emploi. 4. Aufl. Paris.

Ministero del Lavoro e delle Politiche Sociali (2001): Rapporto di monitoraggio 2001 I-II. Herausgegeben von Ministero del Lavoro e delle Politiche SocialiMinistero del Lavoro e delle Politiche Sociali. Roma.

Natali, David/Rhodes, Martin (2005): The Berlusconi Pension Reform and the Emerging 'Double Cleavage' in Distributive Politics. In: Guarnirei, Carlo/Newell, James L. (Hg.): Politica in Italia – Italian Politics. I fatti dell'anno e le interpretazioni. Milano, Oxford.

OECD (2005): Economic survey – France. OECD Economic Surveys 2005(10).

Paparella, Domenico/Santi, Marta (2005): L'Inps fa il bilancio delle nuove forme atipiche. www.eiro.eurofound.eu.int/2005/09/word/it0509104fit.doc.

Pfau-Effinger, Birgit (1996): Analyse internationaler Differenzen in der Erwerbsbeteiligung von Frauen. In: Kölner Zeitschrift für Soziologie und Sozialpsychologie (48): 462-492.

Pirrone, Salvatore/Sestito, Paolo (2006): Disoccupati in Italia. Tra Stato, Regioni e cacciatori di teste. Bologna.

Radaelli, Claudio M. (2003): The Open Method of Coordination: A new governance architecture for the European Union? Sieps-Report 2003.

Rat der Europäischen Gemeinschaften (1997): Die beschäftigungspolitischen Leitlinien für 1998. Entschliessung des Rates vom 15. Dezember 1997.

Rat der Europäischen Union (2000): Beschluss des Rates vom 13. März 2000 über die Leitlinien für beschäftigungspolitische Maßnahmen der Mitgliedstaaten im Jahr 2000. 2000/228/EG.

Regini, Marino (1998): Europäische Kapitalismen und die Herausforderung der Globalisierung. Ein Vergleich Deutschland – Italien. In: Cattero, Bruno (Hg.): Modell Deutschland – Modell Europa. Probleme Perspektiven. Opladen: 207-223.

Sapir, André (2005): Globalisation and the Reform of European Social Models. Background document for the presentation at ECOFIN Informal Meeting. Manchester, 9 September 2005.

Scharpf, Fritz W./Schmidt, Vivien A. (Hg.) (2000): Welfare and Work in the Open Economy. Diverse Responses to Common Challenges. Oxford: Oxford University Press.

Schmid, Günther (2002): Wege in eine neue Vollbeschäftigung. Übergangsarbeitsmärkte und aktivierende Arbeitsmarktpolitik. Frankfurt a.M.

Schmid, Günther (2006): Der Mensch denkt und die Institution lenkt: Zur Reformfähigkeit von Staat und Gesellschaft am Beispiel der deutschen Arbeitsmarktpolitik. In: Politische Vierteljahresschrift 47(3): 367-379.

Schneider, Hilmar/Brenke, Karl/Kaiser, Lutz/Steinwede, Jacob/Jesske, Birgit/Uhlendorff, Arne (2006): Evaluation der Maßnahmen zur Umsetzung der Vorschläge der Hartz-Kommission. Modul 1b: Förderung beruflicher Weiterbildung und Transferleistungen. IZA Research Report 7(2006).

Seifert, Hartmut (2003): Präventive Arbeitsmarktpolitik und betriebliche Anpassungsflexibilität – Neue Impulse durch die Hartz-Kommission. In: WSI-Mitteilungen (5): 284-290.

Serrano Pascual, Amparo/Magnusson, Lars (2007): Reshaping Welfare States and Activation Regimes in Europe. Brüssel.

Sestito, Paolo (2002): Il mercato del lavoro in Italia. Com'è. Come sta cambiando. Bari.

Streeck, Wolfgang/Thelen, Kathleen (2005): Introduction: Institutional Change in Advanced Political Economies. In: Streeck, Wolfgang/Thelen, Kathleen (Hg.): Beyond Continuity. Institutional Change in Advanced Political Economies. Oxford: 1-39.

Trampusch, Christine (2005): Institutional Resettlement: The Case of Early Retirement in Germany. In: Streeck, Wolfgang/Thelen, Kathleen (Hg.): Beyond Continuity. Institutional Change in Advanced Political Economies. Oxford: 203-228.

Treu, Tiziano (2001): Politiche del lavoro. Bologna: Il Mulio.

Ughetto, Pascal/Bouget, Denis (2002): France: the impossibile new social compromise? In: Andersen, Jørgen Goul/Clasen, Jochen/van Orschot, Wim/Halvorsen, Knut (Hg.): Europe's new state of welfare. Unemployment, employment policies and citizenship. Bristol: 91-105.

Vobruba, Georg (2006): Grundlagen der Soziologie der Arbeitsflexibilität. In: Berliner Journal für Soziologie 16(1): 25-35.

Wilthagen, Tom (1998): Flexicurity: A New Paradigm for Labour Market Policy Reform. Discussion Paper FS-I 98-202. Herausgegeben von Wissenschaftszentrum Berlin. Berlin. http://bibliothek.wzberlin.de/pdf/1998/i98-202.pdf.

Wilthagen, Tom (2007): Flexicurity Practices. Report of the European Expert Group on Flexicurity. European Expert Group on Flexicurity. Brüssel.

Wilthagen, Ton/Tros, Frank (2004): The concept of 'flexicurity': a new approach to regulating employment and labour markets. In: Transfer 04(2): 186.

Zeitlin, Jonathan (2005a): Introduction: The Open Method of Coordination in Question. In: Zeitlin, Jonathan/Pochet, Philippe/Magnusson, Lars (Hg.): The Open Method of Coordination in Action: The European Employment and Social Inclusion Strategies. Brüssel: 19-33.

Zeitlin, Jonathan (2005b): Social Europe and Experimentalist Governance: towards a New Consitutional Compromise? European Governance Papers (EUROGOV) C-05-04.

Zirra, Sascha/Buchkremer, Jenny (2007): Learning within Fields: The Limited Success of the European Employment Strategy in Germany. European Spatial Research and Policy 14(1): 63-84.

Zohlnhöfer, Reimut/Ostheim, Tobias (2005): Paving the Way for Employment? The Impact of the Luxembourg Process on German Labour Market Policies. In: Journal of European Integration 27(2): 147-167.

Verzeichnis der Autorinnen und Autoren

Baltes, Katrin, Jg. 1977, Dipl.-Soz. Wissenschaftliche Mitarbeiterin am Institut für Arbeitsrecht und Arbeitsbeziehungen in der Europäischen Gemeinschaft (IAAEG) der Universität Trier. *Arbeitsschwerpunkte*: Bildungssoziologie, Arbeitsmarktsoziologie, Hochschulforschung.

Baur, Nina, Jg. 1973, Juniorprofessorin für Methoden soziologischer Forschung am Institut für Soziologie der Technischen Universität Berlin. *Arbeits- und Forschungsschwerpunkte*: Wirtschaftssoziologie, Sozialstrukturanalyse und soziale Probleme, Methoden

Bogedan, Claudia, Jg. 1975, Dipl.-Soz. Wissenschaftliche Mitarbeiterin am Wirtschafts- und Sozialwissenschaftlichen Institut (WSI) in der Hans-Böckler-Stiftung. *Arbeits- und Forschungsschwerpunkte*: Arbeitsmarkt- und Sozialpolitik, vergleichende Wohlfahrtsstaatsforschung und Skandinavien.

Börner, Stefanie, Jg. 1980, M.A. Soziologie, Doktorandin an der Bremen International Graduate School of Social Sciences im Bereich Social Integration and the Welfare State. *Arbeits- und Forschungsschwerpunkte*: vergleichende Wohlfahrtsstaatsforschung, Arbeitsmarktpolitik, Europäische Integration, Soziologie der Sozialpolitik.

Buntenbach, Annelie, Jg. 1955, Mitglied des geschäftsführenden DGB-Bundesvorstands und Mitglied des Verwaltungsrates der Bundesagentur für Arbeit. *Arbeitsschwerpunkte*: Arbeit und Sozialpolitik.

Hacket, Anne, Jg. 1973, Dr. phil. Arbeitsmarktsoziologin am Institut für Sozialwissenschaftliche Forschung e.V. (ISF München). *Arbeits- und Forschungsschwerpunkte*: Arbeitsmarkt, Beschäftigung und Bildung, Soziale Ungleichheit, Arbeit und Gesellschaft.

Hense, Andrea, Jg. 1974, M.A. Wissenschaftliche Mitarbeiterin am Institut für Soziologie an der Universität Duisburg-Essen. *Arbeits- und Forschungsschwerpunkte*: Arbeitsmarktsoziologie, Migration, Lebensverlaufsforschung.

Nüchter, Oliver, Jg. 1969, M.A. Wissenschaftlicher Mitarbeiter am Institut für Gesellschafts- und Politikanalyse des Fachbereichs Gesellschaftswissenschaften an der Johann Wolfgang Goethe-Universität Frankfurt am Main. *Arbeits- und Forschungsschwerpunkte*: Sozialpolitik, Betriebliche Weiterbildung, Jugend und Arbeit, Methoden.

Pfeiffer, Sabine, Jg. 1966, Dr. phil. Arbeits- und Industriesoziologin am Institut für Sozialwissenschaftliche Forschung e.v. (ISF München). *Arbeits- und Forschungsschwerpunkte*: Arbeit und Subjekt, Arbeit und Innovation, Arbeit und Informatisierung.

Preunkert, Jenny, Jg. 1979, Dipl.-Soz. Wissenschaftliche Mitarbeiterin der Arbeitsgruppe Sozialstrukturanalyse an der Carl von Ossietzky Universität Oldenburg. *Arbeits- und Forschungsschwerpunkte*: Sozialstaaten, Entwicklung von verschiedenen Formen der sozialen Ausgrenzung, europäischer Gesellschaftsvergleich.

Ritter, Tobias, Jg. 1977, Dipl.-Soz. Arbeits- und Industriesoziologe am Institut für Sozialwissenschaftliche Forschung e.v. (ISF München). *Arbeits- und Forschungsschwerpunkte*: Arbeit und Subjekt, Arbeit und Technik.

Schmid, Alfons, Jg. 1942, Dr. rer. pol, Professor für Wirtschaft am Fachbereich Gesellschaftswissenschaften und Direktor des Instituts für Wirtschaft, Arbeit und Kultur (IWAK) an der Goethe-Universität Frankfurt am Main. *Arbeits- und Forschungsschwerpunkte:* Arbeitsmarktsegmentation, Technischer Wandel und Beschäftigung, Regionale Wirtschafts- und Arbeitmarktentwicklung, Regionale Wettbewerbsfähigkeit, Betriebliche Aus- und Weiterbildung, Einstellungen zum Sozialstaat.

Schmid, Günther, Jg. 1942, Dr. Dr. hc; Professor a. D. für Ökonomische Theorie der Politik an der Freien Universität Berlin und Direktor der Abteilung Arbeitsmarktpolitik und Beschäftigung am Wissenschaftszentrum Berlin für Sozialforschung (WZB) bis März 2008. *Arbeits- und Forschungsschwerpunkte*: Arbeitsmarktpolitik und Beschäftigung, Evaluierung politischer Programme und Institutionen, Politische Theorie und Systemvergleiche, Europäisches Sozialmodell und Europäische Beschäftigungsstrategie.

Schütt, Petra, Jg. 1967, Dipl.-Soz., Arbeits- und Industriesoziologin am Institut für Sozialwissenschaftliche Forschung e.v. (ISF München). *Arbeits- und Forschungsschwerpunkte*: Arbeitsmarkt und Bildung, Arbeit und Innovation, Arbeit und Betrieb, Arbeit und Qualifikation

Seifert, Hartmut, Jg. 1944, Dr. rer. pol. Leiter der Abteilung Wirtschafts- und Sozialwissenschaftliches Institut in der Hans Böckler Stiftung. *Arbeits- und Forschungsschwerpunkte*: Arbeitszeitpolitik, Arbeitsmarktforschung.

Struck, Olaf, Jg. 1964, Dr. phil. habil. Oberassistent für Soziologie im Arbeitsbereich Wirtschafts- und Sozialstrukturanalyse an der Friedrich-Schiller-Universität Jena. Zurzeit: Vertretungsprofessor für Soziologie, Theorie und Sozialstrukturanalyse an der Martin-Luther-Universität Halle/Wittenberg. *Arbeits- und Forschungsschwerpunkte*: Arbeitsmarkt- und Sozialstrukturforschung, Wirtschafts- und Organisationssoziologie, Sozialpolitik, Theorie und Methoden.

Vobruba, Georg, Jg. 1948, Professor am Institut für Soziologie der Universität Leipzig. *Arbeits- und Forschungsschwerpunkte*: Sozialpolitik, Europaforschung, Politische Soziologie Theorie der Gesellschaft.

Zirra, Sascha, Jg. 1976, Dipl.-Soz., Wissenschaftlicher Mitarbeiter der Arbeitsgruppe Sozialstrukturanalyse an der Carl von Ossietzky Universität Oldenburg. *Arbeits- und Forschungsschwerpunkte*: Arbeitsmarkt, Zukunft der Arbeit, Organisation, europäischer Gesellschaftsvergleich.

Theorie

Dirk Baecker (Hrsg.)
Schlüsselwerke der Systemtheorie
2005. 352 S. Geb. EUR 24,90
ISBN 978-3-531-14084-1

Ralf Dahrendorf
Homo Sociologicus
Ein Versuch zur Geschichte, Bedeutung und Kritik der Kategorie der sozialen Rolle
16. Aufl. 2006. 126 S. Br. EUR 14,90
ISBN 978-3-531-31122-7

Shmuel N. Eisenstadt
Die großen Revolutionen und die Kulturen der Moderne
2006. 250 S. Br. EUR 34,90
ISBN 978-3-531-14993-6

Shmuel N. Eisenstadt
Theorie und Moderne
Soziologische Essays
2006. 607 S. Geb. EUR 49,90
ISBN 978-3-531-14565-5

Axel Honneth /
Institut für Sozialforschung (Hrsg.)
Schlüsseltexte der Kritischen Theorie
2006. 414 S. Geb. EUR 34,90
ISBN 978-3-531-14108-4

Niklas Luhmann
Beobachtungen der Moderne
2. Aufl. 2006. 220 S. Br. EUR 24,90
ISBN 978-3-531-32263-6

Uwe Schimank
Differenzierung und Integration der modernen Gesellschaft
Beiträge zur akteurzentrierten Differenzierungstheorie 1
2005. 297 S. Br. EUR 29,90
ISBN 978-3-531-14683-6

Uwe Schimank
Teilsystemische Autonomie und politische Gesellschafts-steuerung
Beiträge zur akteurzentrierten Differenzierungstheorie 2
2006. 307 S. Br. EUR 29,90
ISBN 978-3-531-14684-3

Jürgen Raab / Michaela Pfadenhauer / Peter Stegmaier / Jochen Dreher / Bernt Schnettler (Hrsg.)
Phänomenologie und Soziologie
Theoretische Positionen, aktuelle Problemfelder und empirische Umsetzungen
2008. 415 S. Br. EUR 29,90
ISBN 978-3-531-15428-2

Erhältlich im Buchhandel oder beim Verlag.
Änderungen vorbehalten. Stand: Juli 2008.

www.vs-verlag.de

VS VERLAG FÜR SOZIALWISSENSCHAFTEN

Abraham-Lincoln-Straße 46
65189 Wiesbaden
Tel. 0611.7878-722
Fax 0611.7878-400